인류의 위대한 지적 유산

인류의 위대한 지적유산

라다크리슈난

인도철학사 Ⅰ

이거룡 옮김

한길사

인류의위대한지적유산

Sarvepalli Radhakrishnan

―

Indian Philosophy I

―

Translated by
Lee Geo-lyong

INDIAN PHILOSOPHY by S. Radhakrishnan (Vol 1 & 2)

Copyright ⓒ 1923, 1929 by Oxford University Press, Inc.
This translation of INDIAN PHILOSOPHY originally published in English in 1929
is published by arrangement with Oxford University Press, Inc.
All rights reserved.

Korean Translation copyright ⓒ 1999 by Hangilsa
The Korean translation rights arranged with
Oxford University Press, Inc., London through Eric Yang Agency, Seoul

사르베팔리 라다크리슈난.

아내 시바카무 라다크리슈난과 함께(델리, 1953.6).

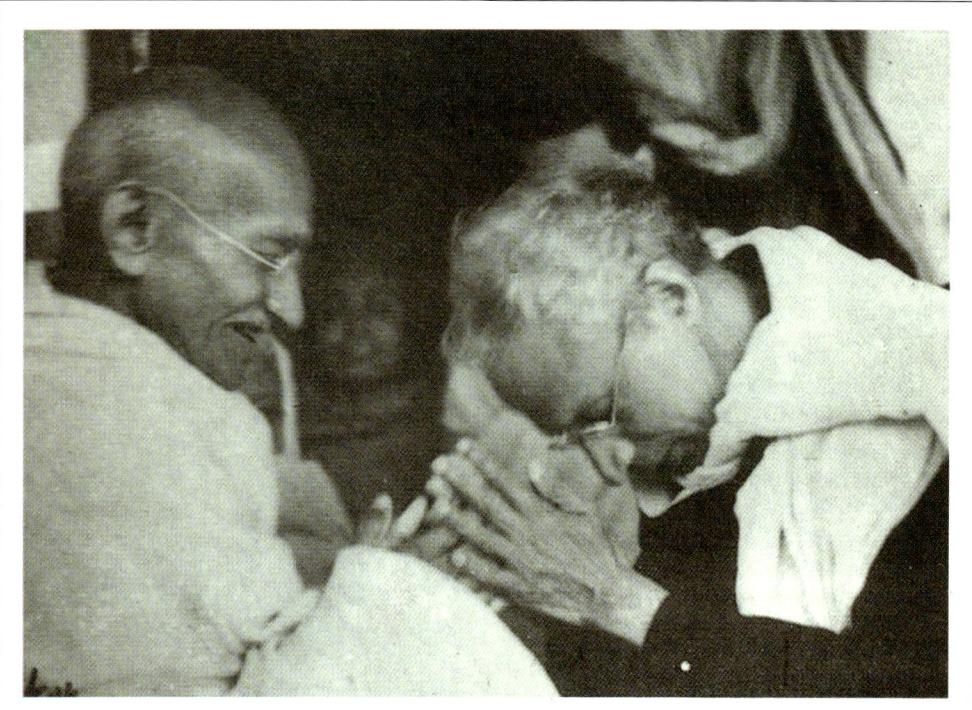
마하트마 간디를 만나고 있는 라다크리슈난(바나라스, 1942.1.20).

샨티니케탄에 있는 옥스퍼드대학에서 타고르와 함께 찍은 사진(1940.8.7).

셰이크 압둘라와 함께(스리나가르, 1952.7).

B.러셀과 함께 방송에 출연중인 라다크리슈난(런던, 1952.10.28).

쉬바 나타라자 청동상(인도).
나타라자는 춤의 주(主)로서 탄다바 춤을 추는 쉬바를 일컫는 이름이다.
탄다바 춤은 영겁으로 순환하는 창조·유지·파괴를 나타내며,
또한 삶과 죽음의 완전한 균형을 가리킨다.

12세기 라자라니 사원에서 발견된 아그니 신상(인도, 부와네슈바르).
아그니는 불의 신으로 베다의 지신(地神) 가운데 가장 높은 지위에 있다.
불에 대한 숭배는 베다 시대 제의식의 중심이다.
아그니는 제의식에서 제관들의 신일뿐 아니라 신들의 제관으로 묘사된다.

10세기 링가라자 사원에 있는 수리야 신상(인도, 부와네슈바르).
베다의 대표적인 태양신이다. 긴 머리카락을 채로 삼아 소마 주(酒)를 받는 태양의 딸로,
또는 효홍신(曉紅神) 우샤스의 남편으로 묘사되는 등, 그 성격이 불분명하다.
붉은 말이 끄는 외바퀴 수레를 타고 다닌다.

힌두교의 3신 가운데 하나인 비슈누 신상(미국 캔자스 시티, 넬슨 갤러리/앳킨스 미술관).
찬가의 수로 보아 『리그 베다』의 주요 신격은 아니다. 서사시 시대에 이르러 주요 신격으로
부상되며, 창조·유지·파괴 가운데 유지가 주된 기능이다.
우주를 건너뛰는 삼보(三步)로 유명하다.

아리아인의 수호신인 인드라의 목조신상(파리, 귀메 미술관).
리그 베다 찬가의 약 4분의 1에 해당하는 250편의 찬가가 있다.
주로 전쟁에서 악한 세력을 물리치는 강맹한 무용신으로 묘사되며,
후에 불교에 수용되어 불법을 수호하는 제석천이 된다.

옮긴이 **이거룡**(李巨龍)은 동국대학교 대학원에서 인도철학을 공부한 뒤
인도 마드라스 대학 라다크리슈난 연구소에서
「제한 불이론 베단따학파의 세계전개설 비판으로」로 석사학위를,
델리 대학 대학원 철학과에서 「라마누자와 화이트헤드의 비교연구」로 박사학위를 받았다.
동국대학교 연구교수, 서울불교대학원대학교 교수를 거쳐
지금은 선문대학 통합의학대학원 교수로 있으며, 요가학교 리아슈람 교장을 맡고 있다.
지은 책으로는 한길사에서 펴낸 『아름다운 파괴』 『이거룡의 인도사원순례』
『몸 또는 욕망의 사다리』(공저)를 비롯하여 『구도자의 나라』(공저),
『두려워하면 갇혀버린다』 등이 있다.
옮긴 책으로는 한길사에서 펴낸 라다크리슈난의 명저 『인도철학사』(전4권)가 있다.

GB
한길 그레이트북스

인류의 위대한 지적 유산

라다크리슈난

인도철학사 I

이거룡 옮김

한길사

● 『인도철학사』· 차례

동서철학의 위대한 만남
—라다크리슈난의 『인도철학사』 ——————— 21
머리말 ————————————————— 35
제2판에 부치는 머리말 ———————— 41

제1장
서론

1. 인도의 자연환경 ————————— 43
2. 인도사상의 일반적 특징들 ———— 48
3. 인도철학에 대한 몇 가지 비판들 —— 79
4. 인도철학을 공부하는 참뜻 ———— 85
5. 인도사상의 시대 구분 —————— 87

제2장
『리그 베다』의 찬가들

1. 베다 ———————————————— 95
2. 베다 찬가에 대한 연구의 중요성 —— 99
3. 베다의 가르침 —————————— 103
4. 철학적인 경향들 ————————— 106

5. 신학 ——————————— 108
6. 일신교적 경향 ——————— 133
7. 일신교와 일원론 ————— 137
8. 우주론 ——————————— 146
9. 종교 ———————————— 155
10. 윤리 ——————————— 161
11. 종말론 —————————— 167
12. 결론 ——————————— 170

제3장
우파니샤드로 이행

1. 『아타르바 베다』 ————— 171
2. 신학 ——————————— 174
3. 『야주르 베다』와 브라흐마나 문헌들 — 178
4. 신학 ——————————— 179
5. 창조론 —————————— 188
6. 윤리 ——————————— 188
7. 종말론 —————————— 191

제4장
우파니샤드의 철학

1. 우파니샤드 ———————— 197
2. 우파니샤드의 가르침 ———— 199
3. 우파니샤드의 수와 연대 ——— 202
4. 우파니샤드의 사상가들 ——— 204
5. 『리그 베다』 찬가들과 우파니샤드 — 205
6. 우파니샤드에서 논의된 문제들 —— 213
7. 궁극적 실재의 본질 ————— 215

8. 브라흐만 ——————————— 231
9. 브라흐만과 아트만 ——————— 239
10. 지성과 직관 ————————— 245
11. 창조 ——————————— 254
12. 실재성의 정도 ———————— 276
13. 우파니샤드는 범신론적인가? ——— 281
14. 개아(個我) ————————— 282
15. 우파니샤드의 윤리 ——————— 286
16. 종교 심리 ————————— 317
17. 해탈(解脫, mokṣa) —————— 324
18. 악과 고통 ————————— 331
19. 카르마(karma, 業) —————— 334
20. 내생(來生) ————————— 340
21. 우파니샤드의 심리학 —————— 349
22. 우파니샤드에 있어서 상키야와
    요가철학의 요소들 ——————— 353
23. 우파니샤드의 철학에 대한 평가 —— 358

참고문헌 ——————————— 363
찾아보기 ——————————— 365
라다크리슈난 연보 ———————— 380

● 동서철학의 위대한 만남
—— 라다크리슈난의 『인도철학사』

　철학사는 대개 두 가지 관점, 즉 사상가 지향적이거나 문제 지향적인 관점에서 다루어진다. 사상가 지향의 철학사는 주로 역사상 여러 사상가들의 생애와 업적을 연대순으로 기술하는 것이다. 이것은 다분히 도식적인 철학사라 할 수 있으며, 인간의 실존적인 자각과 이로부터 불가피하게 제기되는 총체적인 문제에 대한 근본물음으로서의 철학과는 아무래도 거리가 멀다. 철학사가 씌어질 수 있는 또 다른 하나의 입장은 문제 지향적인 것으로, 이것은 철학의 주요 문제들이란 언제나 동일한 것이며, 따라서 철학사는 비판적인 인간 정신이 이 동일한 문제들에 대하여 끊임없이 새롭게 부딪치는 과정을 보여준다는 확신에 입각하여 기술하는 것이다. 우리가 철학사를 철학 그 자체라고, 혹은 그것만이 철학이라고 말할 수 있는 것은 바로 문제 지향의 철학사이다.

전통적으로 인도의 지성들은 연대기적인 시공간을 소홀히 하는 경향이 있었다. 짐작건대, 이것은 지금 우리가 보고 경험하는 세계는 무시무종으로 순환, 반복하는 영원한 세계과정의 지극히 짧은 찰나에 불과하다는 생각이 현저했기 때문일 것이다. 고대 인도인들의 비역사적인 (혹은 초철학적인) 성향은 인도사상에 대한 역사적인 조망을 거의 불가능하게 한다. 초기 인도사상의 경우에는 이 문제가 더욱 심각하다. 예를 들어 흔히 인도사상의 시원으로 보는 베다 문헌의 연대를 추정함에 있어서 심지어는 학자들 간에 1천 년 이상의 견해 차이가 나는 것을 우리는 볼 수 있다. 역사적인 입장에서 인도사상 전반에 대한 최초의 개설서가 금세기에 임박해서야, 그것도 인도인이 아니라 독일인에 의하여 시도될 수밖에 없었던 것도 인도전통이 지닌 비역사적인 성향과 무관하지 않을 것이다.

베다 시대부터 중세까지의 인도사상에 대한 총체적인 조망으로 막스 밀러(Max Müller)의 『인도 육파철학』(*Six Systems of Indian Philosophy*, 1899)이 나온 이래, 인도 안팎에서 이와 유사한 철학서들이 다수 출판되었다. 그 가운데 인도학자의 저술로는 라다크리슈난(Sarvepalli Radhakrishnan)의 『인도철학사』(*Indian Philosophy*, 전2권, 1923, 1927) 외에도 히리야나(M. Hiriyanna)의 『인도철학개관』(*Outlines of Indian Philosophy*, 1932)과 『인도철학의 정수』(*The Essentials of Indian Philosophy*, 1949), 다스 굽타(S. Das Gupta)의 『인도철학사』(*A History of Indian Philosophy*, 전5권, 1922, 1932, 1940, 1949, 1955), 샤르마(C.D. Sharma)의 『인도철학에 대한 비판적 고찰』(*A Critical Survey of Indian Philosophy*, 1960) 등을 들 수 있을 것이다.

이들 개개의 철학서들은 나름대로의 특징을 지니고 있지만, 라다크리슈난의 『인도철학사』는 전형적인 문제 지향의 철학사라는 점에서 주목된다. 이 책은 우리의 삶과 세계에 대하여 끊임없이 제기되는 동일한 문제들, 예를 들어 궁극적 실재, 일자(一者)와 다자(多者)의 관계가 철학사를 통하여 어떻게 다루어져 왔는가를 총체적으로 조망하고 있다. 이 책의 원명이

*Indian Philosophy*임에도 불구하고, 우리말로 옮길 때에는 그 제목을 굳이 『인도철학사』라고 한 것도 이러한 이유에서이다.

이 책의 저자 라다크리슈난은 20세기의 인도철학을 대표하는 한 사람이다. 그는 『인도철학사』를 기술하는 가운데 인도 고유의 근본적인 통찰을 오늘의 언어로 풀어냈을 뿐 아니라, 동서사상의 비교를 통하여 인도철학을 세계사상의 무대에 올려놓는 전기를 마련하였다. 짐작건대, 서양세계에 대한 동양의 종교와 철학을 해석함에 있어서, 심지어 그 반대의 경우에도 라다크리슈난만큼 뚜렷한 업적을 남긴 사람은 드물 것이다. 한때 인도 대통령을 지냈음에도 불구하고, 대개의 사람들이 그를 철학자로, 혹은 『인도철학사』의 저자로 기억하고 있다는 사실은, 철학자로서 그의 비중이 어느 정도라는 것을 능히 짐작하게 한다.

라다크리슈난의 생애와 저술

사르베팔리 라다크리슈난(Sarvepalli Radhakrishnan)은 1888년 9월 5일 남인도 마드라스 부근의 티루타니(Tirutani)라는 유서깊은 마을에서 태어났다. 이곳은 인접해 있는 티루파티(Tirupati)와 함께 오늘날에도 힌두교의 가장 중요한 순례지 가운데 하나로 전해진다. 그는 전형적인 힌두교의 가정에서 성장하였으며, 1904년에 마드라스 크리스천칼리지(Madras Christian College)를 졸업할 때까지 12년 동안 기독교 계통의 교육기관에서 교육을 받았다. 유년기의 이러한 종교적인 분위기는 후에 그의 사상에 지울 수 없는 영향을 미쳤다. 특히 기독교와의 접촉은 그로 하여금 힌두교 전통에 대한 자기 반성의 기회를 제공하였으며, 서양의 종교와 사상을 두루 섭렵할 수 있었던 절호의 계기가 되었다. 그의 사상에서 두드러지게 나타나는 동서철학의 균형은 이때의 교육에 힘입은 바 크다고 할 수 있다.

마드라스 크리스천칼리지에서 철학 전공으로 석사학위를 마쳤을 때

(1909), 마드라스의 프레저던시칼리지(Presidency College) 홉스(Hobbs) 학장의 주선으로 지방교육업무를 가르치는 강사 자리를 얻을 수 있었으며, 1916년에는 정교수가 되었다. 그후 1952년까지 철학교수로서의 삶을 일관하였다.

청년기의 라다크리슈난에게 큰 영향을 준 것은 타고르였다. 처녀작인 『라빈드라나트 타고르의 철학』(*The Philosophy of Rabindranath Tagore*, 1919)은 그의 사상이 타고르의 영감에 닿아 있음을 단적으로 시사하는 출세작이다. 이 책의 서문에서도 밝히고 있는 것처럼, 그는 무엇보다도 타고르를 통하여 존재의 통일성을 배우게 된다. 영성의 세계에는 동서양의 구분이 있을 수 없다는 것이다. 그에게 타고르——라다크리슈난이 프레저던시칼리지에서 지방교육업무를 가르치고 있을 때 노벨 문학상을 수상했던——는 현대 인도의 르네상스를 가능하게 한 장본인이었으며, 인도의 정신적인 이상을 대변하는 시성이었다. 마야(māyā, 幻影)에 대한 타고르의 통찰에도 깊은 영향을 받았다.

이어서 나온 『현대 철학에서 종교의 권능』(*Reign of Religion in Contemporary Philosophy*, 1920)은 절대적 관념론에 대한 변호와 함께 우파니샤드의 철학을 개관하면서 자신의 철학이 나아갈 방향을 분명하게 제시하고 있다는 점에서 의의가 크다. 『라빈드라나트 타고르의 철학』과 함께 이 책은 당시의 철학계에 그의 이름을 널리 알리게 되는 계기가 되었다. 그가 마이소르의 뉴대학(New University)에 있을 때 나온 이 두 권의 저술에는 불이론(不二論)과 절대적인 관념론이 현저하다.

인도사상과 라다크리슈난의 이름을 일약 세계 무대에 올려 놓은 『인도철학사』는, 40여권에 달하는 그의 저술 가운데 단연 대표작으로 꼽을 만한 것이다. 이것은 그 양의 풍부함에 있어서뿐 아니라 그 깊이에 있어서도 그렇다. 『인도인의 인생관』(*The Hindu View of Life*, 1926)은 런던대학 맨체스터칼리지에서 행한 강의를 정리하여 출간한 것으로, 그후 오랫동안 거듭 출판된 바 있다. 이 책 전반에 걸쳐 그는 인도 고유의 전통이 오늘 우리의 삶 가운데 다시 살아날 수 있는 길을 모색하고 있으며, 다른 한편으로는 서양 문명, 특히 그리스 문명과 기독교와의 대화를 시도한다. 『관념론자의 인생관』(*An Idealist View of Life*, 1932) 또한 맨체스터칼리지에서 행한 강의를 엮은 것이다.

1931년부터 5년 동안 안드라대학(Andhra University)의 부총장(인도에서는 각 주의 지사가 대학 총장을 겸임한다)을 지낸 후 동양인으로서는 처음으로 옥스퍼드대학의 교수가 된다. 우리에게 널리 알려진 『동양종교와 서양사상』(*Eastern Religions and Western Thought*, 1939)은 여기서 행한 일련의 강의를 엮은 것이며, 반세기가 지난 지금까지도 고전적 가치를 더해가는 명저이다. 이 책의 주요 관심사는 인도철학이 삶을 부정하는 현실도피의 사상이 아니라는 것과, 서양철학이 고대 인도의 영적인 문화에 빚지고 있다는 것을 밝히는 것이다.

제2차 세계대전의 종말과 함께 라다크리슈난은 철인 정치가로서의 경력을 시작하게 된다. 네루(J.Nehru) 총리는 그를 소련 주재 초대 인도대사로 임명하였으며, 그후 중국 주재 인도대사, 유네스코 인도대표, 인도 부통령을 지낸 후에 1962년에는 마침내 5년 임기의 인도 대통령에 선출된다. 이것은 전문 철학자가 대통령이 된 세계 최초의 사례다. 1967년 5월 87세의 나이로 대통령의 직위에서 은퇴한 후에는 마드라스의 아름다운 저택, '기리자'(Girija)에서 여생을 보냈다.

정치가로 활동하는 중에도 라다크리슈난의 학적인 작업은 계속되었다. 이것은 『브라흐마 수트라』(*Brahma Sūtra*, 1962)에 대한 주석—아마 그에게 있어서 가장 중요한 학적 작업 중의 하나로 기록될—이 그가 인도 부통령으로 있을 당시에 이루어졌다는 사실에서도 분명하다. 『브라흐마 수트라』에 대한 주석은 그 이전에 씌어진 『바가바드기타』(*Bhagavadgītā*, 1948)와 『주요 우파니샤드』(*The Principal Upaniṣads*, 1953)에 대한 주석과 함께 그에게 특별한 의미를 부여한다. 그는 이 세 권의 주석을 통하여 자신을 전통적인 베단타의 아차리야(ācārya, 스승)로 자리매김하고 있다. 고전적인 바쉬야(bhāṣya, 註解) 형식으로 다루어진 이 세 권의 저술에는 참신하고 독창적인 통찰력과 전통적인 주석서들에 대한 재해석이 돋보인다.

『인도철학사』에 대하여

거듭 말하건대, 라다크리슈난의 『인도철학사』는 시대구분을 통하여 단순히 지난 시대의 사상을 개관하는 그런 의미에서의 철학사가 아니다. 이미 언급한 바와 같이 이 책의 주요 관심사는 철학사의 기술을 통하여 라다크리슈난 자신의 철학을 펴는 데 있다. 저자는 인도사상의 여명기부터 중세의 철학파들에 이르기까지 다양한 철학 체계들을 탁월한 상상력으로 재구성하고, 각 학파들에 대한 주석과 평가를 병행함으로써, 삶과 세계에 대하여 끊임없이 제기되는 문제들에 대한 새로운 통찰을 제시하고자 한다. 그가 말하는 것처럼, 연대기적인 나열로서의 철학사란, '지금 여기'의 삶이 거세된 '터소(Tussauds) 납인형관(밀랍 세공품으로 유명한)을 방문하는 것과 다르지 않다'.

라다크리슈난에 따르면, 철학사는 그 존재자각과 이로부터 불가피하게 제기되는 총체성의 문제로서 철학 그 자체여야 한다. 그리고 철학사가 죽고 없는 저자들과 그들의 저술들에 관한 사실들의 목록 이상이려면, "역사가는 단순히 기계적인 '넝마주이'가 아니라 비평가 혹은 주석가가 되어야 할 것이다"(*Indian Philosophy*, vol. i . p.672). 그의 『인도철학사』는 바로 이러한 관점에서 씌어진 것이며, 이런 점에서 그것은 인도철학을 역사적으로 기술하는 철학사인 동시에, 또한 그 자신의 형이상학을 담고 있는 철학서라고 말할 수 있다. 『인도철학사』가 동서의 고전으로 널리 읽히고 있는 것은 바로 이러한 이유 때문이다.

『인도철학사』의 가장 큰 특징 가운데 하나는 주제를 규명해가는 완전함과 솔직함이다. 라다크리슈난이 어떤 특정 사상에 대한 편견 없이 있는 그대로 주제를 규명해 나갈 수 있었던 것은, 그가 각 학파의 근본 경전에 입각하여 그 학파를 이해하고 해석하려고 했기 때문이다. 인도 전통에 대한 확고한 믿음과 자신이 있었기 때문에, 오히려 서양의 사상가들에 대한 편견 없는 해석이 가능했으며, 경우에 따라서는 자신의 견해를 뒷받침하기 위하여 서슴지 않고 그들을 인용할 수 있었다.

라다크리슈난은 각 학파의 사상을 주석함에 있어서 전통적인 주석에 얽매이지 않는다. 그는 철학자에게 전통과 다를 수 있는 권리가 있음을 주장했으며, 전통과 다르다는 것이 곧 비철학적이라는 것을 의미하지 않는다고 하였다. 우리는 『인도철학사』의 곳곳에서 전통적인 주석과는 다른, 어떤 의미에서는 다소 파격적인 그의 견해를 발견할 수 있다. 단적인 예로 마야에 대한 그의 견해는 전통적인 베단타의 해석과 본질적으로 다르다. 논쟁의 대상이 되고 있는 여러 문제들에 대하여 개인적인 견해를 밝히는 것은 그것이 아무리 위험하다 할지라도 철학자의 의무이며, "가치있는 주석이란 비판과 평가를 의미한다"(Indian Philosophy, vol. i . p.9). 그에 따르면, 창조적인 직관과 비판적인 지성이야말로 주석가가 지녀야 할 기준이다. 이것은 곧 동양의 심원한 종교성과 서양의 냉철한 합리성의 만남을 의미한다.

철학적인 명상 없이는 불가능한 세련된 언어와 명쾌한 논리 전개의 방식 또한 『인도철학사』의 빼놓을 수 없는 장점이다. 이것은 인도사상을 기술하는 기법과 양식에 있어 새로운 지평을 열었으며, 후대 필자들의 전형이 되었다. 이런 점에서 『인도철학사』는 그 자체가 역사적이다.

라다크리슈난의 철학

(1) 절대적 관념론

적어도 초기의 저술에서 나타난 라다크리슈난의 사상은 인도 전통의 불이론에 근거한 절대적 관념론이다. 그러나 그의 관념론은 형이상학적인 논증이 아니라, 베단타의 신비체험에 바탕을 둔 관념론이라는 점에서 브래들리나 헤겔의 관념론과는 궤를 달리한다. 그는 브래들리에 의하여 널리 알려진 용어로 철학적인 작업을 하지만, 이것은 단지 베단타의 불이론을 현대적인 개념으로 풀어쓰기 위한 방편이었다. 헤겔철학에서와 마찬가지로 그의 사상에서 특히 후기에 현저해지는 근본 개념은 정신(Spirit)이라 할 수 있지만, 헤겔이 정신을 실체(substance)로 보는 것과는 달리 그는 그것을 생명으로 본다. 이런 점에서 그는 전통적인 베단타의 입장에 서 있다고 할 수 있다.

궁극적 실재는 오직 직관을 통해서 알 수 있다고 말할 때, 라다크리슈난의 관념론은 절정에 달한다. 그리고 이것은 직관과 이성 간의 인식론적인 가치를 구분함으로써 가능해진다. 다시 말하면, 인간의 이성은 단지 직관적인 통찰에 기여하는 종속적인 것에 불과하다는 것이다. 따라서 만일 우리가 인간과 신이 일치하는 실재에 도달하려고 한다면, 생각을 초월하고 이원의 대립을 넘어서야 하며, 추상적인 사유 작용의 유한한 범주들에서 야기되는 이율 배반을 넘어서야 한다. 즉 우리가 실재를 직접 대면하는 것은 오직 사유 작용이 직관 속에서 완전해질 때 가능하다.

이성과 직관 간의 인식론적인 가치 구분이 곧 양자의 상호 배척, 혹은 전자의 무용성을 말하는 것은 아니다. 다시 말하면 직관에 근거한 철학이 이성에 반대되는 것은 아니라는 것이다. 직관은 지성이 꿰뚫을 수 없는 어두운 곳에 빛을 던질 수 있지만, 그 결과는 논리적인 분석의 검증을 필요로 한다. 우리 개개인이 진지한 삶을 영위할 수 있는 것은 직관과 이성의 상호 교정과 보완을 통해서이다. 직관의 도움이 없다면, 지성의 결과들은 무디고 공허할 것이며 온전치 못하고 단편적인 것이 될 것이다. 반면에 만일 지성에 의한 검증이 없다면, 직관적인 통찰은 맹목적이 될 수도 있을 것이다. 라다크리슈난은 인간 이성이 추구하는 이상은 반드시 직관적인 체험 속에서, 그리고 그것을 통해서 실현된다고 생각한다.

(2) 만유재신론

라다크리슈난의 초기 저술들, 특히 『현대 철학에서 종교의 권능』에서 잘 나타나는 것처럼, 그의 절대적 관념론은 샹카라의 불이론의 입장에 서 있다고 할 수 있다. 그러나 라다크리슈난은 자신의 관념론을 샹카라의 환영론(幻影論, māyāvāda)으로 해석하는 것을 부정함으로써, 샹카라와는 달리 궁극자의 개념 속에서 실재적인 세계의 위상을 구한다. 이것은 브라흐만이 유일한 실재이며 따라서 세계는 비실재적이라는 샹카라 베단타의 근본 명제에 대한 부정을 의미한다. 인격신을 최고의 범주로 받아들이지 않는 샹카라의 불이론은 사실상 유신론과 이에 근거한 종교에 대한 궁극적인 부정을 의미하며, 라다크리슈난은 이러한 논리를 받아들이지 않는다. 그에게 있어서 종교의 인격신과 형이상학적인 절대자는 두 가지 방식으로 생각할 수 있는 일자(一者)이다. 절대자는 순수 의식, 순수 자유, 무한한 가능성인 반면에, 그것이 구체화된 하나의 특수한 가능성이라는 관점에서는 신으로 나타난다는 것이 라다크리슈난의 견해이다.

사실 라다크리슈난의 사상이 지니는 가장 큰 특징 중의 하나는 그의 절대자 개념에 있다. 브라흐만은 순수 존재, 순수 의식, 순수 환희, 무차별, 무형의 비인격적인 존재일 뿐 아니라, 종교의 신이며 또한 인격적인 창조자라고 한다. 브라흐만은 무한한 가능태의 충만이며, 세계는 그 가운데 하나의 실현이다. 결과로서의 브라흐만이 곧 세계라는 말이다. 절대자는 그것이 그 안에 무한한 가능성을 지닌다는 점에서 볼 때 신보다 광범위한 범주가 되지만, 구체성이라는 관점에서는 신이 보다 풍부하다고 말할 수 있다. 그에 따르면, 추상적인 가능성과 구체적인 실현은 모두가 하나의 실재, 즉 절대자 신(Absolute God) 안에 들어 있다. 무한자는 무형인 동시에 유형이며, 이들 양자의 상호 공존은 보편자의 본질이다. 그것은 상호 대립하는 양자의 병치가 아니라, 본질적으로 동질적인 양자의 존재론적인 연속이다. 절대자는 무형·무명이지만 모든 형태와 이름의 토대요 원천이며, 차별상의 경험세계는 절대자의 자기현현이다. 이러한 사고법은 절대자를 영원·완전·불변으로 보는 입장과, 그것을 시공간의 세계에 현현하는 자기한정의 원리로 보는 두 가지 상호 대립되는 입장에 대한 종합을 의미한다.

이처럼 라다크리슈난이 절대자 신(모든 것을 포함하는 보편자) 개념을 강조하는 배경에는 궁극적으로 모든 존재는 유기적으로 통일체를 형성한다는 깊은 형이상학적 통찰이 그 밑바닥에 깔려 있으며, 이것은 그가 베단타의 불이론을 유지하면서도 샹카라의 환영설을 거부할 수 있는 근거가 된다. 라다크리슈난에 따르면, 샹카라가 브라흐만과 세계의 불이(不二)를 추구함에 있어서 세계의 궁극적인 실재성을 부정할 수밖에 없었던 것은, 그 둘이 본질적으로 다르다는 것을 전제하기 때문이다. 마야를 '일방적인 의존'(one-sided dependence)으로 해석하는 라다크리슈난은 브라흐만과 세계가 본질적으로 다르다는 전제를 부정하며, 오히려 양자간의 존재론적인 연속성을 강조한다. 브라흐만에 대한 세계의 '의존'은 궁극적으로 브라흐만과 세계의 존재론적인 '연속'이라는 것이 라다크리슈난의 입장이다.

이렇게 볼 때, 브라흐만의 실재성이 세계의 실재성을 배제하는 것이 아니라, 그것은 논리적으로 세계의 실재성을 포함하는 것이 된다. 다시 말하여, 실재 중의 실재인 브라흐만과 존재론적으로 연속적인 세계의 실재성은 자명하다는 것이다. 뿐만 아니라 신의 인격성은 오직 불완전과 발전 가능성을 지니는 세계와 관련해서 가능하다는 것을 염두에 둔다면, 신의 존재는 세계의 존재에 의존한다고 할 수 있다. 이런 의미에서 라다크리슈난의 사상은 인도사상 가운데 전형적인 범재신론(汎在神論, panentheism)으로 평가된다.

(3) 삶의 철학

라다크리슈난의 베단타는 고차원적인 의미에서 삶에 대한 긍정이다. 그는 샹카라의 마야 이론에 대한 재해석을 통하여 우파니샤드의 브라흐만이 종교의 인격신 이슈와라와 다르지 않다는 것을 말하며, 궁극적 실재의 자기현현인 경험세계는 결코 비실재가 아니라고 주장한다. 이것은 지적인 확신이 경험적인 확신으로 전환되는 것을 의미하며, 나아가서는 샹카라의 불이론과 실재론적인 베단타의 조화와 일치를 의미한다. 윤리적인 관점에서 볼 때, 이것은 인간의 윤리적 행위와 불이론의 양립 가능성을 담보하는 것이다.

그는 삶과 존재의 궁극적인 문제들에 대한 성찰을 통하여 인도철학이 사상의 체계일 뿐 아니라 본질적으로 삶의 한 방식(a way of life)이라는 것을 누구보다도 여실하게 보여주고 있다. 이것은 진리를 아는 것과 그것을 우리의 삶 속에서 실현하는 것이 동일하다는 것을 의미한다. 다시 말하여, 그의 철학은 단순히 삶을 해석하기만 하는 것이 아니라, 존재 그 자체의 전환을 지향하고 있다. 듀타(D.M. Dutta) 씨가 그를 생철학자 오이켄(Eucken)과 관련지우고 있는 것도 이러한 이유에서이다.

(4) 비교철학

『인도철학사』에는 동서철학의 공동의 토대를 드러내 보이려는 편견 없는 시도가 보인다. 여기서 우리는 플라톤과 아리스토텔레스, 중세의 신비가들, 데카르트와 스피노자, 라이프니츠와 흄, 칸트와 헤겔, 후설과 브래들리, 비트겐슈타인과 논리실증주의자들뿐 아니라 실존주의 철학자들에 이르기까지 서양의 거의 모든 철학사상들이 베단타의 근본 입장에서 논의, 검토되고 있음을 볼 수 있다.

이러한 과정을 통하여 라다크리슈난은 일견 상호 모순되는 듯한 개념들 간의 차이를 베단타의 종교 체험으로 해석해냄으로써 철학이 인간 상호간의 이해증진과 나아가서는 인류의 평화로운 공존에 기여할 수 있다는 것을 보이고자 한다.

라다크리슈난에 따르면, 동서철학의 비교는 어떤 한 사상에 대한 다른 사상의 우위를 주장하기 위한 것이 아니라, 동서의 모든 사상들이 궁극적으로는 모든 존재의 통일성을 가리키고 있다는 것을 드러내는 작업이다. 동서철학의 만남이 의미를 지니는 것은 그것이 보다 심원한 차원에서의 통일성을 드러내기 때문이다. 그것은 동서의 철학이 부차적인 것에 얽매이지 않고 근본 진리로 돌아갈 때 가능해진다고 말한다. 라다크리슈난의 철학을 시종일관하는, 존재의 통일성에 대한 추구는 그를 단순한 비교철학자의 차원을 넘어서게 하였다.

(5) 영성 종교

라다크리슈난에 따르면, 우리 시대의 현저한 특징은 이 시대를 파멸로 몰아가는 전쟁과 독재가 아니라, 한 문화가 다른 문화에 미치는 영향, 상호 작용, 그리고 영성의 진리와 인류의 통일성에 근거한 새로운 문명의 도래이다. 그의 사상의 밑바닥에는 언제나 새로운 세계질서에 대한 믿음, 신성한 삶에 대한 확신이 깔려 있다. 붓다나 간디와 같은 성자는 개인적인 차원에서 가능한 것이 또한 우주적인 차원에서도 가능하다는 믿음을 강화시킨다. 신의 권화가 소수의 개인뿐 아니라 전체 인류 속에서도 실현될 때, 우리는 새롭게 태어난 인류, 새로워진 세계를 지니게 된다. 이것은 세계의 운명이며, 지고한 영적인 이상이다.

그리고 이러한 문명은 궁극적으로 영성 종교(Religion of the Spirit)를 통해서 가능하다. 그는 인간과 자연에 내재한 존재의 통일성을 실현하는 것이 지금 시대의 가장 시급한 요청이라고 보았으며, 이를 위하여 영성 종교가 필요하다고 본 것이다. 영성 종교는 어떤 특정한 종파에 소속될 것을 요구하지 않는다. 단지 자신을 나머지 인류와 분리시키지 않는 한, 실재에 대한 어떤 차별적인 개념을 도입하지 않는 한, 누구든 영성 종교를 따르는 사람일 수 있다. 그것은 외부 대상을 강조하는 신앙이 아니라, 존재의 근원을 자기 안에서 직접 체험하려는 종교이며, 이를 통하여 모든 존재의 동체(同體)됨을 실현하고자 하는 보편종교이다.

영성 종교는 개별적인 구원을 인정하지 않는다. 구원은 언제나 다른 모든 사람들의 구원을 전제로 하는 보편적인 구원(sarva mukti)을 의미한다. 구원이란 개별적인 자아 안에서 확립되는 조화일 뿐 아니라, 그를 둘러싸고 있는 환경과의 조화를 의미한다. 그러나 보편적인 구원은 개별성의 상실을 의미하지 않는다. "구원의 순간에 해탈된 영혼은 영혼의 보편성을 얻는다. 그러나 그것은 세계과정이 계속되는 한 행위의 중심으로 개별성을 유지한다. 개별성의 상실은 오직 세계가 모두 구원되었을 때 일어난다"(*An Idealist View of Life*, p.306). 해탈된 영혼은 스스로를 세계로부터 분리시키는 것이 아니라, 모든 생명을 완전하게 해야 할 책임을 받아들이는 것일 뿐이다. 이렇게 볼 때, 희생과 봉사의 정신은 영적 체험의 불가피하고 자연스러운 표현이며, 동시에 그것에 대한 증거이다. "해탈된 영혼은 세계과정이 계속되는 한 그것에 참여한다. 그리고 체화된 존재로 돌아간다. 그것은 그 자신을 위해서가 아니라, 세계를 위해서이다. 그는 일체 만유와 동포애를 느낀다"(같은 책, 같은 곳).

이러한 입장은 해탈에 대한 종래의 수동적인 해석에 대한 부정이며, 베단타의 두 입장(샹카라와 라마누자)의 종합이다. 해탈된 영혼의 개별성을 부정하지 않는다는 점에서는 라마누자의 입장과 일치하지만, 궁극적으로 그것을 부정한다는 점에서는 샹카라에 가깝다. 이 두 입장에 대한 종합이 가능하였던 것은 그가 신과 세계과정을 설명함에 있어서 과정의 개념을 도입하였기 때문이다. 즉 신이나 세계를 단지 고정 불변의 실재로 보는 것이 아니라 역동적인 과정으로 받아들였기 때문이다. 이로써 이미 라마누자에서 단초를 보였던 인도의 범재신론은 라다크리슈난에 이르러 완성을 보게 되는 셈이다.

라다크리슈난은 서양 근세철학에 대한 비평가로서, 혹은 인도의 위대한 철학적 전통에 대한 확고한 믿음을 지닌 역사가로서 『인도철학사』를 기술하고 있지만, 그것이 편협된 민족주의의 경계를 훨씬 넘어서는 메시지를 전해 주고 있는 것은 그의 사상이 존재의 통일성에 근거한 영성 종교에 뿌리를 두고 있기 때문이다.

전4권으로 완성될 우리말 『인도철학사』

이 책은 S. 라다크리슈난의 *Indian Philosophy*, 제1권 제2판(Delhi, Oxford University Press, 1929) 가운데 그 앞부분(제1장 서론에서부터 제4장 우파니샤드의 철학까지)을 우리말로 옮긴 것이다. 순차적으로 제1권의 뒷부분과 제2권도 우리말로 옮겨 전4권으로 번역작업이 완성될 것이다.

우선 옮긴이로서 이 책이 과연 원어의 깊이와 폭을 제대로 헤아려 옮겨 놓았는가 하는 자문이 앞선다. 가능한 한 직역을 하였으나 경우에 따라서는 우리말의 자연스러움을 살려 임의로 표현 방식을 바꾸기도 하였다. 물론 의역으로 오해의 소지가 생겨날 수 있는 부분에서는 다소 우리말 표현이 어색하더라도 직역을 고집하였다. 옮긴이의 우리말 표현 능력에 한계를 느끼는 부분에서는 독자의 공정한 이해를 위해 원어를 삽입하였다. 독자의 이해를 돕는다는 뜻에서 원문(한 단락이 한 쪽을 넘는 경우도 많은)의 틀을 다치지 않는 한도로 더욱 세분된 단락 나누기를 감행하였다. 오히려 더 큰 혼돈을 초래하지나 않았는지 모를 일이다. 본문에 삽입된 소제목들은 원래 각 장(章)의 첫머리에 목차 형태로 있던 것을 옮긴이가 문맥을 헤아려 옮겨 적은 것이다. 이런 과정에서 극소수에 불과하겠지만 경우에 따라서 옮긴이의 임의적인 첨삭이 있었음을 밝힌다. 산스크리트 용어를 음역함에 있어서는 정승석 교수의 "불교 원어의 음역 표기 조사 연구"(『가산학보』, 제4호, 1995)에 준하였다. 이 책의 번역 과정에서 생긴 미숙함과 잘못에 대하여 독자 여러분의 질정을 기다린다.

여러 가지 어려운 여건에도 불구하고 이 책의 출판을 기꺼이 허락해 주신 한길사 김언호 사장님께 깊이 감사드리며, 또한 이 책을 만드느라 애쓴 한길사 여러분에게도 감사의 뜻을 표한다.

1999년 10월
옮긴이 이거룡

• 머리말

　세계는 외적인 면——통신 수단이나 과학의 발명 등——에서 상당한 변화를 가져왔다 할지라도, 그 내면의 정신적인 측면에서는 그다지 큰 변화가 없었다. 욕구와 사랑에 대한 뿌리깊은 의지, 천진난만한 기쁨과 가슴에 깃든 두려움은 인간의 영원한 본질에 속한다. 인류애에 대한 진정한 관심, 종교에 대한 깊은 열정, 그리고 철학에 있어서의 중대한 문제들은 물질적인 것들이 변모하는 가운데서도 변하지 않았다. 인도사상은 우리에게 있어 생동하는 의미로 가득 찬 인류정신사의 한 상이다. 위대한 스승들의 사상은 결코 쓸모없는 것으로 내버려지지 않는다. 그것은 그 자체를 소멸시켜 버릴 듯한 발전 과정에 생명을 불어 넣는다. 태고의 상상들이 때로는 그 현저한 현대성으로 우리를 놀라게 하는데, 이것은 통찰이란 현대성에 달려 있지 않다는 것을 말한다.

인도사상에 대한 무지는 심원하다. 현대인들에게 인도철학은 세계의 허망함(māyā), 숙명론(karma), 포기(tyāga) 등에 대한 두서너개의 어리석은 개념들을 의미한다. 심지어 이 단순한 개념들조차도 알맹이 없는 장광설과 헛된 망상으로 된 야만적인 술어와 혼돈의 먹구름으로 덮어싸여 있으며, 미개인들에 의해서 지성의 경이로 여겨진다고 말해진다. 캘커타에서 카페 코모린까지 6개월의 여행 후에, 우리의 현대 심미가는 전체 인도의 문화와 철학을 '범신론', '무가치한 고전 주석', '단순한 언어 유희', 혹은 '플라톤이나 아리스토텔레스, 플로티누스나 베이컨과는 전혀 다른 것'으로 간단히 처리해 버린다.

그러나 철학에 관심이 있는 지적인 학생은 세계의 어느 곳에서도 찾아보기 어려운 귀중한 자료—그 다양성이나 상세함에 있어서—를 바로 인도사상에서 발견할 것이다. 지금까지 세계를 통하여 성취된 영적인 통찰 혹은 합리적인 철학의 그 어떤 차원도, 고대 베다의 성선(聖仙)들에서 현대의 니야야학자(Naiyāika)들 간에 놓여 있는 폭과 넓이에 필적할 만한 것은 없다. 길버트 무레이(Gilbert Murray) 교수의 말을 빌리자면, 고대 인도는 "밑바닥에서 시작하여 최정상을 향하여 분투하는 승리적인 탁월성을 지니고 있었다."[원주1] 문화적인 관점에서 볼 때, 베다 시성들의 꾸밈없는 노래, 우파니샤드의 놀라운 함축, 불교도들의 탁월한 심리 분석, 그리고 샹카라의 웅혼한 철학 체계는—만일 구시대에 대한 무시 혹은 외래적인 것에 대한 경멸 없이 참으로 과학적인 사고 방식에서 연구되기만 한다면—플라톤과 아리스토텔레스 혹은 칸트와 헤겔의 철학에 못지 않게 흥미있고 교훈적이다. 쉽사리 영어로 번역될 수 없는 인도철학의 독특한 술어들은 지적인 조망의 표면적인 상이성을 나타낸다. 만일 이러한 외적인 어려움들이 극복된다면, 우리는 인간의 가슴 속에 고동치는 동류애를 느낄 것이다. 이것은 인간이란 원래 인도인도 아니고 유럽인도 아니기 때문이다. 설령 인도사상이 문화적인 관점에서 보아 그다지 가치있는 것이 아니라 할지라도,

---

[원주1] 『그리스 종교의 네 단계』(Four Stages of Greek Religion), p.15.

그럼에도 불구하고 그것은 적어도 다른 사상들에 대비된다는 점에서, 또는 아시아의 정신적인 삶에 미친 그 심대한 영향력 때문에라도 고찰의 대상이 될 수 있을 것이다.

정확한 연대기가 부재한 어떤 것을 역사라고 부르는 것은 틀린 명칭이다. 짐작건대, 신뢰할 만한 역사적인 증거를 확보함에 있어서 인도사상의 경우 만큼 어려운 것은 없다. 고대의 인도사상 체계들에 대한 정확한 연대를 추정하는 문제는, 그것이 결코 풀리지 않는다는 것 만큼이나 매혹적이다. 그리고 이것은 전혀 뜻밖의 가정, 놀라운 재구성, 그리고 대담무쌍한 낭만을 위한 여지를 제공하였다. 사료—이로부터 역사가 재구성될 수밖에 없는—의 단편적인 상태는 또 다른 하나의 장애다. 이러한 상황에서 나는 이 책을『인도철학사』라고 부르는 것을 망설이지 않을 수 없다.

각 학파의 이론들을 해석함에 있어서 관계 문헌들에 의거하고자 노력하였다. 가능할 때마다 그 문헌들이 만들어진 상황에 대한 예비적인 고찰을 시도하며, 사상의 발달에 있어서 그들의 공헌뿐 아니라, 과거에 대한 그들의 부채도 평가한다. 핵심을 강조함으로써 사소한 것들에 대한 언급으로 전체 의미가 흐려지는 것을 피했으며, 기존의 어떤 이론에서 출발하는 것을 삼가고자 했다. 그럼에도 불구하고 혹 오해가 있지 않을까 두렵다. 역사가의 작업—특히 철학에 있어서—은 어려움이 많다. 아무리 그가 단지 연대기 작자로서의 입장을 견지하여 어떤 형태로든 역사가 그 자체의 내적인 의미와 연속성을 드러내도록 한다 할지라도, 그럼에도 불구하고 필자의 판단과 감정이 묻어나지 않기란 생각만큼 용이하지 않을 것이다. 게다가 인도철학은 또 다른 하나의 어려움을 보탠다. 우리에게는 이미 보다 오래되고 시대적으로 원전에 근접해 있는 주석서들이 있으며, 이 주석서들이 원전의 의미에 대하여 보다 분명한 해석을 내리고 있다는 전제가 일반적으로 받아들여진다. 그러나 주석가들이 어떤 문제에 대하여 서로 견해의 차이를 보일 때, 우리가 모순되는 견해들에 대한 아무런 판단이나 평가 없이 침묵한다는 것은 있을 수 없다. 그와 같은 개인적인 견해의 표현—아무리 위험이 따른다 할지라도—은 불가피하다. 효과적인 주석은 비판과 평가를 의미한다. 그리고 나는 스스로가 공정하고 사심 없이 진술하기 위해서 비판을 삼가는 것이 필수적이라고는 생각하지 않는다. 나는 단지 주제가 정당하고 편견 없이 다루어지기를 희망할 수 있을 뿐이며, 책의 결함이 무엇으로 나타나든 간에 사실을 어떤 선입견에 꿰맞추려고 씨름하지는 않을 것이다. 내가 의도하는 것은 인도의 사유 체계를 단지 이야기하는 것이 아니라 그것을 설명하는 것이며, 이로써 그것을 서양철학 전통의 초점 속으로 끌어들이고자 하는 것이다. 인도의 철학적 사색은 수세기 이전에 형성되었으며, 그뒤에 현대 과학의 빛나는 성취들이 결여되어 있다는 명백한 사실을 고려하여, 두 사상 체계 간에 시사되는 유추와 비교가 아주 심도있게 추구되지는 않을 것이다.

  인도철학의 각 분야는 인도, 유럽, 그리고 미국의 수많은 석학들에 의하여 주도면밀하게 연구되어왔다. 철학적인 논서의 어떤 부분은 또한 비판적으로 검토되기도 하였다. 그러나 지금까지 총체적인 조망, 혹은 연속적인 발전으로서의 인도사상사가 다루어진 적은 없었다. 역사의 여명으로부터 인도철학의 발달을 기술하는 것은 엄청난 일이며, 그것은 분명히 한 사람──그가 아무리 부지런하고 박학한 학자라 할지라도──의 이해력으로는 감당하기 어렵다. 이와 같은 인도철학 백과사전은 각별한 자세와 전적인 몰두뿐 아니라 폭넓은 문화적, 지적인 협력을 요한다. 고백하건대, 이 책은 인도사상에 대한 개설서, 혹은 방대한 주제에 대한 간략한 아우트라인에 지나지 않는다. 이것조차도 그리 용이하지는 않았다. 책을 기술함에 있어 불가피한 요약은 저자에게 무거운 부담이 되었으며, 어느 누구도 이 방대한 모든 분야에 대가가 되려고 욕심부릴 수 없다는 것, 또한 때로는 스스로 주의깊게 검증할 수 없는 자료들에 대해서도 어떤 결정을 내리지 않을 수 없다는 사실은 이러한 부담을 더욱 가중시켰다. 연대 문제에 있어서 나는 전적으로 이 분야의 유능한 학자들에 의하여 수행된 연구의 결과에 의존하였다. 이 방대한 영역을 개관함에 있어서 중요한 많은 부분들이 언급되지 않은 채로 남았으며, 뿐만 아니라 단지 개략적으로 기술될 수밖에 없었음을 안다. 이 책은 그 어떤 의미에 있어서도 완전이라는 말과는 거리가 멀다. 그것은 단지 각 사상의 주요 내용들을 개설함으로써 초학자들에게 입문서로서의 역할을 기대할 뿐이다. 설사 그것이 실패로 끝난다 할지라도 그것은 다른 시도들에 기여하거나 적어도 그러한 시도들을 촉진할 수는 있을 것이다.

원래 계획으로는 두 권을 함께 출판하도록 되어 있었다. 매켄지(J.S. Mackenzie) 교수와 같은 가까운 동료들에 의하여 제1권을 먼저 출판하는 것이 바람직하다는 제안이 있었다. 제2권을 준비하는 데는 다소 시간이 걸릴 것이며, 제1권은 그 자체만으로도 독자성을 지닐 수 있다고 생각했기 때문에 그것을 먼저 출판하게 되었다. 이 책에서 논의된 다양한 견해들의 특징적인 모습은, 그것이 존재의 수수께끼를 설명하기 위한 논리적인 충동에서가 아니라 삶의 지주를 위한 실제적인 필요가 그 동기로 작용했다는 점이다. 고대 인도의 사색에서 종교와 철학 간의 긴밀한 관련 때문에—독자들에게 어떻게 비치든—철학적이라기보다는 종교적인 문제들에 대한 논의를 피하기가 어려웠다. 그러나 제2권은 보다 순수하게 철학적인 성격을 띠게 될 것이다. 여기서 논의되는 다르샤나(darśana)들, 즉 철학파들에서는—비록 지식과 삶 간의 긴밀한 관계가 사라지지는 않는다 할지라도—이론적인 관심이 보다 우세해지기 때문이다.

나의 연구에 많은 도움을 주었던 동양학계의 여러 석학들에게 깊이 감사한다. 여기서 그들의 이름을 일일이 거명하는 것은 불가능할 뿐 아니라, 이 책의 논의 과정에서 밝혀질 것이다. 그러나 막스 뮐러(Max Müller), 도이센(P. Deussen), 케이스(A.B. Keith), 야코비(Jacobi), 가르베(Garbe), 틸락(Tilak), 반다르카르(Bhandarkar), 리스 데이비스(Rhys Davids) 부부, 올덴베르그(Oldenberg), 풋신(Poussin), 스즈키(Suzuki), 그리고 소겐(Sogen)은 반드시 언급되어야 한다.

다스 굽타(S. Das Gupta)의 『인도철학사』(*A History of Indian Philosophy*)나 찰스 엘리엇(Charles Eliot) 경의 『힌두교와 불교』(*Hinduism and Buddhism*)와 같은 최근의 귀중한 저술들은, 1921년 12월에 이 책의 원고가 완성되어 출판사로 넘겨진 이후에야 접할 수 있었기 때문에 참조할 수 없었다. 책 끝에 붙은 참고문헌 목록은 전혀 완전한 것이 못되며, 그것은 주로 영어권 독자들에 대한 안내를 위한 것이다.

이 책의 원고와 교정쇄 가운데 상당 부분을 정독해준 매켄지 교수와 수브라흐마니야 아이야르(V. Subrahmanya Aiyar) 부인에게 감사한다. 이 책은 그들이 시사해준 비판적인 조언에 힘입은 바가 크다. 교정쇄를 정독하고 귀중한 조언을 아끼지 않았던 케이스 교수에게도 충심으로 사의를 표한다. 그러나 무엇보다도 이 책의 출판을 준비하는 중에 그리고 그 이전에도 아낌없는 도움을 준 뮤이르헤드(J.H. Muirhead) 교수에게 깊이 감사드리지 않을 수 없다. 그는 이 책의 원고를 정독하는 노고를 마다하지 않았으며, 그의 조언과 비판은 나에게 가장 유익한 도움이 되었다. 끝으로 아수토쉬 무케르지(Asutosh Mookerjee, Kt.,C.S.I.) 경에게 감사드리지 않을 수 없다. 그는 나에게 끊임없는 격려를 아끼지 않았으며, 캘커타대학교 대학원에서 고등 연구를 위하여 제공되는 시설을 이용할 수 있도록 주선하였다.

1922년 11월
라다크리슈난

● 제2판에 부치는 머리말

이 책의 재판이 요구된다 하니 기쁜 일이다. 여러 가지로 부족함에도 불구하고, 이 책이 인도철학에 대한 관심을 불러일으키는 데 일조했다는 뜻일 것이다.

본문에는 대폭적인 첨삭이 이루어지지 않았지만, 권말에 주를 첨가하여 이의나 오해의 소지가 있을 수 있는 부분을 해명하고자 하였으며, 제1권의 출판으로 인도사상의 영역에서 쟁점으로 떠오르고 있는 몇 가지 문제를 다루는 부록을 날았다.

여기서, 원래 『마인드』(*Mind*) 1926년 4월호에 실렸던 논문 내용을 내가 부록에서 사용할 수 있도록 허락해 준 『마인드』의 편집장에게 감사의 뜻을 표한다.

제2판을 준비함에 있어서, 나의 친구 히리야나(M.Hiriyanna) 교수의 조언에 힘입은 바 컸음을 밝힌다.

1929년 5월
라다크리슈난

제1장
서론

1. 인도의 자연환경

　사색의 정신이 꽃피고 학문과 예술이 발달하려면, 우선 안전과 여가가 보장되는 정착된 사회가 불가피하게 요구된다. 사람들이 생존을 위하여 싸우고 궁핍으로 죽어가는 유목민의 집단에서는 풍성한 문화가 있을 수 없다. 다행스럽게도 인도는 이러한 문화가 일어날 수 있는 천혜의 자연환경을 지니고 있었다. 삼면이 바다로 둘러싸이고 다른 한 쪽마저 험준한 히말라야산맥으로 막혀, 오랫동안 인도가 외침에서 자유로울 수 있게 하였다. 풍요로운 자연은 넉넉한 식량을 주었으며, 사람들은 힘겨운 생존경쟁에서 자유로울 수 있었다. 인도인들은 결코 이 세계가 권력이나 재산을 얻기 위하여, 혹은 더 많은 영토를 차지하기 위하여 싸우는 전쟁터라고 여기지 않았다.
　자연을 개척하고 극복함으로써 물질적인 삶의 문제에 더 이상 정력을 쏟아부을 필요가 없게 될 때, 우리는 보다 차원 높은 삶, 즉 어떻게 하면 보다 완전한 영적인 삶을 영위할 것인가 하는 것을 생각하게 된다. 짐작건대, 기진하게 하는 기후조건은 인도인들로 하여금 조용히 은거하고 싶은 성향이 자라나게 하였을 것이다. 무성한 활엽수의 방대한 숲들은 믿음이 깊은 영혼이 그 속을 평화롭게 거닐며, 신비의 꿈을 꾸며, 환희의 노래를 부를 수 있는 좋은 기회를 제공하였다. 세속의 일에 지친 사람들은 이러한 자연을 찾아 길을 떠나고, 바람 소리와 시냇물 소리, 새들의 지저귐과 서걱이는 나뭇잎 소리를 듣는 가운데 내면의 평화를 얻어, 건강하고 활기찬 삶으로 다시 돌아간다.

인도의 사색가들이 존재의 심원한 문제들에 대하여 명상한 것은 아슈라마(aśrama)와 타포바나(tapovana), 즉 숲속의 은거지에서였다. 생존에 대한 보장, 넉넉한 자연자원, 근심·걱정으로부터의 자유, 존재에 대한 애착으로부터의 이탈, 그리고 무자비한 현실적인 이해관계의 부재는 인도의 차원 높은 삶을 고무시켰다. 그 결과로 우리는 역사의 시작에서부터 영적인 것에 대한 갈망과 지혜에 대한 사랑을 보며, 정신 세계에 대한 분별 있는 추구의 열정을 발견하게 된다.

적절한 자연환경의 도움이 있었고 사물의 숨은 이치를 생각해내는 지적인 우수성을 지니고 있었기 때문에, 인도인들은 플라톤이 최악이라고 말했던 파멸, 즉 이성에 대한 혐오를 피할 수 있었다. 대화편(對話篇)『파이돈』(Phaedon)에서 플라톤은 말한다 : "무엇보다도 우리에게 떨어질 수도 있는 한 불행을 경계하자. 어떤 이들이 염세가가 되는 것처럼 이성을 혐오하는 사람이 되지 않도록 해야 한다. 왜냐하면 인간에게 일어날 수 있는 죄악 가운데 이성을 혐오하는 것보다 더한 것은 없기 때문이다." 깨달음에서 오는 기쁨은 인간이 지닐 수 있는 가장 순수한 기쁨 중의 하나이며, 이에 대한 인도인들의 열정은 마음속에 빛나는 불꽃으로 타오른다.

1) 지적인 관심의 우세

세계 여러 나라에서는 존재의 본질에 대한 내적 성찰이 단지 삶의 사치에 불과한 것으로 여겨진다. 중요한 순간들은 현실적인 행위에 할애되며, 철학에 대한 추구는 단지 막간의 익살극 정도로 다루어진다. 고대 인도에서는 철학이 다른 어떤 학문이나 예술의 부수적인 것으로 취급된 적이 없으며, 그것은 언제나 독자적이고도 중요한 위치를 차지하였다. 이에 비하여 서양에서는 플라톤이나 아리스토텔레스의 시대와 같은 철학의 전성기에도, 그것은 정치학이나 윤리학과 같은 어떤 다른 학문들에 의지하였다. 중세의 사람들에게 그것은 신학이었으며, 베이컨과 뉴턴의 경우에는 자연과학, 19세기의 사상가들에게는 역사학이나 정치학 혹은 사회학이었다.

2) 인도철학의 독자성

인도에서 철학은 언제나 그 자체의 기반 위에 서 있었으며, 오히려 다른 학문 분야들이 그것을 영감의 토대로 삼았다. 철학은 다른 학문들을 주도해가는 중심 학문이었으며, 철학이 없다면 다른 학문들은 공허하고 우매한 것이 되고 만다. 『문다카 우파니샤드』(Muṇḍaka Upaniṣad)는 모든 학문의 토대인 영원자에 대한 학문(sarva-vidyā-pratiṣṭhā)으로서 브라흐만에 대한 지식(brahma-vidyā)을 언급하고 있다.[역주1] 카우틸리야(Kauṭilya)[역주2]는 "철학이란 모든 학문의 등불이며, 모든 일을 수행하는 수단이며, 모든 의무의 지주이다"[원주1]라고 말한 바 있다.

철학은 세계의 문제를 이해하려는 인간의 노력이기 때문에, 그것은 종족

[역주1] 『문다카 우파니샤드』, i.1.2를 보라. 여기서 브라흐마 비드야는 세계의 창조자 브라흐마(Brahmā)가 그의 장자 아타르반(Atharvan)에게 전한 근본 지식으로서 브라흐만에 대한 지식을 말한다. 그것은 단지 아들이나 자격 있는 제자에게만 전해져야 하며(『찬도기야 우파니샤드』, iii.11.5), 그것을 통하여 우리는 윤회의 속박에서 벗어나 해탈을 얻을 수 있다(『슈웨타슈와타라 우파니샤드』, i.7). 『케나 우파니샤드』(iii.25)에서는 브라흐마 비드야가 우마(Umā) 여신으로 의인화되기도 한다.

[역주2] 마우리야(Maurya) 왕조 찬드라굽타(Candragupta) 왕의 재상이며, 『카우틸리야 실리론』(Kauṭilīyam Arthaśāstra)의 저자로 유명하다.

[원주1] Indian Antiquary, p.102 참조. 또한 『바가바드기타』(Bhagavadgītā), x.32 참조.

과 문화의 영향을 받는다. 각 종족들은 그 독특한 정서와 특별한 지적 성향을 지니게 마련이며, 인도가 겪어온 모든 역사와 그 영고성쇠 속에서도 하나의 뚜렷한 자기 동일성이 발견된다. 인도는 스스로의 독특한 문화 유산을 구성하는 심리적 특징을 고수해왔으며, 이러한 특징은 독자적인 존재를 지닐 수 있는 한 인도인의 고유한 표징이 될 것이다.

개별적인 특성이란 성장의 독립을 의미하는 것이며, 반드시 차별성을 의미할 필요는 없다. 세계의 모든 사람들은 같기 때문에 사실 완전한 차별은 있을 수 없다. 특히 영적인 측면에 관한 한, 이 점은 더욱 명백하다. 다양한 측면들은 시대나 역사, 그리고 성향의 차이에서 비롯된다. 지닐 만한 어떤 다른 결과들에 이르는 것보다 더 나은 철학적 발전에 이르는 지름길은 없기 때문에 그 다양한 측면들은 세계 문화를 풍부하게 하는 데 보탬이 된다. 인도사상의 특징적인 모습들을 주목하기 전에, 먼저 인도사상에 대한 서양의 영향에 대하여 간략하게 언급할 필요가 있을 것이다.

3) 서구의 영향

인도철학이 그리스와 같은 다른 나라에서 그 관념들을 빌려 온 것이 아닌지, 만일 그렇다면 어느 정도로 그러한지에 대한 의문이 종종 제기된다. 인도사상가들에 의하여 제창된 몇 가지 견해들이 고대 그리스에서 발현하였던 어떤 학설들과 유사하기 때문에, 이 사상 체계 혹은 저 사상 체계를 믿고 싶지 않은 사람은 누구나 쉽게 그렇게 할 수도 있을 것이다.[원주2] 그

[원주2] 윌리엄 존스(William Jones) 경은 이렇게 말한다 : "철학파들 중에서 니야야(Niyāya)학파는 소요학파(逍遙學派)와 유사한 것 같고, 바이셰쉬카(Vaiśeṣika)학파는 이오니아(Ionia)학파와 비슷하다. 두 미망사(Mīmāṁsā)학파들—이들 중에서 후기의 것은 흔히 베단타(Vedānta)학파라는 이름으로 구별되는—은 플라톤철학과 비슷하다. 또한 상키야(Sāṁkhya)학파는 이탈리아철학과 유사하고, 파탄잘리(Patañjali)의 철학은 스토아철학과 비슷하다. 그래서 가우타마(Gautama)는 아리스토텔레스(Aristotles)와 일치하며, 카나다(Kaṇāda)는 탈레스(Thales), 자이미니(Jaimini)는 소크라테스(Socrates), 비야사(Vyāsa)는 플라톤(Platon), 카필라(Kapila)는 피타고라스(Pythagoras), 그리고 파탄잘리는 제논(Zenon)과 일치한다는 것을 지적하는 것으로 충분할 것이다"(Works, i.

러나 관념들간의 유사성을 근거로 무조건 그들 사이에 어떤 차용 관계가 있다고 보려는 시도는 사실 무익하다. 편견 없는 마음으로 본다면, 그러한 일치는 다만 역사적인 유사 관계(historical parallelism)의 증거라 해야 할 것이다. 유사한 경험들은 사람들의 마음속에 유사한 견해들이 생겨나게 한다. 아무튼 인도가 서양으로부터 어떤 생각들을 직접 차용해 왔다는 것을 입증할 아무런 증거도 없다. 인도사상에 대한 우리의 설명은 그것이 인간 정신의 독자적인 산물이라는 것을 보여주게 될 것이다.

인도에서 철학적인 문제들은 서양으로부터의 어떤 영향이나 직접적인 관계 없이 논의된다. 우발적으로 이루어졌던 서양과의 상호교섭에도 불구하고 인도인들은 그 자신들의 이상적인 삶과 철학과 종교를 발전시키는 자주성을 지켜온 것이다. 인도아대륙으로 남하하였던 아리아인(Āryan)[역주3]들의 발상지에 대한 진실이 무엇이든, 오래지 않아 그들은 서부 혹은 북부에 있었던 동족들과 접촉이 끊어졌으며, 그들 자신의 독자적인 방향으로 발전하였다. 북서쪽의 통로들을 통하여 밀려오는 이방 군대들에 의하여 인도가 계속적으로 침략당해온 것은 사실이다. 그러나 알렉산드로스 대왕의 경우를 제외한 그 어느 누구도 두 세계간의 정신적인 상호교섭을 가능케 하는 어떤 일도 할 수 없었다.[역주4] 단지 근래에 와서 해상로가 열렸을 때

---

    pp.360~361. 또한 Colebrooke, *Miscellaneous Essays*, i. p.436 이하를 보라). 그 리스사상이 인도사상에 의하여 영향을 받았다는 견해는 빈번하게 주장되는 반면에, 인도사상이 그리스철학에 기인한다는 것은 그리 자주 주장되지는 않는다(Garbe, *Philosophy of Ancient India*, ch. ii 참조).

[역주3] 아리아인들의 원주지에 대해서는 여러 가지 설이 있으나, 카스피해 북쪽의 카프카스 북방 지역 초원이라는 설이 비교적 유력하다. 이들 중 일부는 서쪽으로 이동하여 유럽으로 들어갔고, 또 다른 일부는 동쪽으로 이동하여 이란에 들어가서 인도-이란인이 되었다. 기원전 1500년경에 인도-이란인들 중의 일부가 힌두쿠시(Hindu Kush)산맥을 넘어 인더스강 상류 펀자브(Punjab) 지방에 정착하였다가, 점차 인도 각지로 퍼져나가 오늘날 인도 민족의 주류를 형성하게 되었다.

[역주4] 기원전 326년에 침입한 것으로 알려지고 있으나, 특이하게도 인도에는 이에 대한 기록이 전무하다. 다시 말해, 알렉산드로스 대왕의 인도 침입에 대한 역사는 전적으로 그리스인들의 사료에 따른 것이다(M.Winternitz, *A History of Indian Literature*, p.23).

보다 긴밀한 상호교섭이 이루어졌지만, 이것은 아직 진행 과정에 있으며 그 결과는 쉽사리 예측할 수 없다. 실제적인 취지에서 본다면, 인도사상을 하나의 폐쇄된 체계 혹은 자율적인 성장으로 간주하여도 무방할 것이다.

2. 인도사상의 일반적 특징들

1) 인도사상의 영성

인도에서 철학은 본질적으로 영적이다. 인도가 발전시켜온 것, 그리고 역사의 수많은 사건과 오랜 세월 속에서도 인도가 멸망하지 않게 한 것은 어떤 위대한 정치 체계나 사회 조직이 아니라 바로 인도의 심원한 영성(靈性)이다. 인도역사에 있었던 수차례의 외침과 내분은 그 문명 자체를 거의 말살시킬 지경에까지 이른 적이 많았다. 그리스인과 스키타이인, 페르시아인과 무굴인, 프랑스인과 영국인 들은 차례로 인도를 억압하려 하였지만, 인도는 끝내 굴하지 않았다. 인도는 억압당하지 않았을 뿐만 아니라, 그 유구한 영성의 불꽃은 지금도 타오르고 있다. 모든 역사를 통하여 인도는 하나의 목적으로 일관해왔다. 진실을 옹호하고 거짓을 배척하기 위하여 싸워왔다. 아마 큰 실수를 저지른 적도 있을 것이다. 그러나, 할 수 있고 또한 해야 한다고 생각되는 것을 행하였다. 인도사상의 역사는 인간 정신의 끝없는 추구―늘 오래되고 또한 늘 새로운―를 여실히 보여준다.

2) 삶과 종교의 일치

영적인 동기는 인도인들의 삶 속에 현저하다. 인도철학은 달 위의 외진 곳이 아니라, 사람이 사는 곳에 관심을 가진다. 그것은 삶 속에 그 기원을 지니며, 학파들의 논의를 거친 후에 다시 삶 속으로 돌아온다. 인도철학의 위대한 저작들은 권위적인 속성을―후기의 논서나 주석서에서는 아주 현저한―전혀 지니지 않는다. 『바가바드기타』(Bhagavadgītā)와 우파니샤드(Upaniṣad)는 대중의 믿음과 동떨어진 어떤 것이 아니다. 그들은 민족 전체의 위대한 경전이며, 동시에 위대한 사상을 실어나르는 수레이기도 하다. 푸라나(Purāṇa) 문헌들은 이해력이 떨어지는 다수의 대중들에게 적합하도록 여러 신화나 설화들로 윤색된 진리를 담고 있다. 대중이 형이상학에 흥미를 지니도록 하는 어려운 작업이 인도에서 이루어진 것이다.

철학의 개조(開祖)들은 대중 가운데 영성개혁이 범사회적으로 일어날 수 있도록 노력하였다. 인도문명이 바라문적인 것이라고 일컬어질 때에도, 그것은 단지 그 주요 성격과 지배적인 동기들이 철학사상가와 제관들에 의하여 틀이 잡혔다는 것을 의미할 뿐이다. 철학자들은 사회의 통치자로서 지도적 위치에 서 있어야 한다는 플라톤의 생각이 인도에서 실행된 것이다. 궁극적인 진리는 정신적인 것이며, 이로써 현실의 삶이 정화되어야 한다.

인도의 종교는 교조적이지 않다. 그것은 철학이 발달해감에 따라 끊임없이 새로운 개념들을 그 자신 속에 수용해가는 합리적인 종합이다. 그것은 본질적으로 경험에 토대를 두고 있으며, 사상의 발달과 보조를 맞추어 발달해가는 형성 도상의 종교다. 인도사상은 지성을 강조함으로써 종교를 철학으로 대체하였다고 하는 일반적인 비판은 오히려 인도의 종교가 지니는 합리적인 성격을 분명히 말해 준다.

인도에서는 어떤 종교운동도 그 지주로 철학적인 내용을 발달시키지 않고 일어난 적이 없었다. 하벨(Havell) 씨는 "인도에서 종교는 결코 도그마가 아니라, 영적인 발달의 여러 단계에서 그리고 삶의 다양한 상황에서 적용되는 인간 행위에 대한 실용적인 전제이다"[원주3]라고 말한다. 종교가 어떤 고정된 신조를 구체화하려 할 때마다, 그 믿음을 호되게 비판하며, 진실을 옹호하고 거짓을 몰아내는 철학적인 반작용과 영성의 회복이 시도되었다.

우리는 언제 어떻게 전통적으로 받아들여졌던 믿음들이 거짓이 아니라 달라진 시대상황 때문에 부적합하게 되고, 그 시대의 사람들은 더이상 그

[원주3] *Aryan Rule in India*, p.170 참조. "The Heart of Hinduism", *Hibbert Journal*(1922. 10) 참조.

믿음들을 인정하지 않게 되며, 마침내 붓다(Buddha)·마하비라(Mahā-vīra)·비야사(Vyāsa)·샹카라(Śaṁkara)와 같은 새로운 스승들의 통찰이 심원한 영적인 삶을 불러일으키며 잇따라 일어나게 되는가를 보게 될 것이다. 내면의 성찰과 미래를 꿰뚫어 보는 안목이 있었던 이 시기는 분명히 인도사상사에서 위대했던 순간들이다. 아무도 모르는 곳에서 일어나는 영혼의 숨결을 불러일으켜, 신선한 출발을 열고 새로운 모험을 감행하던 시기이다. 종교가 언제나 살아 실재하게 만드는 것은 바로 철학적인 진리와 일상생활 간의 긴밀한 관계이다.

종교적인 문제들은 철학적인 정신을 자극한다. 인도인들은 전통적으로 신성의 본질과 삶의 목적, 그리고 개아(個我)와 보편아(普遍我)의 관계에 관한 문제들로 고심해왔다. 비록 인도에서는 철학이 대체로 종교적 사색의 유혹에서 완전히 자유로울 수는 없었다 할지라도, 철학의 논의가 종교적인 형식에 의하여 제한된 적은 없었다. 그 둘은 혼동되는 법이 없었다. 이론과 실천, 교의와 삶 간의 긴밀한 관련 때문에 삶의 시험—실용주의적인 의미에서가 아니라 보다 넓은 의미에서—에 합격하지 못한 철학은 더 이상 살아남을 수 없었다. 삶과 이론 간의 참다운 동질성을 이해하는 사람들에게 철학은 단지 삶의 방식이며 또한 영적인 실현을 가능케 하는 길이다. 단순히 언어의 유희로 끝나거나 어떤 학파의 도그마로 존속하였던 가르침은 일찍이 없었다. 심지어 상키야학파도 그 예외가 아니었다. 모든 교의는 사람들의 심정에 와닿는 정열적인 신념으로 변모된다.

인도에서는 철학이 결코 자의식적이 되거나 비판적이지 않았다고 말하는 것은 옳지 않다. 이미 그 초기 단계에 있어서도 이성적인 자기 반성은 종교적인 믿음을 바로잡고자 했다. 베다(Veda) 찬가에서 우파니샤드에 이르는 과정 속에 함축된 종교의 발달을 보라. 불교에 이르면, 철학적인 정신은 지적인 문제들을 다룸에 있어서 전혀 외부의 권위에 눈길을 보내지 않으며, 아무런 제한 없이 모든 것을 검토하고 증명하며, 그 논증이 이끄는 대로 두려움 없이 따르는 확신에 찬 마음 자세가 되어 있었다.

여러 다르샤나(darśana)들, 즉 철학파들이 나타난 시기에는 체계적인 사유를 위한 힘차고 끈질긴 노력들이 보인다. 그들이 전통적인 종교와 편견으로부터 얼마나 자유로웠는가 하는 것은, 상키야학파가 신의 존재에 대하여 침묵한다는 사실—비록 이론적인 증명 불가능성에 대한 확신이라 할지라도—에서도 명백하다. 바이셰쉬카학파와 요가학파는 궁극적인 존재를 받아들이지만, 그를 우주의 창조자로 여기지 않으며,[원주4] 자이미니(Jaimini)는 단지 세상에 대한 신의 섭리와 지배를 부정하기 위하여 신을 언급할 뿐이다. 초기의 불교 학파들도 신에 대하여 무관심했던 것으로 알려진다. 또한 우리는 신을 부정하고 제관들을 조롱하며, 베다를 매도하고 쾌락에서 구원을 구하는 유물론자 차르바카(Cārvāka)[역주5]들이 있었음을 알고 있다.

삶에 있어서 종교와 사회 전통의 우위가 철학의 자유로운 추구를 방해하지 않는다. 개인의 사회생활이 카스트 제도의 엄격함에 묶여 있는 반면에 견해상의 문제에 있어서는 매우 자유로울 수 있다는 것은 이해하기 어려운 역설이지만, 그럼에도 불구하고 그것은 명백한 사실이다. 인간의 이성은 생득적이라 할 수 있는 종교적인 신조들에 대하여 자유롭게 문제를 제기하고 비판한다. 이런 까닭에 이교도, 회의론자, 불신앙자, 합리론자나 자유사상가, 유물론자나 쾌락주의자들 모두가 인도의 토양 속에서 번창하게 된다. 『마하바라타』(Mahābhārata)에서는 "자기 자신의 견해를 지니지 않는 무니(Muni, 賢者)는 없다"고 하였다.

이 모든 것은 내적인 진리와 인간 행위의 모든 측면에 대한 이치를 알려고 노력하는 인도인들의 강한 지적 성향을 입증한다. 이러한 지적 욕구는 철학이나 신학에 한정되는 것이 아니라, 논리학과 문법학, 수사학(修辭學)

[원주4] 프라샤스타파다(Praśastapāda)에 따르면, 신은 우주의 창조자이다. 『파다르타다르마상그라하』(Padārthadharmasaṁgraha, 句義法綱要), p.48을 보라. (역주) 프라샤스타파다는 약 6세기경에 활동한 바이셰쉬카학파의 논사로서, 그의 『파다르타다르마상그라하』는 유신론적인 입장에서 『바이셰쉬카 수트라』를 수정, 주석한 것이다.

[역주5] 이미 붓다 이전에 활동하였던 인도의 유물론자들을 말한다. 이들은 오직 물질만이 실재한다고 보며, 감각적인 지각(pratyakṣa) 이외의 다른 인식 수단을 인정하지 않는다. 이들에게는 감각적인 쾌락이 유일하고도 의미 있는 삶의 목적이다.

과 어법, 의학과 천문학 등, 사실상 건축학에서 동물학에 이르기까지의 모든 예술과 과학에 확장된다. 삶에 유익하거나 흥미 있는 것이면 무엇이나 탐구와 비판의 대상이 된다. 말을 사육하고 코끼리를 조련하는 것과 같은 아주 사소한 일들에 대해서도 경전과 보조문헌들이 있다는 것을 아는 것은, 지적인 삶의 지극히 포괄적인 성격을 이해하는 데 도움이 될 것이다.

3) 인식 주관에 대한 강조

궁극적 실재의 본질을 규명하려는 철학적인 시도는 사유의 주체인 자아 혹은 사유의 대상에 대한 탐구로 시작될 수 있을 것이다. 인도에서는 철학의 관심이 인간의 자아에 있다. 관찰이 외부로 향하면, 다만 덧없는 사상(事象)들의 분주함이 마음을 속박할 뿐이라고 본다. "아트마남 빗디" (Ātmānam viddhi), 즉 "자아를 알라"는 것은 인도의 모든 가르침을 요약한다. 사람의 내면에는 모든 것의 중심인 마음이 있으며, 이러한 의미에서 심리학과 윤리학은 근본 학문이라 할 수 있다. 삶의 변화무쌍한 다양성과 세세한 활동 속에 내면의 삶이 나타난다. 인도심리학은 정신집중의 가치를 인정하며, 그것을 진리파지(眞理把持)의 수단으로 여긴다. 의지와 지식의 체계적인 훈련을 통하여 도달할 수 없는 삶의 영역이나 마음의 영역이 있을 수 없다는 것을 믿었다.

몸과 마음의 긴밀한 관계를 인정하였으며, 텔레파시나 투시와 같은 심리적인 경험들은 결코 예외적인 기적으로 간주되지 않았다. 그러한 경험은 정신 이상 혹은 신으로부터 오는 영감에서 기인되는 것이 아니라, 철저하게 단련된 상태에서 인간 정신이 충분히 나타내 보일 수 있는 능력이다. 인간의 정신은 의식과 무의식, 그리고 초의식이라는 세 차원을 지니며, 이른바 '예외적인' 심리 현상들—엑스터시, 천재성, 영감, 정신 이상 등의 다양한 이름으로 불리는—은 초의식적인 정신 상태의 작용들이다. 요가학파가 특히 이러한 경험들을 중점적으로 다루고 있지만, 그외의 다른 학파들도 이에 대하여 언급하고 있으며 또한 그들의 목적에 맞게 이용한다.

4) 심리학적인 근거를 지니는 형이상학

형이상학적 체계들은 심리학적인 자료와 정보에 그 근거를 두고 있다. 서양의 형이상학은 그 관심이 단지 각성 상태에 한정되기 때문에 한 쪽으로 치우친 파행성을 띤다는 비판은 일리가 있다. 각성 상태와 동일한 비중으로 다루어져야 할 의식의 다른 상태들이 있다. 인도사상은 의식이 깨어 있는 상태인 각성위(覺醒位)와 꿈이 있는 수면 상태인 몽면위(夢眠位), 그리고 꿈이 없는 수면 상태로서의 숙면위(熟眠位)를 고려한다. 만일 우리가 각성위를 의식의 전부로 간주하게 되면, 우리는 실재론적이고 이원론적이며 다원론적인 형이상학의 개념들을 얻게 된다. 한편 몽면위의 의식 상태만을 고려하는 것은 우리를 주관론자의 학설로 빠져들게 하며, 숙면위에만 치중하는 것은 우리에게 추상적이고 신비주의적인 이론을 추구하게 만든다. 완전한 진리는 반드시 의식의 모든 상태들을 고려하지 않으면 안된다.

5) 순수과학에 있어서 인도인의 성취

인식 주관에 대한 관심이 현저하다고 하여 이것이 곧 인도가 객관적인 과학에 있어서 내세울 만한 것이 아무것도 없다는 것을 의미하지는 않는다. 순수과학 분야에서 인도의 실제적인 성취에 주목한다면, 오히려 그 반대의 경우라는 것을 알게 될 것이다. 이미 고대 인도인들은 수학적이고 기계적인 지식의 토대를 확립했다. 그들은 땅을 측량하고 달력을 만들었으며, 천체도를 만들고 황도대(黃道帶, zodiac)에 의하여 태양과 행성들의 궤도를 밝혀냈다. 물질의 구성 요소를 분석하고 조류와 짐승, 식물과 그 씨앗을 연구하였다.[원주5]

[원주5] 이미 코페르니쿠스가 태어나기 2천 년 전에 『아이타레야 브라흐마나』(Aitareva Brāhmaṇa)의 저자는 이렇게 말하고 있다: "해는 결코 지거나 뜨지 않는다. 사람들이 해가 진다고 생각할 때, 그는 단지 낮의 끝에 이르러 변화시키고 있을 뿐이며, 그 아래에 밤을 만들고 또한 그 다른 편에 낮을 만든다. 사람들이 아침에 그가 떠오르고 있다고 생각할 때, 그는 다만 밤의 끝에 이르러 바꾸어 놓으려 할 뿐이며 그 아래에 낮을 만들고, 또한 그 다른 편에 밤을 만든다. 실로 그는 결코 저물지 않는다"(Haug 版, iii.44 : 『찬도기야 우파니샤드』, iii.11.1~3). 비록 이것은 민간 전승이라 할지라도 매우 흥미롭다.

오늘날 세계에 통용되는 천문학적 지식들의 원천에 관하여 우리가 어떤 결론에 도달하든, 짐작건대 처음으로 대수학을 창안하고 그것을 천문학과 기하학에 응용한 것은 인도인들이었을 것이다. 그들에게서 아랍인들은 대수분석에 대한 개념들뿐 아니라, 수에 관한 귀중한 부호들과 현재 유럽 어디서나 통용되는 십진기수법을 처음으로 받았다. 그리고 이것은 산수학의 발전에도 큰 공헌을 했다.[원주6]

달과 태양의 운행은 인도인들에 의하여 주의깊게 관찰되었으며, 달의 상합적(上合的) 공전에 대한 그들의 판단은 그리스인들이 도달했던 것보다 더 정확한 것이었다. 그들은 27부분과 28부분으로 된 월식의 구분을 지니고 있었는데, 이것은 달의 주기에 의하여 명백히 시사되는 그들 자신의 고안으로 보인다. 그들은 주요 행성들 가운데 가장 밝은 별에 대하여 정통하였다. 칼데아인(Chaldean)들과 공유하였던 60년 주기 형태의 역법을 제정하면서, 태양과 달의 주기와 함께 처음으로 목성의 주기를 도입한 바 있다.[원주7]

인도인들이 이미 고대에 논리학과 문법학에 대하여 생각하였으며, 또한 그것을 발전시켜왔다는 것은 오늘날 인정되고 있다.[원주8] 윌슨(Wilson)은 "천문학이나 형이상학의 경우처럼, 의학에 있어서도 한때 인도인들은 세계의 가장 진보된 나라들에 조금도 뒤지지 않았다. 그들은 의약과 외과 수술에 있어서도 기록에 남아 있는 어떤 사람들보다 아주 탁월했으며, 실제로 그것은 현대 의학자들에 의하여 해부학이 우리에게 알려지기 이전에 이미 실행가능하였다"[원주9]고 말한다.

인도인들이 어떤 위대한 기계 시설을 발명하지 않았다는 것은 사실이다. 이에 대하여 자비로운 신——그들에게 큰 강과 풍부한 식량을 주었던——이

[원주6] Monier Williams, *Indian Wisdom*, p.184.
[원주7] Bhaskara, *Work of Algebra*(Colebrooke 譯), p.xxii.
[원주8] Max Müller, *Sanskrit Lterature*를 보라.
[원주9] *Works*, vol.ⅲ. p.269.

책임을 져야 한다. 기계 문명은 결국 16세기 이후로 돌려지며, 그때 인도는 이미 자주성을 잃은 식민지 국가가 되어 있었다는 것을 기억해야 한다. 자유를 잃어버리고 다른 나라들과 헛된 관계를 시작하면서 인도는 역동성을 잃고 말았다.

그 이전까지만 해도 인도는 수학・천문학・화학・의학・해부학에 있어서, 그리고 고대에 실행되었던 물리학적 지식들이나 미술과 공예에 있어서도 그 자신의 독자적인 영역을 지닐 수 있었다. 돌을 조각하는 법, 그림 그리는 법, 금 세공법, 직조법 등에 대해서도 잘 알고 있었다. 인도는 미술・공예 분야의 모든 예술을 발전시켰으며, 이것은 문명인의 조건을 구비하는 것이다. 인도의 선박들은 대양을 가로질렀으며, 나라의 부강은 옛 유대와 이집트, 그리고 로마에까지 미쳤다. 개인과 사회, 도덕과 종교에 관한 인도인들의 개념은 실로 그 시대에 괄목할 만한 것이었다. 인도인들은 존재의 차별성이나 분리를 강조하기보다는 그 통일성을 추구하는 편이었다는 것이 사실이지만, 그들이 시가(詩歌)와 신화에 빠져서 과학과 철학을 멀리했다고 말하는 것은 합당하지 않다.

6) 사색적인 종합과 과학적인 분석

과학적인 정신은 분석적인 반면에, 사색의 정신은 보다 종합적이다. 후자는 모든 존재의 기원과 시대적인 흐름과 세계의 영고성쇠를 하나의 포괄적인 조망 속에 포용하는 보편적인 철학을 확립하고자 한다. 이에 비하여, 전자는 현상 세계의 알맹이 없는 시시한 일들에 매달려 그 통일성과 전체성을 놓쳐버리는 경향이 있다. 인도사상은 존재에 대한 방대하고 편견 없는 통찰을 시도하는데, 이것은 인도사상이 몽상가나 세상에 적응하지 못하는 사람들이 쏟아놓는, 아주 관념적이고 사변적인 것이라는 비판의 빌미가 되기도 한다. 반면에 서양사상은 보다 개인 중심이며 또한 실용주의적인 성향을 지닌다. 후자는 이른바 감각에 의존하며, 전자는 영감으로 사색한다. 거듭 강조하건대, 바깥 사물들에 대한 욕망에서 벗어나 세계의 아름다운 것들을 즐기며, 심원한 영혼의 세계를 노래・소설・음악・무용・제의식과 종교 속에 마음껏 표현할 수 있었던 인도인들의 사색적인 성향을 설명해 주는 것은 인도의 자연환경이다. "사색에 잠긴 동양"(brooding East)—때로는 조롱하는 의미로 사용되기도 하는—이라는 표현이 전적으로 잘못된 것은 아니다.

철학이 현대의 다양하게 분화된 여러 학문 분야를 포괄하는 것은 인도인의 종합적인 시각에서 비롯된 것이다. 서양에서는 지난 수백 년 동안 줄곧 철학에 포함되어 있던 여러 학문 분야들—경제학·정치학·윤리학·심리학·교육학 등—이 하나씩 철학에서 떨어져 나갔다. 플라톤의 시대만 해도 철학은 인간의 본성과 밀접한 관계를 지니는, 인간의 사색적인 관심의 중추를 이루는 모든 학문을 의미하였다. 이와 마찬가지로 우리는 인도의 고대 경전들 속에서 철학적 영역의 모든 내용들을 발견할 수 있다. 근래에 들어 서양에서는 철학이 형이상학, 혹은 인식과 존재와 가치에 관한 난해한 논의와 동일한 의미로 쓰이게 되었다. 이것은 결과적으로 형이상학이 인간 본성의 창조적이고 실천적인 측면들과 동떨어진, 철저하게 이론적인 것이 되고 말았다는 불평을 듣게 하는 원인이 된다.

7) 일원론적인 관념론과 그 변형들

만일 우리가 인도인의 주관 세계에 대한 관심과 종합적인 통찰을 지니려는 그들의 성향을 동시에 고려한다면, 어떻게 일원적 관념론이 세계의 실상들에 대한 진리가 되는가 하는 것을 알게 될 것이다. 베다사상의 전체적인 추이는 다름아닌 일원적 관념론을 지향하고 있으며, 불교나 바라문 종교들도 여기에 토대를 두고 있다. 그것은 인도에 계시된 최고의 진리임에 분명하다. 심지어 겉으로 이원론 혹은 다원론을 표방하는 학파들도 실제로는 강한 일원론적 성격이 현저한 경우가 많은 것 같다. 만일 우리가 인도의 여러 다양한 견해들에서 인도사상의 일반적인 정신을 추출해 볼 수 있다면, 우리는 그것이 일원적 관념론의 입장에서 삶과 자연을 해석하는 경향을 지니고 있다는 것을 알게 될 것이다. 물론 이러한 경향은 아주 유동적이고 복합적이어서 여러 형태를 띨 수 있으며, 심지어는 상호 대립적인 가르침들을 담고 있는 것으로 보일 수도 있을 것이다.

인도사상을 통하여 나타났던 일원적 관념론의 주요 형태들을 그 상세한 발달과정이나 비판적인 고찰은 뒤로 미루고 간략하게 살펴보자. 이것은 우리가 인도인들에 의하여 이해된 철학의 본질과 기능을 파악하는 데 도움이 될 것이다. 우리의 입장에서 볼 때, 일원적 관념론은 네 가지 유형으로 나타난다 : (1) 불이(不二) 일원론(Advaitism), (2) 순수 일원론(Puremonism), (3) 수정 일원론(Modified monism), (4) 암묵적 일원론(Implicit monism).

8) 불이 일원론

철학은 경험적인 사실에 의거하여 이루어진다. 한 사람에 의하여 관찰된 사실이 다른 모든 사람들에게도 받아들여질 것인지, 아니면 단지 주관적인 것에 불과한 것인지를 확인하기 위해서는 논리적인 반성이 필수적이다. 이론은 사실을 만족스럽게 설명해 줄 때 타당한 것으로 인정된다. 외부 세계의 사실들이 깊은 관심 속에 현대 과학자들에 의하여 연구되었던 것과 마찬가지로, 인간의 정신 혹은 의식에 관한 사실들이 인도사상가들에 의하여 깊이 연구되어왔다는 것은 이미 언급하였다. 불이 일원론의 철학적인 결론들은 심리학적인 관찰의 사실에 그 토대를 둔다.

자아의 행위는 각성·몽면·숙면의 세 가지 상태에 귀속된다. 꿈속에서도 구체적이고 실제적인 세계가 우리에게 나타난다. 그러나 우리는 그 세계를 실재한다고 말하지 않는다. 왜냐하면 꿈에서 깨었을 때, 꿈속의 세계가 깨어 있는 세계와 일치하지 않는다는 것을 발견하기 때문이다. 그러나 상대적으로 꿈속에서는 꿈의 세계가 실재적이다. 꿈속의 세계가 깨어 있는 상태보다 덜 실재적이라는 것은, 깨어 있는 세계의 사회적 관습에 의한 가치기준에서 오는 불일치일 뿐이다. 그것은 결코 자명한 진리의 절대적인 지식이 아니다. 심지어 깨어 있는 세계의 실재성도 상대적인 것에 불과하다. 그것은 단지 깨어 있는 의식 상태에 대한 상관물(相關物)일 뿐이며, 결코 영원히 존재하는 실재가 아니다. 예를 들어, 그것은 꿈속이나 숙면 상태에서는 사라져버린다. 꿈속의 의식과 그 세계의 관계와 마찬가지로, 깨어 있는 의식과 그 대상 세계는 서로 관련되고 의존하여 있다. 샹카라가 지적한 바와 같이, 각성 상태의 현상 세계는 절대적으로 실재하는 것이 아니다 : "꿈속의 세계는 끊임없이 부정되는 반면에, 깨어 있는 세계는 예외적인 상태에서 부정된다."

꿈 없는 숙면 상태에서는 우리에게 경험적인 의식의 중단이 일어난다. 어떤 인도사상가들은 우리가 이 상태에서 대상 없는 의식을 지닌다고 주장하기도 한다. 이에 대한 상세한 논의는 접어두더라도, 숙면 상태가 완전한 비존재 혹은 무(無)가 아니라는 것은 명백하다. 왜냐하면 그와 같은 가정은 잠을 잘 잤다는 수면 후의 기억과 모순되기 때문이다. 모든 형태의 경험이 완전히 결여된 상태라 하더라도 우리는 자아가 지속적으로 존재한다고 말하지 않을 수 없다. 잠이 완전히 들어 있는 한 인식되는 대상도 인식하는 주체도 있을 수 없다.

청정한 자아는 시시각각의 기분에 따라 일어나고 사라지는 사념의 편린들에 의하여 아무런 영향도 받지 않는 것처럼 보인다. "달라지고 바뀌는 것들 가운데 있으면서 달라지지도 바뀌지도 않는 것, 그것은 그 모든 것들과 다르다."[원주10] 모든 변화의 한가운데 있으면서도 불변으로 지속하는 자아는 그외의 모든 것들과 다르다. 상황이 바뀌어도 자아는 변하지 않는다. "억겁으로 흐르는 달과 해, 길고 짧은 주기적인 순환들, 어제와 내일의 이 모든 시간 속에서도, 다만 이 자명한 의식은 생겨나지도 스러지지도 않는다."[원주11] 시공간적인 대상들과 함께 시공간조차도 사라져버린 무한한 존재가 실재하는 것으로 느껴진다.

각성・몽면・숙면의 변화무쌍한 의식의 양태들과 연관된 관념들이 펼치는 우주적인 드라마를 단지 바라보기만 하는 관조자, 그가 곧 자아이다. 우

[원주10] *Bhāmatī*, i .1.1 : Yeṣu vyāvartamāneṣu yad anuvartate tat tebhyo bhinnam.
[원주11] 『판차다쉬』(*Pañcadaśī*), i .7.

리의 내면 깊은 곳에는 기쁨과 슬픔, 장점과 단점, 그리고 선과 악을 초월한 그 무엇이 있다는 것은 확실하다. 자아는 "결코 죽지 않으며, 태어나지도 않는다──영원·불생·무한의 이 늙은이는 몸을 해친다고 하여 결코 해를 입지 않는다. 만일 죽이는 자가 스스로 죽일 수 있다고 생각하거나, 죽음을 당하는 자가 스스로 죽음을 당한다고 생각한다면, 그들은 모두 진실을 알지 못하는 것이다. 왜냐하면, 자아는 죽이지도 죽음을 당하지도 않기 때문이다."[원주12]

영원히 자기 동일성을 지속하는 자아 외에도 우리는 또한 다양한 경험 대상들을 지닌다. 전자는 영원불변이지만, 후자는 무상하며 늘 변화한다. 전자는 모든 대상들에 대하여 독립적이며 따라서 절대적이다. 이에 비하여 후자는 다양한 양태로 변화한다.

어떻게 세계를 설명할 것인가? 여기에 시공간과 인과율에 묶여 있는 경험 세계의 다양성이 있다. 만일 자아가 유일한 것, 두루 편재하는 것이며 불변하는 것이라면, 우리는 세계 내에서 이와 상반되는 성격의 수많은 사실들을 발견한다. 우리는 다만 그것을 비아(非我, not-self), 혹은 어떤 주체에 대한 객체라고 부를 수 있을 뿐이다. 어떤 경우에도 그것은 실재가 아니다. 경험 세계에 대한 주요 범주들, 즉 시간과 공간과 인과율은 자기 모순이다. 그들은 그들 자신의 구성 요소에 의존하는 상대적인 용어들이며, 그들 자체로는 아무런 실체도 지니지 않는다. 그럼에도 불구하고 그들은 비실재가 아니다. 세계가 거기 있으며, 우리는 그 속에서, 그리고 그것을 통하여 활동한다.

우리는 이 세계의 원인을 모른다. 마야(māyā, 幻)라는 말에 의하여 표현되는 것이 바로 세계가 지니는 설명할 수 없는 실재에 대한 사실이다. 절대적인 자아와 경험 세계의 끊임없는 변화 간의 관계를 묻는 것, 다시 말해 '왜' 그리고 '어떻게' 그것이 생겨났는가를 묻는 것은, 곧 모든 것이 '왜'와 '어떻게'를 지닌다는 것을 가정하는 것이다.

[원주12] 『카타 우파니샤드』(Kaṭha Upaniṣad), ii.18~19 ; 『바가바드기타』, ii.19~20.

이러한 관점에서는 무한자가 유한자로 된다거나, 혹은 그것이 스스로 유한자로 현현(顯現)한다고 말하는 것은 완전히 터무니없는 것이 된다. 유한자는 무한자를 표현하거나 나타낼 수 없다. 무한자가 유한자 속에 자기를 현현하는 순간 그것은 스스로를 한정하게 된다. 절대자가 경험 세계로 전변(轉變)된다고 말하는 것은 그 자신의 절대성에 어긋나는 것이다. 그 어떤 형태의 전이도 완전한 존재에게는 일어날 수 없다. 어둠은 결코 완전한 빛 속에 머무를 수 없다. 본질적으로 불변인 궁극자가 변화로 인하여 한정된다는 것은 있을 수 없다. 변화한다는 것은 바람이 있다는 것, 혹은 부족함이 있다는 것을 의미하며, 그것은 완전성의 결여를 보여주는 것이다. 절대적인 것은 결코 지식의 대상이 될 수 없다. 왜냐하면 알려지는 것은 언제나 유한하며 상대적이기 때문이다.

우리의 유한한 정신은 시공간과 인과율의 속박을 넘어설 수 없으며, 이들을 설명할 수도 없다. 왜냐하면 그들을 설명하려는 모든 시도들도 또한 그들을 전제로 하기 때문이다. 상대적인 세계의 한 부분일 수밖에 없는 우리의 사유 체계를 통해서는 절대적인 자아를 알 수 없다. 우리의 상대적인 경험은 하나의 깨어 있는 꿈에 지나지 않는다. 과학이나 논리학도 또한 그것의 일부이며 그 산물에 지나지 않는다. 형이상학에서의 이와 같은 실패는 한탄해야 할 일이거나 조롱받아야 할 일이 아니며, 찬양되거나 비난되어야 할 일은 더욱더 아니다. 다만 그것은 올바르게 이해되어야 할 사실일 뿐이다. 지적인 힘에서 나오는 감동적인 겸손으로 플라톤, 나가르쥬나(Nāgārjuna, 龍樹), 칸트 혹은 샹카라와 같은 사상가들은, 우리의 사유는 단지 상대적인 것을 다룰 수 있을 뿐이며 절대적인 것과는 전혀 무관하다는 것을 언명하였다.

절대자는 비록 논리적인 방법으로는 알려질 수 없다 할지라도, 그것은 우리가 살아 움직이며 우리의 존재를 지니는 실재라는 진리를 알고자 하는 모든 사람들에 의하여 실현될 수 있다. 오직 그것을 통하여 다른 모든 것이 알려진다. 그것은 모든 지식의 영원한 근거이다. 불이론자는 자기의 이론이 사실에 논거를 두고 있다고 주장한다. 자아는 모두에 의하여 자각되는 내심의 가장 심원한 실재이다. 왜냐하면 그것은 알려진 것과 또한 알려지지 않은 모든 것의 자아이기 때문이며, 그 자신 이외는 그것을 아는 자가 있을 수 없다. 자아는 참으로 있는 영원한 실재이며, 그밖에는 아무것도 없다. 다양성을 특징으로 하는 경험 세계에 대하여 불이론자들은 말한다. "아무튼 그것은 거기에 있다. 뿐만 아니라, 그것의 끝도 또한 있다." 왜 그런가에 대해서는 우리는 아무것도 모르며 알 수도 없다. 그것은 전적으로 모순이다. 그럼에도 불구하고 그것은 실제적이다. 이것이 바로 가우다파다(Gauḍapāda)와 샹카라에 의하여 시작된 불이론 철학의 입장이다.

9) 순수 일원론

이러한 견해에 불만을 지니며, 마야라는 말을 사용하여 우리의 혼돈을 은폐하려는 것은 옳지 않다고 생각하는 불이론자들이 있다. 그들은 불변의 실재로서 경험의 가장 깊은 곳에 있는 완전자와 변화, 생성하는 세계 간의 관계에 대하여 보다 적극적인 설명을 시도한다. 유일한 실재의 완전성을 유지하려면, 생성하는 세계가 실재의 바깥에 있는 어떤 요소의 부가에서 비롯되는 것이라고 말할 수 없다. 왜냐하면 유일한 실재 밖에는 아무것도 있을 수 없기 때문이다. 그렇다면 세계의 생성은 유일한 실재 내의 어떤 감소에 의하여 생겨나는 것이라고 할 수밖에 없다. 플라톤의 비존재나 아리스토텔레스의 질료와 같은 부정적인 어떤 것이 세계의 변화를 설명하기 위하여 상정된다. 이와 같은 부정적인 원리의 작용을 통하여 불변의 절대자는 변화하는 다자(多者) 속으로 전개된다. 태양은 광선 그 자체를 포함하고 있지 않지만, 그럼에도 불구하고 태양으로부터 광선이 흘러나온다.

마야는 끝없는 충동과 동요를 만들어내며 우주의 생성을 전개시키는 부정적 원리의 이름이다. 세계의 유출은 불변하는 절대자의 가현적인 유한화에 의하여 일어난다. 실재는 생성 과정 속에 긍정적인 모든 것을 나타낸다. 세계 내의 모든 존재들은 그들의 실재성을 회복하고, 그들에게 결여된 것을 채우며, 그들의 개별성과 격리성을 떨쳐버리기 위하여 끝없이 노력한다. 그러나 그들의 내적인 결함, 즉 현존의 그들과 되어져야 할 그들의 모습 간의 간격을 만드는 마야 때문에 그렇게 하지 못한다. 만일 우리가 마야를 제거하고, 이원적인 성향을 극복하고 그 간격을 없애며, 내적인 혼돈을 잠재울 수 있다면, 시공간과 이에 따른 변화는 순수한 존재로 되돌아가게 될 것이다. 마야의 원초적인 결함이 극복되지 않는 한 세계 내의 존재자들은 시공간과 인과의 속박에 갇히도록 운명지워져 있다. 마야는 인간이 만들어내는 것이 아니다. 그것은 우리의 지력에 선행하며, 그것에 대하여 독립적이다. 실로 세계 내의 사물들과 인간의 지력은 그것으로 말미암아 있다. 그것은 전체 세계에 대한 무한한 가능력이다. 마야는 프라크리티(prakṛti)라고 불리기도 한다.

생성과 소멸의 순환, 끝없이 반복되는 세계의 전개, 이 모든 것은 세계의 근저에 놓여 있는 이러한 근본적인 결함을 나타낸다. 생성 과정의 세계는 존재의 중단을 의미한다. 마야는 궁극적 실재의 반영이다. 세계 과정은 불변하는 존재의 변형이라기보다는 그것이 마야에 의하여 전도(顚倒)된 것이다. 그러나 마야의 세계는 순수존재를 떠나서는 존재할 수 없다. 만일 불변하는 것이 없다면, 운동이란 있을 수 없다. 왜냐하면 운동은 다만 불변자의 가현적인 유한화에 불과하기 때문이다. 세계에 편재하는 운동의 실상은 부동자이다.

생성이 존재로부터의 전변인 것과 마찬가지로, 아비드야(avidyā, 無知)는 비드야(vidyā, 知)로부터의 추락이다. 진리를 알고 궁극적인 실재를 이해하려면, 우리는 아비드야와 그것의 지적인 속성들——우리가 이들에게 실재성을 부여하려는 순간 헛되게 만들어버리는——을 제거해야만 한다. 이것은 사유 작용의 무력함과 나태에 대한 변명이 아니다. 이러한 견해에 대한 논리로서의 철학은, 우리의 현실적인 필요와 생성의 세계에 상대적인 지적 개념들의 도입을 포기하도록 만든다. 철학은 우리가 지력으로 속박되어 다자(多者)의 세계에 넋을 잃고 있는 한, 일자(一者)의 단순성으로 회귀하려는 우리의 노력이 헛된 것일 수밖에 없다고 말한다. 비드야 또는 존재 그 자체로부터의 소외를 야기시키는 아비드야 및 마야가 왜 있는가 하고 묻는다면, 이 물음에는 답이 될 수 없다. 논리학으로서의 철학은 여기서 모든 지적인 범주들의 부적합성을 밝히는 소극적인 기능을 지닌다. 이 과정에서 철학은 어떻게 세계의 대상들이 아무런 독립적인 실재성도 지니지 않는 마음에 대하여 상대적인가 하는 것을 지적할 뿐이다. 그것은 우리에게 세계의 변화와 전혀 무관하게 존재한다고 말해지는 불변자에 대해서, 혹은 세계의 창조가 귀속되는 마야에 대하여 분명한 어떤 것을 말해 줄 수 없다.

철학은 실재성을 실현함에 있어서 직접적으로 우리를 도와줄 수 없다. 다만 그것은 실재를 판단하기 위하여 우리가 그것을 왜곡하지 않을 수 없다는 사실을 말해 줄 뿐이다. 철학은 일단 그것이 독자적으로 확정되었을 때, 진리에 대한 관심에 기여하게 될 것이다. 우리는 그것을 고안해내고, 논리적으로 방어하며, 널리 전파되도록 노력할 수 있다. 순수 일원론자들은 우리가 실재에 가까워지는 것을 느낄 수 있게 하는 추상적인 지력보다 더 심원한 어떤 힘을 인정한다. 우리는 우주 의식 속으로 스스로를 침잠시켜야 하며, 우리 자신을 그 모든 것들과 공존하도록 만들어야 한다. 그때 우리는 그 실재를 생각한다기보다는 그것으로 살며, 그것을 안다기보다는 그것이 된다. 이와 같이 논리와 직관, 실재와 존재의 세계를 극명하게 구분하는 극단적인 일원론은 소수의 우파니샤드와 나가르쥬나, 초(超)철학적인 경향의 샹카라, 슈리 하르샤(Śrī Harṣa)와 불이론자들의 사상들에서 볼 수 있다. 서양의 경우에는 신비주의자들은 말할 것도 없고, 파르메니데스와 플라톤, 스피노자와 플로티누스, 브래들리와 베르그송 등의 철학에서 이러한 경향을 찾아볼 수 있다.[원주13]

10) 수정 일원론

직관이나 지력에 나타나는 순수하고 단순한 존재가 어떤 것이든, 그것은

[원주13] 사실 우리는 상키야철학에서도 경험의 세계에 대한 이와 동일한 설명을 본다. 즉 상키야철학에서의 경험 세계는 관조하는 자아의 청정함에 조금도 나쁜 영향을 끼치지 않는다. 다만, 아무런 논리적 근거도 지니지 않는 다원론적인 편견이 역설되고 있다는 점에서는 다르며, 그 결과로 영혼의 다수가 인정된다. 그러나 논리적인 엄밀성이 추구되어 일단 다원론이 무너지면, 상키야의 이론은 여기서 개략한 순수 일원론과 다르지 않게 된다.

단지 하나의 추상에 불과하다. 개개의 모든 사실과 존재의 형태가 소멸되어도 그것은 계속하여 존재하는 것으로 여겨진다. 그것은 전체 세계로부터 추상이 만들어질 때 그 뒤에 남겨지는 찌꺼기이다. 사람의 생각이 바다와 육지, 해와 별들, 공간과 시간, 인간과 신을 사색하여 지워 없애버린다는 것은 아주 어려운 과제임에 분명하다. 전체 세계를 떨쳐버리고 모든 존재를 부정하려는 노력이 이루어질 때, 사유를 위한 아무것도 남지 않는 것 같다. 유한하고 상대적인 사유는 존재하는 모든 것이 사라져버렸을 때, 다만 아무것도 없다는 철저한 절망에 빠진다. 개념 작용에 익숙한 정신에서는 직관의 중심 명제, 즉 "오직 존재만 있다"는 것은 곧 아무것도 없다는 것을 의미한다. 헤겔이 지적한 바와 같이, 인간의 사유는 오직 유한한 존재, 구체적인 사물과 함께 작용할 수 있다. 그것에서는 모든 긍정이 부정을 의미하며, 그 역(逆)도 또한 같다. 개개의 모든 구체적인 것들은 존재와 비존재, 긍정과 부정을 아울러 가지고 있는 생성 과정이다. 그러므로, 직관되는 존재에 만족하지 않고 구체적인 것에 대한 자연적인 본능을 지니는 사유 작용에 의하여 얻어질 수 있는 종합을 지니고자 하는 사람들은, 객관적인 관념론 체계에 매력을 느끼게 된다. 구상적인 관념론자들은 순수 존재와 가현적 생성이라는 두 개념들을 유일한 신 속에 종합하려고 노력한다. 극단적인 일원론자들조차도 생성이란 존재에 의존한다는—비록 그 역은 그렇지 않다 해도—것을 인정한다.

우리는 이제 어떤 유형의 굴절된 절대자, 즉 그 자신 속에 세계의 가능성을 지니고 그 자신의 본성 속에 생성뿐 아니라 모든 존재의 본질을 지니며, 다양성과 통일성, 무한과 유한을 동시에 지니는 신을 얻는다. 이제 순수존재는 스스로 대상 속으로 전변하고, 다시 그 자신 속으로 그것을 귀입(歸入)시키는 주체가 된다. 헤겔의 표현을 빌리면, 정립·반정립·종합이 영원한 순환 속에 계속된다. 헤겔은 구체적인 세계의 실상이 주관인 동시에 객관이라는 것을 바르게 인식하고 있다. 이들 상반되는 두 명제들은 개개의 모든 구체물 속에 공존하고 있다. 위대한 신 역시 자기 안에 이 두 가지 상반되는 속성을 지닌다. 두 속성 가운데 전자는 후자를 통하여 있을 뿐만 아니라, 사실상 후자이다. 이와 같이 순환하는 바퀴에 연루되어 끝없이 돌아가는 역동적인 신이 주장될 때, 신성한 절대자에서 하찮은 티끌에 이르기까지 존재의 모든 차원들은 저절로 실현된다. 신에 대한 긍정은 존재의 모든 차원에 대한 동시적인 긍정이기 때문이다.

우리는 이제 사유에 의하여 구축되고 사유에 대하여 답하며 또한 사유에 의하여 유지되는 사유의 세계를 지닌다. 그 속에서는 주관과 객관이 순간으로 사라진다. 시간, 공간, 그리고 인과율의 관계들은 주관적인 형식이 아니라, 사유의 보편적인 원리들이다. 만일 우리가 순수 일원론의 입장에서는 동일성과 차별성 간의 정확한 관계를 이해할 수 없다면, 여기서 우리는 보다 나은 토대 위에 서게 되는 셈이다. 세계는 전변되어 차별화된 동일성이다. 격리되어 있는 것은 아무것도 없다. 신은 동일성의 내적인 토대이며 그 근거이다. 세계는 외적인 현현이며 자의식의 구체화이다.

순수 일원론의 주장에 의하면, 이와 같은 신은 절대자 그 자체가 아니라 단지 절대자로부터 강등된 존재에 불과하다. 그는 순수존재 혹은 절대자와 자기 자신을 분리시키는, 인간이 생각할 수 있는 최소한의 간격을 지닌다. 그것은 비드야로부터 우리가 생각할 수 있는 최소한으로 떨어져 있는 아비드야의 산물이다. 다시 말해 이러한 구체적인 신은 인간 지성의 최고 산물이다.

유감스러운 것은, 구체적인 신이란 결국 산물에 불과하다는 것이며, 우리의 지성은 그것이 아무리 비드야에 근접한다 해도 여전히 아비드야의 영역에 있다는 점이다. 이러한 신은 자기 안에 존재의 최대한과 함께 결함의 최소한을 지닌다. 아무리 적어도 결함은 결함이다. 마야의 최초의 접촉 혹은 절대 존재의 최소한의 감소라도, 그것은 신을 시공간 속으로 집어던지기에 충분하다.

절대적인 일자(一者)는 스스로는 전혀 움직이지 않으면서, 어떤 공간에 존재하는 창조자 신으로 전변한다. 신은 시공간 속에 어떤 존재로 객관화된 절대자이며, 자기를 만물 속으로 확장해가는 영혼이다. 그는 존재-비존재, 브라흐만-마야, 주체-대상이며, 영원한 힘, 헤겔의 절대 정신, 라마누자(Rāmānuja)의 (절대적-상대적) 비쉬슈타드와이타(viśiṣṭādvaita)[역주6]이며, 우주의 목적인일 뿐 아니라 동력인이다. 세계는 무시무종이다. 왜냐하면 신의 활동이 시작되었을 수도, 결코 끝날 수도 없었을 것이기 때문이다. 언제나 정지한 채로 있지 않는 것이 그의 본질적 속성이다.

이것이 인간의 사유 작용이 도달할 수 있는 최고의 개념이라는 것은 의심할 나위 없다. 만일 우리가 세계 내의 존재들을 통일하고 상호 대립하는 명제들을 종합, 지양하려는, 우리의 지적 활동의 자연적인 추이를 끝까지 추구해간다면, 우리는 순수존재도 아니고 순수비존재도 아니며, 양자를 겸한다는 설명의 원리에 도달하게 된다. 이러한 개념은 모든 존재를 전체 속에 함축함으로써 구성된다.

이러한 관점에서 보면, 철학은 그 성격에 있어서 구성적이다. 따라서 그것은 본질적으로 긍정적이며, 그 기능은 종합적이다. 심지어 여기서 추상적인 개념들을 사용하는 논리적인 이해마저도 추상적인 개념들의 토대가 되는 구체적인 것에서 우리를 차단시킨다.

이성으로서의 사유 작용은 논리적인 이해의 어려움들을 극복해 준다. 경험의 세계로부터 출발하여 신이라는 궁극적인 원리로 올라간다. 이렇게 얻어진 전체에 대한 개념으로부터 지엽적인 것들로 내려와 부분들을 재음미한다. 사유 작용의 힘을 확신하는 모든 유형의 논리적 독단론들은 세계에 대한 이러한 개념들로 끝난다.

우리가 사유 작용의 절대성을 의심하게 되면 어려움이 일어난다. 우리의 지식은 통합하고 쪼개는 정신의 요구에 상대적일 수도 있지 않은가? 아마 다르게 형성되는 정신에서는 지식이 현재의 그것과 다를 수도 있을 것이다. 현재 우리가 지니고 있는 지식은 우리가 모든 지식이 이러한 형태일 것이라고 생각하도록 만든다. 그러나 그러한 주장을 비판하는 사람들이 있을

[역주6] 순수 무차별이 아니라, 유기적인 통일(organic unity)이라는 의미에서의 일원(一元)을 가리키는 말이다. 라마누자는 궁극적으로 실재하는 신과 세계가 유기적인 통일을 이루고 있다는 의미에서의 일원론을 주장한다. 이러한 입장에서는 신과 세계 간의 차별성뿐 아니라 양자간의 존재론적인 연속성이 강조된다.

때, 그 입장을 방어하는 것은 어렵다. 사유 작용에 드러나는 실재에 대한 개념적인 구상이 참이라는 것은 일단 인정하지만, 그럼에도 불구하고 때로는 사유 작용이 실재와 동일하지 않다고 주장된다. 모든 개념들을 하나로 압축한다고 해서 우리가 그 개념들을 초월하는 것은 아니다. 하나의 관계는 다만 관계지우는 정신의 일부에 불과하다. 아무리 월등한 정신이라도 그것은 여전히 정신이며 인간의 것과 동일한 속성과 양태를 지닌다. 수정된 일원론은 몇몇 우파니샤드들과 바가바드기타, 소수의 불교도들, 그리고 바다라야나(Bādarāyaṇa)는 아니라 할지라도 라마누자에 의하여 받아들여졌다.[역주7] 서양에서는 아리스토텔레스와 헤겔의 사상들이 이에 부합된다.

첫번째 견해에 따르면 완전한 존재는 실재적이며, 비실재적인 세계-과정은 비록 우리가 그 원인을 모른다 할지라도 실제적이다. 두번째 견해에 따르면 세계-과정이란 순수존재가 감손의 힘, 즉 마야에 의하여 시공간 속으로 떨어지는 것이다. 세번째 견해는 우리가 지닐 수 있는 최상의 결과는 신 안에 순수존재와 비존재를 종합하는 것이라고 주장한다. 우리는 곧 실재의 모든 중간 차원들을 인정해야 할 논리적 필연성 아래 놓인다. 만일 순수존재가 경험의 세계에 관한 한 아무 쓸모없는 것으로 내버려지고, 또한 창조자 신 개념을 비논리적인 것이라 하여 내쫓아버린다면, 그때 남는 것은 존재 그 자체라기보다는 단지 다른 어떤 것이 되고자 끝없이 열망하는 생성의 끊임없는 변화뿐일 것이다. 불교의 주요 원리들은 이러한 입장의 반영이다.

수정된 일원론의 전제에 입각하면, 존재계에서 중간 차원의 실재들이 지니는 특수한 속성들은 완전한 실재로부터 그들을 분리시키는 간격으로 판단될 수 있을 것이다. 그들 모두의 공통된 속성은 시공간 속에 존재한다는 것이다. 보다 세밀한 관찰을 할수록 점점 더 특수한 속성들이 우리에게 드

[역주7] 전통적으로 바다라야나는 베단타학파의 근본경전인 『베단타 수트라』(*Vedānta Sūtra*)의 저자로 알려진다. 『베단타 수트라』는 그 자체가 간결한 경구 형태로 이루어져 있기 때문에 다양한 해석의 가능성을 안고 있다. 라마누자는 『베단타 수트라』에 대한 주석을 통하여 자신의 제한 불이론을 확립한다.

러나 보일 것이다.

11) 암묵적 일원론

사고하는 실재와 사고력이 없는 객체들 간의 구분을 인정하게 되면, 우리는 마드와(Madhva)의 이원론 철학을 지니게 될 것이다. 오직 신만이 독립적(svatantra)이며 세계 내의 다른 실재들은 의존적(paratantra)이라고 말해지는 한, 마드와의 철학도 본질적으로 일원론이라고 할 수 있다.

사고력 있는 존재들의 독립성을 강조하되, 증명될 수 없는 신의 존재에 대하여 염려하지 않는다면, 우리는 상키야학파와 더불어 다원론을 지니게 될 것이다. 여기에 객관 세계를 구성하는 존재들의 복수(複數)를 인정하면, 우리는 복수적 실재론의 입장이 된다. 이 경우에는 신도 여러 실재들 가운데 하나에 불과하게 된다.

중간 차원의 실재들에 대한 논의에서 개별 존재의 위상과 속성은 철학자의 상상에 달려 있는 것 같이 보인다. 그리고 어떤 학설이 무신론으로 되는가, 아니면 유신론으로 되는가 하는 것은 우주의 드라마가 일어난다는 보장 아래 절대자에게 주어지는 관심에 따라서 결정된다. 때로는 그것이 신에게 집중된 빛으로 밝게 빛나는가 하면, 때로는 점차 희미해지고 마침내 사라져버리기도 한다. 인간은 그 자신의 독특한 성향에 따라서 세계의 문제들에 반응하는 갖가지의 방식들이 있게 마련이다.

12) 만유재신(萬有在神)

인도사상에서는 신과 인간 간의 우정어린 조화가 있는 반면에, 서양의 경우에는 양자간의 대립적인 측면들이 보다 강조된다. 그들의 신화 또한 이 점을 잘 나타내고 있다. 인류를 멸하고 새로운 종족으로 대체하려고 하는 제우스(Zeus)에 대항하는 인류의 대변자 프로메테우스(Prometheus)의 신화나 세상을 구하려고 노력하는 헤르쿨레스(Hercules)의 노고에 대한 이야기, 그리고 사람의 아들 예수 그리스도의 개념은 서양에서의 주요 관심사는 인간이라는 것을 가리킨다.

물론 예수 그리스도는 또한 신의 아들——공명정대한 신의 노여움을 달래기 위하여 희생되어야 하는 맏아들——로 불리는 것이 사실이다. 그러나 여기서 우리가 주목하는 것은 서양 문화의 주요 경향이 신과 인간 간의 대립이라는 것이다. 이것은 인간이 신의 권능에 항거하거나, 인간의 이익을 위하여 신에게서 불을 훔쳐오는 것으로 표현된다.

인도에서는 인간이 신의 산물이다. 전체 세계는 산 제물이 된 신으로부터 생겨난다. 푸루샤 수크타(Puruṣa Sūkta, 原人歌)는 인간과 세계를 생성, 유지하는 영원한 희생제의를 언급하고 있다.[원주14] 여기서 전체 세계는 자기의 본질 속에 모든 형태의 생명을 포함하고 있는 한 원인(原人)에 의하여 생명이 불어넣어지는 광대무변한 존재로 묘사된다.

인도의 모든 문화를 채색하고 모든 사상들을 형성해온 인도 정신의 가장 현저한 특징은 영성이다. 영적인 체험이야말로 풍요로운 인도 문화를 가능케 한 초석이다. 그것은 신비주의이다. 그러나 이것은 어떤 신통력을 행하는 것과 관련된다는 의미에서가 아니라, 인간이 그 본성을 닦아 영적인 자기 실현을 가능케 한다는 의미에서의 신비주의이다. 유대교와 기독교의 경전들은 보다 종교적이고 윤리적임에 비하여, 힌두교의 경전들은 보다 영적이고 관조적이다. 인도에서는 영원한 존재로서의 신은 삶의 한 사실이다.

실재하는 것으로 자기모순일 수 있는 것은 없다는 것이 모든 철학의 궁극적인 전제이다. 사상사에서 이 전제의 중요성을 인식하고 이에 대한 의식적인 적용이 이루어지기까지는 다소 시간이 걸린다. 『리그 베다』(Rg-Veda)에는 일상적인 지식의 타당성에 대한 무의식적인 수용이 있다. 우파니샤드 시대에 이르면, 변증법적인 문제들이 나타나고 지식의 어려움이 인식된다. 그들 속에서 우리는 지식의 한계를 긋고 직관에 대한 여지를 허용하려는 시도들을 발견한다.

이성의 능력에 대한 확신이 흔들리기 시작했을 때, 그 결과로 회의론이

[원주14] 『리그 베다』, x.90. 또한 『리그 베다』, x.81.3 ; 『슈웨타슈와타라 우파니샤드』, iii.3 ; 『바가바드기타』, xi을 보라.

일어났으며, 유물론자들과 허무주의자들이 등장했다. 눈에 보이지 않는 실재는 논리적 지성으로 파악될 수 없다는 우파니샤드의 입장을 수용하면서, 불교는 세계의 비실체성을 강력히 주장했다. 불교에 있어서 모순은 사물들이 지니고 있는 본질적인 것이며, 경험의 세계란 다만 대립하고 있는 것들의 긴장(tension)에 불과하다. 만일 실재하는 것 이상의 어떤 것이 있다면 우리가 알 수 없으며, 이것은 실재적일 수 없다. 왜냐하면 그것은 자기모순이기 때문이다. 이러한 결론이 불교적인 발달의 결말이었다. 우리는 나가르쥬나의 학설에서 우파니샤드의 주요 입장을 반영하는 철학적으로 일관된 언급을 보게 된다. 비록 우리가 알 수 없다 해도 실재하는 것이 있다 : 우리가 아는 것은 실재하는 것이 아니다. 왜냐하면 알 수 있는 체계로 세계를 해석하려는 모든 시도는 실패하기 때문이다.

 이 모든 것들은 이성에 대한 자의식적 비판을 위한 길을 마련했다. 사유 작용 그 자체가 자기모순이거나 또는 부적절한 것이다. 정확히 왜 그것이 실재를 파악할 수 없는가 하는 물음이 제기될 때, 다양한 견해들이 일어난다. 그것이 전체가 아니라 부분을 다루기 때문인가? 아니면 그 자체가 지니는 구조적 부적합성 또는 본유적인 자기모순 때문인가?

 이미 살펴본 바와 같이, 실재는 단순히 이성이 아니라는 견지에서 실재의 합리성을 주장하는 사람들이 있다. 이들에 따르면, 사유 작용은 우리에게 실재의 전체를 줄 수 없다. 브래들리의 말을 빌리자면, '저것'(that)은 '무엇'(what)을 넘어선다. 사유 작용은 우리에게 실재에 대한 지식을 주지만, 그것은 단지 지식일 뿐, 실재 그 자체가 아니라는 것이다.

 한편 실재란 자기모순이 없는 것이지만, 사고되는 것은 무엇이나 자기모순이라 여기는 사람들이 있다. 사고는 주관과 객관의 대립으로 작용하며, 절대적인 실재는 이러한 대립이 완전히 소멸된 어떤 것이다. 가장 구체적일 수 있는 사유 작용도 그것이 다자(多者)를 일자(一者) 속에 결합하려 하는 한, 여전히 추상적일 수밖에 없다. 왜냐하면 그것은 자기모순이기 때문이다. 만일 우리가 실재를 파악하려 한다면 우리는 반드시 사유 작용을 포기하지 않으면 안된다.

첫번째 견해에 의하면 사유 작용이 드러내는 것은 실재성에 반하는 것이 아니라, 다만 그것의 일부를 드러내는 것일 뿐이다. 부분에 관한 견해가 모순인 것은 단지 그것이 부분적이기 때문이다. 그 견해 자체에 관한 한 그것은 참이지만, 그것이 전체적인 진리일 수는 없다. 이에 비하여, 두번째 가설은 실재란 어떤 형태의 느낌이나 직관에 의하여 파악될 수 있다는 것을 우리에게 말한다.[원주15] 첫번째 견해 역시 실재가 완전한 형태로 실현되려면 느낌에 의한 사유 작용의 보완이 필요하다고 주장한다. 우리는 사유 작용 외에 또다른 요소를 필요로 하는 것 같다. 이것은 어떤 철학이나 교의 체계, 혹은 샤스트라(śāstra, 經典)의 학설을 묘사하기 위해 사용되는 '다르샤나'(darśana)라는 말로 시사된다.

13) 다르샤나(darśana, 觀)

'다르샤나'라는 말은 드리슈(dṛś), 즉 '보다'라는 동사에서 온 것이다. 여기서 본다는 것은 지각에 의한 관찰, 개념적인 지식 혹은 직관적인 경험이다. 그것은 사실에 대한 조사, 논리적인 탐구, 혹은 영혼의 통찰일 수도 있을 것이다. 일반적인 의미에서 '다르샤나'는 비판적인 설명, 논리적인 고찰 혹은 학설을 의미한다.[원주16] 철학적 사상의 초기 단계, 즉 철학이 보다 직관적이었던 시기에는 이러한 의미로 사용된 용어가 발견되지 않는다. 이것은 '다르샤나'가 직관과 아무리 긴밀하게 연관되어 있다 할지라도, 그것이 곧 직관 그 자체는 아니라는 것을 의미한다. 아마 이 용어는 직관적 경험에 의하여 얻어지고 논증에 의하여 뒷받침되는 사유 체계를 가리키기 위하여

[원주15] 느낌을 통하여 실재에 도달할 수 있다고 말하는 브래들리(Bradley)의 견해나, 절대자를 특징지우는 가장 만족스러운 방법으로 사랑을 들고 있는 맥타거트(McTaggart)의 입장을 참조.

[원주16] '관점' 혹은 '철학적 견해'라는 의미에서의 다르샤나라는 말의 의미에 관하여, 나가르쥬나의 『카리카』(Kārikā, St.Petersburg 版, p.75)에 대한 찬드라키르티(Candrakīrti, 月稱)의 주석과 수레슈바라(Sureśuvara)의 『브하르드와르티카』(Bṛhadvārttika, p.890)에서 브하르트리프라판차(Bhartṛprapañca)로부터 인용된 구절들을 보라. 또한 The Sacred Books of the East, vol. xxii에 대한 야코비의 서론(p.xlv)을 보라.

의도적으로 사용된 것 같다.

　극단적인 일원론의 체계들에서 철학은 우리에게 사유 작용의 중요성에 대한 관념을 제공함으로써 직관적 경험을 위한 길을 마련한다. 한편, 실재를 하나의 구체적인 전체로 보는 온건한 일원론 철학 체계들에 있어서는 철학이란 고작 실재에 대한 관념적인 재구성을 가능케 할 수 있을 뿐이다. 그러나 실재는 우리의 하찮은 범주들을 초월하고 둘러싸며 또한 넘쳐흐른다. 극단적인 일원론에서 우리에게 실재의 충만을 드러내 보이는 것은 직관적인 경험이다. 이에 비하여, 구상적인 일원론의 경우 그것은 느낌과 감정이 배어 있는 지적인 통찰력이다. 개념적 구성은 경험적인 사실에 대한 확실성을 지니지 않는다. 다시 말하여, 어떤 견해 혹은 논리적인 소견은 오직 삶 속에서 검증되어질 때 참이 된다.

　'다르샤나'라는 용어는 적당히 애매한 것이어서, 그것은 극단적인 일원론을 떠받치고 있는 직관적 진리뿐 아니라 그것 자체에 대한 변증법적인 방어를 나타내기도 한다. 철학적으로 '다르샤나'는 직관을 시험하고, 그것이 논리성을 띨 수 있도록 보완한다. 다른 철학 체계에 있어서도 그것은 어떤 분명한 직관의 도움과는 무관한 개념적인 용어들에 의하여 소유될 수 있었던 진리에 대한 논리적 설명에 적합하다. '다르샤나'는 이와 같이 인간의 정신에 포착된 실재에 대한 모든 견해에 알맞다. 그리고 만일 실재가 하나라면, 그것을 표현하려는 여러 다양한 견해들은 반드시 서로 일치해야 할 것이다. 그들은 우발적이거나 뜻밖의 어떤 것을 지닐 수 없으며, 반드시 그 유일한 실재에서 얻어진 다양한 견해들을 반영하지 않으면 안된다.

　여러 견해들에 대한 철저한 고찰을 통하여, 여러 관점으로부터 속사(速寫)된 실재를 엿본 후에 우리는 논리적인 용어로 실재를 완전하게 드러내는 두번째 단계로 떠오른다. 실재에 대한 개념적 설명의 부적합성을 인식하게 될 때, 우리는 지적 관념들이 완전히 사라져버린 직관에 의하여 그 실재를 파악하려 한다. 우리가 사유 작용의 논리적인 실재로 돌아오는 극단적 일원론의 순수'존재'에 도달했다고 말해지는 것은 바로 그때이다. 이 마지막 경우에 적용될 수 있는 '다르샤나'는 실재에 대한 어떤 과학적 설명을 의미한다. 이와 같이 철학에 대한 모든 복합적이고 함축적인 의미들을 실어나르는 하나의 말이 '다르샤나'이다. 이것이 가능할 수 있는 것은 그 말 자체가 지니는 훌륭한 애매성 덕분이다.

'다르샤나'는 영성을 통한 지각, 즉 영감에 나타난 총체적인 조망이다. 이러한 영적 통찰은 참다운 철학자가 지니는 독특한 표징이다. 따라서 철학이 지향하는 최고의 승리는 오직 자기 안에 영혼의 청정함을 이룬 사람들에게 있을 수 있다. 이 청정함은 오직 인간의 내면에 숨겨진 능력—삶을 면밀하게 살필 수 있을 뿐 아니라 이해할 수 있는—의 어떤 점이 발견될 때 실현되는 심원한 경험의 수용에 근거를 둔다. 이러한 내면의 원천으로부터 철학자는 우리에게 삶에 대한 진리, 단순한 지력으로는 일구어낼 수 없는 진리를 보여준다. 영적인 통찰은 꽃이 지면 저절로 열매가 생겨나는 것만큼이나 자연스럽게, 모든 경험이 모순 없이 조화되는 신비한 중심에서 생겨난다.

14) 샹카라가 제시하는 철학 입문자의 자격 요건들

진리를 추구하는 사람은 공부를 시작하기 전에 어떤 필수적인 조건들을 반드시 구비해야 한다. 샹카라는 『베단타 수트라』의 첫 구절(sūtra)을 주석하면서 철학을 공부하는 사람에게 필수적인 네 가지 조건들을 언급한다. 그 첫번째 조건은 영원한 것과 덧없는 것을 분별하는 지식이다. 이것은 공부의 끝에서나 가능한 완전한 지식을 의미하는 것이 아니라, 단지 그가 육안으로 보는 모든 것을 실재하는 것으로 받아들이지 않는다는 형이상학적인 자질과 탐구자의 캐묻기 좋아하는 성향을 말한다. 그는 모든 것을 규명하여 알고자 하는 정신, 외견상 각각 떨어져 있는 일단의 자료나 정보들로부터 진리를 끌어낼 수 있는 붇다는 상상력, 그리고 스스로의 정신이 흩어지지 않도록 하는 명상의 습관을 반드시 갖추어야 한다.

두번째 조건은 현재의 삶이나 미래의 삶에 있어서 행위의 결과에 대한 욕망을 제어하는 것이다. 그것은 모든 사소한 욕망이나 사적인 동기 및 현실적인 이해 관계에 대한 포기를 요한다. 반성적인 정신(reflective mind)에 이르는 성찰 혹은 탐구가 그 원래의 목적이다. 지성의 올바른 사용은 사물들의 실상을 있는 그대로 파악하고 이해하는 것이다. 철학자는 자신의 어떤 편견 때문에 선을 과장하거나 악을 축소하지 않고, 다만 일의 순리를 따라가야 하는 자연주의자이다. 그는 삶의 밖에 서서 그것을 관조해야 한다. 이런 까닭에 그는 현재 혹은 미래에 대한 아무런 집착도 지니지 말아야 한다고 주장된다. 그때 그는 명석한 사유와 냉철한 판단에 그의 모든 것을 쏟아부을 수 있으며, 사실 그 자체에 전념함으로써 객관적인 우주관을 발전시켜 나갈 수 있다. 이러한 성품을 얻기 위하여 그는 심적 상태의 전환을 겪어야 한다.

세번째 조건에서 강조되는 것이 바로 이 점이다. 여기서 탐구자는 고요함, 자제, 포기(renunciation), 인내, 마음의 평화, 그리고 신념을 지니도록 명해진다. 오직 자기의 육신을 완전히 제어하는 단련된 정신만이 한 순간도 대상을 잊어버리지 않을 수 있으며, 한 순간도 그것이 하찮은 유혹으로 흐려지게 내버려두지 않을 수 있으며, 생명이 남아 있는 한 끝없이 탐구하고 명상할 수 있다. 진리를 추구하는 사람은 자신의 최고 목적을 위하여 모든 것을 버려야 하는 필연적인 과정을 거쳐야 한다. 가혹한 수행을 쌓고 욕망을 몰아내며 슬픔과 멸시를 견뎌내는 것이 요구되는 것도 바로 이러한 이유에서이다. 냉혹한 자기 성찰을 포함하는 영성의 수련은 탐구자가 자유라는 그의 목적지에 도달할 수 있도록 해줄 것이다.

모크샤(mokṣa, 解脫)에 대한 열망이 그 네번째 조건이다. 자신의 모든 욕망을 포기하고 정신을 수련한, 형이상학적인 정신의 소유자는 단지 목적을 성취하여 영원한 존재에 도달하려는 하나의 강한 열망을 지닌다. 인도인들은 통찰력과 지력을 구비한 철학자들에 대하여 무한한 공경심을 지니고 있으며, 그들을 숭배한다. 밤낮을 가리지 않고 진리에 대한 고매한 열정으로 세계의 신비를 이해하고 밝혀내려는 예언자적인 영혼의 소유자들이 참된 의미에서의 철학자들이다. 그들은 인류를 위하여 널리 몸소 체험한다. 그러므로 인류는 영원히 그들에게 감사한다.

15) 전통에 대한 존중

과거에 대한 존중은 또 다른 하나의 민족적 특성이다. 유구한 역사의 흐름 속에서 아무것도 잃어버리지 않으려는 어떤 기질의 완고함, 고집스런 충직함이 있다. 새로운 문화 혹은 돌발적인 새로운 지식과 마주칠 때, 인도인들은 현재의 유혹에 굴복하는 것이 아니라, 새 것을 옛 것에 가능한 한 많이 받아들이면서도 그의 전통적인 믿음을 견지한다. 이와같은 전통지향적인 자유주의(conservative liberalism)야말로 인도의 문화와 문명이 거둔 성공의 비결이다. 세계의 위대한 문명들 가운데 오직 인도문명만이 고색창연하게 지금도 살아 남아 있다. 이집트문명의 장엄은 단지 고고학자들의 보고서와 상형문자의 해독을 통하여 알 수 있을 뿐이며, 과학적 관개시설과 공학기술에 있어서 놀라운 발전을 보았던 바빌론 제국은 오늘날 폐허의 돌더미에 지나지 않는다. 정치기구들과 이상적인 법제도와 평등사상을 지녔던 위대한 로마문화는 대체로 과거의 일이다. 최소한으로 잡아도 4천 년 이상 된 인도문명은 그 본질의 모습을 잃지 않고 여전히 살아 남아 있다.

베다 시대로 거슬러 올라가는 인도의 문명은 오래된 것임에 분명하지만, 또한 늘 새롭다. 역사의 추이에 따라 새로움이 요청될 때마다 인도는 스스로를 새롭게 변모시켜왔다. 어떤 변화가 일어날 때, 인도인들은 그것이 변화라고 의식하지 않는다. 변화가 이루어지지만, 그것은 언제나 구래의 사고방식에 대한 새로운 이름일 뿐이라고 여긴다.

『리그 베다』에서 우리는 아리아인 정복자들의 종교적 심성이 어떻게 토착 농경인들의 종교 개념들을 수용하는가 하는 것을 보게 될 것이다. 『아타르바 베다』(Atharva Veda)에서는 보다 복합적인 성격의 우주적인 신들이 하늘과 대양의 신들, 불(火)과 바람의 신들 — 갠지스(Ganges)에서 헬레스폰트(Hellespont)[역주8]에 이르기까지 아리아인들에 의해 섬겨졌던 — 에 부가되는 것을 발견한다. 우파니샤드는 베다 찬가들의 재해석, 더 정확

[역주8] 다르다넬스(Dardanelles) 해협의 고대 이름이다.

하게 말하여 이미 베다 찬가들에서 발견된 어떤 것의 실현으로 간주된다. 바가바드기타는 우파니샤드의 가르침들을 요약하여 말하고 있다. 서사시들(Epics)에서 우리는 이전의 자연숭배와 최고 의미의 종교적 개념들이 만나는 합류점을 본다.

옛 것에 대한 존중은 언제나 새 것의 성공을 가능케 하였다.[원주17] 옛 그대로의 겉모습은 아닐지라도 그 정신이 유지된다. 이와 같이 내적인 양식을 보존하려 하는 인도인들의 성향은 인도가 정체되어 있다고 하는 최근의 비판을 몰고왔다. 인간의 정신은 비록 그것이 과거와의 완전한 단절을 받아들이지는 않는다 해도 결코 정지해 있는 법이 없다.

16) 인도사상의 통일성과 연속성

전통에 대한 존중은 인도사상이 바람직한 연속성을 지닐 수 있게 하였으며, 각 시대들은 자연스럽게 서로 연결되어 있다. 힌두 문화는 수많은 세대들—더러는 길지만 약하고 비참했던 세대들과, 또 더러는 짧지만 활발하고 유쾌했던 세대들—에 의하여 정제된 시대적 추이의 산물이다. 이러한 과정에서 개개의 세대들은 지난 과거의 흔적을 간직하는 것으로 끝나는 것이 아니라, 지난날의 위대한 전통 위에 그들 나름의 독특한 어떤 것을 더해 왔다.

인도사상의 변천 과정은 흔히 흘러가는 강물에 비유되곤 하였다. 북쪽 고산준령의 바위틈에서 발원하여 곤두박질하는 세찬 흐름을 이루고, 작은 물줄기들을 거두어들이며 아래로 내달려, 하류에 이르러서는 땅과 사람들에게 풍요를 허락하여 위엄과 침묵의 힘을 더하는 강의 이 세찬 흐름이 과연 대양—모든 강들의 본원—으로 흘러들 것인지의 여부와 그 시기는 아

[원주17] "새 것이 옛 것이라는 이러한 주장은 위대한 운동들의 공통된 특징이다. 종교 개혁은 바이블(Bible)로 돌아가자고 외쳤고, 영국에서의 복음주의 운동은 복음서들로, 고교회(High Church) 운동은 초대교회로 돌아가야 한다고 주장했다. 심지어 프랑스 혁명에 있어서도 그 주된 정신은 로마 공화국의 덕목 혹은 자연인의 소박함으로 돌아가자는 것이었다" (Gilbert Murray, *Four Stages of Greek Religion*, p.58).

무도 모른다.

전체 인도철학을 계속적으로 계시되는 하나의 체계로 간주하는 인도사상가들이 적지않다. 그들은 개개의 문명이란 그 속에 본래 내재해 있는 신의 뜻을 실행하고 있다고 믿는다.[원주18] 각 종족의 삶을 어떤 완전한 발달로 향하게 하는 내재적인 목적론이 있다. 인도에서 일어난 다양한 견해들은 한 나무의 여러 가지들로 여겨진다. 지름길도 막다른 골목도 결국에는 진리로 나아가는 한 길과 조화되고 일치된다.

정통 육파철학들이 상호 조화되는 익히 알려진 한 방법은, 마치 어머니가 달을 가리키면서 아이들에게 지구가 달에서부터 떨어져 있는 엄청난 거리를 말하여 그들을 어리둥절하게 만드는 것이 아니라, 단지 그것을 나무 꼭대기에 걸린 빛나는 원(圓)이라고 말하여 그들이 잘 이해할 수 있도록 하는 것[원주19]과 마찬가지로, 그 다양한 견해들도 인간 이해의 여러 부족한 점들에 적합하도록 주어진다고 말하는 것이다. 철학적인 희곡 『프라보다찬드로다야』(Prabodhacandrodaya)는 힌두 육파철학이 서로 배척하는 것이 아니라, 하나의 동일한 자재신(自在神)의 영광을 다양한 관점에서 입증하는 것이라고 말한다. 그들은 온갖 유형의 사람들이 태양빛을 받아 반사하는 광선들의 살아 있는 초점을 함께 형성한다.

마다바(Mādhava)는 그의 『사르바다르샤나상그라하』(Sarvadarśana-saṁgraha, 全哲學綱要, 1380)에서 인도사상이 점차 발달하여 마침내 아드와이타 베단타에서 절정을 이루는 일련의 과정을 밝히기 위하여, 16개의 사상 체계들을 개략하고 있다. 헤겔과 동일한 시각에서, 그는 인도철학의 역사를 세계에 대한 완전한 개념으로 나아가는 발전적인 노력으로 간주한 것이다. 진리는 연속적인 철학 체계들에서 조금씩 그 모습을 드러내며, 완

[원주18] 그리스인들은 각 민족의 이 독특한 속성을 그들의 '본질'(nature)이라고 부르며, 인도인들은 그것을 그들의 '다르마'(dharma, 法)라 한다.
[원주19] 이러한 입장을 샤카찬드라니야야(śakhacandranyāya, 나뭇가지에 걸린 달의 원리)라고 한다. (역주) 이 원리는 관찰되는 대상이란 단지 인접한 현상으로부터 그것에 매겨지는 지위 혹은 관계를 지닐 뿐이라는 것을 가리킨다.

전한 진리는 오직 그러한 일련의 철학들이 완성될 때 나타난다. 그의 입장에서 보면, 인도철학의 수많은 빛들이 한 점에 모아진 것은 바로 아드와이타철학에서였다.

16세기의 신학자요 사상가인 비갸나비크슈(Vijñānabhikṣu)는 모든 철학 체계들이 권위 있는 것[원주20]이라 주장하고, 형이상학적 진리로부터 실천적인 진리를 구별함으로써 그들을 조화시키며, 상키야철학을 진리의 궁극적인 표현으로 간주한다.

마두수다나 사라스와티(Madhusūdana Sarasvatī)는 그의 『프라스타나베다』(Prasthānabheda)에서 다음과 같이 적고 있다.

> 모든 무니들(munis)──이러한 다양한 학파의 개조들(authors)──의 궁극적인 차원은 마야의 이론을 견지하는 것이며, 그들의 유일한 구상은 단 하나의 실재인 지고한 신의 존재를 확립하는 것이다. 왜냐하면 이러한 무니들은 전지(全知)하여 오류가 있었을 리 없기 때문이다. 그러나 무니들은 외적인 목적에 사로잡혀 최고의 진리를 단 한번에 꿰뚫지 못하는 사람들을 보았을 때, 그 사람들이 무신론에 빠져들지 않도록 그들에게 다양한 이론들을 내놓았던 것이다. 무니들이 염두에 두었던 그 목적을 그릇 알고, 심지어는 무니들이 베다에 반하는 교설들을 의도했다고 여기면서, 사람들은 이러한 여러 학파들의 별난 교설들을 더 좋아하였으며, 결국 여러 철학 체계들의 지지자가 되었다."[원주21]

이와 같은 여러 철학 체계들에 대한 조화[원주22]의 시도는 거의 모든 논사들과 주석가들에 의하여 의도되었다. 차이는 단지 그들이 무엇을 진리로 간주하는가에 놓여 있다. 우다야나(Udayana)와 같은 니야야학파의 옹호

[원주20] Sarvāgamaprāmāṇya.
[원주21] Muir, *Oriental Sanskrit Texts*, iv.1~2를 보라.
[원주22] Sarvadarśanasāmarasya.

자들은 니야야(nyāya, 論理學)를 진리라고 보며, 라마누자와 같은 유신론자들은 유신론을 진리로 여겼다. 인도의 토양 속에 흐르는 여러 사상 체계들이 한 물줄기로 어우러져서, 마침내 신의 나라에 기여하게 된다고 생각하는 것이 인도 문화의 정신에 부합되는 것이다.

원래 인도인들은 진리란 다면적이며, 다양한 견해들은 아무도 완전하게 표현할 수 없는 진리의 여러 측면들을 담고 있는 것이라고 생각했다. 따라서 다른 견해들에 대하여 포용적이었고 거부감 없이 그들을 받아들일 수 있었다. 심지어 그들은 위험한 교설이라도 그것이 논리적으로 뒷받침되는 한 주저 없이 받아들였다. 그들은 전통의 어떤 부분이라도 까닭 없이 사라져가는 것을 결코 허용하지 않았으며, 할 수만 있다면 모든 것을 수용하고자 했다. 앞으로 우리는 논의 과정을 통하여 이러한 관용적인 대처의 경우들을 종종 만나게 될 것이다. 물론 그와 같은 관용성에 부수하는 위험도 없지 않다. 더러 그것은 인도사상가들을 오리무중의 애매모호함 속으로, 혹은 무비판적인 수용과 싸구려 절충주의로 내몰기도 하였다.

3. 인도철학에 대한 몇 가지 비판들

인도철학에 대한 주된 비판은 그것이 염세주의, 독단주의, 윤리에 대한 무관심, 그리고 비발전적인 경향을 지닌다는 것이다.

1) 염세주의

인도의 철학과 문화에 대한 대부분의 비판가들은 그것이 염세적이라는 사실을 되풀이하여 말한다.[원주23] 그러나, 만일 인도의 정신이 온통 피로에 지쳐 있고 절망감으로 휩싸여 있다면, 어떻게 자유롭게 사색하고 삶을 향

[원주23] 차일리(Chailley)는 그의 *Administrative Problems*(p.67)에서 인도철학이 "영면(永眠)에 대한 갈망과 권태"에서 생겨난 것이라고 주장한다.

상시켜 나갈 수 있었겠는가?

　인도사상의 자유분방함은 근본적으로 극단적인 염세주의와 어울리지 않는다. 만일 염세주의가 존재 혹은 현존에 대한 불만족감을 의미한다면 인도철학은 염세적이다. 사실 이런 의미에서라면 모든 철학이 염세적이다. 세계 내의 고통이 철학과 종교의 문제들을 야기시킨다. 구원을 강조하는 종교 체계들은 우리가 영위하는 지상의 삶으로부터 탈출을 모색한다. 그러나 실재는 본질적으로 악이 아니다. 인도철학에서는 '사트'(sat)라는 하나의 동일한 말이 실재와 완전을 동시에 가리킨다. 진(眞)과 선(善), 혹은 보다 정확히 말하여 실재와 완전은 공존한다. 실재는 또한 비길 데 없이 귀중한 것이며, 이것은 모든 낙천주의의 토대가 된다.

　보상케(Bosanquet) 교수는 말한다 : "나는 낙천주의를 믿는다. 그러나 나는 염세주의와 완전히 결별해 버린 낙천주의란 무가치하다는 것을 덧붙인다. 내가 확신하건대, 이것이야말로 인생의 참뜻이다. 그리고 만일 어떤 사람이 이런 사고방식은 위험하며, 단지 악을 부당하게 묵인하는 것에 대한 변명일 뿐이라고 말한다면, 어떤 완벽함의 흔적이 있는 모든 진리는 그것의 실행에 있어서 위험을 지닌다고 나는 대답할 것이다."[원주24] 인도사상가들은 그들이 세계과정을 악과 거짓으로 보는 한 염세적이다. 그러나 그들은 이와같은 세계과정으로부터 진리──이것은 또한 선이기도 하다──의 영역에 도달하는 길이 있다는 것을 믿기 때문에 또한 낙천적이다.

2) 독단주의

　인도철학은 만일 그것이 독단적이 아니라면 아무것도 아니며, 진정한 철학은 독단의 수용으로 존립하지 않는다고들 말한다. 앞으로 인도사상에 대한 우리의 공부과정은 이 비판이 옳지 않다는 것을 보여줄 것이다. 인도철학의 제 학파들은 철학적인 문제들에 대한 연구의 준비과정으로 지식의 문제, 즉 그것의 원천과 타당성에 관하여 논의한다.

[원주24] *Social and International Ideals*, p.43.

베다 또는 슈루티(śruti, 天啓書)[역주9]가 일반적으로 지식에 대한 권위 있는 원천으로 받아들여지는 것은 사실이다. 그러나 베다의 주장들이 감각에 의한 증거나 이성적인 결론들보다 우월한 것으로 간주되는 경우에 한해서 그 철학을 독단적이라고 말할 수 있다. 베다의 가르침들은 아프타바차나(āptavacana), 즉 현자(賢者)들의 언명이기 때문에, 만일 우리가 논쟁 중의 어떤 문제에 대한 판단을 내림에 있어서 그들이 우리보다 수승한 능력을 지녔다고 확신한다면, 받아들여지도록 요청되는 것들이다. 일반적으로 이러한 베다의 진리들은 성선(聖仙)들의 경험을 나타내는 것으로, 그 진실성에 대한 어떤 합리적인 평가가 반드시 고려되어야 한다. 이와 같은 직관적 경험들은 누구나 뜻을 세우기만 한다면 얻을 수 있는, 모든 사람들의 가능성 안에 있다.[원주25]

베다에 호소한다는 것이 곧 철학 외적인 기준과의 관련을 의미하는 것은 아니다. 보통 사람들에게 도그마인 것은 심중의 순수한 것에 대한 체험이다. 후기 주석서들의 단계에 이르면 철학적 정설의 단계가 되며, 이때 사색은 받아들여진 도그마들에 대한 형식적인 변론이 된다. 초기의 교설들도 또한 스스로를 해석적인 것으로 간주하며, 고대의 경전들에 대한 주석이라고 말하지만, 그들이 영감을 구했던 우파니샤드들이 다면적[원주26]이었기 때문에 그들은 결코 형식적으로 되는 경향이 없었다.

8세기 이후가 되면 철학적 논쟁들이 고답적이고 형식적인 성격을 띠게 되며, 우리는 그 이전 시대의 자유로움을 잃어버리게 된다. 각 학파의 개조들은 권위적이 되고, 따라서 그들의 견해에 의문을 제기하는 것은 지극히 불경스럽고 가당찮은 일이 된다. 근본적인 전제들이 확고하게 정착되고, 가르치는 사람의 역할은 단지 그 학파의 믿음——스스로의 지력으로 할 수

[역주9] '듣다'라는 의미의 동사 어근 'śru'에서 온 말이다. 베다를 천계문학이라고 하는 것은 그것이 인간의 저작이 아니라 성선(聖仙)이 신비적인 영감으로 감득(感得)한 것이라는 의미에서이다. 한편, 성선 자신의 저작은 성전문학(聖傳文學, smṛti)이라고 한다.
[원주25] 『베단타 수트라』에 대한 샹카라의 주석, iii.2.24를 보라.
[원주26] Viśvatomukhāḥ.

있고 또한 시대가 요청하는 그러한 변화를 가미한——을 전달하는 것이다. 우리는 기왕의 결론들에 대한 색다른 주장과 새로운 어려움들에 대처하기 위한 새로운 방법들을 지니며, 변증법적인 약간의 변화로써 구시대를 재현하게 된다.

삶의 심원한 문제들에 대한 명상은 점차 줄어들고, 인위적인 논의들만 무성해진다. 전통이라는 보배는 그 자체의 부담스런 재산으로 우리를 막아서며, 철학은 정체되고 때로는 전혀 숨조차 쉬기 어렵다는 것을 발견한다. 인도철학 전반에 대하여 개괄적으로 제기되는 비난, 즉 그것이 현실적으로 전혀 무익하다는 비난은 지난 세대의 철학자들이 지녔던 삶과 아름다움을 지닌 영감어린 계승자들이 아니라, 인류에 대한 자신들의 사명을 의식하는 직업적인 논사로서의 주석가들의 말뿐인 논설에 적용될 때 어떤 의미를 지닐 수 있을지도 모른다. 그러나 시대의 흐름이 불가피하게 만들어내는 단단한 껍질 속에서조차도 영혼은 여전히 젊고, 때로는 그것을 뚫고 푸르고 연한 어떤 것을 내놓기도 한다. 샹카라나 마다바 같이 스스로는 주석가라 칭했으나 세계의 운행을 지배하는 영적인 원리를 파악하는 사람들이 나타나기도 한다.

3) 윤리에 대한 무관심

인도철학은 흔히 그것이 근본적으로 윤리에 큰 관심을 보이지 않는다고 비판된다.[원주27] "힌두교의 사유 체계 내에는 실제로 윤리철학이 전혀 없다."[원주28] 그러나 이러한 비난은 타당하지 않다. 삶 전체를 영성의 힘으로 채우려는 시도들이 인도철학의 일반적인 흐름이다. 인도사상에서는 실재의 범주 다음으로 다르마(dharma)[역주10]의 범주가 가장 중요한 개념이다. 실

[원주27] 예를 들어, 맥도넬은 "도덕에 대한 가르침이 지배적인 문헌은 전혀 없다고 말한다 해도, 이것은 결코 지나친 말이 아니다. 오로지 도덕의 문제만을 다루는 범어 문헌이 거의 없는 것은 아마도 이와 같은 표현 양식의 보편성에 그 원인이 있는 것 같다"(*Comparative Religion*, p.70)라고 말한다.

[원주28] Farquhar, *Hibbert Journal*(1921. 10), p.24.

제상의 윤리적인 내용에 관한 한 불교·자이나교·힌두교 모두가 다른 것들에 못지 않다. 이들 모두에게 있어서 윤리적인 완성은 신성한 지식을 향한 첫 걸음이다.

4) 답보적인 경향

인도의 철학은 정지해 있으며, 케케묵은 짚을 타작하는 끝없는 과정이라고 말해진다. "변하지 않는 동양"이라는 말은 인도에서는 시간이 멎어서 영원히 흐르지 않는다는 것을 시사한다. 만일 그것이 철학적인 주제들에서의 어떤 근본적인 동일성을 의미한다면, 이러한 종류의 답보성은 모든 철학적 발전에 있어서 공통된 모습이라 할 것이다. 신과 자유와 영원이라는 구래의 동일한 문제들과 이에 대한 해묵은 불만족스러운 대답들이 수세기를 통하여 반복된다.

문제들의 외형은 동일한 반면에 내용이 바뀌어왔다. 소마(soma)를 마시는 베다 찬가의 신과 샹카라의 절대자 사이에는 엄청난 차이가 있다. 철학이 반응하는 상황들이 각 시대마다 새롭게 변화되며, 그것을 다루는 노력도 이에 상응하는 새로움을 필요로 한다.

만일 인도철학이 답보적이라는 비판이 인도의 고대 경전들과 플라톤의 저술들, 혹은 기독교의 경전들에 주어진 해답들 간에는 큰 차이가 없다는 것을 의미한다면, 그것은 단지 한 자비로운 우주적 영혼이 자기의 가르침을 계시하며, 간혹 자신의 음성이 들릴 수 있도록 한다는 것을 의미할 뿐이다. 각 시대를 통하여 우리에게 내려온 신성한 철학적 주제들이 종족과 전통에 의하여 다양하게 이해되고 채색된 것이다.

만일 그것이 과거에 대한 어떤 숭상—인도사상가들이 새 술을 헌 술병에 담는다는 뜻에서—이 있다는 것을 의미한다면, 우리는 이미 이것이야말로 인도 정신의 한 특징이라는 것을 말하였다. 성장해가는 방법은 우선

[역주10] 다르마는 이법(理法), 진리, 도덕률, 바른 행위, 의무, 정의 등을 의미하며, 때로는 종교라는 의미로 사용되기도 한다.

기왕의 모든 좋은 점들을 취하고, 나아가서 그 이상의 어떤 것을 거기에 보태는 것이다. 그것은 선조들이 지녔던 믿음을 물려받아서, 그 시대의 정신으로 그것을 수정하는 것이다.

만일 인도철학이 과학의 발전을 고려하지 않았기 때문에 쓸데없는 것이라고 말해진다면, 그것은 과거의 모든 것들이 새로운 시각으로 재압되어야 한다는 의미에서의 쓸데없음이다. 사실 이 비판이 가정하는 만큼 과학적 발전이 철학의 본질에 있어서 어떤 커다란 변화를 가져온 것은 아니었다. 생물학에서의 진화론이나 물리학의 상대성 이론과 같이 과학적인 분야에서의 혁명적인 이론들도 실상은 이미 확립된 철학들을 전복시킨 것이 아니라, 단지 새로운 영역들로부터 그들을 확인하는 것이었다.

답보성이나 침체성에 대한 비판은, 우리가 위대했던 제1세대 주석가들 이후의 단계에 이르렀을 때 타당성을 지닌다. 이 시기에는 과거의 지배가 지나치게 되어 독창력이 제한되고, 권위와 전통에 대한 반복적인 숭상과 신학적 편견의 변함없는 강요로써 현학적인 사람들의 활동——스콜라학자들의 활동에 비견될 수 있는——이 전개되었다.

인도철학자들은 더 많은 자유를 가지고 보다 훌륭하게 해낼 수 있었을 것이다. 철학의 살아 있는 발전을 지속하고 거침없이 이어지는 창조적 에너지를 유지하려면, 사유에 있어서 진정한 자유를 촉진할 수 있는 세계의 생생한 움직임들과의 끊임없는 접촉이 반드시 필요하다. 아마 인도의 운명이 패배를 맛보았을 때 힘과 활기를 잃어버렸던 인도철학이, 이제 막 밝아오는 시대로부터 신선한 영감과 새로운 추진력을 이끌어낼 수 있을 것이다. 만일 인도사상가들이 기왕의 것에 대한 사랑을 진리에 대한 열망과 결합시킨다면, 인도철학은 조만간 지난날에 못지 않은 영광된 미래를 맞게 될 것이다.

4. 인도철학을 공부하는 참뜻

인도사상이 연구 가치를 지니는 것은 단지 골동품 수집가적인 탐구의 일환으로서가 아니다. 지난 시대의 특정한 사상가들이나 그 생각들에 대한 사색이 무가치한 것은 아니다. 사람들의 마음을 사로잡았던 것들 가운데 완전히 그 생명력을 잃고 영원히 사라져버릴 수 있는 것은 아무것도 없다. 베다 시대 아리아인들의 사유 속에서 우리는 생각을 지닌 사람에게 있을 수 있는 최고의 문제들과 씨름하는 고도의 정신세계를 목격한다. 헤겔의 말에 의하면, "진정한 의미에 있어서 철학사는 과거를 다루는 것이 아니라, 영원하고 틀림없는 현재를 다룬다 : 그 결과에 있어서, 그것은 인간 지성의 범위를 벗어난 것들을 모아둔 박물관이 아니라, 모든 인간 사유가 지니는 내재적인 논리의 여러 단계들을 나타내는 신 같은 존재들의 만신전(a pantheon of Godlike figures)을 닮아 있다."[원주29] 인도사상사는 언뜻 보아 그런 것 같아 보이는 것, 즉 잇달아서 차례로 이어지는 종잡을 수 없는 관념들의 연속이 아니다.

감각적인 것들 속에서 살아가며 되는 대로 생각하는 사람들에게 철학적인 문제들이란 비현실적이고 불합리한 감을 지니는 것일 수 있기 때문에, 철학을 조롱하는 것은 어렵지 않다. 적의 있는 비판가는 철학적 논의들을 "닭이 먼저 있었는가 아니면 계란이 먼저 있었는가?"[원주30] 하는 등의 수수께끼에나 마음을 쓰는, 쓸데없는 논리적 유희 혹은 지적인 궤변으로 간주한다.

인도철학에서 논의된 문제들은 애초부터 사람들을 당혹하게 하였다. 물론 이 문제들이 모든 사람들에게 만족스러울 정도로 설명된 적은 없지만, 영혼과 신의 본성을 알고자 하는 인간의 본래적인 필요 혹은 열망은 우리

[원주29] 『논리학』(*Logic*, Wallace 譯), p. 137.
[원주30] 하지만, 이 질문은 그렇다고 여겨지는 것만큼 평범하거나 단순하지 않다. 새뮤얼 버틀러(Samuel Butler)의 *Luck or Cunning*을 보라.

가 이러한 문제들에서 떠날 수 없게 만든다. 사유하는 개개인은 숨 돌릴 틈도 없이 생사의 큰 굴곡과 범람하는 삶의 홍수와 생성의 끊임없는 흐름에 휩쓸려가는 자신을 느낄 때, 이렇게 묻지 않을 수 없다 : 대개 노상의 하찮고 흔히 있는 일 외에 그 모든 것의 목적이 무엇이겠는가? 철학은 결코 인도가 지니는 민족 특유의 개성이 아니라 인류의 관심사이다.

쓸모없는 것이라고 해야 할 직업적인 철학을 무시한다면, 우리는 인도철학이 인류사상의 가장 논리적인 발달 중의 하나라는 것을 알게 된다. 인간의 지적인 발달과정에 있어서 인도사상가들의 노력은 아주 값진 것이어서, 설사 그 속에서 어떤 오류가 발견된다 할지라도 우리는 그들의 업적이 연구될 가치가 있는 것으로 판단한다. 만일 그것이 지난날의 철학을 황폐케 했던 궤변이기 때문에 소홀히 다루어져도 무방하다면, 인도철학에 대한 연구뿐 아니라 다른 모든 철학에 대한 연구도 포기되어야 할 것이다.

아무튼, 플라톤이나 아리스토텔레스와 같은 서양의 가장 빛나는 사상가들에 관해서조차도 인간의 사유에 대한 실제적인 공헌으로 인정될 만큼 영원한 진리로 남겨진 것은 그리 많지 않다. 플라톤의 정교한 서사시들, 데카르트(Descartes)의 단조로운 독단론, 흄(Hume)의 무미건조한 경험론, 혹은 헤겔의 이해하기 어려운 역설들에 조소를 보내는 것은 어렵지 않다. 그럼에도 불구하고 그들의 저술들에 대한 연구가 우리에게 유익한 것은 의심할 나위 없다. 이와 마찬가지로, 인도사상가들이 남겼던 진리의 극히 일부분이 인류의 정신사를 형성하였다 하더라도, 바다라야나(Bādarāyaṇa) 혹은 샹카라와 같은 사상가들에 의하여 제창된 총체적인 종합들과 체계적인 개념들이 있으며, 이러한 성과는 인류사상사의 획기적인 이정표로, 또는 인간이 지닌 천재성의 영원한 기념비로 남을 것이다.[원주31]

[원주31] 서구의 많은 철학자들은 인도철학의 가치를 인정한다 : "한편, 우리가 동양, 그 중에서도 특히 오늘날 유럽에 널리 보급되기 시작하는 인도의 시적이고 철학적인 정신을 이해할 때, 우리는 거기에 수많은 진리들이 있으며, 또한 그 진리가 심오하다는 것을 발견한다. 그리고 이것은 유럽의 지성이 이루었던 하찮은 결과들과 대조되며, 우리가 동양의 정신 앞에 굴복하고, 여기에 인류의 가장 심원한 철학의 본향이 있다는 것을 인정하지 않을 수 없게 한

인도학자에게는 인도철학에 대한 연구만이 인도의 지난날에 대한 올바른 시각을 줄 수 있다. 오늘날 대개의 힌두교도들은 그들의 전통적인 철학 체계들──불교, 아드와이타(不二論)철학, 드와이타(二元論)철학──을 모두 동일하게 가치 있는 것으로 여기며, 또한 이성적으로도 받아들일 수 있는 것이라고 생각한다. 철학 체계의 개조들은 성스러운 존재로 여겨져 숭배된다.

인도철학에 대한 연구는 우리의 현재 상황을 보다 명확하게 하고, 보다 체계적인 조망을 지니게 하며, 고대의 모든 것이 완전하다는 압박감으로부터 마음을 자유롭게 해줄 것이다. 이와 같이, 권위의 속박에서 벗어난 자유는 추구할 만한 이상(理想)이다. 왜냐하면 노예화된 지성이 자유롭게 될 때, 독창적인 사유 작용과 창조적인 노력이 다시 가능해질 것이기 때문이다. 오늘날 인도인이 그가 자기 나라의 초기 역사에 대하여 얼마간의 상세한 일들을 아는 것은 우울한 만족일지도 모른다. 노인들이 그들의 젊은 시절을 이야기하면서 스스로를 위안하듯이, 나쁜 현재를 잊어버리는 방법은 훌륭했던 과거에 관하여 읽는 것이다.

5. 인도사상의 시대 구분

인도에는 힌두교의 철학 외에도 다른 철학들이 있지만, 우리가 힌두철학을 논의하면서 그것을 "인도철학"이라고 부르는 것에 대하여 다소간의 해명

다"(Victor Cousin). "만일 내가 어떤 문헌의 입장에서 자문해 본다면, 여기 유럽에 있는 우리─대개 그리스와 로마의 사생, 그리고 셈족의 하나인 유대인의 사상으로 교육된─는 자기의 내면 생활을 더욱 완전하고 포괄적이며, 더욱 보편적이고 보다 인간적인 것으로 만들기 위하여, 현재의 삶뿐 아니라 거룩하고 영원한 삶을 이룩하기 위하여, 가장 바람직한 그 교정물을 생각해낼 수 있을 것이다. 여기서 나는 다시 한번 인도를 지적하지 않을 수 없다"(Max Müller). "오늘날의 독일이나 고대의 그리스처럼, 지혜를 추구하는 본유적인 흥미와 함께, 자기 고유의 철학과 형이상학을 지니고 있는 나라들 가운데서, 인도인들이 시간적으로 그 첫 지위를 점한다"(같은 사람).

이 필요하다. 우선 이에 대한 가장 분명한 이유는 그것이 일반적인 관례이기 때문이다. 오늘날에도 인도인들의 대부분은 힌두교도들이다. 그리고 우리가 여기서 관심을 가지는 것은 A.D. 1000년 혹은 그후 몇 년, 즉 힌두교도들의 운명이 비힌두교도들의 그것과 점점 더 많은 관련을 지니게 되는 그 시기까지의 인도사상사이다.

인도사상의 지속적인 발달 과정에서 다양한 시대의 온갖 사람들이 자기의 문화유산들을 날라왔다. 그러나 인도의 영성은 그들을 수용하여 자신의 것으로 만드는 힘을 지니고 있었다. 우리가 인도사상을 역사적인 관점에서 고찰하려 한다 해도, 정확한 연대기적 발달 과정에 확신을 가진다는 것은 불가능하다. 각 학파의 교의들은 그들의 환경에 상대적이며 따라서 함께 고찰되어야 한다. 그렇지 않으면 그들은 우리에게 어떤 살아 있는 흥미를 주지 못할 것이며, 죽은 전통들이 되고 말 것이다.

개개의 철학 체계들은 그 시대가 부여하는 실제적인 문제들에 대한 응답이며, 그 자체의 견지에서 보면 어떤 진리를 담고 있는 것으로 보일 것이다. 이러한 철학들은 최종적인, 혹은 그릇된 명제들의 집합들이 아니라, 만일 우리가 그 철학 체계들이 어떻게 형성되었는가를 알고자 한다면 우리가 더불어 그 속에서 살아야 하는 어떤 정신 세계의 표현이며 그 전개이다. 우리는 철학과 역사, 지적인 삶과 사회 상황의 밀접한 상관관계를 인정해야 한다.[원주32] 역사적 접근 방법에 있어서는 학파들간의 논쟁에 가담하지 않고 다만 그 발달과정을 냉철하게 따라가는 것이 요청된다.

우리는 역사적 조망의 무한한 중요성에 관하여 잘 알고 있지만, 저작들의 연대기적 순서들에 대한 거의 전적인 무시 때문에 각 철학 체계들의 연대를 정확히 규정할 수 없는 난관에 부딪치고 만다. 고대 인도인들은 본성

[원주32] 월터 파터(Walter Pater)는 이렇게 표현한다 : "영국의 잘 손질된 잔디밭에서는 기형으로 여겨질 이상하게 뒤틀어진 소나무라도, 만일 그것이 원래 자라났던 알프스 산맥의 급류 한복판으로 옮겨 놓는다면 지극히 자연스러운 것으로 보일 것이다. 이와 마찬가지로 아무리 별난 믿음이라도 그것을 둘러싸고 있는 상황과 알맞게 상호 연결된다면, 그 본래의 적합성을 나타내 보일 것이다"(*Plato and Platonism*, p.10).

적으로 지나치게 비역사적—혹은 아마 초(超)철학적—이어서, 우리는 철학자들보다는 철학 체계들에 대해서 더 많이 알고 있다.

붓다(Buddha)의 출생 시기로부터 인도의 연대기는 보다 나은 상황을 맞이하게 된다. 불교의 출현은 당시 아케메네스(Achaemenes)왕조가 통치하던 페르시아의 세력이 인더스강 유역으로 확장해오던 시기와 동시대의 일이다. 그것은 서양에서 헤카테우스(Hecateus)와 헤로도토스(Herodotos)에 의해서 얻어진 인도에 관한 최초의 지식의 원천이라고 말해진다.

인도철학의 대체적인 시대 구분은 다음과 같다 : (1) 베다 시대(B.C. 1500~B.C. 600)는 아리아인들의 정착, 그리고 그들의 문화와 문명의 점차적인 팽창·확산 시기를 말한다. 인도 최고의 관념론적 사유의 맹아가 싹을 틔웠던 숲속의 학교들이 생겨났던 것도 바로 이때이다.

우리는 이 시대에서 만트라(Mantra, 讚歌)들, 브라흐마나(Brāhmaṇa, 祭儀書)들, 그리고 우파니샤드(奧義書)들에 나타난 일련의 사유층들을 볼 수 있다. 이 시대에 나타난 사유의 형태들은 기술적인 의미에서의 철학적이 아니다. 여전히 미신적인 행위와 철학적인 사유가 갈등하던 암중모색의 시대이다. 그러나 주제의 순서와 계속성을 견지하기 위해서는 『리그 베다』 찬가의 대강에 대한 설명으로 시작하여 우파니샤드의 관점들을 논의해야 할 필요가 있다.

(2) 서사시(敍事詩) 시대(B.C. 600~A.D. 200)는 초기 우파니샤드에서 다르샤나(darśana)들, 즉 철학 체계들의 발전을 보게 되는 시기이다. 인도의 대서사시『라마야나』(Rāmāyana)와『마하바라타』(Mahābhārata)는 영웅들과 신인(神人)들의 새로운 메시지를 인간 세계로 실어나르는 수레 역할을 한다. 이 기간 동안에 우리는 또한 불교와『바가바드기타』속에서 우파니샤드직 관념들의 위대한 민주화를 본다. 불교, 자이나교, 쉬바교, 비슈누교와 같은 종파들은 이 시대에 속한다. 인도철학의 제 학파들, 즉 다르샤나들에서 절정에 도달하였던 추상적 사유 체계의 성장 또한 이 시대의 일이다. 대부분의 철학 체계들은 불교가 일어나던 시기에 즈음하여 그 초기 형태의 발현을 보게 되며, 수세기 동안 불교와 나란히 발전해간다. 그러

나 제 철학파들의 체계적인 저술들은 다음 시대로 넘어간다.

(3) 경전성립 시대[원주33](A.D. 200년 이후)가 그 다음에 온다. 대량의 자료들이 너무 방대하게 불어나서 철학의 개요를 만들어내야 할 필요가 생겨났다. 이러한 축소와 개괄은 경전의 형태로 나타났다. 이 경전들은 주석서 없이 그 자체만으로는 이해하기 어렵고, 그렇기 때문에 때로는 후자가 경전 그 자체보다 더 중요하게 되었다. 여기서 우리는 발전된 철학에서 나타나는 비판적 태도를 본다. 이미 말해진 모든 것을 수동적으로 받아들이기만 하는 것이 아니라, 이의를 제기하고 이에 답하면서 주제를 비판적으로 성찰하는 철학적 논의들이 나타난다. 행운의 직관에 의하여 사상가들은 그들에게 우주의 모든 측면들을 설명해 주는 것으로 보이는 어떤 보편적 원리들을 조우한다.

이러한 철학적인 종합들이 비록 심오하고 예리하다 할지라도, 그들은 시종일관 비판적 능력—칸트적인 의미에서—발달 이전의 미성숙성을 지니고 있었다. 철학적인 문제들을 접근함에 있어서, 인간의 능력 그 자체에 대한 선행 비판 없이 세계를 바라보고 그들 나름의 결론에 도달한 것이다. 세계를 이해하고 해석하려던 초기의 노력들은 엄격한 의미에서 철학적인 시도들이 아니었다. 왜냐하면 그 시도들은 인간 정신의 적합성 혹은 접근 방법의 효율성, 그리고 적용되는 기준에 관하여 아무런 의심도 없이 행해졌기 때문이다. 이것은 케어드(Caird)가 인간 정신이 "외계의 대상들로 너무 분주하여서 그 자신을 주목할 여유가 없었다"[원주34]고 말한 바와 같다. 그래서 우리가 경전성립의 시대에 이르면, 단순히 구상적인 상상(constructive imagination)이나 종교적인 자유가 아니라 자의식적이 된 사유와 반성을 지니게 된다.

철학 체계들간의 관계에 있어서, 우리는 그 체계들의 선후관계를 명

[원주33] 여기서 '경전성립 시대'라는 말은 특히 철학적인 경전과 관련하여 사용된 것이며, B.C.500~B.C.200년경에 만들어진 것으로 전해지는 『칼파 수트라』(Kalpa Sūtra)나 베다의 보조 경전을 의미하는 것이 아니다.

[원주34] *Critical Philosophy of Kant*, vol. i .p.2.

확하게 말할 수 없다. 분명한 것은 시종일관하여 상호 관련이 지속된다는 것이다. 요가(Yoga)학파는 상키야학파를 받아들이고, 바이셰쉬카학파는 니야야 상키야의 두 학파들을 인정한다. 니야야는 베단타학파와 상키야 학파를 언급한다. 미망사(Mīmāṁsā)학파는 다른 모든 학파들의 선재 (pre-existence)를 직접적으로 혹은 간접적으로 인정한다. 베단타학파도 이와 같다. 가르베(Garbe) 교수는 상키야가 가장 오래된 학파라고 주장한다. 그 다음에는 요가·미망사·베단타의 순이며, 바이셰쉬카와 니야야가 마지막이 된다. 경전성립 시대는 주석가들의 학문적인 시대와 뚜렷이 구별할 수 없으며, 그 둘은 오늘날까지 계속된다.

(4) 주석서 시대 또한 기원후 2세기로부터 시작된다. 이 시대와 이전 시대 사이에 어떤 명확한 선을 긋는다는 것은 불가능한 일이다. 그럼에도 불구하고 쿠마릴라(Kumārila), 샹카라, 슈리다라(Śrīdhara), 라마누자, 마드와, 바차스파티(Vācaspati), 우다야나(Udayana), 바스카라(Bhāskara), 자얀타(Jayanta), 비갸나비크슈(Vijñānabhikṣu), 그리고 라구나타(Raghunātha)와 같은 위대한 이름들은 이 시대에 속한다.

문헌들은 곧 지나치게 논쟁적이 된다. 우리는 일단의 논사들, 난해한 이론들과 지나치게 세밀하여 비실용적인 주장들을 탐닉하는 요란한 논객들을 발견한다. 이들은 특히 논리학적 전칭(全稱)명제들의 본질에 대하여 격렬하게 논쟁했다. 많은 인도학자들은 그들의 크고 묵직한 책들——우리를 일깨워주기보다는 대체로 더욱 혼란에 빠져들게 하는——을 펴는 것을 두려워한다. 아무도 그들의 예리함과 열정을 부정하지는 않을 것이다. 사유 대신에 말의 유희를, 철학 대신에 논리적인 토막 썰기(logic-chopping)를 본다. 불명료한 사유, 난해한 논리 체계, 그리고 편협한 기질은 주석가들 가운데 최악의 유형을 특징지운다. 물론 보다 나은 유형의 주석가들은 고대의 사상가들 못지않게 아주 귀중하다. 샹카라나 라마누자와 같은 주석가들은 이전의 교설들을 재해석하였으며, 그들의 재해석은 정신 세계에 있어 어떤 새로운 발견만큼이나 소중한 것이다.

인도사상가들에 의하여 씌어진 몇몇 인도철학사들이 있다. 후기의 거의 모든 주석가들은 그들 자신의 관점에서 다른 교설들을 논의한다. 이런 점에서 모든 주석가들은 다른 견해들에 대하여 자신의 어떤 생각을 피력한 셈이다. 때로는 일관된 입장에서 여러 철학 체계들을 다루고자 하는 의식적인 시도들도 보인다. 이러한 '역사적인' 설명들 중에서 몇몇 중요한 것들은 여기서 언급될 만하다.

우선 하리바드라(Haribhadra)[원주35]의 저술 『샤드다르샤나사뭇차야』(Ṣaḍdarśanasamuccaya, 六派哲學集成)를 들 수 있을 것이다. 6세기의 디감바라(Digambara, 空衣派) 자이나교도인 사만타바드라(Samantabhadra)는 여러 철학파들에 대한 비평을 담고 있는 『아프타미망사』(Āptamīmāṁsā)라는 책을 저술하였던 것으로 전해진다.[원주36] 바바비베카(Bhāvaviveka)라는 이름의 중관파(中觀派) 불교도는 미망사, 상키야, 바이셰쉬카, 그리고 베단타학파들에 대한 비평서인 『타르카즈왈라』(Tarkajvāla)라는 책의 저자로 명성이 높다. 디감바라 자이나교도들인 비드야난다(Vidyānanda)와 메루퉁가(Merutuṅga)는 각각 『아슈타사하스리』(Aṣṭasāhasrī)라는 책과 샤드다르샤나비차라(Ṣaḍdarśanavicāra, A.D. 1300)에 대한 책에서 힌두교의 철학 체계들을 비판했다고 전해진다. 인도

[원주35] 바르트(Barth) 씨는 말한다 : "전통에 따르면 A.D. 529년에 죽었다고 전해지나, 보다 정확한 고증에 의하면 9세기에 살았던 하리바드라는 자이나교로 개종한 브라흐민이었다. 그와 이름이 같으나 실제로는 다른 사람도 여럿 있었던 것으로 보인다. 그는 1천 400프라반다(Prabandha, 頌)의 저자로도 유명하며, 범어(梵語)를 처음으로 슈웨탐바라(Śvetāmbara) 자이나교의 논서에 도입하려 했던 것으로 보인다. 브라흐민들에게 있어서 육파철학은 두 미망사학파와 상키야와 요가학파, 그리고 니야야와 바이셰쉬카학파를 의미했다. 이에 반해서 하리바드라는 육파철학이라는 제목 아래 불교, 자이나교, 니야야, 상키야, 바이셰쉬카, 그리고 미망사의 핵심적인 원리들을 87슬로카(sloka)로 간략하지만 아주 공정하게 해설하고 있다. 이리하여 그는 자기 자신의 학파와 자이나교에 가장 친밀성을 지니고 있었던 사람들을 선별하여 그들을 가장 대항하기 어려운 적대파들 ─ 불교와 자이미니(Jaimini)학파의 제식주의자들 ─ 사이에 개입시켰다. 이러한 결말을 그는 단순히 종파적인 광신과 자기 자신의 판단에 의해서가 아니라, 그때 브라흐민들 사이에 널리 유행하던 견해에 따라서 무신론적인 유물론자인 로카야타(Lokāyata)들과 결부시킨다"(Indian Antiquary, p.66, 1895).

[원주36] Vidyabhushan, Mediaeval Systems of Indian Logic, p.23.

철학에 대한 가장 대중적인 저술은 14세기의 남인도에 살았던 유명한 베단타철학자 마드와차르야(Mādhvācārya)의 『사르바다르샤나상그라하』(Sarvadarśanasaṁgraha)이다. 『사르바싯단타사라상그라하』(Sarva-siddhāntasārasaṁgraha)는 샹카라에게 귀속되며,[원주37] 마두수다나 사라스와티(Mādhusūdana Sarasvatī)[원주38]의 『프라스타나베다』(Prasthānabheda)는 여러 학파들에 대한 유용한 설명들을 담고 있다.

[원주37] 실제로 이 책의 저자는 샹카라가 아니라 다른 사람이었던 것 같다. 케이스(Keith)의 『인도논리학』(Indian Logic), p.242, n.3을 보라.
[원주38] 막스 뮐러의 『인도 육파철학』(Six Systems of Indian Philosophy), pp.74~84를 보라.

제2장
『리그 베다』의 찬가들

1. 베다

1) 네 가지 베다

베다[역주1]는 인간의 정신이 낳은 최고(最古)의 문헌들로 우리에게 남아 있다. 윌슨(H.H.Wilson)은 말한다.

> 『리그 베다』(Ṛg-Veda)와 『야주르 베다』(Yajur Veda)의 본문들이 완성될 때, 우리는 거기서 도출되는 결과와 인도인들에게 있어서 정치·종교적인 실제 상황을 확실하게 평가할 수 있는 충분한 자료들을 지니게

[역주1] 베다(Veda)라는 말은 '알다'라는 의미의 동사 어근 vid에서 파생된 명사로 '지식', 특히 '성스러운 지식' 혹은 '종교적인 지식'을 의미하며, 나아가서는 그 지식을 담고 있는 성전을 의미한다.

될 것이다. 베다의 시기는 지금까지 알려진 최초의 사회조직에 대한 기록들과 동시대로서, 그리스 문명의 서광이 있기 훨씬 이전이며, 이제까지 발굴된 아시리아 제국의 가장 오래된 유적들보다도 앞선다. 짐작건대 그것은 가장 오래된 헤브라이 문헌들과 비슷한 시기에 속하며, 다만 이집트 왕조들——무의미한 몇몇 이름들 외에 거의 아무것도 알려지지 않은——보다 다소 후기에 해당되는 것으로 보인다. 베다는 우리가 고대인들과 그 문명을 생각하는 데 있어서 아주 중요한 모든 정보들을 폭넓게 제공해 준다.[원주1]

베다에는 『리그 베다』, 『야주르 베다』, 『사마 베다』(Sāma Veda), 『아타르바 베다』(Atharva Veda)의 네 가지가 있다. 이 가운데 앞의 세 베다는 그 명칭이나 형태 혹은 언어에 있어서뿐 아니라, 그 내용에 있어서도 서로 일치되는 점이 많다. 네 베다 중에서 『리그 베다』가 가장 중요하다. 아리아인들이 그들의 가장 소중한 재산으로 고향에서 인도로 가지고 온 이 영감어린 찬가들은, 그들이 새로운 땅에서 다른 신들을 섬기는 수많은 사람들을 대면했을 때, 자기의 것을 잃어버리지 않고 잘 간직하기 위하여 집성되었다고 말해진다.[원주2] 『리그 베다』는 이러한 집성의 결과이다. 『사마 베다』는 순수하게 제의식(祭儀式)에 관한 모음집이며, 상당 부분이 『리그 베다』에서 발견된다. 심지어는 『사마 베다』 특유의 찬가들도 그것만의 어떤 고유한 교훈을 지니는 것 같지 않다. 찬가들은 하나같이 제의식에서 낭송되기 적합하도록 각색된 것이다. 『사마 베다』와 마찬가지로 『야주르 베다』 역시 제식의 목적에 소용이 된다. 이 모음집은 제식종교의 필요에 부응하여 만들어졌다. 이에 대하여 휘트니(W.D. Whitney)[역주2]는 다음과 같이 적고 있다.

[원주1] *Journal of the Royal Asiatic Society*, vol.13(1852), p.206.
[원주2] 『리그 베다』에 들어 있는 찬가들은 인도의 서북부에서 만들어졌다는 것이 일반적인 견해이다. 맥도넬, *Sanskrit Literature*, p.40을 보라.
[역주2] 미국의 언어학자·사전편집자이다.

대체로 보아 초기 베다 시대의 제의식은 특권을 지닌 일단의 사제들의 직무로 위임되거나 세세한 항목으로 규정된 것이 아니라, 그것을 드리는 사람의 자유로운 충동에 따라 『리그 베다』의 찬가와 『사마 베다』의 가영(歌詠)을 낭송하는——즉 두 손으로 마음에서 우러나는 제물을 신에게 드리고 있을 때 입을 다물고 있지는 않을 것이다——구속받지 않는 신앙 행위였다. ……그러나 시간이 지남에 따라 제의식은 차츰 형식적인 성격을 띠게 되고 마침내 엄격하고 상세하게 규정된 일련의 행위들로 정착된다. 각 제의식에서 읽혀질 찬가의 구절이 정해졌을 뿐 아니라, 낭송되는 본문과 형식적인 문구들이 정형화되었으며, 전체 제의식에서 행해지는 각 행위를 설명하고 또한 그 행위 자체에 상징적인 의미를 부여하여 신성한 것으로 받아들이게 되었다. ……제식에 관한 이러한 실제적인 규정들은 야주스(Yajus, 祭詞)라고 불리는데, 이것은 야즈(Yaj), 즉 '제사드리다'라는 동사 원형에서 파생된 말이다. ……『야주르 베다』는 이러한 규정들의 집성으로서, 운문체의 만트라와 제식에 관한 산문체의 설명으로 이루어져 있으며, 제의식에서 사용되는 순서에 따라 배열되어 있다.[원주3]

『사마 베다』와 『야주르 베다』의 집성은 『리그 베다』와 제식종교가 확립되었던 브라흐마나 시대 사이에 이루어졌다. 『아타르바 베다』는 그것이 독자적인 내용을 담고 있는 역사적인 집성이라는 점에서 『리그 베다』 다음으로 중요한 것으로 간주되지만, 오랫동안 베다로서의 권위가 인정되지 않았다. 이 베다에는 사유 체계의 발달과정에 있어서 다소 후기의 산물이라 여겨지는, 어떤 색다른 정신이 현저하다. 그것은 당시에 점차 흡수되고 있었던 토착 원주민들의 새로운 신과 악귀들을 고려한 베다 시대 아리아인들의 타협 정신이다.

[원주3] *Proceedings of the American Oriental Society*, vol. iii. p.304.

2) 베다의 구성

각 베다는 만트라(Mantra, 讚歌), 브라흐마나(Brāhmaṇa, 祭儀書), 우파니샤드(Upaniṣad, 奧義書)로 알려지는 세 부분으로 구성된다. 만트라들로 이루어진 각 베다의 핵심부들은 상히타(Saṁhitā, 本集)라 불린다. 브라흐마나는 제사의 법식과 종교적인 의무를 담고 있다. 철학적 문제들을 논의하고 있는 우파니샤드와 아란야카(Āraṇyaka, 森林書)는 브라흐마나의 끝부분에 해당한다. 우파니샤드는 그 이후 인도사상 전체에 대한 정신적 토대가 된다. 초기 우파니샤드 중에서 『아이타레야』(*Aitareya*)와 『카우쉬타키』(*Kauṣītaki*)는 『리그 베다』에 속하며, 『케나』(*Kena*)와 『찬도기야』(*Chāndogya*)는 『사마 베다』에, 『이샤』(*Īśa*)와 『타잇티리야』(*Taittirīya*)와 『브리하드아란야카』(*Bṛhadāraṇyaka*)는 『야주르 베다』에, 『프라슈나』(*Praśna*)와 『문다카』(*Muṇḍaka*)는 『아타르바 베다』에 각각 속한다.

아란야카는 브라흐마나와 우파니샤드 사이에 오며, 그 이름이 가리키는 바와 같이 숲에 은거하는 사람들을 위한 명상의 목적에 쓰이도록 의도된 것이다. 브라흐마나는 집에 거주하는 가장이 지켜야 할 제의식을 논의하고 있다. 그러나 그가 늙어 숲에 은거하게 될 때, 제의식을 대신하는 어떤 것이 필요하게 되고, 아란야카는 이 목적에 소용되는 것들을 제공한다. 제의식이 지니는 상징적이고 영적인 측면들이 명상되고, 이러한 명상은 제의식 행위 그 자체를 대신하는 것으로 여겨진다. 아란야카는 브라흐마나의 제의식이 우파니샤드의 철학으로 이행해가는 연결 고리를 형성한다.

베다 본집의 찬가가 성선(聖仙, ṛṣi)[역주3]들에 의한 영감의 산물[원주4]임에 비하여 브라흐마나는 제관들의 작업이며, 우파니샤드는 철학자들의 명상이다. 본집 찬가들에서 보이는 자연종교에서 브라흐마나의 제식종교로, 그리

[역주3] 베다의 찬가를 계시받은 자 혹은 그것을 기록한 자를 지칭한다. 일반적으로 베다의 성선을 뜻하기도 한다.
[원주4] 『리그 베다』, i.164.6 : x.129.4.

고 우파니샤드의 영성종교로 이행해가는 것은 종교의 발달에 관한 헤겔의 개념에서의 삼대 구분[역주4]과 아주 유사하다. 물론 후기 단계에 와서는 위의 세 가지 형태가 공존하게 되었지만, 처음에는 순차적으로 발전되어온 것이다. 우파니샤드는 한편으로 베다 종교의 연장임에 분명하지만, 또 한편으로는 브라흐마나 종교에 대한 반발의 의미를 지닌다.

2. 베다 찬가에 대한 연구의 중요성

『리그 베다』의 찬가들에 대한 연구는 인도사상의 올바른 이해에 있어서 필수 불가결한 것이다. 우리가 그 찬가들을 덜된 신화나 조야한 우화들이라고 여기든, 혹은 오리무중의 암중모색이나 미완성의 시구들이라고 생각하든 간에, 그들은 여전히 인도 아리아인들의 후기 실천 수행이나 철학 사상의 원천임에 분명하며, 따라서 이에 대한 연구는 그후의 사상들을 올바르게 이해함에 있어서 필수적이다. 우주의 신비를 이해하고 이것을 표현하려는 인간 정신 최초의 시도들에 대하여 우리는 봄날의 아지랑이나 아침 햇살에 피어나는 꽃과 같은 신선함과 천진난만함, 그리고 형언할 수 없는 매력을 느낀다.

1) 베다의 연대

오늘날 우리가 지니고 있는 베다 본집은 이미 아리아인들이 원주지에서 인도로 이동해오던 지적인 행위의 시대로부터 우리에게 전해내려왔다. 이 때 그들은 어떤 종교적인 개념과 믿음을 지니고 있었으며, 이것은 훗날 인도 토양에서 발선, 계승된다. 찬가들이 집성된 것은 그들이 만들어진 때로

[역주4] 헤겔에 의하면, 종교는 자연종교와 예술종교를 거쳐 마지막으로 계시종교로서 완성된다. 최후의 단계에서 절대지(絶對知)에 이르면, 존재는 사고의 대상이 아니라 사고 그 자체가 된다. 즉 사고와 존재의 완전한 통일이 있다.

부터 아주 오랜 시간이 경과한 후의 일이었을 것이다. 막스 뮐러는 상히타 시대를 찬다(Chanda)와 만트라(Mantra)라 불리는 두 기간으로 구분한다.[원주5] 이들 중 전기, 즉 찬다 시대에 찬가들이 만들어졌다. 이때는 사람들의 감성이 노래 속에 아낌없이 쏟아부어지던, 순수 시가(詩歌)로 특징지워지는 획기적인 시대로, 제의식의 흔적은 전혀 보이지 않는다. 신들에게 드리는 유일한 공물은 기도였다. 두번째 시기, 즉 만트라 시대는 집성 혹은 체계적인 편찬의 시기이다. 우리가 지니고 있는 것과 실제로 동일한 형태로 찬가들이 배열된 것은 바로 이때였다. 이 기간 중에 제의식에 대한 관념들이 서서히 싹트기 시작하였다.

찬가들이 정확히 언제 만들어지고 집성되었는가 하는 것은 추측의 문제이다. 우리는 이 찬가들이 기원전 15세기경에는 널리 유포되어 있었다고 확신한다. 약 B.C. 500년경에 인도에서 발생한 불교는 베다 본집의 찬가들뿐 아니라, 브라흐마나와 우파니샤드를 포함하는 전체 베다 문헌의 존재를 전제하고 있다. 브라흐마나의 제의식 체계가 완전히 확립되고, 우파니샤드의 철학이 충분히 발달하기까지는 아마 오랜 기간이 소요되었을 것이다.[원주6] 이 방대한 문헌에 나타난 사상의 발달과정은 적어도 1천 년이 필요하다. 만일 우리가 그 문헌들에 나타난 다양성과 깊이를 염두에 둔다면, 1천 년이라는 기간은 그다지 긴 것이 아님을 알게 된다.

어떤 인도학자들은 베다 찬가를 B.C. 3000년경, 또 어떤 학자들은 B.C. 6000년경의 것으로 보기도 한다. 고(故) 틸락(B.G. Tilak) 씨는 그 찬가들을 약 B.C. 4500년경으로 연대를 매기며, 브라흐마나와 초기 우파니샤드들은 각각 B.C. 2500년과 B.C. 1600년경의 것으로 추산한다. 야코비(Jacobi)는 그 찬가들을 B.C. 4500년에 귀속시킨다.[원주7] 우리는 그

[원주5] 때로는 찬가들을 각기 다른 믿음과 사회 관습을 나타내는 다섯 시기로 나누어 보려는 시도가 있었다. 아널드(Arnold)의 『베다의 운율』(*Vedic Metre*)을 보라. 아널드는 이 다섯 시기를 구분함에 있어서 운율, 어법, 그리고 용어를 그 기준으로 삼는다.

[원주6] 브라흐만(Brahman), 아트만(Ātman), 요가, 미망사 등 후기 철학의 많은 기술적인 용어들이 바로 이 우파니샤드철학에서 형성된다.

찬가들을 B.C. 15세기의 산물로 간주한다.[원주8] 아마 이 연대가 너무 이르

[원주7] 베다 시대와 관련하여 M. Winternitz 교수는 자신의 연구 결과를 다음과 같이 요약하고 있다(*Calcutta Review*, 1923.9.):
  (1) 불교와 자이나교는 베다 전체를 전제로 한다. 아마 그러리라 생각되지만, 만일 자이나교의 기원이 파르슈와(Pārśva)—마하비라(Mahāvīra) 바로 앞의 지나(Jina,勝利者)—로 거슬러 올라간다면, 베다는 이미 기원전 8세기에 완성되었으며 또한 바라문교의 성전으로 받아들여졌을 것이다.
  (2) 『리그 베다』의 찬가들은 인도의 모든 문헌들 가운데 가장 오래된 것이다.
  (3) 『리그 베다』 본집의 기원과 성장은 수세기의 오랜 기간을 요한다.
  (4) 『리그 베다』 본집은 『아타르바 베다』 본집이나 『야주르 베다』 본집보다 상당히 오래된 것이다.
  (5) 네 베다의 본집들은 모두가 브라흐마나보다 오래된 것이다.
  (6) 브라흐마나와 우파니샤드는 그 발달에 있어서 오랜 기간이 소요된다.
  (7) 베다 본집의 언어와 『아베스타』 및 고대 페르시아 문헌의 언어 간에 보이는 긴밀한 관련은, 우리가 베다 시대의 시작을 기원전 수백만 년은 말할 것도 없고 기원전 수천 년이라는 고색창연한 시대로 매기는 것조차도 불가능하게 한다.
  (8) 한편, 정치적 · 종교적 · 문헌적인 역사의 사실들은 적어도 천 년의 기간을 요하며, 『리그 베다』의 초기 찬가들과 고(古) 우파니샤드의 마지막 부분 및 불교의 출현 사이에는 아마 이보다 더 오랜 기간이 소요되었을 것이다.
  (9) 베다 찬가의 시작에 관하여 어떤 단정적인 연대를 매기는 것은 불가능하다. 베다 문헌이 과거의 어떤 알지 못할 시기에 만들어지기 시작하여 8세기경에 완성되었다는 사실 외에는 아무것도 분명하게 말할 수 없다.
  (10) 아마 베다 문헌의 시작에 대한 이 알지 못할 시기는 B.C.1500년 혹은 B.C.1200년보다는 B.C.2500년 혹은 B.C.2000년에 더 가깝다고 해야 옳을 것이다.
[원주8] 최근에 발굴된 펀자브지방의 하랍파(Harappa)와 신드(Sind) 지방의 모헨조다로(Mohenjo Daro)의 유적들은 인도 문명의 유구한 역사에 대하여 새로운 빛을 던져주고 있다. 지금 우리에게는 5천년 전에 신드와 펀자브지방의 사람들이 훌륭하게 건설된 도시들에서 살고 있었으며, 높은 수준의 공예기술과 발달된 서법(書法)의 고급 문명을 지니고 있었다는 명백한 고고학적인 증거들이 있다. 펀자브와 신드의 유적들은 "구운 벽돌을 사용하여 대규모로 지어지고, 대리석으로 된 훌륭한 하수구 시설을 갖춘 가옥과 사원들"을 포함하고 있다. 채색 혹은 무문의 다양한 도기, 푸른 유리로 만들어진 완구와 팔찌, 납유리와 조가비 외에, 상형문자의 명문(銘文)—지금까지도 해독이 불가능한—이 새겨진 다수의 인장들이 있다. 존 마셜(John Marshall) 경(卿)은 이 유적들이 "명백하게 B.C.3000년대에 인도에서 이루어진 문명으로서, 수메르인들의 메소포타미아 문명 못지 않게 고도로 발달하였을 뿐 아니라 또한 널리 확산되었으며, 이들 두 문명 간에 긴밀한 관계가 있었다는 결정적인 증거가 있다"고 말한다. B.C.3000년대에 인도와 메소포타미아의 연관에 대하여 명백한 어떤 것을 말하기에는 아직 이르다 할지라도, 짐작건대 이 유적들은 드라비다족 문제에 대한 어떤

다는 이의는 없을 것으로 믿는다.[역주5]

2) 『리그 베다』의 구성과 저자들

『리그 베다』 상히타, 즉 본집은 모두 약 1만 600구절에 이르는 1천 17편[역주6]의 찬가들로 구성되어 있다. 그것은 8개의 아슈타카(aṣṭaka)[원주9]로 나누어지며, 각 아슈타카는 8개의 아드야야(adhyāya) 혹은 장(章)으로 구성되는데, 이들은 다시 바르가(varga) 혹은 그룹들로 세분된다. 때로는 그것이 10개의 만달라(maṇḍala) 혹은 권(卷)으로 나누어지기도 하며, 이것이 보다 일반적인 구분이다.

첫번째 만달라는 191편의 찬가들을 담고 있으며, 대체로 가우타마(Gautama), 칸와(Kaṇva) 등과 같은 15명의 저자 혹은 리쉬(Ṛṣi)들에게 귀속된다. 찬가들을 배열함에 있어서 이와 관련된 어떤 원칙이 있다. 제일 먼저 아그니(Agni)신에게 드려진 찬가들이 오고, 인드라(Indra)신에 대한 것이 그 다음에, 그리고 나머지 찬가들이 배열된다. 그 다음의 여섯 만달라들, 즉 두번째부터 일곱번째까지의 만달라들은 각각 하나의 동일한 가계의 시성들에게 귀속되며, 그 배열 순서는 첫번째 만달라의 경우와 동일하다. 여덟번째 만달라에는 이렇다 할 어떤 특징적인 체계가 발견되지 않으며, 첫번째 만달라에서와 같이 여러 다양한 저자들에게 귀속된다. 아홉번째 만달라는 소마(Soma)신에 대한 찬가들로 구성되어 있다. 여덟번째와 아홉번째 만달라에 있는 많은 찬가들은 『사마 베다』에서도 또한 발견

단서를 제공해 줄 것이다.

[역주5] M. Winternitz는 베다 시대의 상한선을 B.C.2500~B.C. 2000년으로 잡고 있으며, 만일 B.C. 1500년으로 잡을 경우에는 방대한 전체 베다 문헌의 발달을 설명할 수 없다고 본다(A History of Indian Literature, V.Srinivasa Sarma 譯, pp.270~288 참조). 오늘날 일반적으로 받아들여지고 있는 베다 시대의 상한선은 B.C.1500~B.C.1200년이다(M.Hiriyanna, The Essentials of Indian Philosophy, p.9).

[역주6] 보유가(補遺歌) 11편을 합하여 1천 28편으로 보는 경우도 있다(M. Winternitz, 같은 책, p.51 ; 정태혁, 『인도철학』, p.29).

[원주9] 하나의 아슈타카는 8부분으로 이루어져 있다.

된다.

열번째 만달라는 후기에 부가된 것으로 보이는데, 어쨌든 그것은 베다 찬가들의 발달에 있어서 가장 후기에 유행했던 견해들을 담고 있다. 이 찬가들에서는 초기의 신앙적인 시가들이 지녔던 토착적인 경향이, 철학적 사유가 던지는 희미한 색조로 물들기 시작한다. 우주의 기원 등에 관한 사색적인 찬가들을 만나게 되는 것도 여기서다. 이와 같은 추상적인 이론화와 함께, 아타르바 베다 시대에 속하는 미신적인 주술이나 액막이도 또한 발견된다. 사색적인 부분들이 초기의 서정적인 찬가들에서 이미 보였던 정신의 성숙을 가리키는 것이라면, 주술적인 측면들은 베다의 아리아인들이 그 당시에 토착 원주민들의 교설이나 관습들에 상당할 정도로 익숙해져 있었다는 것을 보여준다. 그리고 이 두 측면들은 열번째 만달라가 후기에 만들어진 것이라는 점을 명백히 한다.

3. 베다의 가르침

베다에 대한 연구를 평생의 업으로 삼았던 유능한 학자들에 의해서, 베다 찬가들의 진정한 정신이 무엇인가에 대한 여러 가지 견해들이 제시된다. 플레이더러(Pfleiderer)는 『리그 베다』가 지니는 태고의 천진난만한 기도"에 관하여 말한다. 픽테트(Pictet)는 『리그 베다』의 아리아인들이 유일신관——아무리 희미하고 소박한 형태라 할지라도——을 지니고 있었다고 주장한다.

아리아 사마즈(Arya Samaj)[역주7]의 창립자 로트(R.Roth)와 다야난다 사라스와티(Dayananda Sarasvatī)도 이 견해에 동의한다. 람 모한 로이

[역주7] 부패한 힌두교를 개혁하기 위하여 1875년에 설립된 종교·사회 개혁단체로서, 유일신을 숭배하고 베다의 학습을 강조하였다. 이슬람교나 기독교로 개종한 사람을 다시 힌두교로 개종시키는 숫디(śuddhi) 운동을 전개하였으며, 교육 및 불촉천민의 지위 향상을 위해서도 노력하였다.

(Ram Mohan Roi)는 『리그 베다』의 신들을 "최고신의 속성들에 대한 비유적인 표현"으로 간주한다. 이외에도, 블룸필드(M. Bloomfield)에 따르면 『리그 베다』의 찬가들은 제의식에 큰 비중을 두는 원시종족의 제사 지침서이다. 베르가이네(M. Bergaine)는 그 찬가들은 지극히 비유적인 것이라고 말한다. 인도의 유명한 주석가 사야나(Sāyaṇa)는 신들과 찬가들에 대한 자연주의적 해석을 채택하고 있으며, 이것은 현대 유럽 학자들에 의하여 지지되고 있다. 종종 사야나는 후기 브라흐마나 종교의 입장에서 그 찬가들을 해석하기도 한다.

이 다양한 견해들이 서로 적대적인 것으로 간주될 필요는 없다. 왜냐하면 그들은 단지 『리그 베다』 본집이 지니는 이질적인 성격을 가리킬 뿐이기 때문이다. 베다는 한 세대에서 다음 세대로 이어지는 사상가들의 사유를 나타내는 문헌이며, 따라서 그 속에는 온갖 사유의 층들이 담겨져 있다. 대체로 보아 우리는 『리그 베다』가 단순하고 소박한 시대의 종교를 나타낸다고 말할 수 있을 것이다. 그 방대한 찬가들은 아직 후기의 복잡하고 정교한 이론들과는 거리가 먼 인간의 종교성을 나타내 보이는, 아주 단순하고 소박한 성격을 지닌다. 물론 후기의 형식적이고 관습적인 브라흐마나 시대의 특징들을 지니는 찬가들도 있다. 특히 『리그 베다』의 마지막 권(卷)에는, 세계와 그 속에 사는 인간이 지니는 의미에 대한 의식적인 성찰의 결과들을 구체화한 찬가들이 보인다. 『리그 베다』의 몇몇 찬가들은 유일신관이 현저하다. 여러 신들이 때로는 우주적 존재의 여러 이름 혹은 표현으로 간주되었다는 것은 확실하다. 그러나 이러한 유일신관은 아직 오늘날과 같이 선명하고 윤곽이 뚜렷한 유일신관이 아니었다.

인도의 위대한 석학이며 신비가인 오로빈도 고슈(Aurobindo Gosh) 씨는 베다가 비밀스런 교의와 신비한 철학에 대한 암시로 가득 차 있다고 생각한다. 그는 찬가의 신들을 심리적 기능들에 대한 상징들로 간주한다. 수리야(Sūrya)는 지성, 아그니는 의지, 그리고 소마는 감성을 나타낸다. 그에게 베다는 고대 그리스의 오르페우스 신비주의[역주8]나 엘레우시스의 신조에 상응하는 신비종교이다.

내가 제시하는 이론은 『리그 베다』가 역사적인 엘레우시스와 오르페 우스의 신비들이 실패한 잔여물이었던 인간 사유의 여명기로부터 우리에게 남겨진 하나의 위대한 문헌이라는 것이다. 그때는 민족의 영적이고 심리학적인 지식들이 지금 우리가 분명히 말할 수 없는 어떤 이유로 구체적이고 물질적인 형상이나 상징들의 장막 속에 숨겨져 있었다. 이로써 그 의미가 세속적인 사람들로부터 보호되고 비법을 전해받은 사람들에게는 드러나도록 한 것이다. 신비가들의 주요한 원리들 가운데 하나는 자각의 신성함과 은밀함이다. 그들의 생각에는 이러한 지혜가 보통 사람들에게 부적합하거나 위험한 것이며, 아무튼 만일 저속하고 정화되지 못한 영혼에게 드러나 보인다면 왜곡되고 남용되기 쉬운 것이었다. 그래서 그들은 보통 사람들을 위해서는 효과적이지만 불완전한 외적 숭배를, 그리고 비의를 전수받은 사람들을 위해서는 내적인 수련을 장려하였으며, 선별된 사람들에게는 영적인 의미를 지니고 평범한 숭배자들에게도 구체적인 의미를 지니는 단어와 상징으로 그들의 언어를 입혔다. 베다 찬가는 이러한 원리 위에 구상되고 만들어졌다."[원주10]

이 견해는 오늘날 유럽 학자들의 견해와 상반될 뿐 아니라, 베다 해석의 권위자 사야나와 푸르바 미망사(Purva Mīmāṁsā)의 전통적인 주석[역주9]과도 부합되지 않는다는 것을 알게 됨에 따라, 우리는 오로빈도 고슈 씨의 견해가 아무리 독창적이라 할지라도 그의 입장을 따르는 데 주저하지 않을 수 없다. 인도사상의 전체적인 발달이 베다 찬가가 지니는 최고의 영적인

[역주8] 오르페우스(Orpheus)를 개조(開祖)로 하는 고대 그리스의 신비종교 또는 철학을 말한다. 영혼 불멸을 믿으며 술의 신 디오니소스(Dionysos)를 숭배하였다.
[원주10] 『아리아』(Ārya), vol. i, p.60.
[역주9] 베다에 대한 푸르바 미망사 학파의 견해는 다음과 같다 : (1) 베다는 자존하며, 영원하다. (2) 베다는 본질적으로 초감각적인 문제들에 관여한다. (3) 베다에는 문자적이 아니라 자유롭게 해석될 필요가 있는 부분이 있다(M.Hiriyanna, 같은 책, p.140).

진리에서 지속적으로 멀어져 온 것 같지는 않다. 후대의 종교와 철학들이 원래의 완전한 상태에서 퇴보해온 것이라기보다는 그들이 초기의 단초적인 사유와 초보적인 도덕 관념, 영감들에서 일어나게 되었다고 하는 것이 인간 발달의 일반적인 경향과 보다 잘 부합된다.

베다 찬가의 근본 정신을 해석함에 있어서, 우리는 그 바로 다음에 오는 브라흐마나와 우파니샤드에 의하여 받아들여진 그들에 대한 견해를 택해야 한다고 제안한다. 이 후기 문헌들은 베다 찬가의 연속이며 발전이다. 우리가 정상적인 종교 발달의 원리—세계 어느 곳에서나 인간은 외적인 것에서 출발하여 내적인 것으로 이행한다—에 따라서 쉽게 인식할 수 있는, 외부의 자연력에 대한 숭배로부터 우파니샤드의 영적인 종교로 이행하는 과정을 보이는 한편, 우파니샤드는 단지 초기의 자연 숭배에 머무는 것이 아니라 베다에 담겨진 최고 형태의 종교에 대한 이상을 발전시킨다. 이러한 해석은 현대의 역사적인 방법과 초기 인류 문화의 과학적인 이론들과 전적으로 조화되며, 사야나에 의하여 제안된 인도의 고전적인 견해와도 일치한다.

4. 철학적인 경향들

『리그 베다』에서 우리는 감각과 외계 대상에 대한 고질적인 물음으로부터 벗어나려는, 소박하지만 시적인 영혼들의 열정적인 노래들을 본다. 이 찬가들은 초인간적인 통찰이나 비일상적인 계시에 의해서가 아니라, 인간 스스로의 이성의 빛으로 우주의 신비를 설명하려 한다는 점에서는 철학적이다. 베다의 찬가들에 나타나는 정신은 어떤 하나의 형태가 아니다. 단순히 하늘의 아름다움과 땅의 놀라움을 묵상하며, 찬가를 지음으로써 자기의 음악적인 영혼에서 무거운 짐을 덜려는 시적인 사람들이 있었다.

디야우스(Dyaus), 바루나(Varuṇa), 우샤스(Uṣas), 미트라(Mitra) 등과 같은 인도-이란의 신들은 이러한 시적 정신의 산물이다. 보다 실제적인 기질의 다른 사람들은 세계를 그들 자신의 목적에 맞추려고 노력하였다. 그들에게 있어서 세계에 대한 지식은 생활의 길잡이로 유용한 것이었다. 그리고 전쟁과 정복의 시대에는 인드라(Indra)와 같이 유익하고 실용적인 신들이 잉태되었다.

진정한 의미의 철학적인 욕구, 즉 참으로 세계 그 자체를 알고 이해하려는 열망은 이 질풍노도의 시대 말에 가서야 그 모습을 드러낸다. 사람들이 맹목적으로 섬겨왔던 신들에 대하여 의혹을 품기 시작하고, 삶의 신비를 곰곰이 생각하게 된 것이 바로 그 무렵이었다. 인간의 이성이 적절하게 답할 수 없는 문제들에 대한 물음이 제기된 것도 바로 이 시기였다. 베다의 시성은 외친다 : "나는 스스로가 누군지 모른다. 알 수 없는 내 마음이 이리저리 방황하도다." 진정한 철학적 사유의 맹아는 베다의 후기 단계에 가서야 나타나지만, 그럼에도 불구하고 그 찬가들의 시가와 제의식에 반영된 삶에 대한 조망은 여전히 교훈적이다.

전설상의 역사가 고고학에 앞서며, 연금술은 화학에, 그리고 점성술은 천문학에 앞서듯이, 신화와 시가는 철학과 과학에 앞선다. 철학적 사유의 단초는 신화와 종교 속에서 그 첫 발현을 보게 된다. 그들 속에서 우리는 사람들에 의하여 일반적으로 받아들여지는 궁극적 실재의 문제에 대한 대답을 발견한다. 이러한 것들은 신화적인 요소들이 실제 세계를 설명하기 위하여 상정되는 상상의 산물이라 여겨진다. 이성이 공상보다 점차 우세해짐에 따라서, 세계의 실제 사물들의 원천이 되는 영원한 요소를 밝혀내고자 하는 시도가 이루어진다. 우주론적인 사색이 신화적인 가정을 대체한다. 세계의 영원한 요소들이 신으로 섬겨지고, 우주론이 종교와 뒤섞인다. 우리가 『리그 베다』에서 보는 바와 같이 사색의 초기 단계에 있어서는 신화와 우주론과 종교가 혼융되어 나타난다. 신학·우주론·윤리·종말론이라는 네 가지 항목으로 찬가들에 나타난 견해들을 간략하게 기술해 보는 것도 흥미있을 것이다.

5. 신학

수세기에 걸친 종교적 발달과정이 용이한 정의 내림이나 분류가 가능한, 아주 단순하고 평이한 어떤 신조일 리 없다. 베다 찬가에 나타나는 가장 현저한 측면은 다신론적인 성격이다. 수많은 신들이 명명되고 섬겨진다. 그러나 소수의 어떤 찬가들에서는 놀랍게도 지극히 추상적이고 철학적인 사색의 흔적이 보인다. 소박한 다신론에서 체계적인 철학에 도달하기까지 긴 노정이 있었다. 『리그 베다』 찬가의 종교에는 자연주의적 다신론, 유일신론, 일원론이라는 세 층의 사유 체계들이 뚜렷하게 인식된다.

1) 데바(deva)

본 논의에 있어서 유의해야 할 한 가지 중요한 사실은, '데바'라는 말 그 자체가 아주 종잡기 어려운 것이며, 온갖 것들을 가리키는 데 사용된다는 점이다.[원주11] "데바는 사람에게 주는 자(者)다."[원주12] 신이 데바인 것은 그가 전체 세계를 주기 때문이다. 동료에게 지식을 나누어 주는 사람도 데바이다.[원주13] 해와 달과 하늘은 데바들이다. 왜냐하면 그들은 모든 만물에게 빛을 주기 때문이다. 부모와 정신적인 스승들도 또한 데바이다.[원주14] 심지어 손님도 데바이다. 우리는 적어도 신에 대한 현대적인 개념에 대체로 부합되는 데바의 개념을 고려해야 한다면, 그것은 빛난다는 것을 의미한다.[원주15]

[원주11] 『니룩타』(Nirukta)는 말한다: "데바는 주는 자, 불 밝히는 자, 빛나는 자, 천계에 있는 자, 혹은 고귀한 자이다." vii.15.
[원주12] 우리는 이것을 영어에서의 '숙녀'(lady)—원래 빵을 반죽하여 만드는 사람을 의미했던 것으로 보이는—라는 말과 비교해 볼 수 있을 것이다. 주(主, lord)도 이와 비슷한 어원을 지니는 것으로, 빵을 확보하는 자라는 의미를 지닌다.
[원주13] Vidvāṁso hi devāḥ.
[원주14] Mātṛdevo bhava, pitṛdevo bhava, ācāryadevo bhava.
[원주15] '데바'라는 말은 라틴어 데우스(deus)와 관계있으며, '빛나다'라는 의미를 지니는 동사원형에서 파생된 것이다. 『니룩타』의 정의는 나중의 것이다.

2) 자연주의와 신인동형동성론

인간의 정신 세계에서 신을 형성하는 과정이 『리그 베다』의 찬가에서보다 더욱 선명하게 나타나는 곳은 없을 것이다. 여기서 우리는 아직 구습과 틀에 박힌 일상으로 무디어지지 않은 인간 정신의 신선하고 장려한 아침을 본다. 사유의 역사에 있어서 태초와 같은 것은 있을 수 없다. 그러므로 우리는 어느 한 곳에서 출발하지 않으면 안된다. 우리는 자연의 어떤 힘과 베다의 신들을 동일화하는 것으로 시작해서, 어떻게 그들이 점차로 윤리적인 존재, 나아가서는 초인간적인 존재로 부상되는가를 지적할 수 있을 것이다.

베다의 찬가들을 지었던 최초의 현자들은 단순하고 무의식적인 그들 나름의 방식으로 자연의 풍경을 즐거워했다. 본래 시인의 기질을 지닌 그들은 너무나 강렬한 느낌과 상상력으로 자연의 사물들을 바라보았기 때문에 그 사물들이 영혼으로 가득하게 되었다. 그들은 자연을 사랑하는 것이 무엇인지 알았으며, 여명과 일출의 놀라움에, 자연과 영혼이 하나 되는 그러한 신비경에 빠져들었다. 그들에게 자연은 더불어 영적 친교를 나눌 수 있는 살아 있는 실재였다. 자연의 어떤 장려한 측면들은 신성한 존재가 신 없는 세상을 내려다보는 창문이 되었다. 달과 별, 바다와 하늘, 여명과 황혼은 신성한 것으로 여겨졌다. 이와 같이 자연 그 자체에 대한 숭배가 베다 종교의 최초 형태이다.

곧 냉철한 반성이 일어나고, 사물의 내밀한 본질을 파악하려는 무의식적인 노력이 그 결과로 생겨난다. 사람들은 자기의 형상으로 신을 만드느라 분주해진다. 전세계를 통하여, 미개한 사람들의 종교는 일종의 신인동형동성론(神人同形同性論)이었다. 우리는 물질 세계의 혼돈과 무질서를 묵인할 수 없다. 어떻게 해서든 그것을 이해하려 하고, 어떤 가설을 가진다는 것은 아무것도 없는 것보다는 낫다는 확신으로, 삶에 대한 어떤 소견을 지니려고 노력한다. 자연히 우리는 우리 자신의 의지를 주관하는 작인(作因)을 객관화하고, 현상들을 그 정신적인 원인들로써 설명한다.[원주16] 우리는 모든

[원주16] 테일러(Taylor)도 이러한 견해를 피력한다 : "인간의 육신이 그 속에 있는 영혼에 의하

것을 우리 자신의 본성에 유추하여 해석하며, 자연현상들의 배후에 정신적인 의지 작용이 있는 것으로 간주한다.[원주17]

이러한 사고 방식이 물활론과 혼동되어서는 안된다. 왜냐하면 그것은 자연현상에 대한 어떤 보편적인 생명현상을 주장하는 것이 아니기 때문이다. 그것은 인도에는 아주 흔한 현저한 자연현상들이 신격화되는 일종의 다신론이다. 종교적 본능은 이런 식으로 스스로를 드러낸다. 사람이 어떤 급박한 위난에서 구해진다거나, 혹은 자신이 강대한 자연의 힘에 전적으로 의존하고 있다는 것을 깨닫게 되는 심원한 종교적 체험의 순간에, 그는 신의 현존에 대한 실재를 감득하게 된다. 대폭풍우 속에서 신의 음성을 들으며, 바다의 잔잔함 속에서 그의 손길을 본다. 서양에서는 스토아철학 시대라는 아주 후기에 와서 이와 유사한 개념들이 나타난다. "해와 달과 별들과 법칙 그리고 신들에게 되돌아간 사람들."[원주18] 베다의 아리아인들이 사실상 눈에 보이지 않는 세계를 믿었다는 것은 아주 확실하다. 그들은 그것에 대하여 아무런 의심도 없었다. 신들이 있었다. 자연주의와 신인동형동성론이 베다 종교의 초기 단계였던 것으로 보인다.

여 살고 행위하도록 되어 있는 것처럼, 세계의 운행도 다른 영혼들에 의하여 주관되는 것처럼 여겨졌다"(*Primitive Culture*). 흄(Hume)은 그의 *Natural History of Religions*에서 말한다 : "인류에게는 일체 만유가 자기와 같다고 생각하는 보편적인 경향이 있다. …… 언제나 동일한 측면으로 나타나서, 끊임없이 그들의 생각을 소비하는 알 수 없는 원인들은 모두 같은 종류로 이해된다. 마침내 우리는 그들에게 생각과 이성과 감정을 부여하고 때로는 인간의 사지와 형상까지도 부여하게 된다."

[원주17] 야스카(Yāska)는 그의 『니룩타』에서 다수의 베다 찬가들이 물리적(ādhi bhautika)·종교적(ādhidaivika)·영적(ādhyātmika) 해석의 여지를 지닌다고 말한다. 예를 들어 아그니는 물리적인 차원에서는 불을 의미하며, 종교적인 차원에서는 사제-신(priest god)을, 그리고 영적인 차원에서는 신의 위대한 광휘를 의미한다. 강력한 자연현상들이 낭송될 때, 숭배자는 물리적인 사실이 아니라 그 근저에 놓인 힘을 기억한다.

[원주18] Chrysippus. 길버트 무레이(Gilbert Murray)의 『그리스 종교의 네 단계』(*Four Stages of Greek Religion*), p.17을 보라.

3) 베다와 아베스타(Avesta)

베다의 아리아인들과 이란인들은 같은 줄기에서 나왔으며, 양자 사이에 상당한 유사성과 공통점이 있다고 하는 것이 지금은 역사 상식으로 받아들여진다. 그들은 같은 원주지에서 인도와 조로아스터교의 이란으로 이동해 내려왔다. 생활 필수품에 대한 욕구가, 혹은 더 넓은 삶의 터전의 필요가, 혹은 모험의 정신이 그들로 하여금 원주지에서 떠나 새로운 세계를 찾아 여러 방향으로 이동하지 않을 수 없도록 내몰기 전까지 그들은 분리되지 않은 하나의 민족으로 살았다.[원주19] 우리가 인도와 페르시아의 고대 종교와 철학적 개념들에서 아주 많은 유사성을 발견하게 되는 것은 바로 이러한 이유 때문이다. 밀(Mill) 박사는 말한다 : "아베스타[역주10]는 베다 전통의 범문(梵文) 서사시보다 베다에 더 가깝다." 두 경전에서 사용되는 언어의 근저에는 연속성이 있다.

아리아인들이 펀자브(Punjab, 五河) 지방을 통하여 인도로 들어올 때 그들은 다시유(Dasyu)[역주11]라 불리는 인도 토착민들——그들의 자유로운

[원주19] 인도인과 이란인들은 튜턴(Teuton)어족·켈트(Celt)어족·슬라브(Slav)어족·이탈리아(Italia)어족·헬라스(Hellas)어족·아르메니아(Armenia)어족의 세(細)구분을 지니는 인도-유럽어족에 속하는 것으로 말해진다. 이 사람들의 믿음과 실천에 대한 비교분석을 통하여 학자들은 일종의 인도-유럽어족의 종교를 추론해낸다. 물활론과 주술, 조상 숭배와 불사에 대한 믿음이 인도-유럽어족 종교의 주요 요소이다. 리플레이(Ripley)와 같은 최근의 민족학자들은 세계의 종족들에 대한 다소 다른 분류법을 채택하고 있는 것 같다. 어떤 학자들은 아리아(Arya)어족을 튜턴어족이나 북구 게르만계 제 어족과 동일시한다. 우리는 여기서 이러한 견해들과는 아무런 관계가 없다. 인도사상의 역사는 다만 중앙아시아의 아리아인들이 두 무리로 나누어져서, 그 중 하나는 아프가니스탄(Afghanistan)을 통하여 인도로 들어오고 다른 하나는 이란이라 불리는 영토로 퍼져나갔던 때로부터 시작된다.

[역주10] 예언자 차라투스트라(Zarathustra, B.C.100년경)가 창시한 조로아스터교의 근본 경전으로, 신명(神名)이나 제의식에 사용되는 용어에 있어서 『리그 베다』와 일치되는 부분이 많다(Max Müller, *Origin and Growth of Religion* 참조). 조로아스터교는 고대 페르시아의 주요 종교로서, 불(火)로 상징되는 지혜의 주(主) 아후라 마즈다(Ahura Mazda)를 숭배하였기 때문에 배화교(拜火敎)라고도 부른다.

[역주11] 베다에서 비(非)아리안 원주민을 지칭하는 다시유(Dasyu) 혹은 다사(Dāsa)는 '검은 피부', '야만인', 혹은 '신들의 적'이라는 의미를 지니며, 초기 베다에서 '악귀'를 지칭하는 가장 일반적인 말이다.

전진에 대항하는——을 대면하게 된다.[원주20] 이들 다시유들은 육식을 즐기고 악귀 숭배에 빠져 있는, 검은 피부의 족속이었다. 아리아인들이 그들을 만났을 때, 그들로부터 초연하고자 했다. 나중에 카스트 정신으로 발전된 것은 바로 이러한 배타성——민족의 자부심과 문화적인 우월감에서 생겨나는——이다. 그들의 종교를 오염으로부터 순수하게 유지하고자 하는 열망이 아리아인들로 하여금 그들 자신의 신성한 문헌들을 집성하게 만들었다. '본집'(本集)을 의미하는 말인 상히타(Saṃhitā)는 『리그 베다』의 찬가들이 아리아인들과 비(非)아리아인들이 인도 땅에서 대면하던 시기에 수집되었다는 것을 시사하고 있다. 우리는 이들 두 자매종족들이 분리되기 전에 공통으로 지녔던 인도-이란의 신들로 베다의 신들에 대한 개괄적인 고찰을 시작할 것이다.

4) 천신과 지신

인간이 자기가 살고 있는 세계에 대한 불완전함을 느끼고 스스로의 나약함을 실감하며, 어려움에 빠졌을 때 호소하고 의지할 수 있는 보다 차원 높은 영혼·안내자·동료·후원자에 대한 필요를 느끼는 것은 아주 자연스러운 일이라 할 것이다. 베다 시대의 초기에는 무한하고 장려한 창공보다 더 이러한 무한자에 대한 감정에 응답할 만한 것이 없었다. 해와 달과 별들이 이동하고 폭풍우가 일어나며 구름은 흘러가지만, 창공은 영원히 그곳에 머

[원주20] 처음으로 자신들을 아리아인이라고 불렀던 사람들의 상세한 이동 경로는 현재 이용 가능한 자료에 의거하여 분명하게 말할 수 있는 문제가 아니다. 베다의 찬가들은 범어가 구어(口語)였고 아리아인들이 여러 부족으로 갈라지던, 후기 단계의 사회상을 반영하고 있다. 초기 베다 시대의 구어는 후대에 그리고 아마 다른 지역에서 (고전) 산스크리트가 되었던 것의 이전 단계였다. 드라비다(Dravida)인들이 인도의 원주민이었다는 주장은 받아들이기 어렵다. 드라비다인들은 아리아인들보다 훨씬 이전에 인도에 들어왔으며, 아리아인들의 이동 이전에 이미 상당할 정도로 발달된 문명을 지니고 있었던 것으로 보인다. 드라비다인들이 아리아인들의 생활 양식을 받아들인 것이 사실이지만, 반대로 그들이 아리아인들의 문명에 영향을 주었던 것도 또한 사실이다. 접근하기 어려운 산악지역에 살았던 수많은 부족들이 아마 인도의 토착 원주민들이었을 것이다.

물러 있다. 디야우스(Dyaus)[원주21]는 인도-이란어족의 신일 뿐 아니라, 인도-유럽어족의 신이기도 하다. 이 신은 그리스의 제우스(Zeus), 이탈리아의 유피테르(Jupiter), 그리고 튜턴어족의 티르(Tyr)와 티이(Tyi)와 부합된다. 데바는 원래 빛난다는 것을 의미하였으며, 후에는 해·하늘·별·새벽·낮 등 빛나는 모든 것에 적용되었다. 그것은 빛나는 모든 것들의 공통적인 특징을 내포하는 일반적인 용어가 되었다.

대지도 곧 신격화되어 섬겨진다. 짐작건대 처음에는 천신과 지신은 단지 드높음, 광대함, 다산(多産)[원주22]과 같은 물리적 측면들만 지니고 있었던 것 같다. 지신에게 속하는 것으로 생각된 속성들은 '꿀을 많이 산출하는', '우유로 가득 찬'과 같은 것들이다. 그러나 곧 천신과 지신은 '늙지 않는', '아버지', '어머니'와 같은 인간적인 속성들을 갖추게 된다. '자비', '전지', '정의'와 같은 도덕적 속성들도 또한 부가되었다.[원주23] 물리적인 것에서 인격적인 것으로, 인격적인 것에서 신적인 것으로 지속적인 이행이 있었던 것 같다.

세계를 통하여 숭배의 첫 대상이 되는 지신과 천신은 처음에는 아마 상호 독립적인 존재로 여겨졌겠지만 곧 부부의 관계로 맺어진다. 지신은 천신에 의하여 수태되는 다산의 어머니로 간주되었다. 호메로스(Homeros)의 시에서 지신은 "신들의 어머니, 별같이 빛나는 천신의 아내"[원주24]로 묘사된다. 천신과 지신은 일체 만물에게 생명을 주고, 그들이 존립할 수 있게 해주는 우주의 부모이다. 『리그 베다』에서 그들은 두 존재이지만 하나의 개념을 이루는 것으로서, 양수(兩數)로 불려진다. 왜냐하면 태양·새벽·불·바람·비의 모든 신들이 그 둘 사이에서 태어난 그들의 소산이었기 때문이다. 그들은 사람과 신들의 부모이다.[원주25]

[원주21] '디브'(div), 즉 '빛나다'라는 말에서 파생된 신의 이름이다.
[원주22] 『리그 베다』, i.160.2 : i.187.5 : iv.56.3 : vi.70.1~2.
[원주23] 같은 책. i.159.1 : i.160.1 : iv.56.2 : vi.70.6.
[원주24] 막스 밀러의 『인도, 우리에게 무엇을 가르칠 수 있는가?』(*India: What can it teach us?*), p.156을 보라.

신들의 수가 늘어남에 따라, 누가 천신과 지신을 만들었는가에 대한 의문이 일어났다. "그는 실로 신들 가운데 가장 슬기로운 장인(匠人)으로, 일체 만물을 기쁘게 하는 그 빛나는 자들(천신과 지신)을 낳았다. 그는 스스로의 지혜로 그 두 빛나는 자들을 측량하여, 영원한 토대 위에 그들을 만들어 세웠다."[원주26] 이러한 창조력은 아그니,[원주27] 인드라,[원주28] 혹은 소마[원주29]에게 돌려졌으며, 다른 신들에게도 또한 이러한 지위가 주어지기도 한다.[원주30]

5) 바루나(Varuṇa)

바루나는 천계의 신으로, 그 이름은 '바르'(var), 즉 '덮다' 혹은 '에워싸다'라는 동사 원형에서 파생된 것이다. 그는 그리스의 신 오우라노스(Ouranos)나 아베스타의 아후라마즈다(Ahuramazda)[역주12]와 동등하다. 그의 물리적인 기원은 명백하다. 그는 덮는 자, 혹은 에워싸는 자이다. "겉옷으로 감싸듯이 그의 모든 피조물들과 그들의 처소들로써"[원주31] 별이 빛나는 광대한 하늘을 모두 감싼다. 미트라(Mitra)는 그의 영원한 동반자이다. 바루나와 미트라는 서로 결합되어 동시에 사용될 때 밤과 낮, 어둠과 빛을 나타낸다.

바루나의 형상은 지속적으로 변모되고 관념화되어서, 마침내 베다에서

[원주25] 『리그 베다』, i.185.4 : i.159.1~2 : i.106.3 : iii.3.11 : iv.56.2 : vi.17.7 : vii. 53. 1~2 : ix.85.12 : x.1.7 : x.35.3 : x.64.14 : x.65.8 : x.11.9.
[원주26] 『리그 베다』, i.160.4. 또한 『리그 베다』, iv.56.3을 보라.
[원주27] 같은 책, i.67.3.
[원주28] 같은 책, x.89.4.
[원주29] 같은 책, ix.101.15.
[원주30] 같은 책, iii.31.12.
[역주12] 『아베스타』의 '아후라'(Ahura)는 『리그 베다』의 '아수라'(Asura)에 상응한다. 초기 베다에서 흔히 바루나의 성격을 나타내는 형용사로 쓰이는 '아수라'는 '영적이고 거룩한 존재' 혹은 '신'을 의미하며, 악귀라는 의미로 쓰이는 경우는 극히 드물다. M. Winternitz, 같은 책, p.70 : R.T.H.Griffith, The Hymns of the Ṛg-Veda, p.15 참조.
[원주31] 『리그 베다』, viii.41.

가장 도덕적인 신이 된다. 그는 온 세상을 감시하며,[역주13] 악행자를 벌하고 그에게 용서를 비는 자들의 죄를 용서해 준다. 태양이 그의 눈이며, 하늘은 그의 의복, 태풍은 그의 호흡이다.[원주32] 그의 명으로 강들이 흐르고[원주33] 태양이 빛나며, 그가 두려워 별과 달이 그 본래의 궤도에서 벗어나지 않는다.[원주34] 그의 법칙으로 인하여 하늘과 땅이 갈라져 있으며, 그는 자연 법칙과 도덕률을 수호한다. 그는 변덕스러운 신이 아니라, '드리타바르타'(dhṛtavarta), 즉 언제나 확고부동한 자이다. 다른 신들도 그의 명령을 준수한다.

그는 모든 것을 아는 전지자이다. 따라서 하늘에 새들이 날아가는 길을 알며, 대양의 뱃길과 바람이 일어나고 스러지는 과정을 알고 있다. 아무리 작은 한 마리 참새라도 그가 모르게 내려앉을 수 없다. 그는 죄 있는 자에게 냉혹하고 참회하는 자에게는 자비로운 지고한 신이며, 신들의 신이다. 그는 스스로가 세운 영원한 도덕률을 거스르지 않는다. 그러나 그의 자비심은 그에게 죄를 범한 자들조차도 기꺼이 용서하게 한다. "그는 심지어 죄를 범한 자에게도 자비롭다."[원주35]

바루나에 대한 거의 모든 찬가들에서 우리는 온통 죄의 고백과 참회로 충만된 용서를 비는 기도들을 발견하게 되는데,[원주36] 이것은 아리아의 시

[역주13] 이와 관련하여 바루나는 모든 것을 보는 자(viśvadarśata, 『리그 베다』, i.25.18), 많은 눈을 가진 자(urucakṣasa, 『리그 베다』, i.25.5), 천 개의 눈을 가진 자(sahasra-cakṣaḥ, 『리그 베다』, vii.34.10) 등으로 묘사된다.
[원주32] 『리그 베다』, vii.87.2.
[원주33] 같은 책, i.24.8 ; ii.28.4 ; vii.87.5.
[원주34] 같은 책, i.24.10 ; i.25.6 ; i.44.14 ; ii.14 ; ii.28.8 ; iii.54.18 ; viii.25.2.
[원주35] 같은 책, vii.87.7.
[원주36] 바루나에게 드리는 아래의 찬가는 비록 『아타르바 베다』(iv.16.1~5)에서 인용되는 것이기는 하지만, 베다 아리아인들에 의하여 가장 사랑받았던 최고의 신 개념을 전하고 있다. 여기에 인용하는 본문은 무이르(Muir)가 운문으로 번역한 것이다(*Oriental Sanskrit Texts*, vol. v. p.64) :
　"높은 보좌에 앉아 있는 강대한 주(主)는, 우리의 행동을 마치 지척에 있는 듯 감시하며 : / 인간은 자기의 행동을 감추려들지만, 신들은 인간이 행하는 모든 것을 알고 있도다./서 있는 자든, 움직이는 자든, 혹은 이리저리 몰래 도망치는 자든,/혹은 비밀스런 방에 숨는 자든, 신

성들이 죄와 기도에 대한 책임과 의무감을 지니고 있었다는 것을 보여준다. 박티(bhakti, 信愛)[역주14]를 강조하는 비슈누교파와 바가바타(Bhāgavata)파의 유신론은 베다의 바루나 숭배——죄의식과 신의 용서를 믿는——에서 그 시원을 찾아볼 수 있다. 맥도넬(A. A. Macdonell) 교수는 "바루나의 속성이 상당히 성숙된 형태의 일신교적 믿음에서 보이는 신성한 통치자의 모습을 닮았다"[원주37]고 말한다.

들은 그의 움직임을 낱낱이 추적해낸다./둘이 함께 음모를 꾸미는 곳이든, 그들이 홀로 있다고 생각하는 곳이든,/대왕 바루나는 제3자로 거기에 있으며, 그들의 모든 음모를 알고 있도다./이 땅은 그의 것, 이 광대무변한 하늘도 그에게 속한 것이라;/두 바다들이 그 속에서 안식하지만, 그럼에도 불구하고 그는 그 작은 웅덩이에 누워 있도다./하늘을 훌쩍 뛰어넘는 자라도 날아갈 길을 생각해야 하며,/그는 거기 대왕 바루나의 손아귀에서 빠져나갈 수 없으리라./하늘에서 내려온 그의 첩자들은 미끄러지듯 이 세계를 누비며,/고고샅샅 조사하는 그들의 수많은 눈은 땅 끝까지도 훑어보도다./하늘과 땅에 있는 모든 것, 혹은 그 너머에 있는 것이라도,/대왕 바루나의 눈 앞에 드러나 있으니./모든 인간의 눈 깜박거림 하나도 그는 헤아려 알고 있도다 :/그는 이 우주를 마음대로 휘두르며, 마치 도박꾼처럼 주사위를 던지노라./오 신이여, 당신이 내던지는 촘촘한 그물은, 사악한 자들을 낚아 채고,/거짓말하는 자들도 걸려들게 하며, 진실한 모든 이들은 수이 지나가게 하도다."

또한 : "내가 어떻게 하면 바루나에게 가까이 갈 수 있을까? 그가 화내지 않고 나의 공물을 받으실까? 언제쯤에나 나는 평온한 마음으로 그를 달래는 것을 볼 수 있을까?" "오 바루나여, 나는 이것을 알고자 나의 죄를 묻습니다 : 내가 현자에게 묻고자 가면, 모두가 내게 같은 말을 합니다 : 진노하는 것은 바로 바루나라고." "오 바루나여, 늘 당신을 찬미하는 친구를 당신이 파멸시키고자 하는 것은 해묵은 죄 때문이었습니까? 그대 불굴의 주여, 내게 말하시라, 그러면 내가 죄에서 벗어나 찬양하며 곧장 당신에게로 돌아가리라." "우리가 조상들의 죄에서 벗어나게 하시며, 우리의 몸으로 지은 죄에서도 벗어나게 하시라." "바루나여, 술에 빠지고, 격정에 사로잡히며, 도박을 즐기고, 경솔했던 행동, 그것은 우리 스스로가 행한 것이 아니라, 실수였습니다."

[역주14] 전통적으로 인도인들은 해탈에 이르는 세 가지 길, 곧 카르마 마르가(karma marga, 行爲의 길), 갸나 마르가(Jñāna marga, 知識의 길), 박티 마르가(bhakti marga, 信愛의 길)를 인정하고 있다. 이 가운데 박티 마르가는 특히 비슈누교의 핵심적인 교의로 평가되지만, 사실 인도의 거의 모든 종교에서 나타나는 보편적인 신앙양식이며, 인간의 해탈에 있어서 신의 은총이 강조된다.

[원주37] 『베다의 신화』(Vedic Mythology), p.3.

6) 리타(Rta)

바루나가 수호하는 천칙(天則)을 리타[원주38][역주15]라고 부른다. 문자적으로 리타는 "사물들의 과정"을 의미한다. 그것은 일반적인 의미에서의 법칙과 두루 펴져 있는 정의를 나타낸다. 이 개념은 원래 해·달·별의 운행에서 나타나는 규칙성과, 밤과 낮 그리고 사계의 주기적인 순환에 의하여 암시되었을 것이다. 리타는 우주의 질서를 가리킨다. 우주 안에 질서지워진 개개의 모든 것들은 그 자신의 법칙으로 리타를 지닌다.

리타는 플라톤의 보편과 부합한다.[원주39] 경험의 세계는 리타, 즉 모든 변화 속에서도 불변인 영원한 실재의 그림자 혹은 그 반영이다. 보편은 특수에 선재한다. 이와 마찬가지로, 베다의 현자들은 리타가 모든 현상들에 선재한다고 생각하였다. 세계의 끊임없는 변화는 영속하는 리타의 다양한 자기 현현이다. 그러므로 리타는 만유의 아버지라 불린다. "마루트(Marut)들이 멀리 리타의 자리에서 온다."[원주40] 비슈누는 리타의 태아이다.[원주41] 하늘과 땅도 리타로 인하여 하늘과 땅일 수 있다.[원주42]

불변의 실재에 대한 신비적인 개념을 지향하는 성향이 여기서 그 첫 징후를 드러낸다. 영원불변하는 법칙이야말로 궁극적인 실재이다. 존재하는 것은 변하기 쉬운 겉모습이며, 불완전한 모사(模寫)에 불과하다. 궁극적 실재는 부분도 변화도 지니지 않는 일자(一者)이다. 한편 다자(多者)는 늘 변화 가운데 있다. 곧 이 우주적 질서는 지고한 신의 확고한 의지로 여겨지게

[원주38] 리타는 인도-이란 시대로 거슬러 올라가는 개념이다.
[역주15] '가다'라는 의미를 지니는 동사 어근 'r'의 파생어이다. 비슷한 의미의 동사 어근 'gam'과는 달리 'r'는 특히 똑바로 가는 것, 혹은 일정한 궤도를 따라서 가는 것을 의미한다. 시간이 흐름에 따라 리타의 개념은 다르마의 개념으로 대체된다.
[원주39] 헤겔은 논리학상의 범주 혹은 전칭명제들을 "세계 혹은 다른 어떤 별을 창조하기 이전의 신"으로 규정한다. 중국의 철인 노자(老子)는 우주적인 질서 혹은 도(道)를 인정하고 있는데, 이것은 그의 윤리학·철학·종교의 토대가 된다.
[원주40] 『리그 베다』, ⅵ.21.3.
[원주41] 같은 책, ⅰ.156.3.
[원주42] 같은 책, ⅹ.121.1.

되며, 또한 도덕과 정의의 법칙으로 수용된다.[역주16] 심지어 신들도 그것을 거스르지 못한다.

우리는 리타의 개념에서 물리적인 것으로부터 신성한 것으로의 추이를 본다. 원래 리타는 "세계, 태양, 달과 별, 아침과 저녁, 낮과 밤이 지나는 확립된 길"을 의미하였다. 점차로 그것은 인간이 따라야 할 윤리의 길, 신들조차도 지켜야 하는 정의의 법칙이 되었다. "새벽은 리타의 길, 즉 바른 길을 따라간다. 마치 전부터 그 길을 알고 있었던 것처럼, 그녀는 그곳을 벗어나는 법이 없다. 태양도 리타의 길을 따라간다."[원주43] 전체 우주가 리타 위에 세워지며, 그 안에서 운행된다.[원주44] 리타가 지니는 이러한 개념은 워즈워스(Wordsworth)의 의무에 관한 기도를 연상케 한다.

당신은 별들이 그릇되지 않도록 지켜주며 :
태고의 하늘들도 당신으로 인하여 늘 새롭고 강대하누나.

물질계에 있어서 법칙인 것, 그것은 윤리 세계에서 덕(德)이다. 조화 혹은 질서 정연한 통일체로서의 도덕적인 삶에 대한 그리스인들의 개념이 여기에 시사되고 있다. 원래 자연 질서의 파수꾼으로 여겨지던 바루나가 도덕적 질서를 지키는 수호자(Ritasya gopa), 또는 죄악을 벌하는 자가 된다. 신들에 대한 기도는 대개 우리가 항상 바른 길을 따를 수 있게 해달라고 간청하는 내용이다. "오 인드라여, 리타의 길, 모든 죄악에서 벗어난 바른 길로 우리를 인도하시라."[원주45]

[역주16] I.C.Sharma는 이런 점에서, 리타는 노자의 도(道)와 근본적인 차이를 보인다고 말한다. 그의 견해에 따르면, 도(道)는 단지 불편부당한 우주적인 힘(indifferent cosmic power)을 의미하지만, 리타는 우주의 질서와 운행의 규칙성뿐 아니라 현실적인 삶에 있어서 인간의 윤리규범을 나타낸다. 다시 말해, 리타는 윤리·형이상학적인 개념임에 비하여 도(道)는 형이상학적인 개념일 뿐이라는 것이다(*Ethical Philosophies of India*, p.72).
[원주43] 『리그 베다』, i.24.8. 헤라클리투스(Heraclitus)는 말한다 : "헬리오스(Helios,太陽)는 그 경계를 넘어서지 않을 것이다."
[원주44] 『리그 베다』, iv.23.9.

리타의 개념이 받아들여지자, 곧 신들의 속성에 변화가 일어났다. 세계는 결코 우연한 요소들의 눈먼 횡포를 의미하는 혼돈이 아니라, 조화된 목적이 살아 숨쉬는 곳이다. 이러한 믿음은 불신이 우리를 유혹하고 자신감이 사라질 때마다, 우리에게 위안과 마음 든든함을 준다. 무슨 일이 일어날지라도 자연의 아름다운 질서가 항존하듯이, 윤리에 있어서도 정의의 법이 있음을 우리가 느끼게 된다. 내일 태양이 솟아오르는 것이 확실함과 같이, 덕행도 반드시 승리할 것이다.

미트라는 바루나의 동료이며, 일반적으로 그와 한 쌍으로 불린다. 그는 때로는 태양을, 또 때로는 빛을 나타낸다. 그는 또한 모든 것을 보는 신이며, 진리를 사랑하는 신이다. 미트라와 바루나는 리타의 공동 수호자이며, 인간의 죄를 용서하는 자이다. 차츰 미트라는 아침 햇살과, 그리고 바루나는 밤 하늘과 관련을 맺게 된다. 아리야만(Aryaman)과 바가(Bhaga)와 함께, 바루나와 미트라는 아디티야(Āditya)들, 즉 아디티(Aditi)의 자식들이라 불린다.

7) 수리야(Sūrya)

수리야는 태양이다. 10여 개의 찬가가 그에게 귀속된다. 태양 숭배는 인간의 마음에 본유적인 것이다. 그것은 그리스 종교의 핵심 부분이며, 플라톤은 그의 『공화국』(*The Republic*)에서 태양 숭배를 이상화한 바 있다. 그에게 있어서 태양은 선의 상징이었다. 페르시아에서도 태양 숭배를 볼 수 있다. 모든 빛과 생명의 시원인 태양은 초자연적인 힘을 지닌다. 그는 "움직이거나 서 있는 모든 것"의 생명이다. 그는 모든 것을 낱낱이 보며 세상을 감시하는 염탐꾼이다. 그는 사람들에게 스스로 해야 할 바를 일깨워 주며, 어둠을 몰아내고 빛을 준다. "사람들을 감시하며 수리야가 두 세계를 지나 솟아오르누나. 그는 사람들의 옳고 그름을 지켜보며 움직이거나 정지해 있는 모든 것들을 보호하는 이로다."[원주46] 수리야는 세계의 창조자이며

[원주45] 『리그 베다』, x.133.6.

그 통치자가 된다.

사비트리(Savitṛ) 또한 일종의 태양신으로, 11개의 찬가가 전적으로 그에게 주어진다. 그는 황금빛 눈, 황금빛 손, 그리고 황금빛 혀를 지니고 있는 것으로 묘사된다. 그는 대체로 태양과 동일시되지만, 드물게는 그것과 구별되기도 한다.[원주47] 사비트리는 한낮의 빛나는 태양뿐 아니라, 밤의 보이지 않는 태양도 또한 나타낸다. 그는 죄를 용서받고자 참회하는 죄인에 의하여 간청되는 고결하고 도덕적인 측면을 지니고 있다. "생각이 미치지 못하여, 혹은 나약함 때문에, 혹은 자만이나 인간적인 속성 때문에, 우리가 천계의 주에게 범한 죄가 무엇이든, 오 사비트리여, 우리에게서 그 죄를 거두어 주시라."[원주48]

가야트리(Gāyatrī) 찬가는 사비트리 형태의 수리야를 언급하고 있다 : "앙모하기에 부족함이 없는 저 사비트리의 장려함을 우리가 명상하게 하시라. 그가 우리의 마음을 일깨워주리라." 자주 인용되는 『야주르 베다』의 한 찬가에서는 "오 만유의 창조자 사비트리 신이여, 고난을 거두어 주시고, 축복을 허락하시라" 하고 사비트리에게 간청한다.

비슈누 형태의 수리야는 모든 세계들을 유지한다.[원주49] 비슈누는 세 걸음으로 우주를 건너뛰는 신이다.[역주17] 그는 대지와 허공과 인간의 시야를 벗어나 있는 최고의 세계들에 걸쳐 있다. 아무도 그의 위대한 경계에 도달할 수 없다. "대지로부터 우리가 당신의 처소들 가운데 둘을 압니다. 오 비슈누여, 오직 당신만이 스스로의 최고 처(處)를 압니다."[원주50] 비슈누는 나중에 가서 중요한 신격으로 부상되지만, 『리그 베다』에서는 상대적으로 하

[원주46] 『리그 베다』, vii.60.
[원주47] 같은 책, vii.63.
[원주48] 같은 책, iv.54.3.
[원주49] 같은 책, i.21.154.
[역주17] 비슈누의 '세 걸음'은 그의 가장 중요한 무훈으로, 베다에서 자주 언급된다. 『리그 베다』, i.23.17,18,20: i.154.1~3: vii.99.7: viii.12.27 참조.
[원주50] 『리그 베다』, i.22.18 : vii.59.1~2.

위의 신이다.

그렇지만 비슈누교의 근거는 『리그 베다』에서 찾아볼 수 있는데, 여기서 비슈누는 몸이 광대한 자(brihat śarīraḥ) 또는 세계를 자신의 몸으로 지니는 자이며, 숭배자들의 간청에 응답하여 오는 자(pratyety āhavam)이다.[원주51] 그는 고통 가운데 있는 사람들을 위하여 지계(地界)를 세 번 가로질러 오갔다고 말해진다.[원주52]

푸샨(Pūṣan)은 또 다른 하나의 태양신이다. 그는 가축을 지켜주는 목축신이며, 인간의 가까운 벗으로 받아들여졌음에 틀림없다. 그는 유랑민과 농부의 신이다.

8) 우샤스(Uṣas)

러스킨(Ruskin)은 "정상적인 생각을 지닌 사람들에게 새벽의 장엄보다 더 심원한 장엄은 없다"고 말한 바 있다. 항상 아침의 서광과 생기를 내비추는 무한한 새벽은 여신 우샤스—그리스의 에오스(Eos) 여신에 해당하는—가 된다. 우샤스는 아슈빈(Aśvin)들과 태양신 수리야에게 사랑받는 아리따운 처녀이다. 그러나 수리야가 자신의 황금빛으로 그녀를 감싸안으려 할 때, 그 앞에서 사라져 버린다.

아슈빈들은 약 50여 편의 독립된 찬가들의 주신으로, 그리고 다른 많은 찬가들의 일부에서도 권청된다.[원주53] 그들은 떨어질 수 없는 쌍둥이 신이며, 독수리처럼 강하고 날쌔며, 광휘와 영광의 주(主)이다. 그들은 천신 디야우스의 아들이며, 새벽의 신 우샤스가 그들의 누이이다. 자연현상 가운데 여명의 어스름이 그들의 구체적인 근거가 된다고 여겨진다. 새벽과 황혼에 상응하는 두 아슈빈들이 있는 것도 바로 이러한 이유 때문이다. 그들은 점차로 신과 사람들의 치료자, 신통을 지닌 자, 부부의 사랑과 삶을 지

[원주51] 『리그 베다』, i.155.6.
[원주52] 같은 책, iv.6 : Mānave bādhitāya.
[원주53] 문자적으로 아슈빈은 기수(騎手)를 의미한다.

켜주는 자, 모든 종류의 고통으로부터 사람들을 구하는 구조자가 된다.

우리는 이미 아디티야라 불리는 여러 신들이 태어나는 아디티에 관하여 언급한 바 있다. 아디티는 문자적으로 "한정되지 않은, 혹은 광대무변한"이라는 의미를 지닌다. 그것은 모든 방면에서 우리를 감싸고 있는 눈에 보이지 않는 무한자에 대한 이름인 것으로 보이며, 또한 대지를 초월하여 있는 구름과 창공을 나타내기도 한다. "아디티는 창공이며, 아디티는 중간 영역이다. 아디티는 아버지요 어머니이며 또한 아들이기도 하다. 아디티는 모든 신들과 다섯 종족들이다. 아디티는 이미 태어난 모든 것들이며, 아디티는 장차 있을 모든 것들이다."[원주54] 여기서 우리는 보편적이고 모든 것을 포함하며 모든 것을 생성케 하는 물질 그 자체, 혹은 무한한 잠재력, 혹은 상키야철학에서 보이는 프라크리티(prakṛti)의 징후를 발견하게 된다. 그것은 아낙시만드로스(Anaximandros)의 무한자[역주18]에 해당한다.

9) 아그니(Agni)

하나의 주요한 신격으로 부상된 자연현상 중의 하나는 불이다. 불의 신 아그니[원주55]는 적어도 200편 이상의 찬가에서 다루어지는 신격으로, 인드라에 다음가는 중요성을 지닌다. 아그니에 대한 관념은 작열하는 태양에서 생겨났다. 번갯불로서의 그것은 구름에서 왔다. 그것은 또한 부싯돌에 그 기원을 두기도 한다.[원주56] 그것은 불을 일으키는 막대기[원주57]들에서 생겨난다. 그리스 신화속의 프로메테우스(Prometheus)처럼 마타리슈완(Mātariśvan)이 하늘에서 불을 훔쳐와 그것을 브리구(Bhṛgu)들[원주58]이

[원주54] 『리그 베다』, i.89.
[역주18] 아낙시만드로스는 세계의 모든 특수한 사물들이 근거하는 제1의 실체를 비(非)결정적 무한자(the infinite boundless)라고 말한다. 이 무한자는 신적(神的)이고 영원불멸하며, 공간적으로는 무한하고 질적으로는 무규정한 것이다. 이에 비하여 실제적인 사물들은 유한하고 결정적이다.
[원주55] 라틴의 이그니스(Ignis)에 해당한다.
[원주56] 『리그 베다』, ii.12.3.
[원주57] 범어로 아라니(araṇi)라고 한다.

맡아 지키도록 하였다고 전해진다. 그의 외모는 황갈색의 턱수염과 뾰족한 턱, 그리고 불타는 듯한 이빨을 지닌 것으로 분명하게 묘사된다. 화목(火木)이나 버터 기름이 그의 음식이며, 그는 마치 밤의 어둠을 몰아내는 태양처럼 빛난다. 숲으로 쳐들어갈 때 그의 자취는 검으며, 그의 음성은 마치 공중의 천둥 소리와 같다.

아그니는 자신의 기치(旗幟)로 연기를 피우는 두마케투(Dhūmaketu)이다. "오 아그니여, 내가 당신에게 드리는 이 통나무를 받으시라, 밝게 타올라 당신의 거룩한 연기를 피워 올리시라, 당신의 긴 머리털로 최상의 천계들에 닿으시고 태양의 빛기둥들과 섞여 하나 되시라."[원주59] 이와 같이 불은 지상의 아궁이 속이나 제단 위에뿐 아니라, 태양이나 서광으로 또는 구름 속의 번갯불로 하늘과 대기 중에도 머무르는 것으로 여겨진다.

아그니는 곧 하늘과 땅에 위력을 떨치는 최고의 신이 된다. 그에 대한 개념이 차츰 추상적인 것으로 변해감에 따라, 그 또한 점점 더 장엄한 성격을 띠게 된다. 그는 신과 사람들의 매개자, 모든 이들의 조력자가 된다. "오 아그니여, 바루나를 여기 우리의 제물로 데려오시라. 천계로부터 인드라를, 공계로부터 마루트들을 데려오시라."[원주60] "나는 아그니를 내 아버지로 여긴다. 나는 그를 내 친척으로, 내 형제로, 또한 내 친구로 여긴다."[원주61]

10) 소마(Soma)

감화의 신 소마는 불멸의 삶을 부여하는 신이며, 아베스타의 하오마(Haoma) 혹은 그리스의 주신(酒神) 디오니소스(Dionysos)에 비견된다. 이 신들은 모두 도취의 제의식과 연관된다. 불행한 사람은 자신의 슬픔을 잊게 하는 이런저런 것들을 요한다. 그가 처음에 술을 마시고 취했을 때 기쁨의 전율이 그를 사로잡는다. 의심할 여지 없이 잔뜩 취하게 되지만, 그는

[원주58] 한 종족의 이름이다.
[원주59] 『리그 베다』, ii.6.
[원주60] 같은 책, x.70.11.
[원주61] 같은 책, x.7.3.

그것이 신성한 도취라 생각한다. 이른바 영적인 직관, 부지불식간의 깨우침, 심원한 통찰, 대자비, 원융무애의 공감, 이 모든 것들은 영혼이 고무된 상태에서 일어나는 현상이다. 영혼을 고무하는 음료가 신성한 것으로 받아들여지는 것은 결코 놀라운 일이 아니다. 휘트니는 지적한다.

자신의 모든 종교가 자연현상과 그 배후에 놓인 놀라운 힘에 대한 숭배였던, 소박한 아리아인들은 그 음료가 영혼을 고무시키고, 일상적인 능력 밖에 있는 일들을 행하도록 충동하여 그것을 가능케 하는 격앙된 상태를 가져온다는 것을 알게 되자, 곧 그 속에서 신성한 어떤 것을 발견하게 된다. 그들이 이해하기로는 그것이 곧 신—그것을 마시는 사람들에게 신적인 힘을 부여하는—이었다. 그것을 가능케 하는 식물은 식물의 왕으로 받아들여졌으며, 만드는 과정은 거룩한 제의식이 되었다. 따라서 소용되는 도구들도 신성시되었다. 이러한 제식 행위의 보다 오래된 형태는 페르시아 사람들의 아베스타에서도 확인되지만, 인도 풍토에서 그것은 새로운 자극을 받았던 것으로 보인다.[원주62]

소마는 충분할 만큼 의인화되지는 않는다. 식물과 즙으로서의 외형[역주19]이 시인의 마음에 너무나 생생하게 남아 있기 때문에, 그는 그들을 쉽게 신격화할 수 없었다. 소마에게 바치는 찬가들은 소마 즙이 식물에서 짜내지는 동안에 불리도록 의도되었다. "오 소마여, 인드라가 마시도록 눌러 짜내지시라, 가장 감미롭고 취하게 하는 흐름 속에 넘쳐 흐르시라."[원주63] 『리그

[원주62] *Journal of the American Oriental Society*, iii.292.
[역주19] 베다에는 단지 소마가 산에서 자라는 식물이라는 것을 말할 뿐, 구체적으로 어떤 식물인가에 대해서는 언급이 없다. Aurel Stein 경은 소마를 오늘날 '서부 히말라야와 서부 티베트에서 자라는 키 큰 관목'인 에파드라 파칠라다(Ephadra Pachylada)라고 주장한다 ("On the Ephadra, Huma and Soma Plant", *Bulletin of the School of Oriental Studies*, vol.vi, 1931, pp.501~514). 때로는 소마가 달(月)을 가리키는 경우도 있다(『리그 베다』, i.34.2 : i.191.6 등).
[원주63] 『리그 베다』, ix.1.

베다』 viii.48.3에서 숭배자는 외친다 : "우리는 소마를 마셨다. 우리는 불멸을 얻었다. 우리는 빛 속으로 들어갔다. 우리는 신들을 알게 되었다." 정신적인 무아지경과 육적인 도취의 혼동은 베다 시대에만 국한된 것이 아니다. 윌리엄 제임스(William James)는 술취한 의식 상태가 신비 의식의 일부라고 말한다. 대개 육적인 도취를 통하여 신성을 얻을 수 있다고 믿었다. 소마는 점차로 치유의 힘——소경이 볼 수 있게 하고 앉은뱅이가 걸을 수 있도록 하는——을 부가하게 된다.

소마에게 드리는 아래의 찬가는 베다 시대 아리아인들의 정서에 있어서 그가 얼마나 중요한 위치를 점하는가 하는 것을 잘 보여준다.

영원한 빛이 있는 곳, 그 세계에 태양이 걸려 있도다.
오 소마여, 불사불멸의 그 세계에 나를 데려다주시라.
비바스와트(Vivasvat)의 아들이 통치하는 곳, 천계의 신묘한 성소가 있고 영원히 늙지 않는 불로수가 휘돌아 흐르는 곳, 그곳에서 내가 영원히 살게 하시라.
삶이 자유 무애한 곳, 온 세계가 빛으로 가득 찬 천계들의 제삼천, 그곳에서 내가 영원히 살게 하시라.
바람과 욕망들이 다 이루어지고, 빛나는 소마의 술잔과 먹거리와 지극한 즐거움이 있는 곳, 그곳에서 내가 영원히 살게 하시라.
가없는 행복과 환희가 가득하고, 기쁨과 안락이 거하는 곳, 갈망하는 바람들이 다 이루어지는 곳, 그곳에서 내가 영원히 살게 하시라.[원주64]

위에 인용된 『리그 베다』의 소마 찬가에는 비바스와트의 아들 야마(Yama)——아베스타에서는 비반흐완트(Vivanhvant)의 아들 이마(Yima)에 해당하는——에 대한 언급이 나타난다.

[원주64] *Sacred Books of the East, Vedic Hymns*, part.ⅰ. the Bacchae Euripides(길버트 무레이 譯), p.20을 보라.

11) 야마(Yama)

야마에게 드리는 세 찬가들이 있다. 그는 죽은 자들을 통치하는 신이라기보다는, 죽은 자들 중의 우두머리라고 할 수 있다. 그는 필멸자들 중에서 죽어 저 세상으로 가는 길을 처음으로 발견한 자이며, 또한 조도(祖道)[원주65]를 첫번째로 걸어간 자이기도 하다. 나중에 그는 새로 오는 죽은 자들을 맞이하는 주인 노릇을 하게 된다. 그는 그 왕국의 왕이라 할 수 있다. 왜냐하면 그는 그곳에 대하여 가장 오랜 경험을 지니고 있기 때문이다. 그는 가끔 일몰의 태양신으로 불리기도 한다.[원주66] 브라흐마나 문헌들에 이르러 야마는 인간을 심판하고 벌하는 자가 된다. 그러나 『리그 베다』에서 그는 단지 그들의 왕일 뿐이다. 야마는 루시앙(Lucian)이 헤라클리투스(Heraclitus)의 입을 통하여 말한 진리를 잘 설명해 준다. "인간이란 무엇인가? 필멸의 신들이다. 신들이란 무엇인가? 불멸의 인간이다."

12) 파르자니야(Parjanya)

파르자니야는 아리아인들의 공신(空神)이다. 그는 아리아인들이 인도로 들어온 이후에 인드라가 되었던 것 같다. 왜냐하면 인드라가 아리아어계의 다른 종족들에서는 알려지지 않기 때문이다. 베다에서 파르자니야는 창공에 대한 다른 하나의 이름이다. "지신은 어머니, 나는 그 지신의 아들이라, 파르자니야는 아버지로다. 바라건대 그가 우리를 돕게 하소서."[원주67] 『아타르바 베다』에서 지신은 파르자니야의 아내로 불리며,[원주68] 파르자니야는 구름과 비의 신이다.[원주69] 그는 신으로서 온 세계를 주관하며, 모든 만물들은 그에게 의지해 있다. 그는 움직이거나 정지해 있는 모든 것들의 생명이다.[원주70] 파르자니야가 구름과 비에 대해 사용된 구절들 또한 있다.[원주71]

[원주65] 『리그 베다』, x.2.7 : Pitryāna. (역주) 또한 이 책 p.167 참조.
[원주66] 『리그 베다』, x.14.
[원주67] 『아타르바 베다』, xii.1.12.
[원주68] 같은 책, xii.1.42.
[원주69] 같은 책, v.83.

막스 뮐러는 파르자니야가 페르쿠나스(Perkunas)라 불리는 리투아니아의 신과 동일하다고 생각한다.[원주72]

13) 인드라(Indra)

경외심과 두려움을 불러일으키는 모든 자연현상들 중에 뇌우에 비견할 만한 것은 없다. 인드라[역주20]는 말한다. "과연, 내가 천둥·번개를 내려보낼 때, 그때서야 너희가 나를 믿는도다." 드려지는 찬가의 수[역주21]로 판단해 볼 때, 베다에서 가장 대중적인 신은 인드라였다. 아리아인들이 인도에 들어왔을 때, 그들은 번영이란 오늘날과 마찬가지로 단지 빗속의 모험에 불과하다는 것을 알게 되었다. 자연적으로 비의 신이 인도-아리아인들의 종족 신이 된다.

인드라는 공계의 신, 창공의 신이다. 그는 인도의 제우스이다. 그의 기원이 되는 자연현상은 명백하다. 그는 물과 구름의 소산이다. 그는 천둥·번개를 휘두르며 어둠을 몰아낸다. 그는 우리에게 빛과 생명을 가져다주며, 활력과 생동하는 삶을 부여한다. 천계가 그 앞에 머리를 조아리며, 대지는 그의 접근에 두려움으로 떤다. 점차 창공이나 천둥·번개와 인드라의 관계는 잊혀지게 된다. 그는 거룩한 영, 모든 것을 보고 듣는 세계와 일체 만유의 통치자가 되며, 사람들에게 최상의 생각과 용기를 불러일으킨다.[원주73] 가뭄의 악마들을 쳐부수고 어둠을 몰아내는 뇌우의 신이, 토착민들과의 싸움에서 아리아인들에게 승리를 주는 신으로 된다. 그 시대는 대단한 격동기였으며, 사람들은 정복과 지배에 몰두하고 있었다. 인드라는 토착 원주

[원주70] 『아타르바 베다』, vii.101.6.
[원주71] 같은 책, i.164.5; vii.61을 보라.
[원주72] 『인도, 우리에게 무엇을 가르칠 수 있는가?』(India: What can it teach us?), 강의 VI.
[역주20] 인드라는 나중에 불교에 수용되어 제석천(帝釋天)이 된다.
[역주21] 『리그 베다』 찬가의 1/4에 해당하는 250여 편의 독립된 찬가가 인드라에게 드려진다.
[원주73] 『리그 베다』, viii.37.3; viii.78.5.

민들의 신앙과는 전혀 무관했던 것 같다.[원주74]

갓 태어나 신들의 방패가 되었으며, 자신의 힘과 권능 앞에 두 세계가 두려워 떨게 하였던 우두머리 신, 오 사람들이여, 그가 곧 인드라니라. 대지와 동요하는 산들을 굳게 다잡아 매고, 허공을 헤아려 측량하며, 천계를 떠받쳐 지탱하였던 이, 오 사람들이여, 그가 곧 인드라니라. 악룡을 살해하여 그 일곱 강들의 길을 터 놓았으며, 전쟁에서 암소들과 절굿공이를 되찾아왔던 이, 오 사람들이여, 그가 곧 인드라니라. 그가 어디에 있느냐고 묻는 사람들에게, 그는 없다고 조소하는 사람들에게 전율스런 이, 적들의 재산을 쓸어 버리는 이, 그를 믿어라, 오 사람들이여, 그가 곧 인드라니라. 말들과 가축과 모든 전사들을 자기의 권능 아래 두었으며, 전장의 양편 모두에게서 간청되는 이, 오 사람들이여, 그가 곧 인드라니라. 그의 도움 없이 사람들은 승리할 수 없으며, 그들의 화살이 사악한 자들을 살해할 마음을 내지 않는도다, 오 사람들이여, 그가 곧 인드라니라.[원주75]

이 우두머리 신은 최고의 거룩한 속성들을 갖추게 되며, 하늘·땅·물·산의 지배자가 된다.[원주76] 이런 과정에서 인드라는 점차 바루나를 대신하여 베다 신들의 최고 지위를 점하게 된다. 위엄과 정의와 평화의 신이며, 뜻이 시종일관한 신, 바루나는 아리아인들이 인도로 들어가던 전쟁과 정복의 격동기에는 적합하지 않았다. 이에 우리는 베다의 몇몇 찬가에서 이러한 대변혁의 반향을 듣는다.[원주77]

[원주74] 인드라는 이미 인도-이란 시대에 알려져 있었다. 케이스의 *The Religion and Philosophy of the Veda*, vol. i . p.133을 보라.
[원주75] 『리그 베다』, ii.12.
[원주76] 같은 책, x.89.10.
[원주77] (바루나가 말한다): "내가 대왕이다. 통치권은 나의 것이다. 모든 신들은 일체 만유에 생명을 부여하는 자, 나에게 복속되느니, 바루나의 명을 좇으라. 나는 인간의 지성소에서 통

인드라는 또한 여러 인도 토착민들에 의하여 섬겨지던 다른 신들과 싸우지 않을 수 없었다. 물을 섬기는 사람들,[원주78] 아슈왓타(Aśvattha) 나무를 숭배하는 사람들[원주79]이 있었다. 인드라가 싸웠던 다수의 악마들은 악룡 브리트라(Vṛtra)와 같은 부족 신들이었다.[원주80] 리그 베다 시대에 인드라의 또 다른 적은 크리슈나족이라 불리던 한 부족의 신격화된 영웅 크리슈나(Kṛṣṇa)였다. 찬가는 이렇게 전한다: "그 쾌속한 크리슈나는 일만 군대와 더불어 앙슈마티(Aṁśumatī, 또는 Jumna)강 언덕에 살고 있었다. 인드라가 그 자신의 지혜로 크게 소리지르며 항거하는 이 우두머리를 알게 되었다. 그가 우리의 이익을 위하여 그 약탈자들의 두목을 죽였다."[원주81]

이것은 사야나의 해석인데, 크리슈나 숭배와 관련하여 이 이야기는 어떤 중요성을 시사한다. 후기 푸라나들은 인드라와 크리슈나의 대립 관계를 말한다. 아마 크리슈나는 리그 베다 시대에 인드라에 의하여 정복된 유목민

치하노라—나는 대왕 바루나다—오 인드라여, 나는 바루나, 넓고 깊고 축복된 두 세계들이 나의 것이다. 나, 지혜로운 장인(匠人)은 일체 만유를 창조하였도다. 천지가 나로 말미암아 유지된다. 나는 흐르는 물들이 불어나게 하였다. 나는 그들의 자리에 천국을 세웠다. 나 거룩한 아디티야는 우주(천계·지계·공계)를 펼쳐내었노라."

(인드라가 말한다): "나는 사람들이 싸움터에서 곤경에 처했을 때, 군마를 지닌 그들에 의하여 간청되었노라. 나는 강대한 자, 내 불굴의 권능으로 싸움터를 휘저으며 흙먼지를 일으키는도다. 내가 행했던 모든 것, 모든 신들의 강대함도 불굴의 내가 그것을 하지 못하게 막을 수 없고, 제주(祭酒)와 기도로 내가 유쾌해지면, 광대무변한 두 세계가 두려움에 떨도다.

리쉬(Ṛṣi)가 말한다: "당신이 이 모든 것을 행하였음은 일체 만유가 알며, 오 통치자여! 이제 당신은 그것을 바루나에게 선언하였습니다. 그대 인드라를 사람들은 브리트라(Vṛtra)의 살해자로 찬양하며, 가두어졌던 물꼬를 튼 것도 바로 당신이었습니다"(『리그 베다』, iv.42).

"나는 이제 조상 아수라(Asura)에게 작별을 고하노라. 나는 아무런 공물도 바쳐지지 않는 그에게서 떠나, 사람들이 제사드리는 그에게로 가리라. 이제 인드라를 택하니, 내가 비록 오랫동안 아수라와 가깝게 지냈다 할지라도 그를 포기할 수밖에 없도다. 아그니와 바루나, 그리고 소마는 길을 비켜야 하리라. 권능이 또 다른 이에게로 옮겨가니, 나는 그것이 오는 것을 보노라"(『리그 베다』, x.124).

[원주78] 『리그 베다』, x.9.1~3.
[원주79] 같은 책, i.135.8.
[원주80] 같은 책, vi.33.2; vi.29.6.
[원주81] 같은 책, viii.85.13~15.

들의 신이었던 것 같다. 물론 바가바드기타 시대에 이르러 그는 강등된 위상을 회복하게 되고, 또한 바가바타 종파의 바수데바(Vāsudeva)나 바이슈나바(Vaiṣṇava) 종파의 비슈누와 동일시됨으로써 한층 더 그 지위가 강화된다. 이와 같은 여러 가지의 기원과 역사를 통하여 그는 줌나강 언덕에서 피리를 부는 목동일 뿐 아니라, 절대자의 화신으로 『바가바드기타』의 주인공이 된다.[원주82]

14) 군소신과 여신들

인드라의 주변에는 공계의 다른 자연현상들을 나타내는 여러 군소신들, 즉 바람의 신 바타(Vāta) 혹은 바유(Vāyu), 무시무시한 태풍의 신들인 마루트(Marut)들, 그리고 울부짖는 자 루드라(Rudra)가 있다.

한 시성(詩聖)이 바람에 대하여 말한다. "신들의 생기(生氣)이며, 세계의 근원인 그는 어디서 태어난 것일까, 어디로부터 생겨나는 것일까? 이 신은 원하는 어느 곳이나 갈 수 있다. 그의 음성은 들을 수 있지만, 그의 모습은 보이지 않는다."[원주83] 바타는 인도-이란어족의 신이다. 마루트들은 인도에서는 흔히 볼 수 있는 사나운 폭풍들—"하늘이 먼지와 먹구름으로 캄캄해지고, 무성하던 나뭇잎들이 순식간에 떨어지고 가지와 줄기들이 우지끈 부러지며, 땅이 진동하고 산들이 흔들리는 듯하며, 강들이 격노하여 요동치는"[원주84]—을 신격화한 것이다.

[원주82] 나중에 크리슈나 숭배는 뱀이나 용을 섬기는 저급한 형태의 숭배보다 우위를 점하게 되며, 심지어 인드라에 대한 숭배보다 더 중요시하게 되었다. 이와 관련하여, 니베디타(Nivedita) 수녀는 말한다: "크리슈나는 악룡(惡龍) 칼리야(Kālīya)를 정복하고 그의 머리 위에 자기의 발자국을 찍었다. 여기에는 우리가 나게스와라(Nāgesvara, 蛇王)로서의 쉬바(Śiva)의 성격에서 추적할 수 있는 것과 같은, 뱀과 용에 대한 새로운 신앙 형태와 전통적인 숭배 간의 갈등이 있다. 그는 목동들이 인드라에 대한 숭배를 버리도록 설득한다. 여기서 그는 고대의 베다 신들을 아무런 중간 매개자—브라흐마(Brahmā)와 같은—없이 바로 제압해 버린다"(*Footfalls of Indian History*, p.212).

[원주83] 『리그 베다』, x.168.34.

[원주84] 막스 뮐러, 『인도, 우리에게 무엇을 가르칠 수 있는가?』, p.180.

일반적으로 마루트들은 강력하고 파괴적인 것으로 나타난다. 그러나 때로는 그들도 친절하고 자비로운 모습을 보인다.

그들은 세계를 끝에서 끝까지 바람으로 몰아치거나, 혹은 바람을 잠재우고 비를 내린다.[원주85] 그들은 인드라의 동료이며 디야우스의 아들이다. 때로는 인드라가 마루트들의 맏이로 불리기도 한다. 그들의 흉포한 측면들 때문에 그들은 또한 전쟁의 신 루드라의 아들로 간주된다.[원주86] 루드라는 『리그 베다』에서 단지 세 편의 독립된 찬가를 지니는, 아주 낮은 지위의 신이다. 그는 양팔에 벼락을 지니고 하늘에서 번갯불을 내리친다. 후에 그는 인자한 자 쉬바가 된다. 쉬바는 루드라를 중심으로 발달해온 모든 전통을 흡수한다.[원주87]

우리는 또한 유사한 성격으로 성장해온 여신들을 본다. 우샤스와 아디티는 여신들이다. 강의 신 신두(Sindhu)[역주22]도 한 찬가에서 여신으로 찬미되며,[원주88] 원래 강 이름에 불과하였던 사라스와티(Sarasvatī)도 점차 학습의 여신으로 자리잡는다.[원주89]

바크(Vāk)는 언어의 여신이며,[원주90] 아란야니(Araṇyānī)는 숲의 여신이다.[원주91] 후기의 샥타(Śākta) 종파[역주23]들은 『리그 베다』의 여신들을

[원주85] 『리그 베다』, i.37.11: i.64.6: i.86.10: ii.34.12.
[원주86] 같은 책, i.64.2.
[원주87] 같은 책, vii.46.3: i.114.1: i.114.10.
[역주22] 인더스(Indus)강의 원래 이름이다. 인디아(India)라는 말도 이 강 이름에서 유래된 것이다.
[원주88] 『리그 베다』, x.75.2.4.6.
[원주89] 같은 책, vi.61.
[원주90] 바크에 대한 찬가(x.125)에서 우리는 일체 만유 속에 살고 작용하며 모든 사람들이 그 속에서 자기의 존재를 지니는 한 힘으로서의 내재적인 말(immanent word)에 대한 개념을 발견한다.
[원주91] 『리그 베다』, x.146.
[역주23] 여신(女神) 샥티(Śakti, 性力)를 최고의 신으로 숭배하는 종파로서, 쉬바교와 밀접한 관련을 지닌다. 쉬바교에서는 최고신 쉬바와 함께 그의 배우자로 신격화된 여성적인 힘 샥티를 섬긴다. 샥타 종파에서는 샥티를 단지 남성신의 반려로 보는 데 그치는 것이 아니라, 오히려 세계의 만물이 생성하게 하는 유일한 근원으로 여겨 최고의 신으로 숭배한다. 이들의

중심으로 발전한다.

　베다의 아리아 사람들은 그들이 쓰잘데 없는 모든 것들을 태워 없애는, 숭배하고 앙모할 만한 신성한 빛을 명상할 때, 샥티(Śakti), 즉 신의 에너지에 기도하였다. "오소서, 오 여신이여, 그대는 우리의 기도를 들어주시는도다. 그대는 불멸자, 브라흐만과 동등한 자로다."[원주92]

　사람들의 생각이 물질적인 것에서 정신적인 것으로, 자연에서 인간 자신으로 옮겨갔을 때, 추상적인 신들을 상정하는 것은 어렵지 않았다.[역주24] 이러한 신들의 대부분은 『리그 베다』 본집의 마지막 권에 나타나며, 따라서 이것은 그들이 상대적으로 후기에 발생하였다는 것을 말한다. 만유(Manyu),[원주93] 슈랏다(Śraddhā)[원주94] 등의 신들은 신의 본성과 관련된 어떤 속성들이 신격화된 것이다. 종종 사비트리(Savitṛ)와 동일시되는 트와슈트리(Tvaṣṭṛ)는[원주95] 세계를 "만드는 자" 혹은 건설자이다. 그는 인드라의 번갯불을 풀무질하여 만들었고, 브라흐마나스파티(Brahmaṇaspati)의 도끼를 갈아 날을 세웠으며, 신들이 소마를 마시는 그릇을 만들었으며, 살아 있는 모든 것들이 형상을 지니게 하였다. 브라흐마나스파티는 제의식들이 성행하게 되는 시대에 속하는, 매우 후기의 신이다. 원래 기도의 주(主)인 그는 곧 제의식의 신이 된다. 그 속에서 우리는 순수 베다 종교의 정신이 후기 바라문교[역주25]로 이행해가는 과정을 본다.[원주96]

　　근본 경전으로는 흔히 『탄트라』(Tantra)라고 부르는 『샥타 아가마』(Śākta Āgama)가 있다.
[원주92] Āyātu varadā devī, akṣaram brahmasammitam(『타잇티리야 아란야카』, x.34.52).
[역주24] 추상적인 개념이 신격화되는 경우에는 흔히 두 가지 형태를 띤다 : (1) Vidhātṛ(處理者), Trātṛ(守護者), Netṛ(指導者) 등과 같이 '-tṛ'라는 접미사를 취하여 행위자를 나타내는 이름을 지니는 경우. (2) Prajāpati(일체 만유의 主)와 같이 '-pati'(-主)라는 접미사를 취하여 속성을 지칭하는 이름을 지니는 경우.
[원주93] 신의 노여움이 신격화된 것이다. 『리그 베다』, x.83.4를 보라.
[원주94] 숭배자들의 믿음을 신격화한 것이다. 『리그 베다』, x.151을 보라.
[원주95] 『리그 베다』, iii.55.19.
[역주25] 넓은 의미에서 바라문교(波羅門教)는 힌두교에 포함된다고 할 수 있지만, 불교가 출현

6. 일신교적 경향

1) 베다 신들의 분류

앞으로 『아타르바 베다』에 대한 논의에서 보게 되는 바와 같이, 아리아 어족의 세계 밖에 있는, 어떤 다른 사유 체계에 속하는 신화적 개념들이 베다의 만신전(萬神殿)에 유입된다. 이 모든 신과 여신들의 혼잡은 그 시대의 지적인 사람들에게 무의미한 것으로 간주되기 시작했다. 그래서 아주 초기부터 어떤 신을 다른 한 신과 동일시하거나, 모든 신들을 함께 모으려는 경향이 나타났다. 신들을 분류해 보려는 시도들도 있었으며, 이의 결과로 신들을 천·공·지 삼계의 신들로 나누기도 하였다. 때로는 이 신들이 그 수에 있어서 333으로, 혹은 3의 여러 다른 조합들[역주26]로 말해진다.[원주97] 동일한 기능을 수행하는 신들은 짝을 이루어 두 신이 동시에 불러지기도 한다. 그들은 가끔 비슈웨 데바하(Viśve devāḥ), 즉 일체신(一切神)이라는 하나의 큰 개념 속에 불러 모아진다. 이와 같은 체계화의 경향은 자연히 일신교로 귀결되었다. 일신교는 서로 뒤섞여 있는 신과 여신들의 무질서한 혼돈에 비하여 보다 단순하고 논리적이다.

2) 자연의 통일성

어떤 진정한 신 개념의 추구에 있어서 일신교는 불가피하다. 궁극자는

하기 이전, 즉 약 B.C. 6~5세기에 브라흐민 계급을 중심으로 발달한 베다 중심의 종교를 특히 바라문교(Brahmanism)라고 부른다. 한편, 좁은 의미의 힌두교는 8~9세기 이후에 바라문교가 변용, 발전되어 종파적인 힌두교 제파의 형태로 나타난 것을 의미한다.

[원주96] 로트(Roth)는 말한다: "pati(-主)라는 접미사가 들어 있는 이름을 지니는 모든 신들은 보다 후기의 신들로 간주되어야 한다. 그들은 사색의 산물이다." 그러나 이것은 통섭로 받아들이기에는 적절하지 않은 견해이다. Vāstoṣpati 참조. 나의 이 견해는 케이스(Keith) 교수의 자료에 따른 것이다.

[역주26] 『리그 베다』, iii.9.9에서는 3339신이 아그니를 숭배했다고 말해진다. 한편, Vaiśvedeva Nivid에서는 33신, 303신, 3003신이 말해지는데 이 세 수를 합하면 3339신이 된다 (Haug, Aitareya Brāhmaṇa, ii. p.212의 주 참조).

[원주97] 『리그 베다』, iii.9.9를 보라.

오직 하나일 수밖에 없다. 우리가 궁극·무한의 두 존재들을 지닌다는 것은 불가능하다. 어디서나 어떤 신이 다른 신의 피조물인가 하는 물음이 제기되었다. 창조된 신은 도무지 신이 아니다. 우주의 운행과 신성의 본질에 대한 통찰이 깊어감에 따라, 다수의 신들이 일자(一者) 속에 녹아드는 경향을 보인다. 리타의 관념 속에 나타난 통일성에 대한 인식은 일신교를 향한 이행을 도왔다. 만일 자연의 다양한 현상들이 다수의 신들을 요청한다면, 자연의 통일성은 존재하는 모든 것들을 포용하는 하나의 신을 요청한다고 해야 하지 않을까? 천리(天理)에 대한 믿음은 곧 하나의 신에 대한 믿음을 뜻한다.

3) 신 개념에 대한 점진적인 관념화

이러한 개념의 진전은 미신적인 사고 방식의 둔화를 의미한다. 질서 정연한 자연 체계는 어떤 기적적인 요소들―다만 미신과 혼란스러운 생각이 다신교의 징후들을 발견해내는―이 개입할 여지가 없다. 바루나 숭배에서 우리는 일신교에 가장 가까운 접근을 본다. 정의, 자비, 정직, 그리고 심지어는 연민과 같은 도덕적이고 정신적인 속성들이 그에게 돌려진다. 조야한 물질적 측면에 대한 억제 혹은 상대적인 홀대와 함께, 보다 차원 높고 관념적인 측면에 대한 점차적인 강조가 있었다. 바루나는 인간과 자연, 이 세계와 다른 세계들 모두가 속해 있는 신이다. 그는 외적인 행위뿐 아니라 내적인 삶의 청정함에도 유념한다.

4) 단일신교(henotheism)

하나의 지고한 신을 희구하는 종교적 사유의 내적인 요청은 베다의 단일신교라는 독특한 형태로 그 모습을 드러냈다. 단일신교(單一神敎)[역주27]라

[역주27] 교체신교(交替神敎, kathenotheism)라고도 부른다. Kaegi는 단일신교를 다음과 같이 정의하고 있다 : "각각의 신들에 대한 믿음으로, 신들은 각자 최고의 지위에 선다. 그들은 각자 자신의 고유한 영역을 지니고 있는 것으로 여겨지기 때문에, 숭배자들은 각자의 관심과 바라는 바에 따라서 신들 가운데 그 목적에 가장 적합한 신에게 청한다. ……간구하는 자는

는 용어를 만들어냈던 막스 뮐러에 따르면, 그것은 마치 개개의 신 모두가 가장 위대하며 심지어 하나밖에 없는 신인 것처럼 그들을 번갈아 숭배하는 것이다. 그러나 전체적인 입장은 논리적인 모순이다. 마음은 나아갈 올바른 길을 보여주었고 믿음은 그것을 부정하였다. 우리는 다수의 신들을 지닐 수 없다. 왜냐하면 종교적인 자각이 그것에 반하기 때문이다.

단일신교는 일신교를 향한 무의식적인 암중모색이다. 인간의 약한 마음은 여전히 그 대상을 찾고 있는 것이다. 베다의 아리아인들은 궁극자의 신비와 당시에 유행하던 개념들의 부적합성을 강렬하게 느끼고 있었다. 비록 제의식의 성격에 따라 잠시 동안 신들 중의 어떤 한 신만이 최고의 지위를 점하는 것으로 선택된다 할지라도, 최고의 지위를 점하는 것으로 숭배되는 신들은 상하의 구별 없이 나란히 병존한다. 따라서 선택된 그 하나의 신이 곧 다른 모든 신들의 부정을 의미하지는 않는다.

때로는 그다지 중요하지 않은 군소신들조차도 최고의 지위를 점하기도 한다. 이 모든 것들은 신앙자의 믿음과 그가 지닌 특별한 목적에 따라서 좌우된다. "바루나는 천상이요, 바루나는 대지이며, 바루나는 창공이다. 바루나는 우주와 그외의 모든 것들이다." 때로는 아그니가 그 모든 신들이며, 또 때로는 인드라가 다른 모든 신들보다 더 위대하다. 어떤 한 신이 최고인 것으로 섬겨지는 그 순간에는 그 신이 다른 모든 신들의 합성 사진이 되는 것처럼 보인다. 종교 체험의 핵심이라 할 수 있는, 신에 대한 인간의 자기굴복은 오직 하나의 신과 더불어 가능하다. 이런 점에서 단일신교는 종교가 지니는 논리적 귀결이라 할 것이다. 블룸필드가 제시하는 것처럼, 그것은 "제의식에 둔감해지고, 특징에 있어 애매하며, 개개의 모든 신들이 권장(權杖)을 잡지만 아무도 그것을 지키지 못하는 기회주의적(opportunist) 일신교로 인도하는 나신교"[원주98]가 아니다.

다만 이 신만을 염두에 두며, 어떤 신성한 존재에게 말해질 수 있는 모든 것이 그 신에게 간구된다. 이때에는 그가 최고의 신이요 유일한 신이며, 다른 모든 신들은 그 신 앞에서 사라진다. 그럼에도 불구하고 이러한 과정에서 다른 신을 모욕하거나 경시하지 않는다"(Rg-Veda, p.27).

개개의 신이 창조주로 간주되고, 일체 만유의 창조자 비슈와카르만(Viśvakarman)과 조물주 프라자파티(Prajāpati)의 속성들을 부여받게 될 때, 신들이 지니는 인격적인 특성들을 제거해 버리고 공통의 기능을 수행하는 한 신을 상정하는 것은 어렵지 않다. 특히 이것은 여러 신들이 실재하는 인격이 아니라 단지 애매하고 혼란스러운 개념들에 불과하다는 것을 알게 될 때 더욱 그렇다.

바루나 숭배에 나타나는 바와 같은 신 개념에 대한 점진적인 관념화, 신들이 서로 혼융되어 하나 되게 하는 종교의 논리, 본질적으로 일신교를 지향하는 단일신교, 리타의 개념 혹은 우주의 통일성에 대한 자각, 그리고 인간 정신에 내재한 체계화의 충동, 이 모든 것들은 영적인 일신교가 다신교적 신인동형동성론(神人同形同性論)을 대체할 수 있게 한 요소들이다.

5) 유일한 조물주

이 시대에 베다의 현자들은 우주의 유일한 창조 원인—그 자체는 불생불멸인—을 발견해내는 데 관심을 갖게 되었다. 그와 같은 일신교를 논리적으로 확립하는 유일한 길은, 저급한 신들의 역할을 통제할 수 있는 보다 차원 높은 존재 또는 지배적인 영혼 밑에 그 신들을 복속시키는 것이다. 이러한 과정은 하나의 신에 대한 열망을 충족시켜 줄 뿐 아니라, 과거와의 연속성을 유지할 수 있게 해준다. 인도사상은 그 본바탕에 있어서 지극히 대담하고 진지한 것이 사실이지만, 그것은 결코 거칠거나 경직된 것이 아니었다. 그것은 널리 대중화되지 못하는 것을 염려하여 적당히 타협하고자 하지 않았다. 그러나 무자비한 논리 또한 스스로가 경계해야 할 적으로 간주함으로써, 오늘날 힌두교가 그 특유의 포용성으로 철학과 종교와 신화와 주술까지도 배척하지 않는 온갖 다양한 종교사상 체계를 의미하게 되는 결과를 낳았다.

그 수많은 신들은 다만 우주적 영혼의 다양한 화신들로 여겨졌다. 그들

[원주98] 『베다의 종교』(*The Religion of the Veda*), p.199.

은 궁극자의 주관하에 그들 각자의 영역에서 통치하고 있는 것이다. 그들의 권능은 위임된 것이며, 그들의 주권도 또한 독자적인 것이 아니라 단지 대리적인 것에 불과하다. 무질서한 자연 숭배의 변덕스러운 신들은 하나의 조화된 체계 안에서 통제되었다. 인드라나 바루나조차도 국부적인 신들이 되었다.

『리그 베다』의 후반부에서 최고의 지위는 비슈와카르만에게 돌아간다.[원주99] 그는 사방에 눈과 얼굴과 팔·다리를 지니고 있으며, 사지를 움직여 하늘과 땅을 만들며, 모든 세계들을 알고 있다. 그러나 그는 필멸자들의 이해를 초월하여 있다. 또한 브리하스파티도 최고의 지위를 점하는 것으로 묘사된다.[원주100] 조물주 프라자파티도 여러 곳에서 이러한 지위에 오른다.[원주101] 금태신(金胎神) 히란야가르바(Hiraṇyagarbha)도 궁극자의 이름으로 나타나며, 존재하는 모든 것의 유일한 주(主)로 묘사된다.[원주102]

7. 일신교와 일원론

1) 반성과 비판 정신의 대두

베다 찬가의 시대에도 조야한 상상이나 공상뿐 아니라 진지한 사색적 탐구가 엿보인다고 하는 것은, 찬가들 속에서 캐물어 알아보고자 하는 자세들이 아주 빈번하게 발견된다는 것을 의미한다. 수많은 신들을 상정해야 하는 불가피성은 외계의 사물들을 주어지는 그대로 받아들이는 것이 아니라 그들을 이해하고자 하는 마음의 충동에서 기인되는 것이다. "밤에는 해가 어디에 있는 걸까?" "낮에는 별들이 어디로 가는 걸까?" "어째서 해는 떨

[원주99] 『리그 베다』, x.81~82를 보라.
[원주100] 같은 책, x.72를 보라.
[원주101] 『리그 베다』, x.85. 43 : x.189.4 : x.184.4 : 『샤타파타 브라흐마나』(Satapatha Brāhmaṇa), vi.6. 8.1~14 : x.1.3.1을 보라.
[원주102] 『리그 베다』, x.121.

어지지 않는 걸까?" "밤과 낮 둘 중에 어느 것이 먼저고 또 어느 것이 나중일까?" "바람은 어디서 불어와서 어디로 가는 걸까?"[원주103] 이와 같은 질문들은 곧 모든 과학과 철학이 발상(發祥)하는 놀람과 경외의 마음가짐이라 할 수 있다.

우리는 또한 온갖 형태와 상상으로 나타나는 참된 지식에 대한 모색을 본 바 있다. 수많은 신들이 상정되었다. 인간의 종교심리는 다신교적 만신전으로 만족될 수 없었다. 어떤 신이 궁극적으로 실재하는가에 대한 의문이 일어났다. "우리가 제공(祭供)을 바쳐 섬겨야 할 신은 누구인가(Kasmai devāya haviṣā vidhema)?"[원주104]

신들도 시원을 지닌다는 소박한 사고방식은 아주 특징적인 것이었다. 새로운 신들이 인도 토양에서 자라났으며, 더러는 토착 원주민들의 신앙에서 차용되기도 하였다.

사람들의 믿음이 확고하게 되기를 바라는 기도[원주105]가 찬가들에 빈번하게 나타난다는 것은 기존의 믿음이 흔들리고 있다는 것을 의미한다. 전반적으로 회의론이 팽배하고, 인드라의 존재와 그 절대성이 의문시되었다.[원주106] 나스티카(nāstika),[역주28] 즉 영혼을 부정하는 자들은 보편을 단지 실체 없는 거짓으로 간단히 처리해 버리려는 경향이 팽배하였다. 찬가들이 알려지지 않은 신들에게 드려졌다. 마침내 '신들의 황혼'에 이르게 되고, 그들은 서서히 사라져간다. 우파니샤드에서는 이 황혼이 어두운 밤으로 변하며, 그 신들은 단지 지난날을 회상하는 공상가들의 생각 속으로 자취를 감

[원주103] 『리그 베다』. i.24.185.
[원주104] 같은 책, x.121.
[원주105] 같은 책, x.151.
[원주106] 같은 책, x.86.1; vii.100~103; ii.12.5.
[역주28] 베다의 무오성(無誤性)과 그 권위를 인정하지 않는 자이나교·불교·유물론자(Cārvāka) 등을 일컫는 말이다. 이에 비하여 베다의 권위를 받아들이는 여섯 학파, 즉 상키야·요가·니야야·바이셰쉬카·미망사·베단타를 아스티카다르샤나(āstikadarśana, 有派 혹은 정통철학)라고 한다. 브라흐마나 시대 이래로 베다는 비인격적(apauruṣeya)이고 영원한(nitya) 것이라는 믿음이 생겨났다.

추고 말았다. 일신교적 시대의 유일지고한 존재조차도 비판의 대상에서 예외일 수 없었다.

2) 일신론이 지니는 철학적 부적합성

인간의 마음은 신인동형동성론적 신으로 만족하지 않는다. 만일 우리가 다른 여러 신들을 주관하는 어떤 한 위대한 신을 말한다 해도, 질문은 여전히 끝나지 않는다. "누가 최초에 태어난 자, 그를 보았는가? 언제 뼈 없는 자가 뼈 있는 자를 생겨나게 하였는가? 생명은, 피는, 우주의 혼은 어디에 있는가? 알고 있는 자에게 누가 물으러 다가갔을까?"[원주107] 이것은 철학의 근본적인 문제이다. 우주의 생명 혹은 실체는 무엇인가? 단순한 도그마는 아닐 것이다. 우리는 반드시 그 영적인 실재를 느끼거나 체험해야 한다. 따라서 "누가 최초에 태어난 자를 보았는가?"[원주108]라고 질문하지 않을 수 없다. 추구하고자 하는 것은 개인적인 위안이나 행복이라기보다는 오히려 궁극적인 진리 그 자체이다. 미개인들처럼 신을 험악하고 성내는 존재로 여기든지, 혹은 문명인들처럼 신을 인정 많고 자비로운 존재, 모든 사람들의 심판자, 세계를 창조하고 주관하는 자로 여기든지 간에, 그것은 비판을 면할 수 없는 불충분한 개념이다. 신인동형동성론적 관념은 반드시 극복되어야만 한다. 그것은 우리에게 참으로 살아 있는 신 그 자체를 대면하게 하는 것이 아니라, 신의 대체물을 건네줄 뿐이다.

우리는 인간의 정신에 반영된 신의 그림자가 아니라, 생명의 중심인 신을 믿어야 한다. 신은 모든 방면에서 우리를 감싸고 있는 가이없는 빛이다. "생명은 무한하다(Prāṇo virāṭ)". 그것은 물질적인 측면 못지않게 정신적인 측면을 지닌다. 그것은 여러 측면에서 자기를 현현한다. 그것은 영원·불변·무한·진능의 일자(　者)이다. 만유가 그것으로부터 흘러나오며, 또한 그것으로 되돌아간다. 인격신이 지니는 정서적인 가치가 아무리 심원하다

[원주107] 『리그 베다』, i.4.164.
[원주108] Ko dadarśa prathamā jāyamānam?

할지라도, 진리는 다른 기준을 세우며 숭배의 다른 대상을 요구한다. 그것이 아무리 냉정하고 요원하다 할지라도, 아무리 두렵고 싫은 것이라 할지라도, 그것은 진리이기를 그만두지 않는다. 심지어 오늘날에도 인류의 대다수가 집착하고 있는 일신교는 후기의 베다 사상가들을 만족시키는 데 실패하였다.

3) 일원론

그들은 우주의 중심 원리를 표현함에 있어서 사트(Sat, 存在)라는 중성명사를 사용함으로써, 그것이 성별을 초월해 있는 것임을 보여준다. 그들은 단지 이름뿐인 아그니·인드라·바루나 등의 근저에 놓인 무엇인가가 있다고 믿었다. 그 무엇은 다자(多者)가 아니라 일자(一者)이며, 비인격적이며, "움직이고 있는 것과 정지해 있는 것들, 기어다니거나 날아다니는 것들, 다른 태생의 존재들, 이 모든 것들"[원주109]을 주관하는 자이다. "실재는 하나인데, 현자들이 그것을 여러 이름으로 불러 아그니·야마·마타리슈완(Mātariśvan)이라 하느니라."[원주110] 별이 반짝이는 하늘과 광대한 대지, 바다와 영원한 산등성이들은,

> 모두가 한 영혼의 작품들이었으며, 한 얼굴의
> 부분 부분들이요, 한 가지에 핀 꽃들이어라 :
> 위대한 계시의 속성들이며,
> 영원의 양태들이요 상징들이며,
> 처음이요 마지막이며, 중간이요 끝없음이어라.[원주111]

이 일자(一者)는 세계의 영혼이요, 우주에 내재하는 근본 이치이며, 모

[원주109] 『리그 베다』, iii.54.8.
[원주110] 같은 책, i.164.46 : Ekaṁ sad viprā bahudhā vadanti Agniṁ yamam mātariśvānam āhuḥ.
[원주111] 워즈워스(Wordsworth), 『서곡』(Prelude) 6.

든 자연의 원천이며 영원한 에너지이다. 그것은 하늘도 땅도 아니며, 햇빛도 태풍도 아닌, 다른 유형의 본질, 아마 구체화된 리타, 영화(靈化)된 아디티, 호흡 없이 호흡하는 자[원주112]이다. 우리는 그것을 알 수 있다. 그러나 우리는 그것을 적절하게 묘사할 수 없다. 감동적일 정도로 진지한 베다의 한 시성은 "이 모든 것들이 생겨나게 하는 그를 우리는 결코 볼 수 없을 것이다"라고 결론짓는다. "어리석은 자요, 마음이 무지로 가려진 내가 신들의 비밀스런 거처를 묻노라. 알아내지 못한 내가, 알고자 하지 않아도 혹 알아냈을지도 모를 현자들에게 묻노라."[원주113]

일체 만유 속에 살며, 그 모두를 운행하는 것이 바로 궁극의 실재이다. 그것은 장미꽃의 홍조, 먹구름을 비집고 나오는 장려한 아름다움이며, 태풍 속에 스스로의 힘을 과시하는 자, 하늘에 별들을 놓아둔 자이다. 여기서 우리는 진정한 신, 모든 신들 중의 유일한 신에 대한 놀라운 직관을 본다. 특히 놀라운 것은 그와 같은 심원한 통찰이 바로 베다 시대라는 인류 정신사의 여명기에 나타났다는 점이다.

이 일자(一者) 앞에서는 아리아족과 드라비다(Dravida)족, 이방인과 유대인, 힌두교도와 이슬람교도, 이교도와 기독교도 간의 모든 구분이 완전히 사라진다. 우리는 여기서 단지 완전한 날을 암시하는 그림자에 불과한 모든 세속적인 종교들의 이상에 대한 순간적인 통찰을 보게 된다. 오직 하나인 일자가 여러 이름으로 불린다. "언설로써 제관들과 시성들이 오직 하나뿐인 숨겨진 실재를 여럿으로 만든다."[원주114] 인간은 이 광대무변의 실재에 대한 지극히 제한된 관념들을 만들게 마련이며, 그 불충분한 관념들, "우리가 여기서 섬기는 우상들"로 쉽게 만족하는 것 같다. 어떤 두 사람이 서로 완전히 일치하는 관념들을 지닌다는 것은 불가능하기 때문에, 완전히 일치하는 두 개의 우상이란 있을 수 없다.

[원주112] 『리그 베다』, x.129.2.
[원주113] 같은 책, x.121: x.82.7: i.167.5~6.
[원주114] 같은 책, x.114. 또한 『야주르 베다』, xxx.2.4를 보라. 야스카의 『니룩타』, vii.5를 보라.

궁극적 실재를 표현하고자 사용하는 상징들을 놓고 싸우는 것은 실로 어리석은 일이다. 오직 하나뿐인 신은 그가 운행하는 여러 영역에 따라서, 또는 개개의 구도자들이 지닌 성향에 따라서 다양하게 불린다. 이것은 대중 종교를 수용하기 위한 어떤 옹색한 절충으로 간주되어서는 안된다. 그것은 심오한 철학적 진리의 계시이다. 이스라엘 사람들에게도 동일한 계시가 나타났다. "너희의 신, 주(主)는 하나다." 플루타르코스(Plutarchos)는 말한다. "모든 국가들을 통하여 하나의 태양과 하나의 하늘이 있으며, 여러 이름 아래 하나의 신이 있다."

오! 신이여, 비길 데 없이 찬란한 당신은, 온갖 사람들에게 한 이름으로 불리며,
억겁의 세월에도 변함 없는, 우주의 대왕입니다 :
당신은 명령만으로도 만유를 주관하는 전능자,
환호하여 맞이하라, 제우스여,
모든 나라에 널린 당신의 창조물들은 마땅히 당신에게 찬미드려야 하리라. [원주115]

『리그 베다』의 이러한 일원론적 이론에 대하여 도이센이 말한다 : "인도 사람들은 다른 나라에서와는 전혀 다른 방법으로 이와 같은 일원론에 도달한다. 이집트에서는 여러 지방 신들의 기계적인 동일화에 의하여 일신교가 얻어지며, 팔레스타인에서는 그들의 종족신 여호와를 위하여 다른 신들을 추방하고 그 숭배자들을 가혹하게 박해함으로써 그것이 가능하였다. 인도에서는 보다 철학적인 길을 지향하는 일신교는 아니라 할지라도, 그들은 다양성의 장막을 관통하여 그 밑에 깔린 통일성을 인식함으로써 일원론에 도달하였다."[원주116]

[원주115] *The Hymn of Cleanthes*.
[원주116] 『인도철학의 개요』(*Outlines of Indian Philosophy*), p.12.

막스 밀러는 말한다 : "『리그 베다』의 본집이 완전하게 집성된 시기가 언제이든, 그것은 오직 일자(一者)만이 존재한다는 믿음이 형성되기 이전의 시대이다. 여기서 유일자란 남성도 여성도 아니며, 개성이나 인격적인 측면들이 지니는 모든 제약과 한정들을 완전히 초월해 있다. 그럼에도 불구하고 인드라·아그니·마타리슈완과 같은 모든 이름들이 가리키는 것이나, 심지어 조물주 프라자파티라는 이름이 가리키는 것도 실상은 그 유일자이다. 사실 베다의 시성들이 도달하였던 신 개념은, 알렉산드리아 기독교 철학자들에 의해서 다시 한번 도달된 바 있었지만, 오늘날 자칭 기독교인이라 하는 많은 사람들의 이해력조차도 넘어서는 것이다."[원주117]

4) 철학과 종교

『리그 베다』의 몇몇 진보적인 찬가들에서는 궁극자를 '그'라고, 혹은 '그것'이라고 부르는 것에 개의치 않음을 볼 수 있다. 서양철학에 있어서뿐 아니라 동양사상에서도 인상적이라 할 수 있는 일신교와 일원론 간의 자유로운 왕래가 처음으로 인류사상사에 그 모습을 드러낸 것이다. 무형·순수·무감정의 철학적인 존재가, 따스하고 순수한 가슴을 지닌 감성적인 사람들에 의하여 인자하고 자비로운 신으로 숭배된다. 이것은 불가피하다. 일반적으로 종교적 감성은 무한자와 유한자 양자간의 대화, 혹은 상호교감의 형태를 띠게 마련이다. 신을 유한한 인간과 대조해서 무한한 인격으로 만들려는 경향이 있다. 그러나 다자(多者) 가운데 하나로서의 이러한 신 개념은 철학의 궁극적 진리가 아니다. 스스로의 근본 원리들을 극단적인 결론들에 확장시키고자 하는, 과도하게 논리적인 소수의 사람들을 제외한다면, 인격신 없는 종교란 있을 수가 없다.

철학자의 경우에 있어서조차도 궁극적 실재를 정의하는 것이 요청될 때, 그것을 보다 저급한 차원으로 떨어뜨리는 용어들을 도입하지 않을 수 없다. 인간은 자신의 제한된 능력이 우주혼의 초월적인 가이없음을 끌어안을

[원주117] 『인도 육파철학』(*Six Systems of Indian Philosophy*), pp.51~52.

수 없다는 것을 알고 있다. 그럼에도 불구하고 그는 자신의 보잘것 없는 방법으로 그 영원한 궁극자를 묘사하지 않을 수 없다. 무한장엄하며 만유의 원천이요 원력인 궁극자에 대한 불충분한 형상을 고안해내는 것은, 스스로의 속박에 묶여 있는 인간에게는 불가피하다. 인간은 자신의 만족을 위하여 우상들을 만들어낸다.

궁극자의 인격성은 그에 대한 일종의 제한이다. 그럼에도 불구하고 오직 인격신만이 숭배될 수 있다. 인격성은 곧 아(我)와 비아(非我)의 구분을 의미한다. 따라서 그것은 존재하는 모든 것을 포함하고 받아들이는 궁극적 존재에 적용될 수 없다. 인격신은 하나의 상징—비록 참으로 살아 있는 신에 대한 최고의 상징이라 할지라도—이다. 무형의 존재가 형상을 지니게 되고, 비인격적인 존재가 인격적인 존재로 되며, 어디에나 편재하는 존재가 한정된 지역에 정착하게 되며, 영원한 존재가 시간적인 거소를 지니게 되는 것이다.

우리가 절대자를 숭배의 대상으로 하는 순간에, 그것은 절대자 이하의 어떤 것이 되고 만다. 유한한 의지와 실제적인 연관을 지니려면, 신은 반드시 절대자 이하여야 한다. 그러나 만일 그가 절대자 이하라면, 그는 어떤 실제적인 종교에서 숭배의 대상이 될 수 없다. 만일 신이 완전하다면 종교가 불가능하며, 만일 신이 불완전하다면 종교는 무력한 것이 되고 말 것이다. 유한하고 제한된 신으로는 우리가 평화의 기쁨과 승리의 보장과 우주의 궁극적인 운명에 대한 확신을 지닐 수 없다.

참된 종교는 절대자를 요한다. 그러므로 대중적인 종교와 철학 양자 모두의 요구를 충족시키기 위하여, 절대 정신은 무차별적으로 '그' 혹은 '그것'으로 불린다. 이러한 사고는 우파니샤드에서도 현저하며, 『바가바드기타』나 『베단타 수트라』(*Vedānta Sūtra*)에서도 마찬가지다. 우리는 이것을 유신론적 요소와 일원론적 요소에 대한 의식적인 타협, 혹은 사상의 무책임한 도피성으로 간주할 필요는 없다.

일원론적 개념도 최고 형태의 종교 정신으로 발전할 수 있다. 단지 신에게 드리는 기도가 세계를 주관하는 궁극적 정신, 즉 정확하나 아낌 없이 그것을 감동시키는 사랑에 대한 성찰로 대체될 뿐이다. 부분적인 정신과 전체 정신 간의 상호교감은 최고 형태의 종교적 감성의 산물이다. 신에 대한 이상적인 사랑, 그리고 미와 선의 완전에 대한 성찰이 우주적 감성을 지닌 정신에 충만하다. 이러한 종교에 도달하지 못하여 아직 그 힘을 체험하지 못한 사람에게는, 그것이 지나치게 냉담하고 지적인 것처럼 보인다는 것이 사실이다. 그러나 이외의 다른 어떤 종교도 철학적으로 정당화될 수 없다.

지상에 나타났던 모든 형태의 종교는 인간 정신의 근본적인 필요를 반영한다. 인간은 그가 의지할 수 있는, 그를 능가하는 어떤 힘을 갈망하며, 그가 숭배할 수 있는, 자기보다 더 위대한 어떤 존재를 희구한다. 베다 종교의 여러 단계에서 나타나는 신들은 인간의 증가하는 욕구와 필요, 정신 세계에 대한 탐색과 자기 성찰을 반영하는 것이다. 인간은 자신의 기도를 들어주고 제물을 받아들일 신들을 필요로 하며, 이러한 용도에 적합한 신들을 지니게 된다.

우리는 자연적인 신들과 의인화된 신들을 지니게 되고, 그들은 단지 유일한 궁극자의 다양한 자기 표현에 불과하다고 말함으로써, 인간의 정신에 그들을 정당화시키려 하지만, 그들 중 어떤 신도 최고의 개념에 부합될 수 없음을 알게 된다. 혼잡한 신들 가운데 흩어져 있는 분산된 빛들은 마침내 이름을 지니지 않는 '유일신'의 가이없는 장엄 속에 혼융되어 하나가 된다. 그리고 오직 그만이 인간의 종교적 감성과 논리적 이성의 끊임없는 열망을 만족시킬 수 있었다. 베다 종교사상의 지속적인 발전은 결국 이와 같은 궁극적 실재에 도달하게 되었다.

찬가들에 구현된 종교사상의 성장은, 대표적인 몇몇 신들을 언급함으로써 나타내 볼 수 있을 것이다 : (1) 자연숭배의 첫 단계를 나타내는 디야우스, (2) 베다의 후기에 도덕적인 신의 전형이 되는 바루나, (3) 정복과 지배가 중요하던 시기의 이기적인 신 인드라, (4) 일신교적인 신 프라자파티, 그리고 (5) 이 모든 하위의 네 단계의 완성으로서의 브라흐만이다. 이와 같은 이행은 논리적일 뿐 아니라 연대기적 순차성을 지니는 것이다. 다만 베다 찬가에서는 그들이 어떤 논리적인 배열이나 시간적인 연속의 개념

없이 나란히 나타난다. 때로는 하나의 찬가가 그 모든 것들을 함축하고 있는 경우도 있다. 이것은 단지 『리그 베다』의 본집이 만들어졌을 때, 이미 이 모든 사상의 단계들이 경과되었으며, 사람들은 찬가들이 지니는 모순에 대한 아무런 의식 없이 그들 중의 일부 혹은 전부에 애착을 지니게 되었다는 것을 보여줄 뿐이다.

8. 우주론

1) 베다 찬가의 우주론적인 사색

베다의 사상가들은 우주의 기원과 본질에 대한 철학적인 문제를 소홀하게 다루지 않는다. 변하는 모든 존재의 근본 토대를 추구함에 있어서, 그들은 마치 고대 그리스인들처럼 물이나 공기 등을 차별의 세계가 생겨나는 궁극적인 요소로 간주하였다. 물은 시간, 상와트사라(saṁvatsara, 年), 카마(kāma, 意欲), 푸루샤(puruṣa, 知性), 타파스(tapas, 熱力)를 통하여 세계로 전개된다고 말해진다.[원주118] 때로는 물 그 자체가 타마스(tamas), 즉 어둠 혹은 혼돈으로부터, 또는 허공으로부터 나온다고 여겨지기도 한다.[원주119] 『리그 베다』 x.72에서는 세계의 근거를 아디티(aditi, 無限者)와 동일시되는 아사트(asat, 非存在)[원주120]라고 말한다. 존재하는 모든 것은 디티(diti, 有限者)인 반면에, 아 디티(a-diti), 즉 무한자는 비존재이다. 무한자로부터 우주적인 의지력이 일어난다. 때로는 후자가 무한자 그 자체의 원천이라고 말해지기도 한다.[원주121] 그러나 이러한 이

[원주118] 『리그 베다』, x.190.
[원주119] 같은 책, x.168.
[원주120] 주로 우주론적인 관심을 보이는 『리그 베다』에 있어서, 사트(sat)는 구체적인 대상들과 경험의 세계를 의미하며, 아사트(asat)는 비존재 혹은 사물들의 미현현 상태—현상 세계에 선재하는—를 가리킨다. 또한 『타잇티리야 우파니샤드』, ii.7 참조. 여기서도 사트, 즉 이름과 형태의 세계는 아사트 혹은 비존재로부터 생겨난다고 말해진다.

론들은 곧 비물질적인 어떤 것과 관련을 맺게 되며, 물리학은 종교와의 관련을 통하여 형이상학이 되었다.

다원론의 단계에서는 바루나, 인드라, 아그니, 비슈와카르만과 같은 신들이 우주의 조물주로 여겨졌다.[원주122] 창조의 방법에 관하여는 여러 가지로 생각되었다. 어떤 신들은 마치 목수가 집을 짓듯이 세계를 건조한 것으로 믿어졌다. 건축이 행해지는 나무 혹은 목재가 어떻게 얻어지는가에 대하여 의문이 일어났으며,[원주123] 후기 단계에 와서는 브라흐만이야말로 하늘과 땅이 만들어지는 나무와 목재라는 대답이 주어진다.[원주124] 유기적 성장 혹은 발전이라는 개념 또한 종종 제시되었다.[원주125] 때로는 신들이 제의식의 힘으로 세계를 창조했다고 말해진다. 이것은 아마 베다사상의 후기 단계에 속하는 것으로 보인다.

일신교의 단계에 이르면, 신이 어떤 선재하는 질료 없이 다만 그 자신의 본성으로부터 세계를 창조하였는지, 아니면 무시무종으로 선재하는 질료에 작용하는 그 자신의 힘을 통해서 그것을 하였는지에 대하여 묻게 된다. 후자의 입장은 보다 저급한 일신교적 차원에 머무름에 비하여, 전자의 견해는 우리를 보다 고차적인 일원론의 개념으로 인도한다.

물론 이들 두 견해 모두가 베다 찬가들에서 발견된다. 『리그 베다』 x.121에서 우리는 선재하는 질료로부터 전능한 신에 의한 세계창조의 설명을 볼 수 있다. 히란야가르바는 처음에 우주를 뒤덮고 있는 위대한 물에서 생겨났다. 그는 이미 있었던 무형의 혼돈으로부터 아름다운 세계를 전개시켰다.[원주126] 그러나 그 혼돈이 히란야가르바를 생산한다는 것이 어떻게 가능할 수 있는가? 그가 생겨나도록 하는 생성의 법칙 혹은 그 불가해

[원주121] 『리그 베다』, x.72.3.
[원주122] 같은 책, vii.86 : iii.32.80 : x.81.2: x.72.2 : x.121.1.
[원주123] 같은 책, x.31.7. 또한 x.81.4 참조.
[원주124] 『타잇티리야 브라흐마나』, ii.8.9.6을 보라.
[원주125] 『리그 베다』, x.123.1.
[원주126] 『마누법전』, i.5.8 : 『마이트리 우파니샤드』, v.2 참조.

한 힘은 무엇인가? 그 태고의 물들이 생겨나도록 한 것은 누구인가?

『마누(Manu)법전』[역주29]과 『하리방샤』(*Harivaṁśa*)[역주30]와 푸라나[역주31]들에 따르면, 신이 혼돈의 창조자였다. 그는 자신의 의지로 그것을 창조하고, 그 속에 씨앗을 넣어 황금빛 태아가 되게 하였으며, 그 태아로부터 그 자신이 브라흐마(Brahmā), 즉 창조자 신으로 태어났다. "나는 히란야가르바, 지고한 영(靈)이 몸소 히란야가르바의 형상으로 현현하였도다."[원주127] 이와 같이 영원히 공존하는 그 두 실체들은 유일한 궁극적 토대가 전개된 산물로 여겨진다.

2) 나사디야 수크타(Nāsadīya sūkta, 無有雅歌)

이것이 바로 나사디야라 불리는 후기 찬가—막스 뮐러에 의하여 번역되었던—의 가르침이다.

> 그때에 유(有)도 없었고, 무(無)도 없었으며,
> 창공도 없었고 그 위의 천계도 없었다.
> 무엇으로 덮여 있었던가?
> 어디에서? 누구의 보호 아래?
> 물은 있었던가, 깊이 모를 물은?

[역주29] 힌두교의 법전 가운데 가장 대표적인 것으로, 천지창조에 대한 설명으로 시작된다. 이 외에도 법의 원천, 각종의 통과의례(通過儀禮), 각 계급의 의무와 속죄의 방법, 민법·형법에 준하는 규정, 윤회·업·해탈에 대한 설명이 있다.

[역주30] 대서사시 『마하바라타』의 부록이다. 장장 1만 6천 374송(頌, śloka)으로 이루어져 있으며, 때로는 푸라나 문헌에 속하는 것으로 보아 『하리방샤 푸라나』라고 부르기도 한다. 『마하바라타』의 일부로 되어 있지만, 종교적으로는 『마하바라타』 못지 않게 중요한 문헌이다. 대체로 하리(Hari), 즉 비슈누 신앙에 관한 신화·전설·찬가 등을 다루고 있으며, 제1편 '하리의 계보'에서 세계 전개설을 말한다.

[역주31] 전통적으로 푸라나 문헌은 다음의 다섯 가지 주제를 다룬다 : (1) 우주의 창조(sarga), (2) 우주의 주기적인 파괴와 재창조(pratisarga), (3) 신과 성선의 계보(vaṁśa), (4) 마누에서 시작되는 인류에 관한 기록(manvantari), (5) 왕조의 역사(vaṁśānucarita).

[원주127] 『마누법전』, v.9.

그때에 죽음도 없었고, 불멸도 없었으며,
밤의 표징도, 낮의 표징도 없었다.
스스로의 충동으로, 저 유일자가
호흡 없이 호흡하였나니,
그외엔 아무것도 없었다.

어둠이 있었으니, 태초에 이 모든 것은
어둠에 싸인 물이었다.
그때 껍질에 싸여 누웠던
저 유일자가 열력(tapas)으로 생겨났다.

처음에 의욕(kāma)이 저 유일한 것에 나타났으니,
그것은 사고(manas)의 첫 종자였다.
가슴 깊이 지혜를 구하는 현자들이
무에서 유의 고리를 찾았도다.

가로놓인 그들의 빛,
그것은 아래에 있었던가, 위에 있었던가?
씨앗을 품은 자들이, 충만한 힘이 있었으니,
밑에는 스스로 지닌 힘이, 위에는 충동이 있었도다.

실로 누가 이것을 알까?
누가 여기서 그것을 언명할 수 있겠는가?
어디로부터 이 창조가 생겨난 것일까?
신들은 이 창조에 잇달아 생겨났으니,
그러면 누가 그것이 어디에서 일어났는가를 알 것인가?

이 창조가 어디로부터, 누구에 의해서 행해졌는가를,

혹은 그렇지도 않은가를,
최고의 천상에서 이 세계를 굽어보는 이,
그만이 실로 알고 있으리라.
어쩌면 그도 또한 모를지도 몰라.[원주128]

우리는 이 찬가에서 창조에 관한 가장 발달된 이론의 전형을 발견한다. 태초에는 존재도 비존재도 없었다. 그때에 현현된 상태로서의 존재는 없었다. 그러나 이런 이유로 그것을 비존재라 할 수 없다. 왜냐하면 그것은 모든 존재가 일어나는 긍정적인 존재이기 때문이다. 첫 연(聯)은 인간의 범주가 지니는 부적합성 혹은 불충분성을 나타낸다. 전체 세계의 배후에 있는 궁극적 실재는 우리가 존재 혹은 비존재로 규정지을 수 있는 것이 아니다.

그 유일자는 스스로의 힘으로 호흡 없이 호흡하였다.[원주129] 그것밖에는 아무것도 없었다. 모든 것의 첫 원인자인 그것은 해·달·하늘·별들의 전체 세계보다 먼저 있었다. 그것은 시간·공간·나이·죽음을 초월하여 있으며, 불멸조차도 초월하여 있다. 우리는 그것이 있다는 것 외에는 그 존재를 설명할 수 없다. 그와 같은 것이 모든 존재의 가이없는 토대이다.

처음에 절대 의식 속에 긍정의 사실 혹은 최초의 '나'(我)가 일어났다. 이것은 'A는 A이다'라는 자동률(自同律)에 상당하는 것으로, 최초의 자기 생성을 띨 수 있는 타당성의 근거이다. 즉시 자아(ego)의 상관물로서 비아(non-ego)가 또한 있어야 한다. 이제 아(我)가 비아(非我)를 대면한다. 이것은 "A는 B가 아니다"에 해당한다. 만일 아(我)가 의식하는 타자(他者)가 없다면, 그 아(我)는 텅 빈 긍정 혹은 순수한 추상에 불과할 것이다. 자아는 스스로의 조건으로 비아를 내포한다.

[원주128] 『리그 베다』, x.129. 또한 막스 뮐러의 『인도 육파철학』(*Six Systems of Indian Philosophy*), p.65를 보라. 『샤타파타 브라흐마나』, x.5.3.1 참조.
[원주129] 아리스토텔레스의 부동의 동자(unmoved mover)와 비교하라.

자아와 비아의 대립은 본원적인 최초의 대조이며, 절대자로부터 이것을 띠게 되는 발전은 타파스에 의한 것이라 말해진다. 타파스는 '불현듯 일어남', 자발적인 '성장'이며, 존재가 존재물로 투사됨, 정력적인 충동력, 절대자의 본래적이고 영적인 열력이다. 이 타파스를 통하여 우리는 존재와 비존재, 아와 비아, 능동적인 푸루샤와 수동적인 프라크리티, 형성하는 원리와 혼돈 속의 질료를 얻는다.

후속되는 나머지 전개물들은 대립된 이들 두 원리간의 상호작용으로부터 일어난다. 위의 찬가에 의하면 의욕이야말로 세계의 존재를 가능케 하는 비밀이다. 의욕, 즉 카마는 자의식의 표징이며, 사유의 첫 종자였다(manaso retaḥ). 그것은 모든 전개의 토대이며, 나아가게 하는 충동이다. 자의식적인 자아는 비아의 출현으로 인하여 그 속에서 일어나는 의욕을 지니게 된다.

의욕[원주130]은 사유 작용 이상이다. 그것은 능동적인 노력뿐 아니라 지적인 자극이나 부족감도 가리킨다. 그것은 존재를 비존재에 연결하는 고리이다. 불생 영원의 유일자는 그것에 상반되는 질료, 어둠, 비존재, 영(zero), 혼돈을 지닌 의식적인 브라흐마 속으로 쇄도해 들어간다. 의욕은 이 자의식적인 푸루샤의 본질적 측면이다. 마지막 연(聯)의 "코 베다(Ko veda), 누가 아는가?"는 후세의 사상가들이 마야(māyā)라고 부르게 되는 창조의 신비를 나타낸다.

푸루샤(純粹精神)와 프라크리티(根本物質)의 두 궁극 원리로 그치는 찬가들이 있다. 비슈와카르만에게 드리는 찬가 x.82.5~6에서는 바다의 물이 첫 종자 혹은 초생의 배아를 품고 있었다고 말해지는 것을 볼 수 있다. 이 첫 종자가 바로 태곳적 혼돈의 물 위에 떠 있던 우주란(宇宙卵)이며, 생

[원주130] 그리스 신화가 카마(Kāma)에 상응하는 사랑의 신 에로스(Eros)를 세계창조와 관련시키고 있다는 것은 흥미롭다. 플라톤은 그의 『향연』(*Symposium*)에서 이렇게 말한다 : "에로스는 부모가 없으며, 배우지 못한 사람들에 의해서 혹은 어떤 시인에 의해서 소유된 적이 있다고 말해지지 않는다……." 아리스토텔레스에 의하면, 신은 욕망의 대상처럼 움직인다.

명계의 본체이다. 그것으로부터 우주의 첫 태생자이며 세계의 창조·제작자인 비슈와카르만이 일어났다.[원주131] 그 물은 그리스 사람들의 혼돈, 혹은 창세기의 "공허와 혼돈"에 해당하는 것으로, 그 속에서 휴면하고 있는 무한한 의지력을 잉태하고 있다.[원주132] 의욕, 의지력, 자의식, 사고, 바크(vāk, 言語) 등 이 모든 것들은 무한한 지성·태고의 물을 내리덮고 있는 인격신, 영원한 아난타(Ananta)에 의지해 있는 나라야나(Nārāyana)의 속성들이다. 그것은 "있어라 하시니, 있었다"고 말하는 창세기의 신이다. "그가 생각했다. 내가 세계들을 창조하리라. 그리고 나서 그는 여러 세계들과 물과 빛 등을 창조했다."

한편, 나사디야 찬가는 보다 고차원적인 일원론을 지향함으로써 이원론적인 형이상학을 극복한다. 그것은 물질과 영혼을 유일한 절대자의 양면으로 본다. 절대자 그 자체는 자아도 그외의 다른 것도 아니며, '나'라는 형태의 자의식도 '비아'라는 형태의 무의식도 아니다. 그것은 그 둘을 초월해 있는 초의식이다. 그 자체 안에서 대립이 자라난다.

이 설명에 의거하여 창조의 단계들을 오늘날의 용어들로 나타내 보면 다음과 같다 : (1) 궁극의 절대자, (2) '나는 나다'라는 형태의 순수 자의식, (3) 타자의 형태로 자의식의 한정. 이것은 절대자가 전개되어 나오는 어떤 특정한 시점이 있다는 것을 의미하지 않는다.[역주32] 이 단계들은 단지 논리

[원주131] 오르페우스 신비종교의 우주론에는, 처음에 태고의 물이 있었고 이로부터 알이 생겨났으며, 이 알에서 첫 피조물인 파네스(Phanes)신이 나왔다는 개념이 보인다. 넬슨(Nelsson)의 『그리스 종교의 역사』(A History of Greek Religion), p.73을 보라.

[원주132] 기독교 성서에 나오는 창세기의 설명과 비교하라 : "어둠이 깊은 물 위에 뒤덮여 있었고 그 물 위에 하느님의 기운이 휘돌고 있었다"(창세기, i. 2). 또한 『리그 베다』, x.121; x.72를 보라.

[역주32] 궁극적 실재로 브라흐만을 받아들이는 인도 전통의 창조 이론은 근본적으로 브라흐만과 세계 양자 모두의 무시(無始, anāditva)를 전제로 하며, 이것은 전통적인 기독교의 창조설인 무(無)로부터의 창조(creatio ex nihilo)와는 전혀 다른 의미를 지닌다. 현상 세계는 이미 미현현 상태로 있던 것이 차별상을 띠고 나타나는 것에 불과하다. 이런 의미에서 현상 세계의 전개과정을 파리나마(pariṇāma, 轉變)라고 부르며, 이것은 기독교적인 의미에서의 '태초'를 전제하지 않는다.

적으로 연속적이라는 것이며, 시간적으로 어떤 순차성을 지닌다는 것은 아니다. 자아는 비아를 함축하며, 따라서 그것보다 앞설 수 없다. 물론 비아도 자아를 앞설 수 없다. 절대자는 한 순간도 타파스를 행하지 않고는 스스로를 지속할 수 없다. 시간을 초월해 있는 전체는 일련의 생성 속에 끝없이 자기를 펼쳐나가며, 이 과정은 자아가 다시는 없을 경험의 다양한 내용 속에서 그 자신을 재확인할 때까지 계속될 것이다. 그러므로 세계는 언제나 불안정하다. 본 찬가는 창조에 있어서 '어디로부터'가 아니라, '어떻게'를 말해 준다. 그것은 창조의 '사실'에 대한 설명이다.[원주133]

3) 절대자와 세계의 관계

우리는 『리그 베다』의 찬가들에서 세계의 비실재성을 시사하는 어떤 개념에 대한 아무런 근거도 없다는 것을 명백히 보았다. 세계는 무의미한 환상이 아니며, 그것은 곧 신이 자기를 펼쳐 놓은 것이다. 마야라는 말이 어디에 나타나든, 그것은 다만 힘 혹은 능력을 의미하는 말로 사용된다. "인드라가 자신의 마야로 순식간에 여러 모습으로 나타난다."[원주134] 게다가 때로는 마야라는 말과 그 파생어인 마인(māyin), 마야반트(māyavānt)라는 말들이 악마의 의지력을 나타내기 위하여 사용되기도 한다.[원주135] 우리는 또한 환영(幻影) 혹은 거짓꾸밈이라는 의미로 사용된 말을 발견할 수 있다.[원주136] 『리그 베다』의 주된 경향은 소박한 실재론이다. 후기의 인도사상가들은 다섯 요소들, 즉 에테르 혹은 아카샤(ākāśa, 空), 바람, 불, 물, 흙을 구별하였지만, 『리그 베다』는 단지 물 하나만을 상정하였다. 그것은 다

[원주133] 플라톤의 『티마이오스』(*Timaeos*)에서 사용된 것과 같은 조물주(Demiurge)의 개념과 비교하라. 또한 E. Douglas Fawcett의 두 저서 *The World as Imagination*과 *Divine Imagining*에서 시사된 창조적인 상상(creative imagination)의 개념과도 비교될 수 있을 것이다.
[원주134] 『리그 베다』, vi.47.18.
[원주135] 같은 책, v.2.9 : vi.61.3 : i.32.4 : vii.49.4 : vii.98.5.
[원주136] 같은 책, x.54.2.

른 것들이 서서히 생겨나는 원질이다.

우리가 나사디야 찬가에 의거하여 원래 비존재——이로부터 존재가 일어나는——가 있었다는 것을 논의했다고 생각하는 것은 분명히 잘못된 것이다. 찬가에서 말하는 최초의 상태는 절대적인 비존재가 아니다. 왜냐하면 찬가가 홀로 호흡 없이 호흡하는 일자(一者)의 실재를 인정하고 있기 때문이다. 그것은 전체 우주의 논리적 근거가 되는 궁극적 실재를 묘사하는 그들의 방식이다. 상관적인 용어들인 존재와 비존재는 모든 대립을 초월해 있는 궁극적인 유일자에게 적용될 수 없다. 비존재란 단지 현재 가시적으로 존재하는 모든 것이 그때는 어떤 뚜렷한 차별상을 지니는 존재가 아니었다는 것을 의미할 뿐이다. 『리그 베다』, x.72에서는 "존재는 비존재에서 일어났다"고 말해진다. 심지어 여기서도 그것은 단지 차별의 존재가 무차별의 존재로부터 생겨난다는 것을 나타낼 뿐이다. 따라서 우리는 그 찬가가 후에 "상키야의 철학 체계로 발전되는 자연철학의 출발점"이라는 견해에 동의할 수 없다.[원주137]

4) 푸루샤 수크타(Puruṣa sūkta, 原人歌)

세계의 창조가 때로는 원물질 그 자체에서 추적되기도 한다. 푸루샤 수크타[원주138]에서 우리는 창조의 행위자로서의 신들을 본다. 한편 세계가 만들어지는 재료는 거대한 푸루샤의 몸이다. 창조 행위는 푸루샤가 산 제물로 바쳐지는 희생 제의로 표현된다. "이미 있었던 것들과 앞으로 있을 이 모든 세계가 푸루샤이다."[원주139] 일단 걸음마를 시작한 신인동형동성론적인 사고는 어떤 한계 속에 억제될 수 없었으며, 인도인의 상상은 그들의 신

[원주137] 맥도넬, *Vedic Reader*, p.207을 보라. 경험 세계에 관한 한 그 첫 원인으로서 존재 혹은 비존재를 상정하는 베다의 사상가들이 있다(『리그 베다』, x.129 : x.72.2). 그리고 이 두 가지 원리는 나중에 가서 사트카르야바다(satkāryavāda, 因中有果論)와 아사트카르야바다(asatkāryavāda, 因中無果論)라는 논리적인 이론들이 생겨나게 한다.
[원주138] 『리그 베다』, x.90.
[원주139] 같은 책, x.90.2.

에게 거대한 차원을 부여함으로써 신의 위대함을 표현하게 될 것이다. 시적인 정신은 신과 세계 전체의 하나 됨을 가리키는 광대한 구성물을 나타나게 만든 것이다.

그러나 이 찬가는 앞에서 보았던 절대 유일자로부터의 창조의 이론과 모순되지 않는다. 심지어 그것에 의거할 때조차도 전체 세계는 절대자가 주체와 객체, 즉 푸루샤와 프라크리티로 자기 현현을 하는 것에 기인한다. 다만 생각이 다소 조야하고 우화적으로 표현되었을 뿐이다. 궁극적 실재가 능동적인 푸루샤로 된 것이다. 왜냐하면 "푸루샤로부터 비라트(Virāt)가 생겨났다. 그리고 비라트로부터 다시 푸루샤가 생겨났다"고 말해지기 때문이다. 그래서 푸루샤는 태어난 자일 뿐 아니라 낳는 자이다. 그는 자의식적인 아(我)일 뿐 아니라 절대자이기도 하다.

9. 종교

1) 현실 지향적인 종교

우리는 처음에 자연현상들이 어떻게 주의를 끌게 되며, 또한 인격적인 특성들이 주어지게 되는가를 보았다. 자연현상에 대한 신격화는 종교사상과 그 실천에 악영향을 끼쳤다. 세계는 인간적인 정의감을 지니고 인간적인 애증의 속성들로 영향받을 수 있는 여러 신들로 가득 채워지게 된다. 신들 중의 대다수는 심지어 충분하게 인간화되지도 않았으며, 쉽게 지난날 그들의 자연 상태로 환원되었다. 예를 들어, 물들과 구름의 소산인 인드라는 가끔 하늘에서 천둥치며 떨어져 내린다. 블룸필드가 지적한 바와 같이, 베다익 신들은 '어제된 의인화'를 보여준다. 그러나 인간화된 신들조차도 단지 미숙하게 인간적이다.

그들은 사람과 마찬가지로 수족을 지니고 있다. 그들은 실제적인 신체적 외양, 인간의 마음속에 있을 수 있는 호전성, 훌륭한 피부의 외적인 품위, 그리고 긴 수염의 위엄이 주어진다. 그들은 싸우고 잔치를 베풀며, 마시고 춤추며, 먹고 즐긴다. 그들 중의 어떤 신들은 아그니와 브리하스파티처럼 제관으로 묘사되기도 하며, 또 어떤 신들은 인드라와 마루트들처럼 전사의 모습을 띠기도 한다. 그들의 음식은 바로 사람들이 좋아하는 음식들, 즉 우유와 버터, 기(ghee, 인도의 조리용 기름)와 곡물이다. 그들이 좋아하는 음료는 소마 즙이다.

그들은 인간적인 나약함을 지니고 있으며, 사람들의 추켜세움에 쉽게 즐거워한다. 가끔 그들은 어리석을 정도로 지나치게 이기적이어서, 사람들에게 무엇을 주어야 할까를 논의하기도 한다. "이것이 내가 해야 할 일이며 저것은 아니다. 나는 그에게 암소를 줄 것이다. 아니, 말을 주어야 할까? 내가 정말 그에게서 소마를 얻을 수 있을까."[원주140] 그들의 눈에는 풍성한 공물이 성실한 기도보다 더 효험이 있는 것이다. 그것은 신들과 사람을 결속하는 아주 단순한 수수(授受)의 법칙이다. 물론 여기서 그들의 관계는 후기의 브라흐마나에서 보이는 완전한 상호관계와는 거리가 멀다.

자연 종교의 요소들을 만들려면, 인간은 불가피하게 그들을 나쁜 것으로 만들지 않을 수 없다. 설사 벼락이 아주 무분별하게 선과 악에 떨어진다 할지라도, 뇌우를 섬김에 있어서 아무런 큰 도덕적인 해악도 있을 수 없다. 벼락이 지혜롭고 정의로운 선택을 훈련시키고 있는 중이라고 좋게 해석해야 할 아무런 이유가 없다. 그러나 일단 우리가 벼락을 내리는 상상적인 의사(擬似)인간의 존재를 숭배하게 되면, 우리는 딜레마에 빠진다. 우리가 전혀 도덕성이 없는 존재를 숭배하며 추켜세우고 있다는 것을 인정하거나, 아니면 우연히 벼락을 맞은 사람들에 대한 그의 진노를 해명할 만한 이유를 생각해내야 한다. 그리고 그것은 나쁜 이유임에 틀림없다. 신이 인간적이면, 그는 변덕스럽고 잔인하게 되게 마련이다."
[원주141]

[원주140] 올덴베르그(Oldenberg)의 『고대의 인도』(*Ancient India*), p.71.
[원주141] 길버트 무레이, 『그리스 종교의 네 단계』(*Four Stages of Greek Religion*),

2) 기원

이 견해에 어긋나지 않게, 베다의 자연력 숭배는 아주 순수한 동기에 근거하는 것이라기보다는 공리적인 성향을 띤다. 우리는 자신에게 위험한 결과를 가져올 수 있는 신들을 두려워하며, 일상적인 필요에 도움이 되는 신들을 좋아한다. 우리는 인드라가 비를 내려주도록 기도하지만, 또한 그가 폭풍우를 내리지 말도록 간청한다. 태양은 알맞은 온기를 내려주도록 간구하며, 타는 열기로 세상을 가뭄과 기근으로 내몰지 말도록 빈다. 신들은 물질적 번영의 원천이 되며, 세속에서 소용되는 것들을 구하는 기도들이 아주 흔하다. 그리고 기능과 특성에 있어서 구별이 있기 때문에, 우리는 특정한 어떤 것들을 얻기 위해 이에 상응하는 특수한 신들에게 기도한다.[원주142] 신들에게 드리는 기도들은 한결같이 단순하다.[원주143] 신들은 선하기보다는 강력한 것으로, 도덕적이라기보다는 권능 있는 것으로 여겨졌다. 그와 같은 종교는 인간의 도덕적 열망을 충족시킬 수 없다.

현실 지향적이라는 일반적인 경향에도 불구하고, 베다 시대 아리아인들은 또한 신들을 대체로 도덕적인 존재—선을 돕고 악을 벌하고자 애쓰는—로 간주한다. 이런 점에서 베다의 종교는 그 시대 아리아인들의 강한 윤리의식을 보여준다 할 것이다. 궁극자와의 합일이라는 최고 형태의 종교적 열망이 인정된다.[원주144] 여러 신들은 단지 그들의 신앙자들이 궁극자에게 이를 수 있도록 하는 조력자들일 뿐이다.[원주145]

3) 공희(供犧)

희생 제의가 등장하는 것은 불가피하였다. 왜냐하면 신에 대한 우리의 애정의 깊이는 우리의 재산과 소유를 그에게 바치는 것에 달려 있기 때문

---

p.88.
[원주142] 『리그 베다』, x.47.1; iv.32.4; ii.1; ii.6; vii.59; vii.24.6; vii.67.16.
[원주143] 같은 책, x.42.4
[원주144] 같은 책, x.88.15; i.125.5; x.107.2.
[원주145] 같은 책, i.24.1.

이다. 우리는 기원하고 제물을 바친다. 제의식의 공물들이 유행하기 시작했을 때조차도 그 내면의 정신이 더욱 중요한 것으로 여겨졌으며, 제의식의 진정한 본질은 계속하여 지속되었다.[원주146] "인드라에게 버터나 꿀보다 더 달콤한 효험 있는 말을 하라."[원주147] 모든 제사 의식들에서 슈랏다(Śraddhā), 즉 믿음이 필수적이다.[원주148] 바루나는 근저에 놓인 동기를 알아내기 위하여 인간 내면의 가장 깊숙한 곳을 들여다보는 신이다. 차츰 신들을 인간적인 형상으로, 지극히 인간적인 속성을 지니는 것으로 여겼기 때문에, 그들은 성찬이 신의 마음을 사는 최선의 방법이라고 생각하게 되었다.[원주149]

사람을 제물로 바치는 희생 제의에 대하여는 논란이 많다. 슈낫셰파(Sunaśśepa)의 경우[원주150]는 이것이 베다에서 허용되거나 조장되었다는 것을 가리키지 않는다.[역주33] 우리는 말(馬)의 희생 제의를 들어 알고 있다.[원주151] 그러나 이러한 사실과는 다르게 심지어 그때에도 이에 대한 반대

[원주146] 『리그 베다』, x.14.8의 이슈타(iṣṭa)와 푸르타(pūrta), 즉 희생 제의에 바쳐지는 것과 제관에게 선물로 주어지는 것에 대한 개념들은 후대의 의식존중주의에 대한 싹들을 담고 있다. 이슈타푸르타는 우리가 사후에 결합되는 개별적·실체적인 존재를 지닌다고 말해지며, 그것은 우리가 경건한 행위로 쌓는 공덕 혹은 비공덕을 나타낸다. 카르마의 법칙은 이 개념에 많은 영향을 받는다.
[원주147] 『리그 베다』, ii.24.20: vi.15.47.
[원주148] 같은 책, i.55.5: i.133.5: i.104.6.
[원주149] "호메로스(Homeros)에 있어서 제의식은 단순하고 한결같다. 그것은 곡식을 뿌리면서 하는 기도와 불에 태운 짐승을 제물로 드리는 연속적인 두 과정으로 이루어진다. 숭배자들이 수육(獸肉)의 일부를 맛본 후에, 그것을 불태움으로써 신들에게 바친다. 나머지는 포도주와 함께 맛있는 음식으로 먹는다(Harrison, *Stages of Grecian Life*, pp.87~88). 아그니는 인도에서 전형적인 희생 제의의 신이다. 이것은 고대 그리스에서도 마찬가지다. 불은 제물을 땅에서 천계의 신들에게 날라간다. 이 모든 것들 가운데 특히 인도적이라고 말할 수 있는 것은 아무것도 없다.
[원주150] 『리그 베다』, i.6.24.
[역주33] 아지가르타(Ajīgarta)라는 리쉬의 둘째 아들, 슈낫셰파에 대한 이야기는 『아이타레야 브라흐마나』에서 보다 상세하게 묘사된다. 이에 따르면, 그는 바루나에게 제물로 드려지기 직전에 아버지의 간청으로 풀려나게 된다.
[원주151] 『리그 베다』, ii, iii, vi, vii.

견해가 있었다. 『사마 베다』는 이렇게 말한다 : "오오 신들이시여! 우리는 결코 희생 제의 말뚝을 사용할 수 없습니다. 우리는 결코 산 제물을 잡지 않습니다. 우리는 거룩한 찬가들을 암송함으로써 온전히 섬기나이다."[원주152] 이러한 반대 견해는 우파니샤드에서 받아들여졌으며, 불교와 자이나교의 학파들에 의하여 계속되었다.

희생 제의는 베다 종교의 두번째 단계를 나타낸다. 처음에 그것은 단순한 기도에 불과하였다. 『파라샤라스므리티』(Pārāśarasmṛti)에 따르면, 우리는 해탈을 위하여 "크리타유가(Kṛtayuga)에는 명상을, 트레타(Treta)유가에는 제사를, 드와파라(Dvāpara)유가에는 숭배를, 그리고 칼리(Kali)유가에는 찬양과 기도를" 행한다. 이 견해는 『비슈누 푸라나』에서 제사의 규정들이 트레타유가에 정해졌다고 말한 것과 일치한다.[원주153] 우리는 유가의 구분[역주34]에 동의하지 않을 수도 있다. 그러나 명상에서 제사로, 제사에서 숭배로, 숭배에서 찬양과 기도로 이행해가는 종교적 실천의

[원주152] 『리그 베다』, ⅰ, ⅱ.9.2.
[원주153] 같은 책, ⅵ.2. 푸루라바스(Purūravas)의 이야기를 보라.
[역주34] 우주의 역사를 크게 네 과정(yuga)으로 구분하고 이러한 과정이 영겁회귀(永劫回歸)한다고 보는 유가설은 서사시 시대에 확립된 것으로, 이것은 인도인들이 우주적인 역사관에 관심을 지니기 시작했다는 것을 가리킨다. 네 유가의 특징과 그 기간은 다음과 같다 : (1) 크리타유가—정의가 충만한, 죄악·거짓·시기·증오가 없는 시대이다. 모든 사람들은 각자의 의무에 충실하고 한 신을 섬기며 한 법을 따르며, 1,728,000년간 지속된다. (2) 트레타유가—정의가 1/4만큼 감소된 시대로서, 그 기간도 크레타유가 기간의 1/4이 감소되어 1,296,000년간 지속된다. 이것은 사람들이 자기가 행한 것에 대한 대가를 원하기 때문이다. 결과에 집착하지 않는 의무감에서 행위하는 대신에 그들은 마음속에 어떤 동기를 가지고 행위하게 된 것이다. 따라서 거짓과 기만이 시작되고, 사람들은 선을 가장하지만 이미 내면에는 이기심이 싹트고 있다. (3) 드와파라유가—정의가 반으로 줄어든 시대로, 864,000년간 지속된다. 많은 사람들이 베다에 전혀 관심을 보이지 않으며, 사람들이 선에서 멀어짐에 따라 질병과 재앙이 만연한다. 끝으로 (4) 칼리유가—사람들이 자기의 의무와 종교를 소홀히 하는 시대로 지금이 이 시대에 속한다. 몸과 마음이 나약해져서 더 이상 아무런 바람도 없고 윤리는 땅에 떨어진다. 따라서 노여움·좌절·나태·우울·공포가 만연한다. 432,000년간 지속된다.
  네 유가를 합한 4,320,000년을 1마하유가(mahāyuga)라 한다. 2천 마하유가, 즉 8,640,000,000년은 1칼파(kalpa)이며, 이것은 브라흐마의 하루에 해당한다.

성장 논리는 사실에 부합되는 것으로 보인다.

베다의 종교는 성상(聖像)을 안치하여 섬기는 종교는 아니었던 것으로 보인다. 그때는 신들을 모시는 아무런 신전도 없었으며, 사람들은 어떤 매개물 없이 신들과 직접적인 친교를 나누었다. 신은 숭배자의 친구로 여겨졌다. '천부신'(天父神), '지모신'(地母神), '형제 아그니'. 이러한 표현들은 결코 근거 없는 빈말이 아니다. 사람과 신 간에 매우 친근한 인간적인 관계가 있었으며, 종교가 전체 삶을 지배하였던 것 같다.

신에 대한 의존이 절대적이다. 사람들은 심지어 일용품을 달라고 간구하기도 한다. "우리에게 일용할 양식을 주소서" 하는 것이 베다 시대 아리아인들의 정신에 들어맞는다. 먹고 마시는 음식물에 대해서조차도 신에게 의존한다는 것은 참된 믿음의 표징이라 할 수 있다. 앞에서 말한 바와 같이 우리는 바루나 숭배에서 최고 형태의 유신론의 정수를 본다. 만일 박티가 인격신에 대한 믿음, 그에 대한 사랑, 그의 필요에 모든 것을 바치는 것을 의미하고, 인간적인 헌신으로 모크샤(mokṣa), 즉 자유롭게 되는 것을 의미한다면, 실로 이 모든 요소들은 바루나 숭배에서 찾아볼 수 있다.

『리그 베다』 x.15와 x.54에서 우리는 조상(祖上, pitara)들, 천계에 거주하는 축복받은 사자(死者)들에게 드리는 두 찬가를 본다. 베다 찬가들에서 그들은 데바들과 함께 권청(勸請)된다.[원주154] 그들은 제의식에서 기도와 공물을 받기 위하여 보이지 않는 영혼의 형태로 온다고 여겨졌다. 아마 조상 숭배에서 사회적인 전통이 존중되는 것 같다. 그러나 『리그 베다』 찬가들이 조령(祖靈)들에게 드리는 장례 제물에 대하여 아무것도 모른다고 믿는 몇몇 학자들이 있다.[원주155] 베다의 종교에 대하여 제기되는 일반적인 비판은, 베다에는 죄에 대한 인식이 결여되어 있다는 것이다. 이것은 그릇된 견해이다. 베다에서 죄는 신을 멀리하는 것이다.[원주156] 죄에 대한

[원주154] 『리그 베다』, x.15.
[원주155] Behari Lal, *The Vedas*, p.101.
[원주156] 『리그 베다』, vii.86.6. 또한 vii.88.5~6을 보라.

베다적 개념은 유대인들의 이론에 비유된다. 신의 뜻이 도덕성의 기준이다. 인간의 범죄는 결함이다. 신의 명령을 그르칠 때 우리는 죄를 범한다. 신들은 리타, 즉 우주의 윤리 질서의 수호자들이다. 그들은 선을 보호하고 악을 벌한다. 죄가 단지 외적인 의무의 불이행만을 의미하는 것은 아니다. 제식상의 죄뿐 아니라 도덕적인 죄도 있다.[원주157] 속죄의 제사를 청하는 것은 바로 죄에 대한 인식이다. 특히 바루나의 개념에서 우리는 현대 기독교의 교의를 상기시키는, 죄와 용서에 대한 감정을 엿볼 수 있다.

대체로 『리그 베다』의 신들이 도덕의 수호자로 간주되지만. 그들 중의 몇몇 신들은 여전히 자신의 이기적인 열정―단지 사람들에게만 중요시되던―을 유지한다. 이 모든 것의 공허함을 꿰뚫어 보는 시성들도 적지 않았다. 한 찬가[원주158]는 모든 신들과 사람들이 얼마나 이기심으로 가득 차 있는가 하는 것을 지적하고 있다. 신들에게서 보이는 이러한 저속한 개념들은 초기 베다 종교의 변질과 타락을 보여주는 것이라고 해야 한다. 만일 그렇지 않으면, 우리는 아무런 신도 언급하지 않으면서도 자선의 의무를 명하는 아름다운 찬가[원주159]를 이해할 수 없다. 신들이 너무 약해서 고결한 도덕을 더 이상 지탱할 수 없게 된 것 같다. 불교에서 대중화된, 종교와는 무관한 윤리의 개념이 여기서 시사된다.

10. 윤리

1) 도덕률, 카르마(karma, 業)의 법칙

『리그 베다』의 윤리를 논의하게 될 때, 우리는 리타(Ṛta, 天則)의 개념이 아주 중요한 의미를 함축하고 있다는 것을 발견한다.[원주160] 그것은 인도

[원주157] 『리그 베다』, i.23.22; i.85.
[원주158] 같은 책, ix.115.
[원주159] 같은 책, x.117.
[원주160] 블룸필드에 따르면, "우리는 리타와 관련하여 꽤 완전한 윤리 체계―일종의 '완전에

사상의 특징 중의 하나인 카르마의 법칙의 전조이다. 온 세계에 편재하며, 모든 신들과 사람들이 따라야만 하는 것이 바로 이 법칙이다. 만일 세계 내에 법칙이 있다면, 그것은 반드시 작용하고 있다는 것을 나타내 보여야 한다. 혹시 그 결과가 여기 지상에서 나타나지 않는다 해도, 그것은 반드시 어떤 다른 곳에서라도 결실을 맺어야 한다. 법칙이 있는 곳에서는 무질서와 불의란 단지 잠정적이며 불완전한 것에 불과하다. 사악한 자의 승리는 절대적이 아니다. 선한 사람들을 태운 배가 난파된다는 사실에 절망할 이유가 없다.

리타는 우리에게 도덕의 기준을 제시한다. 그것은 사물의 보편적인 본질이다. 그것은 사티야(satya, 眞理) 혹은 사물의 실상이다. 무질서 혹은 안리타(An-Rta)는 거짓이며, 참의 반대이다.[원주161] 선한 사람들이란 리타의 길, 참된 것, 질서지워진 것을 따르는 사람들이다. 질서 바른 행위는 참된 브라타(vrata)라 불린다. 브라타니(vratāni)는 리타의 길을 따르는 선한 사람들의 삶의 방법이다.[원주162] 일관성은 선한 삶의 가장 본질적인 모습이다. 베다의 선한 사람은 그 자신의 길을 바꾸지 않는다. 리타를 따르는 자의 이상적인 예라 할 수 있는 바루나는 불변의 길을 좇는 드리타브라타(dhṛtavrata)이다. 제식의 집행이 중요하게 되었을 때, 리타는 야갸(yajña), 즉 제의식과 동의어가 된다.

이상적인 삶에 대하여 일반적인 설명을 한 후에, 찬가들은 도덕적인 삶의 구체적인 내용을 상술한다. 신에게 기도가 드려지고 제의식이 수행되어야 한다.[원주163] 베다는 인간과 신들 간의 밀접하고 친근한 관계를 상정한다. 인간의 삶은 항상 신이 지켜보는 가운데 영위된다. 신을 위하여 당연히 해야 할 의무와는 별도로 인간에 대한 의무 또한 있다.[원주164] 모든 사람에

대한 상담'(counsel of perfection)이라 할 수 있는——를 지닌다"(*The Religion of the Veda*, p.126).

[원주161] 『리그 베다』, vii.56.12; ix.115.4; ii.6.10; iv.5.5; viii.6.2.12; vii.47.3.
[원주162] 같은 책, ix.121.1; x.37.5.
[원주163] 같은 책, i.104.6; i.108.6; ii.26.3; x.151.

대한 친절이 명해지고, 이것은 대단한 덕행으로 간주된다. "베푸는 자의 부는 줄어들지 않는다……. 식량을 쌓아두고 있는 자가 끼니를 구걸하는 연약한 사람에게, (도움을 구하여) 그에게 오는 곤궁한 사람에게, 자비로운 마음을 내지 않고, 심지어 그 앞에서 (자신의 쾌락을) 추구하면, 그는 아무런 위안도 찾을 수 없다."[원주165] 마법, 요술, 선동, 그리고 간음은 사악한 것으로 비난된다.[원주166] 도박도 또한 책망의 대상이다.

 덕행이란 신의 법칙에 순응하는 것이며,[원주167] 이것은 인간에 대한 사랑을 포함한다. 악덕은 이 법칙에 대한 위반을 의미한다. "만일 우리가 우리를 사랑하는 이에게 죄를 범한 것이 있다면, 벗이나 동료에게 그릇되이 행한 것이 있다면, 오래된 이웃이나 낯선 사람에게라도 해를 입힌 것이 있다면, 오 주여! 이 그릇된 죄악에서 우리를 벗어나게 하소서."[원주168] 어떤 신들은 아무리 많은 공물로도 정의의 길에서 벗어나도록 설득되지 않는다. "그들에게는 좌우도 전후도 분간될 수 없다. 그들은 눈을 깜박이거나 잠을 자지도 않는다. 그들은 모든 것을 간파하며, 선과 악을 꿰뚫어 본다. 모든 것, 심지어 가장 멀리 있는 것조차도 그들에게 가까이 있다. 그들은 죽음을 혐오, 응징하며, 살아 있는 모든 것들을 유지, 존속시킨다."

2) 고행주의

 금욕적인 경향의 징후 또한 있다. 인드라는 금욕으로 천계를 정복했다고 말해진다.[원주169] 그러나 지배적인 흐름은 금욕이 아니었다. 찬가들에서 우리는 자연의 아름다움・위대함・장려함・정념(情念)에 대한 벅찬 환희를

[원주164] 『리그 베다』, x.117.
[원주165] 같은 책, viii.6.5; i.2.6.
[원주166] 같은 책, vii.104.8 이하; iv.5.5.
[원주167] "고통 없음은 법을 좇는 자의 길이다"(『리그 베다』, i.41). "늙은이든 젊은이든 법을 따르는 자에게 당신은 행복을 주시며, 그가 잘 살아가게 하는 힘을 내립니다"(『리그 베다』, i.191). 또한 『리그 베다』, iii.59.2를 보라.
[원주168] 『리그 베다』, v.85.7.
[원주169] 같은 책, x.127.

볼 수 있다. 제의식의 동기는 세상의 훌륭한 것들에 대한 갈망이다. 아직 삶의 무한한 기쁨과 어떤 우울한 슬픔으로도 물들지 않은 세상이 있었지만, 금욕적인 실천수행들이 알려져 있었다. 단식과 절제는 여러 가지 초자연력을 얻는 수단으로 간주되었다. 환희에 차서, 신들이 사람들 속으로 들어갔다고 말해지기도 한다.[원주170] 금욕 고행자들의 황홀경에 대한 최초의 언급들은 『리그 베다』 x.136에서 보인다.[원주171]

3) 카스트 제도

푸루샤 수크타에는 힌두 사회가 사성(四姓)계급으로 나누어지는 것에 대한 첫 언급이 있다.[역주35] 이 제도가 일어났던 자연스런 추이를 이해하려면, 우선 조상과 혈통의 차이 때문에 아리아인 정복자들이 인도의 피정복민들과 구분되었다는 사실을 기억할 필요가 있다. 원래의 아리아 사람들은 모두 한 계급에 속했으며, 그들 모두는 사제와 전사, 상인과 농부였다. 어떤 특권층으로서의 사제 집단도 없었다.

생활이 점점 복잡해짐에 따라 아리아인들 사이에 계급의 분화가 일어났다. 비록 처음에는 어떤 사람의 명상 없이도 각자 신들에게 제사를 드릴 수 있었다 할지라도, 사제 집단과 상류 계급이 무산(無産) 계급에서 분리되었다. 원래 바이쉬야(vaiśya)라는 말은 전체 일반 대중을 일컫는 말이었다. 앞으로 보게 되는 바와 같이, 우리의 삶에서 제의식이 중요한 역할을 하게 되고 직능상의 어떤 구분이 불가피하게 되었을 때, 지혜와 학식을 갖추고 사색적인 재능이 탁월한 어떤 가계들은 앞에 선 일단(一團)을 의미하는 푸로히타(purohita)라는 직함을 지니게 되었으며, 이들은 제의식을 집행하는 대표자들이 되었다. 그후 베다 종교가 정형화된 제식주의로 발전되었을 때, 이 가문들은 하나의 계급을 형성하게 되었다.

[원주170] 『리그 베다』, x.86.2.
[원주171] 또한 『리그 베다』, vii.59.6: x.114.2: x.167.1: x.109.4를 보라.
[역주35] 『리그 베다』, x.90.12를 보라. 라다크리슈난은 이 찬가가 『리그 베다』의 일부이기는 하나, 사실 브라흐마나 시대에 속하는 것으로 본다(p.190 참조).

아리아인들의 전통을 보전한다는 그들의 직능이 지니는 중요성 때문에 이 계급은 생존 경쟁의 필연에서 면제되었다. 생존을 위한 힘겨운 일에 종사하는 사람들은 사색과 내적인 성찰에 필수적인 자유와 여가를 지닐 수 없기 때문이다. 그래서 전적으로 영성의 문제에만 관여하는 한 계급이 생겨나게 된 것이다. 브라흐민(brāhmin, 司祭) 계급은 어떤 고착된 교의들을 존속시키기 위하여 보증된 성직자 계급이 아니라, 사람들의 보다 차원 높은 삶을 일구어내도록 책임지워진 지적인 상류 계층을 의미한다.

학식 있는 브라흐민들의 수호자가 되었던 왕들은 그 시대에 통치권을 지니고 있었던 크샤트리야(kṣatriya) 계급이었다. 크샤트리야라는 말은 크샤트라(kśatra), 즉 '통치·지배'에서 파생된 것이다. 그것은 베다와 아베스타, 그리고 페르시아의 명문(銘文)들에서 동일한 의미를 지닌다. 그 나머지는 평민들, 즉 바이쉬야 계급으로 분류되었다.

원래 직능에 따른 것이었던 이 구분은 곧 세습적인 것으로 변질되었다. 베다 찬가 시대에는 개개의 직능들이 어떤 특별한 계급에 제한되어 있지 않았다. 사람들이 지니는 성향의 다양성을 언급하는 한 찬가는 이렇게 말하고 있다. "나는 시인이요, 내 아버지는 의원이며, 내 어머니는 곡식을 찧는 사람이다."[원주172] 브라흐민 계급의 부상을 나타내는 구절들도 있다. "자기 집에서 평화롭고 안락하게 살아가며, 거룩한 음식이 끝없이 흘러 넘치며, 사람들이 마음껏 경의를 표하는 브라흐민은 왕과 더불어 윗자리를 차지한다."[원주173] 학식을 요하는 직업에 종사하는 사람, 전사, 상인, 모두가 하나의 전체 사회를 구성하였으며, 그들은 피정복민과는 확연하게 구분되었다. 피정복민은 또한 대체로 (1) 네번째 계급을 형성하는 드라비다(Dravida) 족속들과, (2) 그외의 토착민들로 양분되었다.

아리아인과 다시유(Dasyu)인의 구분은 가계와 혈통에 근거한 종족적인 구분이다. 때로는 아리아인들에 의하여 개종되고 받아들여진 토착민들이

[원주172] 『리그 베다』, ix.112.3.
[원주173] 같은 책, iv.50.8.

슈드라(śūdra) 계급이라고 말해지는 반면에, 그들에게 배척된 사람들은 판차마(panchama) 계급이라고 말해진다. 어떤 사람들은 아리아인들이 인도의 남부로 내려가기 전에 이미 그들 자신의 공동체 안에 슈드라 계급을 지니고 있었다고 주장한다. 이 두 가정들에 대한 판단은 용이하지 않다.

사실 카스트 제도는 아리아인, 혹은 드라비다인에 고유한 어떤 것이 아니며, 다양한 종족들이 함께 우호적으로 살아가야 했던 시대의 요청에 대처하고자 도입된 것이었다. 카스트 제도에 대한 오늘날의 의미가 무엇이든, 그때 그것은 종족을 보전한다는 측면을 지니고 있었다. 토착민의 온갖 미신들에 흡수되어 버릴 수도 있는 종족의 문화를 보존하는 유일한 길은, 문화와 종족의 현존하는 차이들을 확고하게 규명하는 방법뿐이었다.

사회 체계가 붕괴, 소멸되는 것을 막기 위한 이 장치는 불행하게도 사회가 정상적으로 성장해가는 것을 저해하는 결과를 가져오고 말았다. 그것이 사회 체계 그 자체를 보전함에 있어서는 공헌하였다 할지라도, 나라 전체의 발전에는 기여하지 못했다.[원주174] 그러나 이것이 카스트 제도 그 자체를 비난할 권리를 우리에게 주는 것은 아니다. 수많은 종족들이 아무런 갈등 없이 더불어 공존할 수 있게 하였던 것은 오직 카스트 제도였다. 다른 민족들이 살육의 법령으로 해결하였던 이민족간의 문제를 인도 사람들은 평화적으로 해결한 것이었다. 유럽 종족들은 이민족을 정복했을 때, 이민족들의 인간적 존엄과 자존을 말살하려 획책하였다. 카스트 제도는 베다 시대의 인도 사람들이 피정복민들뿐 아니라 정복민들의 완전과 독립을 보전케 하였으며, 또한 상호 신뢰와 조화를 촉진하였다.

[원주174] 카스트 구분의 어려움에 관하여 설명하면서, Rhy Davids는 이렇게 말한다 : "아마 이 중대한 진전은 비(非)아리아족에 속하는 어떤 사람이 아리아 가문과 상호 결혼하거나 아리아 종족에 편입되는 것을 막아온, 어렵고도 힘들었던 그 이전의 노정에 힘입은 것이었다. 아리아인들이 스스로 경멸했던 종족들에게 부과하는 데 성공한 것은 바로 대대로 이어지는 불리한 조건들이었다. 그리고 이것은 그들 자신의 집단 내에서 배척하고 비관용으로 더욱 강화되면서, 수세기를 통하여 그와 같이 혹독한 결과를 가져왔다"(*Hibbert Lectures*, p.23).

11. 종말론

1) 내생(來生), 조도(祖道)와 신도(神道)

베다의 아리아인들은 힘에 대한 자부심과 정복의 기쁨으로 인도에 들어왔다. 그들은 삶을 유감 없이 찬미하였다. 그러므로 그들은 영혼의 장래에 대하여 큰 흥미를 보이지 않았다. 그들에게 있어서 삶은 유쾌하고 생기넘치는 것이었으며, 성마른 영혼의 모든 고뇌를 벗어난 것이었다. 그들은 죽음에 대하여 큰 관심을 보이지 않았으며, 다만 자신과 후손들을 위하여 백세의 생애를 원하였다.[원주175] 천계와 지옥에 대한 희미한 개념들이 사색적인 사람들을 피해 갈 수는 없었다 할지라도, 죽음 이후의 삶에 대한 어떤 특별한 교의는 그들에게 없었다.

재생의 관념은 아직 요원하다. 그러나 베다 시대 아리아인들은 죽음이 모든 것의 끝은 아니라고 확신하였다. 밤이 지나면 낮이 오듯이, 죽음 후에 삶이 있다. 있었던 존재들은 결코 사라져버릴 수 없다. 그들은 틀림없이 어디엔가—어쩌면 야마가 통치하는 일몰의 서녘에—존재해 있다. 인간의 상상은 아직 죽음에 대한 전율스런 공포에까지 이르지는 않았으며, 야마를 무시무시한 염라대왕으로 만들지도 않았다.

야마와 야미(Yami)는 다른 세계를 통치하기 위하여 그곳에 들어간 최초의 필멸자들이었다. 사람이 죽으면 야마의 왕국으로 가게 된다고 여겼다. 야마는 우리를 위하여 안식처를 발견하였다. 우리가 육신을 벗어던져 버릴 때, 영혼은 빛나는 영적 형태를 부여받게 되고, 야마와 조상들이 사는 불사계로 가게 된다. 죽은 자는 물과 다리를 지나서 이곳 천계에 도달한다고 여겨진다.[원주176] 조도와 신도에 관한 언급은 『리그 베다』 x.88.15에서 발견된다. 이미 언급한 바와 같이 이것은 화장(火葬)과 제의식에서 연기가 공중으로 올라가는 길을 구분한 것에 기인할 것이다. 그 구분은 아직 불명

[원주175] 『리그 베다』, x.18.
[원주176] 같은 책, x.6.10; ix.41.2.

확한 형태이다.

  죽은 영혼들은 야마와 함께 향연을 즐기며 천계에서 산다. 거기서 그들은 우리와 같은 존재로 살아간다. 천계의 즐거움은 완전하고 더할 나위 없게 된 지상의 즐거움이다. "이 빛나는 것들은 아낌없이 받는 자들의 몫이다. 천계에는 그들을 위하여 태양들이 있다. 그들은 불멸을 얻으며, 자신의 생을 연장한다."[원주177] 미래의 생에 대한 베다의 묘사에 있어서 때로는 감각적인 특징들에 강조점이 놓이기도 한다. 그러나 도이센이 지적한 바와 같이, "심지어 예수도 천국을 그들이 식탁에 둘러앉아[원주178] 포도주를 마시는[원주179] 축제의 모임으로 말하고 있으며, 단테(Dante)나 밀턴(Milton) 또한 그들의 묘사에 있어서 여기 지상 세계로부터 모든 특색들을 차용하지 않을 수 없었다."[원주180]

  신들은 소마의 힘으로 불멸자가 된다고 여겨진다. 신들처럼 되는 것이 우리가 열망하는 목표이다. 왜냐하면 신들은 비길 데 없는 지복을 누리며 영적인 낙원에서 살기 때문이다. 그들은 배고프지도 목마르지도 않으며, 혼인하거나 며느리로 팔려가지도 않는다. 다른 세계에 대한 그들의 이상적인 묘사에서, 지상의 삶과 이후의 삶에 대한 대조가 생겨났다. 축복받은 신들은 영원히 산다. 우리는 갓난아이들이다. 신들은 야마가 통치하는 천계 위에서 행복을 누리지만, 우리는 지상에서 우리의 운명에 대한 불행을 겪는다.

  우리는 불멸을 얻기 위하여 무엇을 해야 하는가? 신들에게 제사를 드려야 한다. 불멸은 천계에서 신앙심 깊은 자들에게 주어지는 선물이기 때문이다. 신들을 숭배하는 선한 사람은 불멸자가 된다. "지혜로운 이 아그니여! 당신을 달래는 필멸자는 천계에서 달이 됩니다."[원주181] 벌써 어려움이

[원주177] 『리그 베다』, i.25.6.
[원주178] 마태복음, vii.11.
[원주179] 같은 책, xxvi.9.
[원주180] 『우파니샤드의 철학』(The Philosophy of Upaniṣads), p.320.
[원주181] 『리그 베다』, ii.2: x.1.3.

느껴진다. 그는 달이 되는가, 아니면 달처럼 되는가? 사야나는 위의 구절에 대하여 "그는 모든 것을 향수하는 자, 달처럼 된다"[원주182]고 주석하는 반면에, 다른 주석가들은 바로 달이 된다[원주183]고 주장한다. 베다 아리아인들이 사후에 자기의 조상을 만날 수 있는 가능성을 믿었다는 것을 시사하는 단서들이 있다.[원주184]

2) 지옥·윤회

만일 우리가 신들을 숭배하지 않는다면 어떻게 될까 하는 의문이 일어난다. 천계에 대응되는 지옥, 즉 죄악을 저지른 자들과 신을 믿지 않는 이교도들을 위한 어떤 별도의 공간이 있는가? 만일 천계가 오직 경건하고 선한 자들만을 위한 것이라면, 사악한 자들은 죽어서 천계에 도달할 수도 없고, 그렇다고 완전히 소멸될 수도 없다. 그러므로 지옥의 존재는 불가피하다. 우리는 악행자를 영원히 돌아올 수 없는 나락으로 밀어 넣는 바루나를 본다. 인드라는 그의 숭배자들을 해치는 자들을 지하의 어둠 속으로 끌고 가도록 간청된다.[원주185] 깊이 모를 어둠 속으로 떨어져서 사라져버리는 것이 사악한 자들의 운명이었던 것 같다.

그때까지는 지옥에 관한 괴기한 신화나 후대의 푸라나에서 보이는 지옥의 공포는 아직 없다. 정의로운 자는 천계로 가고 악한 자는 지옥으로 간다는 것은 정칙이다. 정의는 상을 받고 불의는 벌을 받는다. 무지한 자들이 사후에 가게 되는 캄캄한 어둠의 세계란 단지 우리가 살고 있는 세계를 가리킬 뿐이라고 하는 것은 도이센의 견해이지만, 나는 그렇게 생각하지 않는다. 그때까지는 아직 윤회나 심지어 행복의 등급에 대해서조차도 생각한 흔적이 보이지 않는다. 『리그 베다』에서는 다음과 같이 전한다 : "그가 해야 할 모든 것을 완수하고 늙었을 때, 그는 이 세상으로부터 떠난다. 이때 그

[원주182] Āhlādaka sarveṣām.
[원주183] Candra eva bhavati.
[원주184] 『리그 베다』, i.24.1; vii.56.24.
[원주185] 같은 책, x.132.4; iv.5.5; ix.73.8; x.152.4.

는 한 번 더 태어난다. 이것은 세번째 출생이다."[원주186] 이것은 모든 사람이 세 번 태어난다는 베다의 교의를 언급하고 있다. 즉 갓난아기로 처음 태어나고, 영적 교육에 의하여 두번째 태어나며, 죽어서 세번째 태어난다.

우리는 여기서 이리저리 옮겨다니는 생명으로서의 영혼에 대한 믿음을 본다.[원주187] 『리그 베다』 x.58에서는 외관상으로 의식을 잃은 사람의 영혼이 나무와 하늘과 태양으로부터 다시 그에게 돌아오도록 청해지고 있다. 어떤 예외적인 상황에서는 영혼이 몸으로부터 분리될 수 있다고 믿었던 것이 분명하다. 그러나 이 모든 것들이 베다의 아리아인들이 재생의 개념에 익숙해 있었다는 것을 의미하지는 않는다.

12. 결론

『리그 베다』 찬가들은 후속되는 인도사상의 토대를 형성한다. 그후의 브라흐마나는 『리그 베다』 찬가들에서 조짐을 나타내었던 제의식을 강조함에 비하여, 우파니샤드는 베다 찬가들의 철학적인 착상들을 계승하고 있다. 『바가바드기타』의 유신론은 단지 바루나 숭배의 이상화에 불과하다. 중요한 카르마의 교의도 이미 리타의 개념으로 잉태된다. 상키야학파의 이원론적인 형이상학은 태초의 물 위에 떠 있는 히란야가르바 개념의 논리적인 발전이다. 우리가 천계의 장려함을 볼 때, 제의식의 수행이나 찬가의 낭송, 혹은 소마 주(酒)의 효과에 의해서 일어나는 무아경에 대한 묘사는, 음성이 들리고 신비경이 보이는 신성한 환희의 요가 상태를 연상케 한다.

[원주186] 『리그 베다』, iv.27.1.
[원주187] 같은 책, i.164.30.

제3장
우파니샤드로 이행

1. 『아타르바 베다』

1) 『아타르바 베다』의 일반적인 성격

『리그 베다』의 찬가들은 당혹스러울 정도로 혼란에 빠진다. 초기의 신들은 뒤섞이고 그런 다음에 다시 완벽한 만신전(萬神殿)으로 귀입되었다. 낯선 신들을 불러들이고 고통스러운 지옥을 인정하는 것, 수많은 신격들 대신에 그들 모두와 자연까지도 포괄하는 일자(一者), 악한 목적에 쓰이는 마법과 유익한 목적을 위한 주문(呪文), '내가 미워하고 나를 미워하는 자들'을 향한 저주의 말, 자식을 얻기 위하여, 장수를 위하여, 사악한 마법을 해소하기 위하여, 그리고 독물이나 어떤 질병을 예방하기 위하여 낭송되는 마술적인 시구(詩句), 제의식의 '잔존물'의 신성에 대한 찬미로 나타나는 제의식 존중의 극단, 뱀과 질병, 수면과 시간과 별들에 대한 찬가들, '사제의 성가심'에 대한 저주, 이러한 것들이 『리그 베다』를 읽은 후에 『아타르바

베다』를 대하는 사람에게 일어나는 일반적인 감상이다."[원주1]

『리그 베다』에서도 우리는 이상한 주문이나 마법, 혹은 요술에 대한 언급을 접할 수 있으며, 무생물이나 마귀·악마 등에 대한 찬가들도 보인다. 집주인을 달래어 잠들도록 하는 도둑의 주문이나,[원주2] 여자들의 유산을 야기시키는 악령들을 물리치는 마법,[원주3] 혹은 질병을 내쫓는 부적도 있다.[원주4] 이와 같이 리그 베다 시대에도 주문이나 마법이 성행하였지만, 베다의 성선들은 그것을 인정하거나 부추기지는 않았다. 산발적으로 일어나는 이러한 언급들은 단지 그 시대의 외적인 상황을 나타내는 부차적인 것에 불과하다. 이에 비하여 『아타르바 베다』에서는 그것이 중심 주제로 부상된다.

2) 아리아 문화와 인도 토착문화 간의 갈등

『아타르바 베다』에서 나타나는 기이한 종교 형태는 의심할 나위 없이 『리그 베다』의 종교보다 오래된 것이다. 물론 이 말은 『아타르바 베다』의 집성이 그렇다는 것은 아니다. 인도로 들어왔던 베다의 아리아인들은 거칠고 야만적이며, 뱀이나 수목 혹은 바위를 숭배하는 미개한 종족들을 만났다. 어떤 사회든 완전히 미개하거나 덜 개화된 종족들 가운데서 진보된 문명을 계속 유지할 수 없다. 반드시 그 사회는 그들을 완전히 정복하거나 아니면 그들에게 진보된 문명의 요소를 나누어줌으로써 새로운 상황을 극복해 나가려 하기 마련이다. 우리 앞에 놓인 대안은 야만적인 이웃 종족들을 쳐부수거나, 그들을 흡수하여 보다 높은 차원으로 끌어올리는 것, 아니면 그들에 의하여 우리가 압도되고 제거되도록 허용하는 것이다. 수적인 열세를 고려할 때, 첫번째 길은 불가능하다. 종족과 문화에 대한 자부심은 세번째 대안을 택할 수 없게 하였다. 단지 두번째 대안이 열려 있었으며, 그것

[원주1] Hopkins, *The Religions of India*, p.151.
[원주2] 『리그 베다』, vii.55.
[원주3] 같은 책, x.122.
[원주4] 같은 책, x.163.

이 선택되었다.

『리그 베다』는 흰 피부의 아리아인과 검은 피부의 다시유인 간의 갈등——인도 신화를 데바들과 락샤사(Rakṣasa)들 간의 싸움으로 만드는——의 시대를 묘사하고 있는 반면에, 『아타르바 베다』는 그러한 갈등이 진정되고 양편이 상호 수수(授受)의 관계를 유지하면서 조화롭게 살아가려고 노력하는 시대상을 우리에게 전해준다. 조화의 정신은 자연히 원시 토착부족들의 종교를 고양시켰지만, 주술이나 마법을 수용함으로써 베다 종교를 오히려 타락시킨 감이 있다. 정글 원주민들의 정령 숭배나, 수목·산 등에 대한 숭배, 혹은 여타의 미신들이 베다의 종교 속으로 스며들었다. 미개한 원주민들을 개화시키려던 베다 아리아인들의 노력은 결국 그들이 전파하려 했던 이상의 순수성을 상실하게 되는 결과를 가져왔다.

블룸필드는『아타르바 베다』발췌 번역의 서두에서 이렇게 말한다 : "심지어 주술도 힌두 종교의 일부이다. 그것은 거룩한 베다 제의식들에 젖어들어 그들과 친근하게 융합되었다. 대중적인 종교와 미신의 광범위한 흐름은 여러 경로를 통하여 브라흐민 사제들에 의하여 주도되어온 고등 종교 속으로 침투해 들어갔으며, 짐작건대 사제들은 다수의 민중들에게 둘러싸여 있는 자기의 종교적인 믿음을 그대로 보존할 수 없었을 것이며, 그렇게 하는 것이 그들에게 유익하다고 생각한 것은 아니었을 것이다."[원주5] 이와 같은 현상은 약자가 강자에게 하는 보복이라 할 것이다. 그리고 이것은 인도종교가 야만적인 미신의 종잡을 수 없는 상상에서 대담한 사유의 심원한 통찰에 이르기까지 모든 영역을 포괄하는 복합성을 지니게 된 이유를 설명해 준다.

처음부터 아리아인의 종교는 개발을 지향하는, 관대하고 개방적인 성격을 지니고 있었다. 그것은 계속하여 스스로의 성장 과정에서 만나는 새로운 세력들을 수용하였다. 이 속에서 우리는 진정한 의미의 겸손과 상호 이해를 발견한다. 그 시대의 인도인들은 저급한 종교를 무시하거나 배척하려

[원주5] *The Sacred Books of the East*, vol. xliii

하지 않았다. 그들에게는 자기만 유일하게 참된 종교를 지니고 있다는 광적인 자부심도 없었다. 만일 어떤 신이 그 나름으로 인간의 마음을 만족시켜 준다면, 그것은 진리의 한 형태이다. 그 누구도 진리 전체를 독점하는 것은 불가능하다. 진리는 부분적이고 잠정적인 형태로 점차 얻어질 수 있을 뿐이다.

그렇지만, 그들은 경우에 따라서 편협이 미덕일 수도 있다는 것을 간과하였다. 종교적인 문제에 있어서도 또한 그레셤(Gresham)의 법칙 같은 것이 작용한다. 세련된 것과 통속적인 것 혹은 탁월한 것과 저급한 것으로 대비되는 아리아인의 종교와 비(非)아리아인의 종교가 만났을 때, 조잡한 것이 우수한 것을 구축(驅逐)하는 현상이 있었다.

2. 신학

1) 『아타르바 베다』의 원시종교

『아타르바 베다』의 종교는 원시인의 종교다. 그들에게 세계는 온통 무형의 유령들과 죽은 자의 영들로 가득 차 있는 것이다. 자연의 위력에 대한 스스로의 무력함과 끊임없이 죽음에 지배받는 스스로의 무상함을 깨닫게 될 때, 이들은 죽음과 질병, 우기의 흉작과 지진을 대비하고, 자신들의 공상을 펼 수 있는 광장을 마련하게 된다. 세계는 악귀와 신들로 붐비게 되고, 세계의 온갖 재앙들은 불만에 찬 영들에 기인하는 것으로 여기게 된다. 사람이 병에 걸리면, 의원이 아니라 마법사가 청해지고, 그는 환자에게서 악귀를 쫓아버리기 위하여 주술을 사용한다.[원주6] 악귀의 무시무시한 힘은 오직 사람이나 동물을 잡아 바치는 피의 희생 제의에 의하여 달래질 수 있

[원주6] 만일 이러한 견해가 사라지지 않고 계속된다면, 그것은 이 견해가 진리의 일면을 지니고 있기 때문일 것이다. 현대심리학은 육신의 질병, 특히 정신질환에 대한 처방으로서 암시의 효능을 인정하고 있다.

다고 믿었다.

　죽음의 공포는 미신에 대한 고삐를 느슨하게 하기에 충분하였다. 라고진(Ragozin) 부인은 이렇게 적고 있다 : "여기서 우리는 아리아인들의 사유에는 결코 내비친 적이 없는, 천박한 두려움을 자아내는 아주 위압적인 악마들의 섬뜩하고 역겨운 세계를 본다. 이것은 분명히 『리그 베다』의 시성들이 즐겨 노래했던 자비로운 신들의 밝고 유쾌한 만신전과는 상반되는 것처럼 보인다."[원주7] 『아타르바 베다』의 종교는 아리아인과 비(非)아리아인들이 지녔던 이상이 혼합된 것이다. 이에 휘트니는 『리그 베다』와 『아타르바 베다』간의 본질적인 차이를 다음과 같이 말한다.

　『리그 베다』에서는 사람들이 진실로 외경심에서, 그러나 동시에 사랑과 확신으로 신에게 다가간다. 신에게 드려지는 숭배는 그것을 드리는 숭배자 자신을 고양시킨다. 보통 라크샤(Rakṣa)라는 이름으로 불리는 악마는 신들이 물리치고 쳐부수어야 하는 공포의 대상들이다. 한편 『아타르바 베다』의 신들은 오히려 겁이 나서 움찔하게 만드는 공포의 세력들로 여겨진다. 그들의 진노는 달래져야 하고 사람들은 그들의 비위를 맞추어야 했다. 『아타르바 베다』는 다양한 종류와 위계를 지니는 마귀와 악령들을 세세하게 구별하고 있으며, 사람들이 해를 입지 않도록 그들에게 경의를 표하면서 직접 관여하기도 한다. 전시대의 베다에서 신애(信愛)의 수단으로 쓰였던 만트라와 기도가 여기서는 오히려 미신을 조장하는 도구로 전락한다. 그것은 신들의 마음내키지 않는 손으로부터 억지로 호의를 짜내거나, 혹은 단순한 주술의 힘으로 그것을 외는 자의 바람을 성사시키려 한다.

　『아타르바 베다』의 가상 현서한 모습은 그 속에 담거진 다양한 주문들이다. 이 주문들은 이득을 얻고자 하는 사람 그 자신에 의해서, 혹은 흔히 그를 대신한 마법사에 의하여 외워지며, 바람직한 목표의 최대를 가

[원주7] *Vedic India*, pp.117~118.

져올 수 있도록 기원한다……. 『리그 베다』의 파바마나(Pāvamāna) 찬가에서 소마가 찬미되는 것과 유사하게, 어떤 하나의 종교 의식이나 예식에서 선택되어 찬미되는 찬가들 또한 있다. 사색적이고 신비적인 특징을 지니는 찬가들도 적지 않다. 그럼에도 불구하고 그 숫자는 힌두 종교가 초기 베다 이후의 시대에 가져왔던 발전에 비하여 그다지 많은 것이 아니다. 대체로 『아타르바 베다』는 사제들의 종교라기보다는 일반 대중들의 종교였던 것 같다. 베다 시대에서 새로운 시대로 이행함에 있어서, 그것은 브라흐민들의 만개한 범신론으로 가는 중간 단계라기보다는 미개한 대중들의 조야한 우상 숭배와 미신을 향한 과도기로 평가된다.[원주8]

유치한 마법이나 주문에 의지하는 주술의 종교가 보다 순수한 베다 종교를 대체한다. 악귀들을 쫓고 그들을 부릴 줄 아는 주술사가 최고의 지위를 누린다. 우리는 타파스를 통하여 우주의 신비를 체득하는 위대한 고행자들에 관하여 듣는다. 그들은 스스로의 고행으로 인간의 원초적인 본능을 제어한다. 육체적인 고행이나 금욕을 통하여 신비적인 무아경이 일어날 수 있다는 것은 널리 알려져 있었다. 인간은 주술의 잠재적인 힘으로써 신의 능력을 나누어 가질 수 있다고 믿는다. 주술과 마법의 전문가들이 베다의 성선들에 의하여 받아들여졌으며, 그들의 직업은 존귀한 것으로 여겨졌다. 이러한 결과로 주술과 신비주의가 곧 혼동되기에 이르렀다. 우리는 거룩한 다섯 불들 가운데 앉아 있거나 외다리로 서 있는 사람들, 혹은 머리 위로 한 팔을 치켜든 사람들을 보게 되는데, 이들 모두는 자연력을 제어하고 신들을 자신들의 뜻대로 굴복시키고자 하는 것이다.

2) 주술과 신비주의
『아타르바 베다』가 인도의 미개한 종족들 가운데 만연하였던 주술이나 마귀들에 대한 개념을 전해주고 있는 한편, 어떤 부분에서는 『리그 베다』

[원주8] *Journal of the American Oriental Society*, iii, pp.307~308.

를 넘어서고 있으며, 우파니샤드나 브라흐마나 문헌들과 공통적인 요소들을 지니고 있다. 우리는 여기서 칼라(Kāla, 時間), 카마(Kāma, 愛慾), 스캄바(Skambha, 支柱)에 대한 숭배를 본다. 이들 중 가장 위대한 것은 스캄바이다. 그는 프라자파티, 푸루샤, 혹은 브라흐만이라 불리는 궁극적인 원리이다. 그는 모든 시간과 공간, 신들과 베다, 그리고 도덕적인 힘을 포함한다.[원주9]

루드라는 동물의 왕으로서, 베다 종교와 후대의 쉬바(Śiva) 숭배 간의 연결 고리가 된다. 『리그 베다』에서 쉬바는 단지 길한 어떤 것을 의미하며, 신의 이름이 아니다. 『리그 베다』에서 루드라는 가축을 살해하는 해로운 신이다.[원주10] 여기서 그는 파슈파티(Paśupati), 즉 모든 가축들의 주(主)이다. 프라나(Prāṇa)는 만물에 생기를 부여하는 원천으로 찬양된다.[원주11] 후기 인도 형이상학에서 아주 빈번하게 나타나는 생기에 대한 교의가 여기서 처음으로 언급되며, 이것은 아마 『리그 베다』에 있어서 공기원소의 발전된 형태일 것이다.

『리그 베다』의 신들은 남성 혹은 여성으로도 나타나지만, 남성이 보다 지배적이었다. 『아타르바 베다』에서는 그 강조가 역전된다. 탄트라철학에서 성이 토대가 되는 것은 전혀 놀라운 일이 아니다. 『아타르바 베다』에서는 소를 신성시하는 것이 인정되며, 브라흐마 로카(brahma loka, 梵界)에 대한 언급도 보인다.[원주12] 지옥이 그 본래의 이름으로 알려진다. 공포와 고통들로 가득 찬 나라카(naraka, 地獄)[원주13]가 상당히 익숙해진다.

『아타르바 베다』의 주술 부분도 아리아인들의 영향을 나타낸다. 만일 주술을 받아들이는 것이 불가피하다면, 그 다음에는 그것을 정화시키는 것이 최상책이라 할 것이다. 따라서 사악한 주술은 비난되고 선한 목적의 주술

[원주9] 『아타르바 베다』, x.7.7.13.17 참조.
[원주10] 『리그 베다』, iv.3.6; i.114.10.
[원주11] 『아타르바 베다』, x.7.
[원주12] 같은 책, xix.71.1.
[원주13] 같은 책, **xii**.4.36.

이 장려되고, 다양한 마법이 가정과 사회 생활 속에서 조화를 모색하게 된다. 아리아 문화를 수용하지 않았던 지역들에서 여전히 지속되었던 야만적인 피의 희생 제의들도 비난된다.『아타르바 베다』의 옛 이름, 즉 '아타르방기라사하'(Atarvāṅgirasaḥ)는 아타르반(atarvan)과 앙기라스(aṅgiras)라는 두 개의 다른 층들이 있었음을 보여준다. 전자는 치유의 목적으로 사용되는 좋은 의도의 주술이다.[원주14] 악의로 행해지는 주술들은 후자, 즉 앙기라스에 속한다. 전자는 질병의 치료와 방지를 위한 처방이며, 후자는 요술이다. 때로는 양자가 뒤섞여 나타나기도 한다.

상당할 정도로 이루어진 타협의 결과인『아타르바 베다』는 베다로서의 권위를 인정받는 데 큰 어려움을 겪어온 것으로 보인다.[원주15] 『아타르바 베다』의 핵심 내용이 주문이었으므로, 그것은 경멸되었던 것이다. 그것은 인도의 염세적인 가치관의 성장에 이바지하였다. 인간은 악의 존재를 믿지 않을 수 없지만, 그럼에도 불구하고 자신의 삶 속에서 기쁨을 향유한다. 『아타르바 베다』를 공정하게 평가한다면, 그것이 인도에서 과학의 발전을 위한 길을 마련하는 데 일조하였다는 것을 인정하지 않을 수 없을 것이다.

3.『야주르 베다』와 브라흐마나 문헌들

사상사를 통하여 창조적이고 비판적인 전환이 연이어 일어났다. 강렬한 믿음의 시대에 이어 무미건조한 인위의 시대가 도래한다.『리그 베다』에서 『야주르 베다』와『사마 베다』, 그리고 브라흐마나로 이행할 때, 우리는 그 분위기가 사뭇 달라진다는 것을 느낀다. 전자의 참신성과 단순함은 후자의 냉담과 인위적인 격식으로 대체된다. 종교의 형식이 커다란 중요성을 띠는

[원주14] Bheṣajani.『아타르바 베다』, xi.6.14.
[원주15]『리그 베다』x.90.9: v.7.1:『타잇티리야 우파니샤드』, ii.2~3 등에서 보는 바와 같이, 초기 경전들은 단지 세 베다만을 언급하는 경우가 많다. 불교 경전들은『아타르바 베다』를 언급하지 않는다. 나중에 가서『아타르바 베다』도 베다의 지위를 얻게 된다.

반면에, 그 정신은 뒷전으로 밀려난다. 격식을 갖춘 기도서가 필요하게 되고 예배 의식이 발달한다. 찬가들이 『리그 베다』에서 발췌되고, 제의식의 필요에 적합하도록 배열되며, 제관들은 중요 인물로 부상한다.

『야주르 베다』는 제단이 세워지는 등의 경우에 낭송되는 특수한 제사(祭詞)의 집성이며, 『사마 베다』는 제의식에서 낭송되는 가영(歌詠)의 집성이다. 이들 두 베다가 브라흐마나와 함께 논의될 수 있는 것은, 이들이 제의식과 관련된 예식에 관하여 설명하고 있기 때문이다. 『야주르 베다』의 종교는 형식에 치우친 제사 지상주의라 할 것이다. 수많은 제관들이 복잡하고 방대한 제의식 절차들을 수행하게 되는데, 지극히 미세한 절차 하나에도 커다란 중요성이 부여된다.

참된 종교성은 경직된 제의식의 형식적인 절차 속에서는 더 이상 살아남을 수 없었다. 따라서 섬김이라는 의미에서의 종교적 감정이나 죄의식은 찾아보기 어렵다. 개개의 모든 기도는 어떤 특정한 제사와 연결되어 있으며, 어떤 물질적인 이득을 꾀하고 있다. 『야주르 베다』의 제사(祭詞)는 생필품을 간청하는 무미건조한 반복으로 가득 차 있다. 우리는 『리그 베다』 찬가들의 시대와 다른 베다들, 혹은 브라흐마나의 시대 간에 어떤 명백한 선을 긋기 어렵다. 왜냐하면 후자에서 현저하게 되었던 경향들이 『리그 베다』의 찬가들에서도 또한 발견되기 때문이다. 다만 우리가 어느 정도 자신 있게 말할 수 있는 것은 『리그 베다』에 담긴 대부분의 찬가들이 브라흐마나의 찬가들보다 더 앞선 시대에 속한다는 것이다.

4. 신학

1) 브라흐마나의 종교와 기원

베다의 두번째 부분을 구성하는 브라흐마나 문헌들은 제의식에 대한 상세한 설명을 통하여 제관들을 안내하고자 하는 제시서들이다. 그들 가운데 가장 중요한 것은 『아이타레야』(*Aitareya*)와 『샤타파타』(*Śatapatha*)이다. 해석의 사소한 차이들은 브라흐마나 문헌들에 대한 여러 학파들이 생겨나도록 하였다. 이 시대는 종교 발달에 있어서 중대한 변화가 있었던 시대로 평가되며, 이러한 변화는 그후의 역사를 통하여 지속적으로 영향을 끼쳤다. 제의식에 대한 강조, 카스트와 아슈라마(aśrama)[역주1]의 준수, 베다의 영원성, 제사 지상주의, 이 모든 것들이 이 시대에 속한다.

우리는 먼저 베다 시대의 여러 신들이 변모되어 나타나는 것을 언급할 필요가 있을 것이다. 『야주르 베다』에서는 비슈누(Viṣṇu)가 주요 신격으로 부상한다. 『샤타파타 브라흐마나』는 그를 희생 제의의 권화(權化)로 묘사하고 있다.[원주16] 나라야나(Nārāyana)라는 신의 이름이 또한 여기에 나타난다. 나라야나와 비슈누의 두 신격들은 나중에 『타잇티리야 아란야카』(Taittirīya Āraṇyaka)에 이르러서 상호 관련을 지니게 된다. 쉬바(Śiva)가 등장하고, 『카우쉬타키 브라흐마나』(Kauṣītaki Brāhmaṇa)에서는 여러 이름으로 언급된다.[원주17] 이제 루드라는 인자한 모습으로 나타나며, 기리샤(Giriśa)라 불린다.[원주18]

『리그 베다』의 프라자파티는 중심 신으로서 세계의 창조자가 되며, 비슈와카르만이 그와 동일시된다.[원주19] 일신교적 사유가 거듭 가르쳐지고 있다. 아그니도 매우 중요하다. 기도주(祈禱主) 브라흐마나스파티는 찬가들의 지휘자로서 제의식을 주관하게 된다. 『리그 베다』에서 브라흐만은 신에게 바쳐진 하나의 찬가 혹은 기도를 의미한다. 현자들이 기도를 지을 수 있도록 돕는 주관적인 힘에서, 그것은 기도의 대상을 의미하기에 이르렀다. 기도의 원인이라는 점에서 볼 때, 우리는 그것이 제의식의 힘을 의미하게 되었다고 말할 수 있을 것이다. 그리고 브라흐마나에서는 전체 우주가 제의식으로부터 생겨나는 것으로 간주되기 때문에, 브라흐만은 세계창조의

[역주1] 이 책 p.189 참조.
[원주16] 『샤타파타 브라흐마나』, v.2.3.6; v.4.5.1; xii.4.1.4; xiv.1.1.6,15.
[원주17] 『카우쉬타키 브라흐마나』, vi.1~9.
[원주18] 『타잇티리야 상히타』, iv.5.1; 『바자사네이(Vajasaneyi) 상히타』, ix를 보라.
[원주19] 『샤타파타 브라흐마나』, viii.2.1.10; viii.2.3.13.

원천을 의미하게 되었다.[원주20]

　브라흐마나의 종교는 전적으로 형식적인 것이었다. 베다 찬가들의 시적 영감이나 감동은 이제 더 이상 찾아볼 수 없게 된다. 기도란 단지 만트라들을 읊조리는 것, 혹은 거룩한 신조들을 낭송하는 것을 의미할 뿐이었다. 목청을 돋구어 반복하는 것은 신이 역사하도록 일깨우기 위하여 불가피한 것으로 생각되었다. 축복의 말은 신비한 힘을 지닌 인위적인 소리가 되었다. 지상에서 신의 존엄을 지닌다고 몸소 선언하였던 제관들 외에는 아무도 그 모든 신비를 이해할 수 없었다. 제의식의 수행을 통하여 불멸을 얻었던 신들과 같은 지위를 얻고자 하는 것이 하나의 간절한 열망이었다.[원주21]

　모든 것이 제의식의 지배 아래 놓여 있다. 제의식이 없다면, 태양도 떠오르지 않을 것이다. 만일 우리가 100번의 말(馬) 희생 제의를 행한다면, 천계에 있는 인드라의 왕권을 빼앗을 수도 있을 것이다. 제의식은 신들을 즐겁게 하여 인간에게 유익함을 내리도록 해준다. 제의식을 통하여 신들은 사람들의 벗이 된다. 대체로 말하여 제의식은 천계에서의 지복이 아니라, 세상적인 이득을 얻기 위하여 수행된다. 계약적인 동기에 근거한 무미건조하고 상업적인 신조가, 꾸밈 없고 경건하기만 하던 베다의 종교를 몰아내고 말았다.[원주22] 베다 찬가의 제의식은 참된 종교의 기도자가 행하는 가외의 부가물이었지만, 이제는 제의식 그 자체가 주된 위치를 점하게 된다. 제의식에서 행해지는 세세한 모든 동작, 낭송되는 말 한 마디가 중요하다. 브라흐마나의 종교는 지극히 상징적이고 난해한 절차들에 치우치게 되었으며, 결국 나태하고 알맹이 없는 허례·허식에 빠지고 말았다.

[원주20] 브라흐민이 이러한 의미로 사용된 여러 구절들이 있다. "실로 태초에 이 우주가 브라흐만이었다 : 그것이 신들을 창조하였다"(『샤타파타 브라흐마나』, xi.2.3.1). 또한 『샤타파타 브라흐마나』 x.6.3과 『찬도기야 우파니샤드』 iii.14.1을 보라.

[원주21] 『샤타파타 브라흐마나』, iii.1.4.3; 『아이타레야 브라흐마나』, ii.1.1.

[원주22] "그는 이와 같이 말하면서 희생 제의를 바친다 : '당신은 저에게 주실 겁니까, 그러면 저도 당신에게 드리겠습니다. 당신은 저에게 부여하실 겁니까, 그러면 저도 당신에게 부여할 것입니다'"(『바자사네이 상히타』, iii.50). 또한 『샤타파타 브라흐마나』, ii.5.3.19를 보라.

제의식에 관한 사유의 중요성이 점차적으로 증대함에 따라 제관들의 지위도 높아졌다. 베다 찬가의 리쉬—진리를 깨친 영감어린 성선(聖仙)—는 이제 계시된 경전을 지니고, 주문(呪文)을 반복하는 자가 된다. 세 계층으로 된 아리아인들의 단순한 직업상의 구분은 이 시대에 들어 세습적인 색채를 띠게 된다. 제의식 절차가 지극히 세분되고 난해한 의미들이 부여됨에 따라, 제관의 직무를 수행하기 위한 특수한 훈련이 요청된다. 평범한 가장은 제의식에서 요청되는 복잡하고 미세한 절차들을 더 이상 수행할 수 없게 되었다. 제관으로서의 직책은 세습적인 직업이 되었다.

베다의 지식을 갖춘 제관들은 신들과 사람들 간의 공인된 매개자가 되었으며, 신의 은총을 나누어주는 자가 되었다. 야자마나(yajamāna), 즉 제주(祭主)는 비켜서 있으며 제사에 직접 가담하지 않는다. 그는 다만 제사를 위하여 돈을 대고 필요한 제물을 장만하는 수동적인 행위자에 불과하며, 제관이 그를 위하여 나머지 모든 것을 해준다. 권력과 명예와 쾌락을 희구하는 이기심이 발동하여, 본래의 이상이 발하던 광채를 차츰 흐리게 만들었다.

공물에 대하여 사람들이 그릇된 인식을 지니게 만드는 행위들이 자행된 것이다. 직능과 직분들에 대한 독점이 고착되었으며, 지나친 상징주의의 발달로 그 토대는 더욱 견고해졌다. 언어는 마치 그것이 우리의 생각을 가로막기 위하여 우리에게 주어지는 것처럼 사용되었다. 오직 제관만이 모든 일의 숨겨진 의미를 알 수 있다고 믿었다. 제관들이 스스로 신적인 존엄을 지닌다고 언명하는 것이 전혀 놀랍지 않다. "실로 신에는 두 가지가 있다. 이른바 신은 신이며, 학식이 있고 베다에 정통한 제관들은 인간이라고 하는 신이다."[원주23]

자신들을 실제로 고용하는 사람의 죽음을 불러일으킬 수도 있다고 엄숙하게 단언하는 제관들—비록 그들이 이러한 행위가 금해진 것임을 모를 정도로 도의심이 결여되지 않았다 할지라도—에 대한 언급이 여기저기에

[원주23] 『샤타파타 브라흐마나』, ii.2.2.6; ii.4.3.14.

나타난다.[원주24] 제관 계급을 더욱 강화시켰던 또 다른 상황은, 아리아인들이 가지고 들어왔던 베다의 보전을 위하여 그들이 필요하게 되었다는 것이다. 브라흐민 계급에게 그 직분이 위임되었다. 베다의 전승이 잘 보전되기 위하여 브라흐민은 반드시 자신의 직분에 충실해야 한다. 따라서 그는 자기 자신에게 엄격한 규정들을 강요하지 않을 수 없었다. "거룩한 경전의 가르침을 망각하는 브라흐민은, 타는 불에 던져진 마른 풀잎처럼 순식간에 소멸되고 만다."[원주25] 마치 독을 피하듯이, 브라흐민은 세속적인 명예를 멀리해야 한다.

브라흐마차린(brahmacārin), 즉 학생기에 있는 브라흐민은 자기의 감정을 제어하고, 스승을 시봉하며, 끼니를 탁발해야 한다. 가주기(家住期)의 가장으로서 그는 재물을 탐하지 않고, 진실만을 말하며, 덕 있는 삶을 영위하고, 스스로의 몸과 마음을 늘 청정하게 유지해야 한다. 브라흐민들은 그들의 소임으로 맡겨진 의무에 충실해야 한다는 것을 알고 있었다. 역사의 온갖 험난한 사건에도 불구하고, 그들이 베다의 전통을 온전히 보전할 수 있었던 놀라운 노정에 관하여 일일이 언급할 필요는 없을 것이다. 심지어 오늘날에도 우리는 인도 도시들의 길거리에서 베다에 정통한, 걸어다니는 보고(寶庫)들을 만날 수 있다. 후대의 고착화된 폐쇄성은 역사를 통하여 부수적으로 생겨난 것이다.

브라흐마나 시대에는 재생족(再生族, dvija)[역주2] 아리아인들간에 어떤 구체적인 구분이 없었다. 그들 모두가 베다의 지식을 습득할 수 있었다. [원주26] "제사는 천계를 향해 노저어가는 배와 같다. 만일 그 안에 죄 있는

[원주24] 『타잇티리야 상히타』, i .6.10.4; 『아이타레야 브라흐마나』, ii .21.2.
[원주25] 『마누법전』.
[역주2] 성사(聖事)를 하고 베다의 학습이 허용되는 상위의 세 계급—브라흐민, 크샤트리야, 바이쉬야—을 말한다. 이에 비하여 슈드라와 여자는 베다의 학습이 금지된다.
[원주26] 『마누법전』은 말한다: "베다를 공부하지 않는 재생족, 브라흐민, 크샤트리야, 혹은 바이쉬야는 살아 있는 동안에도 곧 슈드라의 상태로 떨어진다." 『마하바라타』에서는 이렇게 말한다 : "나무 열매와 뿌리와 공기로 연명하며 숲에서 사는 현자들의 바나프라스타(Vānaprastha, 林棲期)는 재생족 계급들에 명예지며, 가주기는 모든 사람에게 명예진다."

제관이 한 사람이라도 있다면, 그가 그 배를 침몰시킬 것이다."[원주27] 이와 같이 도덕이 완전히 부적절한 것으로 내버려진 것은 아니었다. 브라흐민 제관들은 사악하지도 어리석지도 않았다. 그들에게는 자신들이 다른 사람들에게 교설하려 하였던 의무와 정의에 대한 그들 나름의 개념들이 있었다. 그들은 규정을 준수하고, 의례를 따르며, 전심·전력으로 교의를 수호하는 곧고 정직한 사람들이었다. 그들은 소명감을 지니고 있었으며, 열정과 삼가는 자세로 스스로의 직분을 수행하였다. 그들은 학문에 대한 숭고한 애정과 인류애가 담긴 법전들을 편찬하였다.

만일 그들에게 그릇됨이 있었다면, 그것은 그들이 전통에 속박되어 있었기 때문이다. 그들의 환상이야 무엇이든, 그들은 진지한 영혼의 소유자들이었음에 분명하며 스스로의 정통성에 대하여 조금도 의심하지 않았다. 그들의 사유는 그 시대의 인습 때문에 무력하게 되고 말았다. 그러나 당시의 주변 세계가 야만적인 상태에 빠져 있었다는 것을 고려한다면, 스스로의 문화와 문명에 대한 그들의 자부심이 부당한 것이었다고는 아무도 말하지 않을 것이다. 야만적이고 무도한 수많은 요소들이 그들에게 이러한 감정이 일어나게 한 것이다.

역사가 말해 주듯이, 직업적인 성직이란 언제나 문란해지기 마련이다. 그러나 인도의 브라흐민들이 어떤 다른 나라의 성직자들보다 더 권위적이고 위선적이었다고 생각할 아무런 이유도 없다. 일어날 수 있는 타락에 대하여, 심지어 그때에도 예언자적 정신의 존엄과 냉정을 잃지 않은 브라흐민들의 저항은 꾸준히 지속되었다. 그들은 이기적인 제관들의 허식과 위선을 혐오하였으며, 위대한 이상의 타락을 부끄러워하였다. 제관의 직분을 어떻게 평가하든지, 반드시 염두에 두어야 할 것은 브라흐민들이 가주기의 사람들에 의하여 수행되어야 할 의무들을 고려하고 있다는 점이다. 종교적인 의례에 전혀 구속되지 않는 바나프라스타(Vānaprastha, 林棲期)와 산야사(Sannyāsa, 遊行期)의 다른 두 단계들이 있었다. 만일 브라흐마나의

[원주27] 『샤타파타 브라흐마나』, iv.2.5.10.

규정들이 강압적인 것으로 느껴졌다면, 아마 그것은 지속되지 않았을 것이다. 그것은 단지 모든 사람이 각자 자신의 사회적인 의무들을 준수해야 한다는 것을 주장할 뿐, 그것을 강요하지는 않았다.

2) 베다의 권위

후대의 철학에서 우리는 이른바 베다의 권위, 즉 샤브다프라마나(śabdapramāṇa)에 관하여 자주 듣는다. 다르샤나(darśana)들, 즉 철학파들은 베다의 권위를 받아들이는가의 여부에 따라 정통 혹은 외도(外道)로 분류된다. 베다는 신성한 계시로 간주된다. 후대의 힌두교 변증자들이 베다의 권위를 옹호하여 정교한 주석들을 내놓은 것이 사실이지만, 베다 시대의 성선들에 관한 한 그것은 청정한 마음에 나타난 궁극의 진리를 의미한다. "마음이 정한 자들은 복을 받으리니, 그들이 신을 보리라." 베다 찬가의 리쉬들은 스스로를 찬가의 '작자'(作者, composer)가 아니라 '관자'(觀者, seer)로 생각한다.[원주28] 그것은 마음의 눈 혹은 직관적인 통찰로 파악된다. 리쉬는 격정으로 흐려지지 않는 눈을 지니고 있었으며, 따라서 감각으로는 분명하게 감지될 수 없는 진리를 볼 수 있었다. 그는 단지 자신이 본 진리를 전할 뿐이며, 그것을 새롭게 만들어내는 것이 아니다.[원주29]

베다는 '슈루티'(Śruti, 天啓書), 혹은 영감으로 감득되는 무한자의 리듬이라고 불린다. 베다에 대한 표현들인 드리슈티(dṛṣṭi)와 슈루티(śruti)라는 말들은 베다의 지식이 전혀 논증의 문제가 아니라, 직관적인 통찰이라는 것을 가리킨다. 산만한 의식의 유한 차원 너머로 떠오를 때, 시성의 영혼은 영감어린 상태에서 그에게 나타나는 진리를 감득한다. 베다의 성선들에 의하면, 찬가들이 영감으로 씌어진 것이며 계시적이라고 하는 것은 단지 이러한 의미에서이다. 기적이나 초자연적인 어떤 것을 시사하려는 것이

[원주28] '베다'(Veda)라는 말은 아리아어 어근 'vid'(觀)에서 파생된 것이다. 라틴어 video에서 파생된 vision(洞察), 그리스어 eidos에서 파생된 ideas(智)와 비교하라.
[원주29] 베토벤에 따르면, "모든 예술적 창조는 신으로부터 오며, 단지 그것이 인간 안에 있는 신의 행위를 입증하는 한에 있어서만 인간과 관계를 가진다."

그들의 의도가 아니다.

그들은 찬가를 그들 자신의 저작 혹은 창조물이라 말하기도 하며, 시인으로서 행하는 스스로의 작업을 목수, 직조공, 혹은 노 젓는 사람의 일에 비유하며,[원주30] 그것에 대하여 평범하고도 일상적인 설명들을 가한다. 찬가들은 인간의 정서로 구체화된다.[원주31] 때로는 그들 자신이 찬가들을 발견했다고 말하기도 한다.[원주32] 그들은 또한 찬가들이 소마를 마신 결과로 일어나는 영적 고양의 산물이라고 생각하기도 한다.[원주33] 실로 겸손한 마음의 발로에서 그들은 베다를 신이 내린 것으로 말한다.[원주34] 그들이 지녔던 영감에 대한 개념은 아직 절대 무오(無誤)의 계시라는 의미와는 거리가 멀다.

브라흐마나 시대에 와서야 베다의 신성한 권위가 하나의 사실로 받아들여진다.[원주35] 베다는 신성한 계시이며, 따라서 영원한 타당성을 지니는 진리라는 주장이 이 시대에 확립된다. 그것의 기원은 쉽게 알 수 없다. 그때는 문자로 기록하는 것이 알려지지 않았다. 인쇄기도 출판사도 없었다. 베다의 내용은 일련의 스승들에 의하여 구전되었으며, 권위를 보증하기 위하여 그것을 정당화하는 어떤 것이 베다에 부가되었다. 『리그 베다』에서 바크(Vāk)는 여신들 중의 하나였다. 그런데 이제 그들은 베다가 바크로부터 나왔다고 말하게 되었다. 바크는 베다의 어머니이다.[원주36] 『아타르바 베다』에서 만트라는 주술적인 힘을 지닌 것으로 말해진다. "베다들이 호흡처

[원주30] Muir, *Sanskrit Texts*, vol.iii을 보라.
[원주31] 『리그 베다』, i.117.2 : ii.35.2.
[원주32] 같은 책, x.67.1.
[원주33] 같은 책, vi.47.3.
[원주34] 『리그 베다』, i.37.4:iii.18.3. Muir의 *Sanskrit Texts*의 제2장(vol.iii.pp.217~286)에서 우리는 "적어도 몇몇 리쉬들은 스스로의 종교적인 감정과 생각을 표현함에 있어서 신에게서 영감을 받았다고 생각했을지라도, 찬가를 자기 자신의 저작으로 혹은 아마 자기 조상들의 저작이라고 생각했던 것으로 보이는" 일단의 구절들을 볼 수 있다.
[원주35] 『아이타레야 브라흐마나』, vii.9를 보라.
[원주36] Vedānām mātā, 『타잇티리야 브라흐마나』, ii.8.8.5. 요한복음의 첫 구절인 "한 처음, 천지가 창조되기 전부터 말씀이 계셨다"와 비교하라.

럼 자존자로부터 생겨났다."[원주37] 베다는 리쉬——영감을 받은 자——들에 의하여 전해진 신성한 계시로 받아들여지게 되었다.

베다에 대한 이러한 견해의 분명한 결과로, 철학이 현학적인 모습을 띠게 된다. 실재적이고 살아 있는 구어(口語)가 엄격하게 정형화될 때, 그것의 참 정신은 소멸되고 만다. 이와 같이 인도사상사에서 아주 초기에 인정된 베다의 권위성은 그후의 철학파들에 중대한 영향을 미치게 된다. 후대의 철학에서 이러한 경향은 초기의 비체계적이고 일관성이 결여된 경전들을 기존의 확립된 견해에 따라 해석하도록 작용하였다. 일단 전통이 신성하고 무오한 것으로 받아들여지게 되면, 그것은 진리라고 여겨지는 것의 함축, 혹은 그 표현으로 묘사되게 마련이다. 이것은 동일한 경전들이 여러 다양한 교의와 원리들——상호 모순되고 일치하지 않는——을 옹호하는 문증으로 제시된다는 사실을 설명해 준다.

만일 도그마에 충실해야 할 뿐 아니라 다양한 견해들 또한 존중해야 한다면, 그것은 다만 해석의 완전한 자유를 통해서 가능하며, 사실 인도철학자들이 자신의 독창성을 보일 수 있는 여지는 바로 여기에 있다. 전통의 무게에도 불구하고, 오랜 기간 동안 인도사상이 교조적인 철학으로 변질되지 않은 것은 놀라운 일이다. 인도사상가들은 우선 일관된 교의 체계에 도달하고, 그런 다음에 자신들의 입장을 견지하기 위하여 이전 시대의 경전들을 찾아 문증으로 제시한다. 그들은 경전들을 그와 같은 목적에 적합하도록 몰아가거나, 혹은 교묘하게 변명하기도 한다.

이러한 베다 전통은 철학이 언제나 실재적이고 살아 있는 것이 되도록 하는 데 기여하는 유익한 결과를 가져왔다. 공허한 논쟁에 빠지거나 삶에는 아무 쓸모 없는 탁상공론을 일삼는 대신에, 인도사상가들은 그들의 철학적 출발을 위한 확고한 토대로서 베다 시대 성선들의 종교적인 통찰을 받아들인 것이다. 그것은 그들에게 삶의 근간이 되는 사실들을 견지할 수 있게 하였으며, 그 어떤 철학도 그것을 버릴 수 없었다.

[원주37] 『샤타파타 브라흐마나』, xi.5.81 이하. 또한 『푸루샤 수크타』.

5. 창조론

창조에 관한 이론들에 있어서는 대체로 『리그 베다』의 전형을 따르고 있지만, 몇몇 색다른 언급들이 또한 나타난다.

『리그 베다』의 뒤에 이어서 『타잇티리야 브라흐마나』는 이렇게 말하고 있다 : "이전에는 아무것도 없었다. 천계도 공계도 없었으며, 또한 땅도 없었다." 의욕이 존재의 씨앗이다. 프라자파티는 자손을 욕구하고 창조한다. "진실로 처음에는 프라자파티만이 여기에 있었다. 그는 스스로 생각했다. 어떻게 하면 내가 번식될 수 있을까? 그는 고행과 금욕을 실행하고, 살아 있는 존재들을 창조했다."[원주38]

6. 윤리

브라흐마나 문헌들에 나타난 종교를 공정한 눈으로 볼 때, 우리는 그 속에서 고차원의 윤리 의식과 고매한 정서의 흔적들을 발견하게 된다. 먼저 인간의 의무에 관한 개념이 여기에 일어난다. 인간은 신과 사람, 그리고 동물에게 빚 혹은 의무가 있다고 말해진다. 그 의무는 (1) 신에 대한 의무, (2) 성선에 대한 의무, (3) 죽은 조상에 대한 의무, (4) 사람에 대한 의무, (5) 하등 생물에 대한 의무의 다섯 가지로 구분된다. 이 모든 의무들을 이행하는 사람이 선한 사람이다.

누구나 식사 전에 반드시 음식의 일부를 신, 조상, 사람, 그리고 동물에게 나누어주고, 일상의 기도를 드려야 한다. 이것이 그를 둘러싼 주변 세계와 조화롭게 살아가는 방법이다. 삶은 의무와 책임의 연속이다. 실제로는 이러한 이상이 어느 정도로 이행되었든, 그 개념은 확실히 높고 뛰어난 것이었다. 이타의 정신은 우리의 모든 행위에서 실천될 수 있다. 『샤타파타

[원주38] 『샤타파타 브라흐마나』, ii.5.1.1~3.

브라흐마나』에서는 모든 것에 대한 희생적 행위, 즉 사르바메다(sarva-medha)야말로 영적인 자유를 얻는 수단이 된다는 것을 가르치고 있다.[원주39]

물론 신을 공경하는 것이 첫번째 의무지만, 그것은 정형화된 제의식의 기계적인 수행에 있는 것이 아니라 찬양과 선행에 있다. 신을 공경한다는 것은 가능한 한 신성하게 되려고 노력하는 것을 의미한다. 진실을 말하는 것도 신을 공경하는 것의 중요한 일부이다. 그것은 종교적인 의무일 뿐 아니라 윤리적인 의무이기도 하다. 아그니는 맹세와 서원의 주(主)이며, 바크는 언어의 주(主)다. 만일 정직이 준수되지 않는다면, 두 신들은 노할 것이다.[원주40] 우리는 이미 제의식에 대한 상징적인 해석을 알고 있다. 행위의 본질적인 무용성을 가리키는 구절들이 있다. "저 세계는 제물에 의하여, 혹은 이것을 알지 못하는 사람의 고행에 의하여 얻어질 수 없다. 그 나라는 오직 이 지식을 지닌 자에게 속한다."[원주41] 간음은 신들, 특히 바루나에 대한 죄로 비난된다. 모든 경우의 악행에 있어서 고백은 잘못을 경감시켜 주는 것으로 여겨진다.[원주42] 금욕의 실천 또한 가치 있는 이상으로 장려된다. 왜냐하면 신들이 내핍과 금욕으로 신의 위계를 얻었던 것으로 생각되기 때문이다.[원주43]

아슈라마 다르마(āśrama dharma)가 이 시대에 도입되었거나, 아니면 보다 정교한 형태로 체계화되었다.[원주44] 베다 시대 아리아인의 삶은 네 단계, 즉 아슈라마를 거친다. (1) 브라흐마차린(brahmacārin), 학생기 혹

[원주39] 『샤타파타 브라흐마나』, xiii.7.1.1.
[원주40] "신들이 한 법칙을 따르니, 그것은 진실이다." 『샤타파타 브라흐마나』, i.1.1.4. 또한 같은 책 i.1.1.5: iii.3.2.2: iii.4.2.8: ii.2.2.19를 보라.
[원주41] 『샤타파타 브라흐마나』, x.5.4.15.
[원주42] 같은 책, ii.5.2.20.
[원주43] 『타잇티리야 브라흐마나』, iii.12.3.
[원주44] '힘써 일하다'라는 의미의 동사 원형에서 파생된 아슈라마(āśrama)라는 말은, 인도 사람들이 고통은 모든 발전에 부수하여 일어나는 불가피한 것이라는 점을 알고 있었다는 것을 보여준다.

은 범행기(梵行期). 이때 그는 하나 혹은 그 이상의 베다를 학습하도록 요청된다. (2) 그리하스타(grhastha), 가주기(家住期). 이때 그는 사회적인 의무와 제의식상의 의무들을 수행해야 한다. (3) 바나프라스타, 임서기(林棲期). 이때 신앙자는 단식과 고행에 전념한다. (4) 산야신, 유행기(遊行期). 이때는 세속적인 모든 소유와 속박을 버리고, 일정한 거처 없이 이곳 저곳을 유행하며 궁극자와의 합일을 서원한다.

베다의 네 부분, 즉 본집 찬가와 브라흐마나와 아란야카와 우파니샤드는 베다 아리아인들에 있어서 인생의 네 단계에 상응한다.[원주45] 제식종교가 보이는 형식주의의 근저에는 참된 종교와 윤리의식이 흐르고 있으며, 이로부터 사람은 내적인 만족을 얻는다. 브라흐마나의 종교가 그 자체의 결함에도 불구하고 그와 같이 오랫동안 지속될 수 있게 하였던 것은 바로 이러한 윤리적인 토대였다. 외적인 형식에 대한 강조와 병행하여 내적인 청정을 위한 배려도 있다. 진실, 경신(敬神), 효도, 동물에 대한 자비, 박애, 불투도(不偸盜), 불살생, 불사음(不邪淫), 이 모든 것들은 바른 삶의 본질적인 요소로 거듭 강조되었다.

카스트 제도는 파렴치한 제관들이 고안해낸 것이 아니라, 시대의 추이에 따라 자연스럽게 형성된 것이다.[역주3] 그것은 브라흐마나 시대에 와서 확립된다. 푸루샤 수크타는 비록 『리그 베다』의 일부이긴 하지만, 사실 브라흐마나 시대에 속한다. 아리아인들과 다시유인들 간의 혼인이 있었던 것은 분명하다.[원주46] 지나친 혼혈을 피하기 위하여, 아리아인들의 긍지에 대한 호소가 시작되었다. 원래 사회제도였던 것이 종교적인 것으로 변모되었다.

[원주45] 이 단계들에 대한 설명은 출전에 따라 다르다. 『브리하드아란야카 우파니샤드』, iii.5.1: 『아파스탐바 수트라』(Āpastamba Sūtra), ii.9.21.1: 『가우타마 수트라』(Gautama Sūtra), iii.2: 『보다야나』(Bodhāyana), ii.6.11.12: 『마누법전』, v.137, vi.87: 『바시슈타』, vii.2를 보라.

[역주3] 한편, 18세기 말 남인도에서 오랫동안 포교활동에 종사하였던 아베 뒤부아(Abbe J.A. Dubois)는 카스트 제도를 브라흐민들이 자기 이익을 위하여 인위적으로 고안해낸 제도로 평가한다.

[원주46] 『아타르바 베다』, v.17.8.

그것은 신성한 구속력을 지니게 되었으며, 마침내 카스트를 규정하는 법이 확고부동하게 되었다.

본래 직능상의 분업 체계가 지녔던 유연성은 카스트 제도의 경직성으로 대체되고 말았다. 초기 베다 시대에도 제관들이 별개의 직업을 형성하였지만, 배타적인 카스트의 성격을 띠지는 않았다. 아리아인 누구나 제관이 될 수 있었으며, 따라서 제관 계층이 반드시 전사나 상인 계층보다 우월한 것은 아니었다. 때로는 제관들이 업신여김을 당하는 경우도 있었다.[원주47] 그러나 이제는 자부심의 발로였던 배타성이 카스트의 본질적인 성격으로 되고 만다. 그것은 자유로운 사고를 억누르고, 오히려 사상의 발전을 저해하는 방향으로 흘렀다. 윤리 규범도 퇴락하고 말았다. 카스트의 원칙들을 벗어나는 개인은 반역자이며 탈락자층(outcaste)이 되었다. 슈드라(Śūdra) 계급은 최고의 종교에서 배제되었다. 상호간의 업신여김이 늘어났으며, 브라흐민들은 적대자의 말을 특징짓는 상투적인 방법으로 "이것은 크샤트리아의 말이다"라고 하였다.[원주48]

7. 종말론

브라흐마나 문헌들에서는 내생에 대한 어떤 하나의 일관된 견해를 찾아보기 어렵다. 조도와 신도의 구분이 주어진다.[원주49] 때로는 지상으로 환생하는 것이 축복으로 여겨지며, 달아나야 할 악한 곳으로 묘사되지 않는다. 그것은 어떤 거룩한 신비를 아는 데 대한 상으로 약속된다.[원주50] 그러나 가장 두드러지게 나타나는 입장은 천계, 즉 신들이 사는 곳에서 불멸을 누린다는 것이다. "희생 제의를 비치는 자는 영원한 번영과 명성을 얻으며, 스

[원주47] 『리그 베다』, vii.103.1.7~8; x.88.19를 보라.
[원주48] 『샤타파타 브라흐마나』, viii.1.4.10.
[원주49] 같은 책, vi.6.2.4.
[원주50] 같은 책, i.5.3.14.

스로 아디티야(Āditya) · 아그니 두 신과 하나 되어 이들과 같은 곳에서 산다."[원주51] 어떤 특수한 제의식은 우리가 바라는 어떤 특수한 신의 거처에 도달할 수 있도록 해준다.[원주52] 별들도 죽은 자의 거소로 간주되었다. 보다 나은 세계를 원한다 할지라도, 궁극적으로 의도하는 것은 여전히 개별 존재이다.

브라흐마나에서 불사, 혹은 장수는 제의식을 바르게 이해하고 실행하는 사람들에게 약속되는 반면에, 이 점에 있어서 불충분한 사람들은 천명을 다 못하고 저승으로 간다. 그들은 거기서 저울에 달아지고,[원주53] 그 행위에 따라 선과 악을 받는다. 많은 제의식을 드린 사람일수록 그가 받는 몸은 점점 더 가볍고 영묘하게 되거나, 혹은 브라흐마나의 표현대로[원주54] 점점 더 먹을 필요를 느끼지 않게 된다. 반면에, 다른 구절들[원주55]에서는 경건한 자가 그의 온몸, 즉 사르바 타누하(sarva tanūha)를 가지고 다음 생으로 가는 것이 최고의 상으로 약속된다."[원주56]

지금까지의 논의에서 볼 때, 내생에 대한 브라흐마나와 베다의 견해에서 보이는 차이는 이렇다. 베다에 의하면 덕행자는 불사를 얻고 악행자는 영락(零落)하지만, 브라흐마나에서는 양자 모두가 다시 태어나 자기가 지은 행위의 결과를 향수하게 된다는 것이다. 웨버(A. Weber)는 이렇게 말한다 : "아주 고대에는 젖과 꿀이 흐르는 천계에서 불사를 누리는 것이 덕행과 지혜에 대한 상이며, 악행자 혹은 무지한 자는 단명한 후에 결국 그 존재가 완전히 소멸된다고 생각하였다. 한편 브라흐마나의 교의에 의하면, 죽은

[원주51] 『샤타파타 브라흐마나』, xi.6.2.5.
[원주52] 같은 책, ii.6.4.8.
[원주53] 같은 책, xi.2.7.33.
[원주54] 같은 책, x.1.5.4.
[원주55] 같은 책, iv.6.1.1; xi.1.8.6; xii.8.3.31.
[원주56] Weber, *Journal of the Royal Asiatic Society*, i. 1865, 306 이하.

후에는 누구나 다음 생에 거듭 태어나서 자신의 행위에 상응하는 응보를 받는다. 즉 선한 자는 상을 받고 악한 자는 벌을 받는다."[원주57]

브라흐마나의 교의가 시사하는 것은 이 생 다음에는 단 하나의 생이 있으며, 그것은 지금 여기의 행위에 의하여 결정된다는 것이다. "사람은 자신이 만든 세계에 태어난다."[원주58] "사람이 이 생에서 무슨 음식을 먹든지, 그 음식에 의하여 그는 다음 생에서 먹힐 것이다."[원주59] 선하고 악한 모든 행위는 미래의 생에서 반드시 이에 상응하는 상과 벌을 부른다. 다시 말해, "이와 같이 저 세계에서 그들이 우리에게 행하였다. 이와 같이 우리는 이 세계에서 다시 그들에게 행한다."[원주60]

점차로 평등을 강조하는 정의의 개념이 발달했다. 『리그 베다』에서와 마찬가지로, 조상들의 세계는 여러 길 가운데 하나였다. 그러나 베다의 신들 및 그 세계와 조상들의 길 및 그 인과응보적 정의의 세계 간에 구분이 생기기 시작했다. 다른 세계에 거듭 태어난다는 생각이나 지상에서 행한 행위에 대한 속죄의 개념은 아직 보이지 않지만, 사악한 사람은 영원한 응징을 받아 돌이킬 수 없게 되고 선한 사람은 영원한 행복을 끝없이 누리게 되는 가를 묻지 않을 수 없게 되었다. "유순한 기질의 사람들과 인도인의 사색적인 정신에 있어서, 상과 벌이 영원할 수 있다고 생각되지는 않았을 것이다. 그들은 속죄와 정화를 통하여 이 짧은 삶 속에서 범한 죄에 대한 벌을 면하는 것이 가능하다고 여겼을 것이다. 마찬가지로, 이 잠깐 동안의 인생에서 쌓은 공덕과 이에 대한 상이 영원히 지속될 것이라고는 생각할 수 없었을 것이다." 우리의 상과 벌을 모두 향수하고 나면, 우리는 그 생을 마감하고 다시 지상에 태어난다고 주장된다.

삶이 죽음을 낳고 죽음이 다시 삶을 낳는 자연의 리듬은 우리를 무시무종의 순환이라는 개념으로 인도한다.[원주61] 진정한 이상은 이와 같은 생사

[원주57] Weber, 같은 책, 같은 곳.
[원주58] 『샤타파타 브라흐마나』, vi.2.2.27: Kṛtam lokaṁ puruṣo'bhiyāyate.
[원주59] 같은 책, xii.9.11.
[원주60] 같은 책, ii.6.

의 속박에서 벗어나는 것, 혹은 삼사라(saṁsāra, 輪廻轉生)에서 해방되는 것으로 여겨지게 된다. "신들에게 산 제물을 바치는 자는 아트만(Ātman)에게 산 제물을 바치는 자만큼 훌륭한 세계를 얻지 못한다."[원주62] "베다를 읽는 자는 다시 죽는 것으로부터 자유로우며, 브라흐만(Brahman)과 동일한 본질을 얻는다."[원주63] 재생하는 죽음은 바람직하지 못한 것으로 간주되었던 것 같다. 나중에 우리는 아무런 지식 없이 단순히 제사만 드리는 사람들은 거듭하여 죽음의 먹이가 된다는 개념을 본다.[원주64]

어떤 구절[원주65]에서는 더할 나위 없는 상태, 즉 진정한 불멸에 대한 우파니샤드의 개념이 제시된다. "이 자아는 이 모든 것의 목적이다. 그것은 모든 물들의 한가운데 살며, 모든 욕망의 대상이 충족된다. 그것은 욕망에서 자유로우며, 욕망을 이루기 위한 모든 대상을 가지고 있다. 왜냐? 그것은 아무것도 바라지 않기 때문이다." 참된 지식으로 인간은 욕망이 사라진 상태로 떠오른다. 선물도 저 편에 이를 수 없고, 무지한 고행자도 그 곳에 닿을 수 없다. 이러한 지식을 지니지 못한 자는 선물이나 고된 수행으로도 그 세계를 얻을 수 없기 때문이다. 그것은 오직 이러한 지식을 가진 자들에게 속한다."[원주66]

브라흐마나는 재생의 교의가 전개되는 데 필요한 모든 것을 시사하고 있다. 그러나 그것은 단지 암시일 뿐이며, 각자가 불멸을 얻고자 하는 것이 주된 경향이다. 브라흐마나에서의 이러한 암시가 재생의 교의로 체계화되는 것은 우파니샤드에 이르러서이다. 업과 재생의 개념은 의심할 나위 없이 아리아 문화의 소산이지만, 그 단초는 토착 원주민들——사후에 인간의

[원주61] 『아이타레야 브라흐마나』, iii.44를 보라.
[원주62] 같은 책, xi.2.6.
[원주63] 같은 책, x.5.6.9.
[원주64] 『샤타파타 브라흐마나』, x.4.3.10. 또한 x.1.4.14; x.2.6.19; x.5.1.4; xi.4.3.20 을 보라.
[원주65] 『샤타파타 브라흐마나』, x.5.4.15.
[원주66] 샹카라는 자신의 입장이 얼마나 이 견해와 가까운가를 보이기 위하여, 『베단타 수트라』의 주석에서 이 구절을 언급하고 있다.

영혼이 동물의 몸 속에 살게 된다는 것을 믿었던—로부터 왔을 수도 있다는 것을 부정할 필요는 없다.

더 높은 윤리와 종교에 대한 시사에도 불구하고, 대개 이 시대는 사람들이 자기 영혼의 완성보다는 오히려 각자에게 규정되는 제의식의 완수를 더 염려하는, 형식주의가 팽배한 시대였다고 말해야 할 것이다. 율법서와 틀에 박힌 경건으로 그 본래의 의미가 흐려진 영적 체험에 대하여 다시 말해야 할 필요가 있었다. 이것은 우파니샤드에서 시도된다.

제4장
우파니샤드의 철학

1. 우파니샤드

우파니샤드[원주1]는 베다의 마지막 부분을 형성한다. 따라서 베다 안타(Veda-anta), 즉 베다의 끝이라 불리며, 이것은 우파니샤드가 베다 교의

[원주1] 우파니샤드(Upaniṣad)라는 말은 upa ni ṣad, 즉 '가까이 앉는다'라는 뜻의 말로 이루어져 있으며, 제자가 가르침을 받기 위하여 스승 '가까이 앉는다'는 것을 의미한다. 점차 그것은 우리가 스승으로부터 받는 것, 일종의 비밀스럽고 신비한 가르침, 즉 라하시얌(rahasyam)을 의미하게 되었다. 때로는 그것이 우리가 그릇된 견해를 깨고 진리에 다가갈 수 있게 해주는 것을 의미하기도 한다. 샹카라는 『타잇티리야 우파니샤드』에 대한 그의 해설에서 이렇게 말한다: "브라흐만에 대한 지식을 우파니샤드라고 한다. 왜냐하면 그것에 전념하는 사람들의 경우에 개념이나 생사 등의 속박이 풀어지기 때문에, 혹은 그것이 이러한 장애들을 완전히 소멸시키기 때문에, 혹은 그것이 수행자들로 하여금 브라흐만에 아주 가까이 다가갈 수 있게 하기 때문에, 혹은 그 안에 최고의 신이 들어 앉아 있기 때문이다." *Pandit*(1872. 3), p.254를 보라.

의 정수를 담고 있다는 것을 시사한다. 우파니샤드는 후대 인도의 철학과 종교의 대부분이 의지하게 되는 토대가 된다. "외도(外道) 불교를 포함한 인도의 주요 사상 가운데 우파니샤드에 뿌리를 두지 않은 것은 없다."[원주2] 후대의 철학파들은 자신들의 교의를 가능한 한 우파니샤드의 입장과 일치시키려는 강한 열망을 보이고 있다. 인도에서 관념론이 새롭게 일어날 때마다, 그것은 언제나 우파니샤드의 가르침에서 그 원류를 찾는다. 우파니샤드의 시적이고 고매한 관념론은 지금까지도 그 힘을 잃지 않고 사람들의 마음을 사로잡고 있다.

우파니샤드는 인도인의 사색을 담고 있는 최초의 문헌들이라 할 수 있다. 베다의 찬가와 제식서들은 아리아인의 사상보다는 종교와 실천에 더 큰 관심을 쏟는다. 우파니샤드에서는 베다 상히타의 신화나 브라흐마나의 세세한 제식 규정은 물론이거니와 아란야카의 신학조차도 넘어서는 사상적인 진전을 보인다. 물론 이 모든 단계들은 우파니샤드에서 배제되는 것이 아니라 여기서 종합 지양되고 있다. 우파니샤드의 저자들은 지난 시대의 유산을 새롭게 해석하며, 베다 종교에 대한 그들의 개혁은 자유를 희구하는 사람들의 대담성을 보여주기에 충분하다. 우파니샤드가 지향하는 것은 단순히 철학적 진리에 도달하려는 것이 아니라, 고뇌하는 인간 정신에 평온과 자유를 가져오고자 하는 것이다.

우파니샤드는 본질적으로 삶이라는 사실에 직면하여 일어나는 철학적인 사색들을 쏟아부어 놓은 것이다. 그럼에도 불구하고, 여기에는 형이상학적인 문제들에 대한 소견들이 대화와 논쟁의 형식으로 제시되고 있다. 우파니샤드는 실재의 본질을 파악하려는 인간 정신의 부단한 노력을 보여준다. 그것은 하나의 체계적인 철학이거나, 한 사람의 저술이 아니며, 심지어 어떤 한 시대에 귀속시킬 수 있는 문헌들이 아니다. 따라서 여기에는 모순되거나 비과학적인 요소들도 많이 있다. 그러나, 만일 이것이 전부라면, 우파니샤드에 대한 연구는 큰 의미가 없을 것이다. 우파니샤드는 논리적이고

[원주2] Bloomfield, *The Religion of the Veda*, p.51.

충분한 근본 개념들을 가르치고 있으며, 이들은 우파니샤드가 지닌 악의 없는 오류들—배타적인 강조를 통하여 그릇된 철학으로 빠져들도록 부추겼던—이 바로잡아질 수 있는 근거가 된다.

시적이며 또한 철학적인 우파니샤드는 그것이 지니는 저자의 다양성이나 여러 시대에 걸친 성립 기간에도 불구하고, 목적의 통일성과 영적인 실재에 대한 생동감을 지니고 있다. 우파니샤드는 당시의 사색적인 종교성을 우리에게 충분히 전해주고 있다. 특히 직관적인 철학의 영역에 있어서 그들의 성취는 괄목할 만한 것이다. 범위나 영향력에 있어서, 혹은 시사하는 바나 그 성취에 있어서, 그 이전의 어떤 문헌들도 우파니샤드에 비견할 만한 것은 없다. 우파니샤드의 철학과 종교는 위대한 사상가들과 강렬한 영성을 소유한 자들의 요구에 부합하였다.

이러한 우파니샤드에 대하여 "이 모든 것들에 영적인 것이라고는 거의 없다"라든가, "영성이 결여된 이 공허한 지적 개념이 인도인의 정신이 할 수 있는 최고의 형태이다"라고 평가하는 고우프(A.E. Gough)의 견해는 부당한 것이라고 보아야 한다. 한편 이에 대하여 보다 정확한 통찰을 보이는 매켄지(Mackenzie) 교수는 "우주에 대한 구체적인 이론을 확립하려는 최초의 시도, 그리고 분명히 가장 흥미롭고 괄목할 만한 것들 가운데 하나가 우파니샤드에서 언명된 것이다"[원주3]라고 언급하고 있다.

2. 우파니샤드의 가르침

우파니샤드가 무엇을 가르치는가를 단정하는 것은 쉬운 일이 아니다. 우파니샤드를 연구하는 오늘날의 여러 학자들은 이런저런 선입견이 섞인 학설을 바탕으로 그것을 해석한다. 사람들은 대개 그들 자신의 판단을 신뢰

[원주3] *Encyclopaedia of Religion and Ethics*, vol.iii. p.597. 또한 흄(R.E. Hume)의 *The Thirteen Principal Upaniṣads*, p.2를 보라.

하는 일에 별로 익숙하지 못하기 때문에, 권위와 전통에 의지하게 마련이다. 물론 이것은 행위와 삶에 있어서 아주 안전한 지표가 되는 것이 분명하지만, 진리는 또한 스스로의 깊은 통찰과 판단을 요한다. 오늘날 많은 사람들의 견해는 우파니샤드와 『바가바드기타』, 그리고 『베단타 수트라』에 대한 주석서들을 통하여 아주 정교한 불이 일원론(不二一元論) 형이상학을 정립하였던 샹카라의 입장에 가깝다. 한편, 어떤 사람들은 사랑과 헌신의 철학이 우파니샤드의 가르침에서 나오는 논리적인 필연임에도 불구하고, 샹카라는 이에 대하여 한마디도 언급하지 않았다고 강력히 주장한다.

각자 특별한 신념을 전제로 출발하는 다양한 주석가들은 그들의 견해를 우파니샤드에 부합하도록 몰아가며, 그들 자신의 특수한 교의들이 일관성을 지니도록 하기 위하여 우파니샤드의 언어를 왜곡하기도 한다. 논쟁이 일어나면, 모든 학파들은 우파니샤드에서 전거(典據)를 구한다. 우파니샤드가 지니는 내용의 방대성뿐 아니라 그 모호성 덕분에, 그 함축성뿐 아니라 신비적인 난해성 덕분에 주석가들은 각자 자신의 종교와 철학에 유리하도록 그것을 끌어다 쓸 수 있었다. 우파니샤드는 어떤 고정된 철학 이론이나 독단적인 신학 체계를 지니지 않는다. 그것은 삶의 진리를 시사하지만, 그럼에도 불구하고 그것은 과학이나 철학의 진리가 아니다.

진리에 대한 함축들이 너무 많고, 신에 대한 암시가 너무 다양하기 때문에, 누구나 그 속에서 자신이 원하는 것을 추구할 수 있고, 추구하는 것을 발견할 수 있으며, 모든 유형의 교의학 체계들도 우파니샤드에서 그 교리를 발견하는 기쁨을 누릴 수 있을 것이다. 사상사를 통하여 볼 때, 흔히 어떤 철학이 이미 오래전에 확립되어 비평가와 주석가들이 그 본래의 시각으로 해석하는 것을 막는 전통적인 해석에 의하여 희생되는 일들이 있었다는 것을 우리는 안다. 우파니샤드의 철학도 이러한 숙명의 예외일 수는 없었다.

서구의 해석자들은 이런저런 주석가들의 견해를 추종하였다. 고우프는 샹카라의 주석을 따랐다. 『우파니샤드의 철학』(The Philosophy of the Upaniṣads)의 서문에서 그는 "우파니샤드 철학의 가장 위대한 주석가는 샹카라 혹은 샹카라차리야(Śaṁkarācārya)이다. 샹카라의 가르침은 우파니샤드의 철학에 대한 정당하고 합리적인 해석이다"[원주4]라고 말한다. 막스 밀러도 동일한 입장이다. "베단타의 정통적인 관점은 이른바 유출(流出)이 아니라 가현(假現)이라는 것을 기억해야 한다. 브라흐만의 유출 혹은 파리나마(pariṇāma)는 이설이며, 환영(幻影) 혹은 비바르타(vivarta)가 정통적인 베단타의 입장이다.[역주1] ······정통 베단타 학자의 입장을 비유적으로 말하면, 세계가 브라흐만에서 나오는 것은 새싹에서 나무가 자라나는 것과 같은 것이 아니라, 태양 광선에서 신기루가 생겨나는 것과 같다."[원주5] 도이센도 이와 동일한 견해를 받아들인다.[역주2]

우리는 후대의 주석가들이 우파니샤드에 부여한 의미가 아니라, 원래 우파니샤드의 저자들이 의도했던 의미를 밝히는 데 주력해야 할 것이다. 전자는 우파니샤드가 후대에 어떻게 해석되었는가에 대하여 대체로 근접한 개념을 우리에게 제공하지만, 그러한 해석들이 반드시 고대의 구도자들이 추구하였던 철학적 종합에 대한 올바른 통찰인 것은 아니다. 그러나 문제는 과연 우파니샤드의 사상들이 항상 일관된 입장을 견지하는가 하는 점이다. 그들 모두가 세계의 대체적인 구조나 성격에 관하여 일반적으로 인정된 어떤 원칙들에 귀착될 수 있는가? 우리는 이 질문에 대하여 감히 긍정적인 답을 하지 않는다.

우파니샤드 문헌들은 수많은 숨은 개념들과 함축적인 의미들, 그리고 지나칠 정도로 풍부한 상상과 헤아려 읽어야 할 부분들을 담고 있기 때문에, 다양한 학파들이 어떻게 이 동일한 원천으로부터 그들의 영감을 이끌어낼

[원주4] *Pañcāstikāyasamayasāra*. viii.
[역주1] 상기리기 세계를 브라흐만의 전변으로 간주한다는 점에서는 그의 환영설도 전변설의 일종이라 할 수 있을 것이다. 그러나 그 전변을 실재적인 것이 아니라 환영 혹은 가현(假現)으로 본다는 점에서는 상키야학파나 라마누자의 전변설과 다르다.
[원주5] *The Sacred Books of the East*, vol.xv., p.xxvii.
[역주2] 다스 굽타(S. Das Gupta)는 그의 *A History of Indian Philosophy*, vol. ⅰ.p.429에서 이렇게 쓰고 있다 : "우리가 베단타철학을 말할 때는 언제나 샹카라에 의하여 제시된 불이 일원론 철학을 말한다."

수 있었는가를 이해하는 것이 늘 용이하지만은 않다. 거듭 말해, 우파니샤드는 아리스토텔레스나 칸트 혹은 샹카라의 철학 체계와 같은, 어떤 철학적인 종합 그 자체를 담고 있는 것이 아니다. 그것은 논리적이라기보다는 직관적인 일관성을 지니고 있으며, 여기에는 이른바 철학 체계의 뼈대를 형성하는 어떤 근본적인 개념들이 있을 뿐이다. 이 개념들로부터 논리적이고 일관된 학설이 싹틀 수도 있을 것이다. 그러나, 논리 정연한 방법이나 체계화와는 거리가 먼 요소들에 대한 어떤 철학적인 작업이 반드시 정확한 것이라고 자신하기는 어렵다. 수많은 구절들이 지니는 의미의 불명확성은 이러한 어려움을 더욱 가중시킨다. 그럼에도 불구하고, 우리는 우파니샤드 사상에 대한 보다 명확한 철학적 설명을 가하려는 높은 이상으로, 우파니샤드의 주요 개념들──우주와 그 속에 있는 인간의 지위──에 대하여 고찰하고자 한다.

3. 우파니샤드의 수와 연대

우파니샤드는 대체로 108종이 있다고 말해지며, 그 중에서 샹카라가 주석한 바 있는 10여 종이 중요한 것으로 꼽힌다.[역주3] 이들 주요 우파니샤드들은 가장 오래되고 가장 권위 있는 것들이다. 우파니샤드 문헌들에 대하여 어떤 정확한 연대를 매기는 것은 어렵다. 초기의 것들은 분명히 불교가 일어나기 이전의 시대에 속하지만, 어떤 것들은 붓다 출현 이후의 것들이 분명하다. 대체로 말하여 우파니샤드는 베다 찬가가 완성된 이후, 그리고 불교가 일어나기 이전, 즉 B.C. 6세기 이전에 만들어졌다 할 수 있을 것이다. 초기 우파니샤드에 대하여 일반적으로 인정된 연대는 B.C. 1000년에

[역주3] 샹카라가 주석한 우파니샤드는 『이샤』(Īśa), 『케나』(Kena), 『카타』(Kaṭha), 『프라슈나』(Praśna), 『문다카』(Muṇḍaka), 『만두키야』(Māṇḍūkya) 『타잇티리야』(Taittirīya), 『아이타레야』(Aitareya), 『브리하드아란야카』(Bṛhadāraṇyaka), 그리고 『찬도기야』(Chāndogya)이다.

서 B.C. 300년까지이다. 샹카라가 주석했던 몇몇 후기 우파니샤드는 불교가 일어난 이후에 만들어진 것으로, 약 B.C. 400년 혹은 B.C. 300년대에 속한다.

최고기(最古期)에 속하는 우파니샤드는 산문으로 되어 있으며, 이들은 대개 종파적인 성격을 띠지 않는다. 『아이타레야』(Aitareya), 『카우쉬타키』(Kauṣītaki), 『타잇티리야』(Taittirīya), 『찬도기야』(Chāndogya), 『브리하드아란야카』(Bṛhadāraṇyaka) 우파니샤드들과, 『케나 우파니샤드』(Kena Upaniṣad)의 일부는 비교적 초기에 속하는 것들이다. 한편, 『케나 우파니샤드』 1~13과 『브리하드아란야카 우파니샤드』의 iv.8~21은 운문 우파니샤드로 이행하는 과정을 보이고 있으며, 아마 후대의 가필일 수도 있을 것이다. 『카타 우파니샤드』(Kaṭha Upaniṣad)는 이들보다 더 후대에 속하는 것으로, 여기서 우리는 상키야-요가철학의 요소들을 발견할 수 있다.[원주6] 또한 이 우파니샤드는 『바가바드기타』와 다른 우파니샤드의 구절들을 다수 인용하고 있다.[원주7]

『만두키야 우파니샤드』(Māṇḍukya Upaniṣad)는 비종파적 성격의 우파니샤드 중에서 가장 후기의 것이다. 『아타르바 베다』의 우파니샤드들도 또한 보다 후대에 이루어진 것이다. 『마이트라야니 우파니샤드』(Maitrāyaṇī Upaniṣad)는 상키야-요가철학의 요소들을 지닌다. 『슈웨타슈와타라 우파니샤드』(Śvetāśvatara Upaniṣad)는 여러 철학 이론들이 활발하게 논의되던 시기에 만들어졌다. 이 우파니샤드의 여러 구절에서는 정통 철학파들의 기술적인 용어들이 자연스럽게 사용되고 있으며, 그들의 탁월한 교의들에 대하여도 많은 것이 언급된다. 또한 이 우파니샤드는 베단타와 상키야-요가의 유신론적 제설(諸說)들에 대해서도 흥미를 보이는

[원주6] 『카타 우파니샤드』, ii.18~19: ii.6.10~11을 보라.

[원주7] 『카타 우파니샤드』, i.2.5를 보라. 또한 『문다카 우파니샤드』, ii.8: i.2~7: 『바가바드기타』, ii.29: ii.18~19: ii.19~20: ii.23: 『문다카 우파니샤드』, iii.2~3: 『바가바드기타』, i.53을 보라. 어떤 학자들은 『카타 우파니샤드』가 『문다카 우파니샤드』나 『바가바드기타』보다 더 오래된 것이라는 견해를 보이기도 한다.

것 같다.[역주4] 초기의 산문체 우파니샤드에서는 순수한 사색적인 측면이 현저함에 비하여, 후기 우파니샤드에서는 종교적인 숭배와 헌신에 관한 것이 많다.[원주8] 우파니샤드의 철학을 소개함에 있어서, 우리는 주로 불교 이전 우파니샤드의 입장에 서서 그 이후 우파니샤드의 입장을 가미한 견해를 확립하고자 한다. 이러한 관점에서 중요한 우파니샤드는 『찬도기야』, 『브리하드아란야카』, 『타잇티리야』, 『아이타레야』, 『카우쉬타키』, 『케나』 우파니샤드들이다. 『이샤 우파니샤드』와 『만두키야 우파니샤드』도 이에 못지않게 중요하다.

4. 우파니샤드의 사상가들

불행하게도, 우리는 우파니샤드 속에 나타난 위대한 사상가들의 삶에 대하여 거의 아는 바가 없다. 그들은 개인적인 명성에 무관심하였으며 단지 진리를 널리 펴기 위한 열망으로 가득하였기 때문에, 자기의 견해를 표현함에 있어서도 베다 시대의 명예로운 신과 영웅들의 이름을 차용하였다.

[역주4] 박티(bhakti)라는 말이 인도 문헌에 처음으로 나타나는 것도 이 우파니샤드에서이다. S.Pande 여사는 이 우파니샤드에 고도로 발달한 삼위일체의 교의가 나타난다고 말한다 (*Birth of Bhakti in Indian Religions and Arts*, p.15).

[원주8] 도이센은 우파니샤드의 시대를 다음과 같이 분류하고 있다. (1) 고대 산문 우파니샤드: 브리하드아란야카, 찬도기야, 타잇티리야, 아이타레야, 카우쉬타키, 케나(부분적으로 산문체임). (2) 운문 우파니샤드: 이샤, 카타, 문다카, 슈웨타슈와타라. (3) 후기 산문 우파니샤드: 프라슈나, 마이트라야니.

이들 모두──마이트라야니 우파니샤드를 제외한──는 고전 우파니샤드라 불린다. 마이트라야니 우파니샤드에 대해서 맥도넬 교수는 이렇게 말한다: "다른 우파니샤드에서 온 많은 인용구들, 후기에 속하는 여러 용어들의 등장, 그 근저에 놓인 발달된 상키야의 학설, 반(反)베다적인 비정통 학파들에 대한 명백한 언급, 이 모든 것들은 그것이 후기의 저작이라는 점을 분명하게 만든다. 사실, 그것은 상키야학파와 불교에서 나온 관념들의 혼합을 통하여 고대 우파니샤드의 교의를 요약한 것에 불과하다"(*Sanskrit Literature*, p.230).

Nṛsṁhottaratāpanīya는 Vidyāraṇya의 *Sarvopaniṣadartānubhūtiprakāśa*에서 설명된 열두 우파니샤드 가운데 하나이다.

프라자파티와 인드라, 나라다(Nārada)와 사나트쿠마라(Sanatkumāra) 와 같은 베다의 신들이 우파니샤드에서 변증가의 모습으로 등장하는 것을 볼 수 있다. 우파니샤드 시대의 위대한 사상가들—신화적인 인물들을 제외한—의 역사가 그들 각자의 공헌에 입각하여 기술될 때, 눈에 띄는 이름들은 마히다사(Mahidāsa), 아이타레야(Aitareya), 라이크와(Raikva), 샨딜리야(Śāṇḍilya), 사티야카마 자발라(Satyakāma Jābāla), 자이발리(Jaivali), 웃달라카(Uddālaka), 슈웨타케투(Śvetaketu), 바라드와자(Bhāradvāja), 가르기야야나(Gārgyāyana), 프라타르다나(Pratardana), 발라키(Bālāki), 아자타샤트루(Ajātaśatru), 바루나(Varuṇa), 야갸발키야(Yājñavalkya), 가르기(Gārgī), 그리고 마이트레이(Maitreyī) 등이다.[원주9]

5. 『리그 베다』 찬가들과 우파니샤드

우파니샤드가 지니는 내용의 독특성에 주목한다면, 그것은 베다 찬가나 브라흐마나 문헌들에 독립적인 것으로 간주될 수 있다. 앞에서 본 바와 같이, 베다 찬가가 보이는 신들에 대한 소박한 믿음은, 브라흐마나 시대에 와서 형식적인 제사 지상주의로 대체된다. 한편, 우파니샤드는 사원에서 끝나는 이러한 신앙이 전부라고 생각하지 않는다. 그것은 베다의 종교 형태를 유지하면서, 그것을 윤리적인 입장에서 해석하고자 한다. 베다에서 우파니샤드로 이행하는 과정에서 나타나는 특징들은, 이미 베다에서 단초를 보인 일원론적인 경향의 증가, 외부의 대상으로부터 내면 세계로 주된 관심의 이동, 베다의 형식주의에 대한 저항, 그리고 베다의 초자연적 신성에 대한 무관심 등이다.

[원주9] 관심 있는 독자들은 이 사상가들과 그 견해에 대한 명료한 설명을 나의 친구이자 동료인 Dr. Barua의 *Pre-Buddhistic Indian Philosophy*에서 볼 수 있을 것이다.

1) 베다 찬가들이 지니는 일원론적인 측면에 대한 강조

베다 종교의 온갖 무질서와 혼돈 가운데, 종합과 통일을 지향하는 어떤 원리가 그 모습을 드러낸다. 어떤 찬가에서는 하나의 구심력에 대한 개념이 실제로 형성되기도 하였으며, 우파니샤드는 이러한 경향을 이어받는다. 그것은 전능・무한・영원・불가해・자존하며, 세계의 창조・유지・파괴자인 유일한 실재만을 인정한다. 그는 우주의 빛이자 주(主)요 생명이며, 유일무이하며, 숭배의 유일한 대상이다. 베다의 반신(半神)들이 사라지고 참된 신이 등장한다. "오, 야갸발키야여, 실로 몇 신들이 있는가?" "하나"라고 그가 말했다.[원주10] "자, 계속하여 우리에게 대답해 주시오: 아그니, 바유, 아디티야, 칼라(Kāla, 時間), 프라나(Prāṇa 呼吸), 안나(Anna 飮食), 브라흐마, 루드라, 비슈누 등의 신들이 있다. 그래서 어떤 사람들은 그를, 또 어떤 사람들은 다른 신을 명상한다. 이들 가운데 어떤 신이 우리가 가장 숭배할 만한 신인지 말해 주시오." 그러자 그가 말하였다. "그 신들은 궁극자요 불멸자이며 무형의 존재인 브라흐만의 현현(顯現)에 불과한 것이다 ……. 실로 브라흐만은 이 모든 것이며, 사람에 따라 어떤 이는 브라흐만의 현현인 그들을 명상하거나 숭배할 수 있으며, 또한 버릴 수도 있을 것이다."[원주11] 가시적인 무한자(객관적인)와 불가시적인 무한자(주관적인)는 영적인 전체 속에 하나로 혼융된다.

다신론적인 개념들은 인도인의 의식 속에 실로 뿌리 깊은 것이어서 쉽게 사라질 수 없었다. 베다의 여러 신들은 유일자에 의하여 부정되는 것이 아니라 그에게 예속된다. 브라흐만이 없다면 아그니는 풀잎 하나 태울 수 없고, 바유는 짚 한 오라기도 날려버릴 수 없다. "그가 두려워 불이 타오르고, 그가 두려워 태양이 빛나며, 그가 두려워 바람과 구름과 죽음이 각자의 직무를 행한다."[원주12] 때로는 여러 신들이 전체의 일부분으로 상정되기도

[원주10] 『브리하드아란야카 우파니샤드』, iii.9.1.
[원주11] 『마이트라야니 우파니샤드』, iv.5~6. 또한 『문다카 우파니샤드』, i.1.1 : 『타잇티리야 우파니샤드』, i.5 : 『브리하드아란야카 우파니샤드』, i.4.6 또한 i.4.7 : i.4.10을 보라.

한다.

　웃달라카(Uddālaka)가 다섯 명의 가장(家長)들을 이끌고 아슈와파티 (Aśvapati) 왕에게 다가가자, 왕이 그들에게 물었다. 너희는 누구를 최고아(最高我)로 명상하는가? 첫번째 사람이 천계라고 대답하였다. 두번째 사람은 태양, 세번째 사람은 공기, 네번째 사람은 창공, 다섯번째 사람은 물이라고 각각 대답하였다. 그러자 왕은 그들 각자가 단지 진리의 일부를 숭배하고 있다고 말한다. 천계는 우주혼으로 묘사된 중심되는 실재의 머리이며, 태양·공기·창공·물·땅은 각각 그의 눈, 호흡, 몸통, 방광, 그리고 발이다. 소수의 철학적인 믿음과 다수 대중의 상상에 찬 미신이 타협하는 길만이 화해와 조정을 가능하게 한다. 우리는 구습이라 하여 무조건 폐지해버릴 수는 없다. 왜냐하면, 그것은 순식간에 최고의 지혜에 이를 수 없는 신앙자들의 도덕적이고 지적인 상태들간에 있을 수 있는 명백한 차이뿐 아니라, 인간의 근본적인 속성을 무시하는 것일 수도 있기 때문이다.

　또 다른 하나의 요소가 또한 우파니샤드의 입장을 결정하였다. 우파니샤드의 목적은 과학 혹은 철학이 아니라 바른 삶이었다. 그것은 육신의 속박에서 영혼을 해방시키고자 하였으며, 신과 영적인 교감을 누릴 수 있게 하였다. 지적인 수련은 단지 삶의 거룩함에 종속적인 것이었다. 또한 전통에 대한 공경심도 있었다. 베다의 성선들은 신성한 기억 속의 고대인들로 받아들여졌으며, 그들의 교설을 무조건 공격하는 것은 경건치 못한 행위였다. 이와 같이 우파니샤드는 뿌리 깊은 기존의 신학적 도그마들과 새롭게 일어나는 관념론적 철학 간의 조화를 추구하였다.

2) 주요 관심의 이동 : 객관에서 주관으로

　인간의 영적인 통찰의 일천은 객관적인 외부 세계에 대한 경이와 주관적인 인간의 영혼에 대한 성찰이라는 두 요소에 있다. 베다에서는 광대한 자연의 질서와 운행이 사람들의 마음을 사로잡았다. 우파니샤드에서 우리는

[원주12] 『타잇티리야 우파니샤드』.

심원한 내면 세계의 탐구로 돌아간다.[원주13] "자존자가 감각의 문들을 꿰뚫자 그들은 밖으로 향하게 된다. 이에 사람은 그 자신의 내면이 아니라 바깥을 내다본다. 그러나 불멸을 희구하는 어떤 지혜로운 사람은 감겨진 눈으로 배후에 있는 자아를 보았다."[원주14] 말하자면, 관심이 외계의 물질적인 사실에서 마음의 배후에 놓인 불멸의 내적 자아로 옮겨간다는 것이다. 우리는 밝은 빛을 구하여 하늘을 쳐다볼 필요가 없다 : 그 찬란한 불꽃은 영혼 속에 있다. 인간의 영혼은 전체 우주를 조망하는 열쇠 구멍, 가슴 속의 아카샤(Ākāśa), 진리를 비추는 맑은 호수이다.

관점의 전환은 그 결과로 일어나는 중요한 변화를 가져왔다. 숭배되어야 하는 것은 이른바 신들(gods)이 아니라, 참으로 살아 있는 신(God), 아트만(Ātman)으로 말해진다. 신의 거처는 인간의 가슴 속이다. "브라흐마나 하 코쇼아시(Brahmaṇaḥ kośo'si), 당신은 브라흐만의 집이다."[원주15] "누구든지 신을 타자로 여기고, 그와는 다른 '내가 있다'는 마음으로 신을 섬기는 자는 무지하다."[원주16] 불멸의 내적 자아와 장엄한 우주력은 하나이며 동일하다. 브라흐만이 아트만이며, 아트만이 브라흐만이다. 일체 만유를 생겨나게 한 유일지고한 힘은 개개인의 가슴 속에 있는 가장 내밀한 자아와 동일하다.[원주17] 우파니샤드에서는 베다적 의미의 은총 교의는 보이지 않는

[원주13] 초기 문헌에서도 주관에 대한 관심이 전혀 시사되지 않는 것은 아니지만(『아타르바 베다』, ⅹⅷ.44 참조), 우파니샤드에서는 이러한 관심이 지배적인 경향으로 나타난다.
[원주14] 『카타 우파니샤드』, ⅳ.1.
[원주15] 『타잇티리야 우파니샤드』.
[원주16] 『브리하드아란야카 우파니샤드』, ⅰ.4.10.
[원주17] 『찬도기야 우파니샤드』, ⅲ.14를 보라. 어거스틴(Augustine)과 비교하라 : "내가 땅에게 신을 요구하자, 그것은 나에게 '나는 그가 아니다'라고 대답했다. 내가 바다와 대양과 파충류에게 묻자, 그들이 대답했다. '우리는 그 신이 아니다. 당신을 초월해 있는 그를 찾으시오.' 내가 산들바람에게, 그리고 허공에게 묻자, 그 모든 것들이 대답하였다. '아낙시메네스(Anaximenes)는 틀렸다. 나는 신이 아니다.' 내가 창공과 해와 달과 별에게 묻자, '우리도 또한 당신이 찾고 있는 그 신이 아니다'라고 그들이 말한다. 그래서 나는 내 육신의 문(감각들) 주위에 있는 모든 것들에게 요구했다. '그대들은 나의 신—그대들이 그가 아닌—을 말했다. 그에 대해서 어떤 것을 나에게 말해 주시오.' 그러자 그들은 큰 소리로 외쳤다. '그가 우리를 만들었다.'" 이러한 추구는 내적인 자아에 대한 질문이 제기될 때까지 계속

다. 인간은 물질적인 번영의 원천이었던 베다의 신들에게 매달리는 것이 아니라, 다만 슬픔에서 벗어나기를 원한다.

3) 우파니샤드 철학의 염세적인 경향

우파니샤드에서 보이는 고통에 대한 강조는, 인도 리쉬들의 지나친 염세주의를 가리키는 것으로 해석되기도 한다. 그것은 그렇지 않다. 베다의 종교는 확실히 우파니샤드의 종교보다 낙천적인 것이었다. 그러나 그것은 저급한 형태의 종교로서, 그 사유의 깊이는 결코 사물의 본질을 꿰뚫지 못하였다. 그것은 즐거움으로 가득 찬 세계에 사는 인간 존재의 기쁨을 나타내는 종교였다. 신은 두려움의 대상이었지만 또한 믿음과 의지의 대상이었다. 지상에서의 삶은 소박하고 감미로운 것이었다. 인간의 영적인 것에 대한 갈망은, 근심·걱정 없는 경박한 즐거움을 비난하고 인간의 영적인 목적에 대한 성찰을 일깨웠다. 현실에 대한 불만족은 모든 형태의 도덕적 변화와 영적인 재생에 필연적인 전제조건이다.

사실 우파니샤드의 염세주의는 모든 철학의 필요조건이다. 불만족은 사람이 그것으로부터 벗어날 수 있도록 설득한다. 만일 벗어날 길이 전혀 없다면, 만일 아무런 구원도 추구될 수 없다면, 불만족은 오히려 유해한 것임에 분명하다. 그러나 우파니샤드의 염세주의는 모든 노력을 무의미하게 만들고 체념을 조장하는 방향으로 발달하지 않았다. 삶에 대한 충분한 확신이 있었으며, 진리에 대한 참된 추구를 지지하였다. 바르트(Barth)의 말에 의하면, "우파니샤드는 고통과 권태감보다는 오히려 사색적인 모험의 정신으로 충만된 것이다."[원주18] "우파니샤드의 영역 안에는 삶의 고통——끊임없는 생사의 순환에 붙잡힌——에 대한 명백한 언급은 거의 없다. 그 저자들은 그들이 언명하는 구원의 메시지에서 느끼는 즐거움에 의하여 염세주의

되며, 그 대답은 다음과 같다 : "그대의 신은 그대에게 있으며, 심지어는 그대의 삶의 생명이다"(*Confessions*, x.ch.6).

[원주18] *Religions of India*, p.84.

로부터 해방된다."[원주19]

상사라(saṁsāra),[역주5] 즉 윤회에 대한 교의를 상정하는 것이 곧 우파니샤드가 염세적이라는 것을 증명하는 것은 아니다. 현세의 삶은 자기 완성의 수단이 된다. 보다 높은 환희와 영적인 진리의 완전한 소유를 향한 노정에 있는 우리는 상사라의 훈련을 겪어야 한다. 삶에 열정을 부여하는 것은 자기 극복의 환희에 대한 최상의 동기이다. 상사라는 단지 영적인 성취를 위한 기회들의 연속일 뿐이다. 삶은 영적인 완성의 한 단계이며, 무한자에게로 다가가는 한 걸음이다. 그것은 영혼이 영원을 준비하는 기간이다. 삶은 헛된 꿈이 아니며, 세계는 결코 정신이 만들어내는 허깨비가 아니다. 윤회에 대한 후대의 해석에서 우리는 이 고매한 이상을 잃어버리게 되고, 출생은 영혼의 잘못된 결과로 전락되며, 윤회는 장애물이 되고 만다.

4) 베다 종교의 형식존중주의에 대한 저항

브라흐마나 문헌들에 의하여 제시되는 삶의 단계에서, 베다 찬가들의 소박한 종교는 일종의 공희(供犧)종교였다. 신들에 대한 인간의 관계는 기계적이었으며, 그것은 주고받는 거래 관계, 혹은 손익의 문제였다. 영성의 부활은 형식주의에 빠진 그 시대의 요청이었다. 우파니샤드에서 우리는 영적인 삶의 원천으로 다시 돌아가는 것을 발견한다. 우파니샤드는 제의식의 수행이 인간에게 해탈을 가져다줄 수 없다는 것을 분명히 말한다. 해탈은 오직 우주의 본질을 꿰뚫어보는 통찰에 의거한 참다운 종교적 삶에 의하여 얻어질 수 있다. 완성이란 바깥에서 얻는 것이 아니라 내면에서 일어나는 것이며, 기계적인 것이 아니라 영적인 것이다. 우리는 어떤 사람의 의복을 세탁함으로써 그 사람 자체를 깨끗하게 만들 수는 없다. 우주적인 대아(大我)에 대한 소아(小我)의 일체감이 영적인 삶의 참다운 본질이다.

[원주19] Cave, *Redemption, Hindu and Christian*, p.64.
[역주5] 상사라(saṁsāra)라는 말은 원래 '이리저리 돌아다니다'라는 의미의 동사 원형 saṁsṛ라는 말에서 파생된 명사로, 흔히 윤회전생(輪廻轉生)을 의미하지만, 때로는 윤회전생하는 존재 그 자체, 즉 경험적인 존재나 세속적인 삶을 총칭하기도 한다.

해탈의 수단으로서의 제의식의 무용성이 제기되었다. 신은 형식적인 예식이 아니라 영적인 숭배에 의하여 섬겨진다. 우리는 제의식으로 그를 감동시킬 수 없다. 우파니샤드의 저자들은 충분한 역사 의식을 지니고 있었다. 그들은 만일 자신들의 저항이 외적인 형식에서의 혁신을 요구한다면, 그것은 자칫 무모한 노력이 될 수도 있다는 것을 인식하고 있었다. 그러므로 그들은 단지 정신의 변화만을 요구했다. 그들은 제의식을 새롭게 해석하고, 그것을 다른 형식으로 말하였다. 우파니샤드의 어떤 구절에서는 말을 잡아 희생 제의를 드리는 것[원주20]에 대한 명상의 가치를 인정하고 있다.[원주21] 이러한 명상의 노력은 우리가 제의식의 의미를 깨달을 수 있도록 도와준다. 그리고 그것은 제의식을 실제로 수행하는 것과 마찬가지의 가치를 지니는 것으로 말해진다. 제단을 만드는 널빤지의 종류, 나무의 성질 등에 관하여 상세하게 묘사함으로써, 그들은 스스로가 제의종교에 무관심하지 않다는 것을 보여준다.

형식을 고수하면서도 그들은 그것을 개선하기 위하여 노력한다. 그들은 모든 제의식이 인간의 자아를 실현하기 위한 것이라고 말한다. 삶 그 자체가 제사이다. "참된 제사는 사람이다 : 그의 첫 24년은 자신의 아침 제주(祭酒)이다. ……굶주림에서, 목마름에서, 쾌락의 절제에서, 그는 청정해진다. ……먹고 마시는 가운데 그리고 즐거움 속에서 그는 신성한 축제를 지내며, 웃음과 향연과 결혼에서 그는 찬미의 노래를 부른다. 자기 단련, 관용, 정직, 아힝사(ahiṁsā),[원주22] 진실한 언행, 이러한 것들은 그의 보상이다. 그리고 제의식이 끝났을 때 청정하게 하는 목욕이 곧 죽음이다."[원주23]

[원주20] Aśvamedha.
[원주21] 『브리하드아란야카 우파니샤드』, i.1.2.
[원주22] 여기서는 순결을 의미한다.
[원주23] 『찬도기야 우파니샤드』, iii.17.4. 이사야 lviii. 6~7을 참조 : "이것이 내가 택한 단식이 아니더냐? 악의 속박을 끌러주고, 무거운 짐을 덜어주며, 압제받는 이들을 석방하고, 모든 멍에를 부수어 버리는 것이 아니더냐? 그것은 네가 먹을 것을 굶주린 이에게 나누어주고, 떠돌며 고생하는 사람을 집에 맞아들이는 것이 아니더냐? 헐벗은 사람을 입혀주며, 제 골육을 모르는 체하지 않는 것이 아니더냐?" 플라톤의 Euthyphron, 14.E; Laws, 906(D.

우리는 일상적인 제의식 그 자체가 어떻게 신성한 것이 되는가를 듣는다. 제의식에 의하여 우리가 살아간다. 제의식은 향연이 아니라 포기를 의도하여 행해진다. 모든 행동과 느낌과 생각을 신에 대한 제물이 되게 하라. 당신의 삶이 하나의 거룩한 제사, 즉 야갸(yajña)가 되게 하라.

가끔, 제의식은 보다 높은 길을 준비하기 위하여 불가피한 것으로 말해지기도 한다. 보다 낮은 길에 대한 필요조건을 충족함이 없이, 보다 높은 길을 걸어갈 수 있는 사람은 아무도 없다. 오직 제의식을 통해서만이 깨달음을 얻을 수 있는 것은 아니라 할지라도, 그것은 깨달음을 위하여 필수적인 것이다. 제의식은 우리가 죽은 조상들의 세계로 갈 수 있도록 허락하며, 달에서 잠시 묵은 다음에 새롭게 이승의 존재로 돌아오도록 인도한다.

의식존중주의는 영성에 의거한 숭배와 대조된다.[원주24] 이들 양자간의 갈등도 엿보인다. 제의 중심적인 종교가 우파니샤드의 새로운 종교를 피상적인 것으로 비난하며, 우파니샤드의 사상가들은 형식적인 제관들에게 온갖 풍자를 쏟아붓는다. 어떤 구절에서는, "옴(Om), 먹자. 옴, 마시자…… 등"[원주25]을 말하며 연이어 꼬리를 물고 가는 개들의 행렬에 빗대어 제관들의 행렬을 비웃기도 한다. 이와 같이, 브라흐마나 문헌들의 엄격한 제의식—사람의 연약한 가슴에 거의 위안을 주지 못하는—은 우파니샤드에서 저지되었다.

5) 베다 지식의 초인격성에 대한 반성

우파니샤드는 베다의 초인격성 혹은 영원성을 무비판적으로 받아들이지는 않는다. 후대의 합리적인 사상가들처럼 우파니샤드는 베다의 권위에 대한 이중적인 태도를 견지한다. 우파니샤드에서 "축축한 나무에 불을 지필 때 자욱한 연기가 사방으로 퍼지듯이, 실로 이 위대한 존재로부터 『리그 베

Jewtt 版)을 보라.
[원주24] 또한 『찬도기야 우파니샤드』, i.1.10을 보라.
[원주25] 같은 책, i.12.4.5.

다』, 『야쥬르 베다』, 『사마 베다』, 아타르바(Atharva)와 앙기라사(Aṅgirasa)의 찬가들, 설화들, 역사서들, 학술서들, 신비주의적인 문제들, 시가, 격언, 그리고 주석서들이 생겨났다. 이 모든 것들은 그로부터 내뿜어졌다"[원주26]고 말한 것은, 베다의 초자연적인 기원을 부정하지 않는다는 것을 의미한다.

한편, 참되고 신성한 통찰에 비하여 베다의 지식은 아주 열등하며,[원주27] 따라서 우리를 해방시킬 수 없다는 것 또한 인정된다. 이것은 나라다(Nārada)가 "스승이여, 나는 『리그 베다』, 『야쥬르 베다』, 『사마 베다』를 압니다. 그럼에도 불구하고 나는 다만 만트라와 거룩한 경전들을 알 뿐, 자아를 알지 못합니다"[원주28]라고 말한 것이나, 『문다카 우파니샤드』에서 "두 종류의 지식—우월한 것과 열등한 것—이 있음에 틀림없다. 열등한 지식은 『리그』·『사마』·『아타르바』 베다들과 예식서와 문법사들이 주는 지식이다. ……그러나 우월한 지식은 불멸의 브라흐만이 감득되는 지식이다"[원주29]라고 말한 바와 같다.

6. 우파니샤드에서 논의된 문제들

우파니샤드의 중심 주제는 철학의 문제이며, 이것은 곧 진실인 것에 대한 추구이다. 현상적인 것에 대한 불만족과 여타의 부수적인 요인들은, 『슈웨타슈와타라 우파니샤드』의 서두에서 보이는 것과 같은 본질적인 질문들을 제기하도록 만들었다. "우리는 어디로부터 태어나는가, 어디에서 살고

[원주26] 『브리하드아란야카 우파니샤드』, ii.4.10.
[원주27] 『찬도기야 우파니샤드』, v.3.10 : 『브리하드아란야카 우파니샤드』, iii.5.1 : iv.4.21 : vi.2.1 : 『카우쉬타키 우파니샤드』, i : 『타잇티리야 우파니샤드』, ii.4 : 『카타 우파니샤드』, ii.23을 보라.
[원주28] 『찬도기야 우파니샤드』, vii.2.
[원주29] 『문다카 우파니샤드』, i.4~5 : 『마이트라야니 우파니샤드』, vi.21.

있는가, 어디로 가는가? 오, 브라흐만을 아는 그대여, 누구의 명으로 우리가 여기서 고통스럽게 혹은 즐겁게 살아가는가? 시간인가 자연인가, 필연인가 우연인가, 원인이라 여겨지는 요소들인가, 푸루샤—지고한 원인(原人)—라 불리는 그인가?"『케나 우파니샤드』에서 어떤 제자는 묻는다. "누구의 뜻으로 마음이 그 임무에 따라서 움직이는가? 누구의 명에 의하여 첫 호흡이 나가며, 누구의 뜻에 의하여 우리가 이 말을 하는가? 어떤 신이 눈 혹은 귀를 주관하는가?"[원주30]

우파니샤드의 사상가들은 인간의 경험을 설명할 수 없는 어떤 것으로 여기지 않았다. 그들은 감관을 통하여 알려지는 것을 최종적인 것으로 받아들여야 옳지 않을까 생각하기도 하였다. 우리의 경험을 가능하게 하는 정신적인 기능들은 자존적인가, 아니면 단지 그들의 배후에 놓여 있는 보다 강력한 어떤 것의 결과들에 불과한 것인가? 우리는 어떻게 물질적인 대상과 결과들, 그리고 파생된 것 그 자체를 그 원인과 마찬가지로 아주 실재적이라고 생각할 수 있는가? 그 모든 것의 배후에는 자존적이고 마음이 유일하게 머무를 수 있는 궁극적인 어떤 것이 있음에 틀림없다. 지식, 마음, 감관, 그리고 그 대상들은 모두가 유한하고 제한된 것이다.

윤리의 영역에서 우리는 유한한 것으로부터 참된 행복을 얻을 수 없다는 것을 발견한다. 세상의 즐거움이란 우리가 늙어서 죽으면 끝나버리는 덧없는 것이다. 오직 무한자만이 영원한 행복을 준다. 종교에서 우리는 영생을 갈구한다. 이 모든 것들은 우리에게 시간을 초월한 존재에 대한 확신, 영적인 실재, 철학적 탐구의 대상, 바라는 것의 성취, 그리고 종교의 목표를 강요한다. 우파니샤드의 현자들은 우리를 무한한 존재(sat)이며, 절대 진리(cit)이며, 순수 환희(ānanda)인 이 궁극의 실재로 인도한다. 모든 사람의 기도는 "허망한 것에서 영원한 실재로 나를 인도하시고, 어둠에서 빛으로 나를 인도하시며, 죽음에서 불멸로 나를 인도하소서"[원주31] 하는 것이다.

[원주30] 『문다카 우파니샤드』, i.1.
[원주31] 『브리하드아란야카 우파니샤드』, i.3. 27: Asato mā sad gamaya, tamaso mā

우리는 형이상학과 윤리라는 두 항목으로 우파니샤드의 철학을 다룰 것이다. 먼저 형이상학의 항목에서는 궁극적 실재, 세계의 본질, 그리고 창조의 문제에 관한 우파니샤드의 견해를 다룬다. 그리고 윤리의 항목에서는 개아(個我), 그의 운명, 그의 이상, 자유와 카르마(業)의 관계, 무크티(mukti), 즉 최상의 해탈에 대한 개념, 그리고 윤회의 교의에 대한 우파니샤드의 분석을 다룬다.

7. 궁극적 실재의 본질

1) 육신·꿈 의식·경험적 자아와 다른 아트만의 본질

궁극적 실재의 본질에 대한 문제를 해결함에 있어서, 우파니샤드의 사상가들은 베다 성선들의 객관적인 시각을 주관적인 것으로 보완하려 한다. 베다 찬가들에서 도달된 궁극의 개념은 유일한 실재(Ekaṁ Sat)[역주6]에 대한 개념으로, 이것은 모든 다양한 존재 속에 그 자신을 드러낸다. 이러한 결론은 우파니샤드에서 더욱 강화되는데, 여기서 이 문제는 종종 아트만(Ātman)이라 부르는 자아의 본질에 대한 철학적인 분석에 의하여 접근되기도 한다. 이 단어의 어원은 분명하지 않다. 『리그 베다』 x.16.3에서 그것은 호흡 혹은 생명의 본질을 의미한다. 점차로 그것은 영혼 혹은 자아의 의미를 지니게 되었다.

참된 자아 혹은 아트만에 대한 이론은 분명하고 상세한 어떤 설명으로 제시된 것이 아니며, 어떤 일관된 철학 체계와 연관된 독자적인 이론도 아니다. 『찬도기야 우파니샤드』에 나오는 스승 프라자파티와 제자 인드라의 대화에서,[원주32] 우리는 자아에 대한 정의가 (1) 육체적 자아, (2) 경험적

---

jyotir gamaya, mṛtyor mā amṛtaṁ gamaya.
[역주6] 『리그 베다』, x.129를 보라.
[원주32] viii.3~12.

자아, (3) 초월적 자아, (4) 절대적 자아라는 네 단계를 통하여 점차적으로 발전한다는 것을 발견한다. 여기서 논의된 문제는 심리학적인 것이라기보다는 형이상학적이다. 인간 존재의 중심이 되는 자아의 본질은 무엇인가? 프라자파티는 참된 자아가 지녀야 할 어떤 일반적인 특징을 제시함으로써 이 논의를 시작한다. "죄악에서 자유롭고, 늙음에서, 죽음과 슬픔에서, 굶주림과 목마름에서 자유로우며, 욕구해야 하는 것 외에는 아무것도 욕구하지 않으며, 생각해야 할 것 외에는 아무것도 생각하지 않는 자아, 우리가 반드시 깨우치려고 힘써야 할 것은 바로 그것이다."[원주33]

그것은 모든 변화 속에서도 변하지 않고 지속하는 주체이며, 각성·몽면·숙면의 상태나, 죽음, 윤회, 그리고 마지막 해탈의 상태에서도 여전히 지속되는 공통 요소이다.[원주34] 그 무엇도 파괴할 수 없는 것이 바로 이 순수한 자아의 실상이다. 죽음도 그것을 없앨 수 없으며, 악덕도 그것을 해칠 수 없다. 영원, 지속, 통일, 영원한 행위가 그것의 본질적인 속성이다. 그것은 스스로 완전한 한 세계이다. 그것의 외부에는 이에 반하는 아무것도 없다. 현대의 비판적인 시각은 이 전체 과정을 선결 문제 요구의 허위(petitio principii)[역주7]라고 이의를 제기할 것이다. 단지 여기에 상정된 자기 충족, 자기 완전의 특징에 의해서 그 해결책이 모색될 수 있을 뿐이라는 것이다.

그러나 우리가 보게 되는 바와 같이, 이러한 과정은 그 자체의 의미를 지닌다. 프라자파티는 인간의 자아란 결코 대상이 될 수 없는 실로 주관적인 것에 있다는 것을 분명하게 지적한다. 그것은 보여지는 대상이 아니라 보는 사람이다. 그것은 '나에게' 속한 것으로 간주되는 속성들의 묶음이 아니라, 이 모든 속성들에 대한 면밀한 관찰의 배후에 초월하여 머무르는 '나'이다.[원주35] 그것은 가장 순수한 감각 속에 있는 주체이며, 그것은 결코 대상

[원주33] viii.7.1.
[원주34] 『브리하드아란야카 우파니샤드』, iv.4.3을 보라.
[역주7] 결론과 같은 뜻의 어구가 전제에서 사용되고 있기 때문에, 전제의 근거를 선결 문제로서 요구해야만 한다는 것이다.

이 될 수 없다. 일반적인 의미의 자아에 속하는 내용들 중에는 많은 것들이 대상이 될 수 있다. 주장의 요지는 대상이 될 수 있는 것은 무엇이나 비아(非我)에 속한다는 것이다. 우리는 참다운 자아와 이질적이거나 그와는 다른 우리의 현실적인 자아의 모든 것을 벗겨내야만 한다. 주어지는 그 첫 대답은 태어나고 성장하여 늙고 죽어가는 육신은 자아가 아니라는 것이다.

먼저 프라자파티는 자아란 그가 다른 사람의 눈을 들여다볼 때, 혹은 물통이나 거울을 들여다볼 때 보이는 반영이라고 말한다. 나아가서 우리는 그 영상을 아주 철저하게 살펴볼 것을 제시한다. 그것이 자아가 아니라는 것을 지적하기 위하여 프라자파티는 인드라를 가장 훌륭한 옷으로 장식하게 하여 다시 수면과 거울을 들여다보도록 하고, 인드라는 아주 훌륭하고 깨끗한 옷으로 잘 차려입은 자신의 모습을 보게 된다. 그러자 인드라에게 한 의문이 떠오른다. "육신이 잘 단장될 때 거울에 비친 이 자아, 혹은 수면 위에 비친 이 자아가 잘 단장되고, 육신이 훌륭한 옷으로 차려입혀질 때 그 자아도 잘 차려입혀지고, 육신이 깨끗하게 씻겨질 때 그 자아도 깨끗하게 씻겨지는 것과 마찬가지로, 만일 육신이 장님이라면 그 자아도 장님이 될 것이고, 육신이 절름발이가 되면 그것도 절름발이가 될 것이며, 육신이 불구가 되면 그것도 불구가 될 것이며, 실로 육신이 멸하면 그것도 멸할 것이다. 여기에 내가 바랄 만한 것은 아무것도 없지 않은가?"[원주36]

인드라가 스승 프라자파티에게 다가가자, 한동안 침묵이 흐른 뒤에 스승이 말한다. "꿈 속에서 행복하게 여기저기로 옮겨다니는 자가 자아이다." 참된 자아는 온갖 고통과 불완전함을 보이는 육신이 아니다. 육신은 다만 물질적인 현상에 불과하다. 육신은 의식에 의하여 사용되는 도구인 반면에 의식은 육신의 산물이 아니다. 이제 인드라는 꿈꾸는 주체가 자아라는 말을 듣는다. 그러나 그는 또 다른 어려움을 느끼게 된다. "비록 그 자아는 육신의 결함에 의하여 불완전하게 되지 않으며, 육신이 손상될 때에도 손상

[원주35] 『브리하드아란야카 우파니샤드』, viii.7.3.
[원주36] 같은 책, viii.9.1.

되지 않으며, 육신이 불구가 될 때에도 불구가 되지 않는다 할지라도, 그럼에도 불구하고, 꿈에서 다른 사람들이 그를 칼로 찌르면 마치 찔리는 것 같으며, 그들이 그를 뒤쫓는 것 같다. 그는 마치 고통을 의식하고 눈물을 흘리기조차 하는 것 같다. 그러므로 나는 여기서 아무것도 훌륭한 것을 보지 못한다."[원주37]

프라자파티가 정신적인 경험의 여러 차원들을 두고 굳이 몽면위를 상정한 것은, 꿈 속의 주체가 육신에 대하여 보다 독립적인 것으로 여겨지기 때문이다. 자아는 꿈 속에서 아무런 구속 없이 자유롭게 떠돌아다닐 수 있는 것으로 여겨진다. 꿈 속에서는 마음이 육신의 일에 관계없이 떠도는 것으로 말해진다. 이러한 견해는 늘 성장하고 변화하는 정신적인 경험들과 자아를 동등하다고 생각하는 것이다. 이것은 경험적 자아이며, 인드라는 이 경험적 자아가 경험적인 사건들에 지배된다는 것을 바르게 인식한다. 그것은 주체일 수 없다. 왜냐하면, 그것은 매 순간마다 변하기 때문이다. 비록 그것이 육신에 독립적이라 할지라도, 몽면위는 참된 자아, 즉 아트만처럼 자존적인 것 같지 않다.

시간과 출생의 한계에 의존하는 자아는 영원하다고 말할 수 없다. 시공간적인 환경에 의하여 제한되는 자아는 시간의 산물이다. 그것은 상사라의 세계를 떠도는 방랑자이다. 그것은 스스로를 위하여 불완전한 자료로 불완전한 세계를 구성한다. 그것은 불멸하는 것이 아니며, 무한한 자유를 누리는 것도 아니다. 우리는 모든 경험의 토대요 유지자로서의 주체를 요구하는 것처럼 보이며, 이때 그 주체는 깨어 있는 상태의 경험들뿐 아니라 몽면 상태까지도 단지 불완전한 현현에 불과한 것으로 만든다. 여러 경험 상태의 단순한 흐름은 그 자체로 존속될 수 없다. 경험적 자아는 그 자체만으로는 영원할 수 없다.

인드라가 다시 프라자파티에게 다가가서 그에게 자신의 생각을 말한다. 한동안 침묵이 흐른 뒤에 가르침이 주어진다. "깊이 잠든 사람이 아무런 꿈

[원주37] 『브리하드아란야카 우파니샤드』, viii.10.2.3.

도 꾸지 않을 때, 그것이 자아이다."[원주38] 프라자파티는 인드라의 어려움을 이해하고 있다. 자아는 일련의 어떤 상태로 환원될 수 없을 것이다. 왜냐하면, 그것은 영속하는 경험적 자아의 실재를 받아들이는 것이 되며, 따라서 아트만을 우리의 우연적인 경험의 추이에 지배되는 것으로 만드는 결과를 가져올 것이기 때문이다. 인드라는 경험의 대상이 영속하는 주체―대상들이 경험될 수 있는―를 필요로 한다는 것을 깨달아야 한다. 프라자파티는 이것을 분명히 설명하고자 했다. 이빨을 드러낸 웃음은 언제나 고양이를 필요로 하지만, 그 어느 곳―앨리스(Alice)의 이상한 나라를 제외하고―에서도 고양이가 항상 이를 드러내고 웃을 필요는 없다. 대상은 주체에 의존적이지만, 이와 동일한 의미에서 주체가 대상에 의존적이지는 않다. 만일 자아가 없다면, 아무런 지식도 있을 수 없으며, 물론 예술이나 도덕도 있을 수 없다. 자아와의 관계를 벗어난 대상이란 존재하지 않는 것이다. 모든 대상은 주체로 말미암아 있으며, 주체 그 자체는 다른 사물들 중의 한 사물이 아니다.

인드라가 자아야말로 모든 경험들의 주체라는 것을 깨닫게 하기 위하여 프라자파티는 추상의 방법―그 자체의 불리한 조건을 지니고 있는―을 사용하고 있다. 우리의 삶은 대개 외부의 사물들로 분주하다. 세계는 우리에게 너무 많다. 우리의 자아는 느낌과 욕망과 생각 속에 빠져서, 실로 그것이 무엇인지 모른다. 자연의 사물들에 마음을 빼앗기고 세상의 현실적인 추구로 항상 분주한, 단순하고 객관적인 삶을 영위하고 있기 때문에, 우리는 모든 사물의 근본 원리인 인간의 자아에 대하여 단 한 순간도 생각하려 들지 않는다. 지식은 당연한 일로 간주된다. 그것에 대하여 숙고하는 것, 그 함축적인 의미를 이해하는 것은 곧 정신적인 긴장을 의미한다.

유럽사상사에서 시식의 가능성에 대한 문제는 상당히 후기에 거론된다. 그러나 이 문제가 제기되었을 때, 칸트가 통각 작용의 초월적 통일이라고 부른 것 없이, 혹은 플로티누스가 정신적인 행위에 있어서 영혼의 동반이

[원주38] 『브리하드아란야카 우파니샤드』, viii.11.1.

라고 부른 것 없이는 지식이 불가능하다는 것이 인식되었다. 아무리 간단한 표상이라도 그것은 자아의 실재를 전제로 한다. 지극히 수동적인 지각작용에서도 우리는 자아의 행위를 인식한다. 모든 변화와 모든 경험은 그 중심이 되는 자아를 상정한다. 변화 그 자체는 우리가 구체화시키려고 노력하는 전체 속에서의 변화로 인지된다.

프라자파티는 자아가 심지어 각성 상태나 꿈 속에서도 지속적으로 존재한다는 것을 강조함으로써, 이 자아의 필연성을 분명히 말하고자 한다. 깊은 잠에 빠져 있을 때, 우리는 아무런 경험의 대상도 느끼지 않는다. 그러나 단지 이러한 이유만으로 자아가 없다고 말할 수 없다. 프라자파티는 인드라가 수면중의 자아의 실재성을 받아들일 것이라고 여긴다. 왜냐하면, 일시적인 공백에도 불구하고 의식의 연속성은 달리 설명될 수 없기 때문이다. 데바닷타(Devadatta)는 긴 잠을 자고 난 후에도 계속하여 데바닷타이다. 왜냐하면, 그의 경험들은 그가 잠자러 갔을 때 존재하였던 체계에 그 경험들을 통합시키기 때문이다. 그 경험들은 그의 생각에 연결되며 어떤 다른 사람의 생각 속으로 날아가 버리지 않는다.

이러한 경험의 연속성은 우리가 의식의 모든 내용의 근저에 있는 영속하는 자아를 받아들이지 않을 수 없게 한다. 응시할 아무런 대상도 없는 수면 상태에서도 존속하는 것이 자아이다. 거울에 비추어지는 것이 아무것도 없다는 단순한 이유로 거울 그 자체가 산산이 부수어지는 것은 아니다. 프라자파티는 대상에 대한 주체의 절대적인 우월성을 분명히 밝히려고 노력하며, 이러한 사실은 모든 대상들이 사라질 때에도 주체는 스스로의 빛으로 지속한다는 야갸발키야의 말에서도 잘 나타나 있다. "해가 질 때, 달이 기울 때, 불이 꺼질 때, 자아만이 스스로 빛난다."[원주39]

그러나 인드라는 지나치게 심리학적이어서 프라자파티를 이해하기 어려웠다. 그는 모든 육체적인 경험이나 형체 없는 꿈 속의 대상 등으로부터 자유로운 이 자아, 즉 이 대상 없는 자아를 실제로 있을 수 없는 허구라고 생

[원주39] 『브리하드아란야카 우파니샤드』, iv.3.6.

각했다. 만일 인식하고, 느끼고, 반응하는 것이 자아가 아니라면, 만일 그것이 대상으로부터 분리되고, 그 내용이 텅 비워진다면, 그러면 무엇이 남는가? "아무것도 없습니다"라고 인드라가 말했다. "모든 것으로부터 자유롭다는 것은 아무것도 없다는 것이다."[원주40] 가우타마(Gautama) 붓다는 나무의 비유를 들어 질문한다. 우리가 나무의 잎사귀를 떨구어버리고, 그 가지를 자르고, 그 껍질 등을 벗겨낸 후에 남는다고 여겨지는 그 나무는 무엇인가? 아무것도 없다.

브래들리는 이렇게 지적하고 있다 : "자신의 구체적인 심리적 내용물 이전에, 혹은 그 너머에 있는 어떤 것인 체하는 자아는 터무니없는 허구요, 단지 허깨비에 불과한 것이며, 따라서 그 어떤 이유로도 받아들일 수 없다."[원주41] 이러한 입장에서 본다면, 숙면 상태에서 자아는 전혀 있을 수 없다. 로크는 우리가 졸음으로 고개를 끄덕일 때마다 그것은 자아 이론의 허구를 폭로하는 것이라고 주장한다. "수면 상태나 혼수 상태에서는 마음이 존재하지 않는다. 시간도 존재하지 않으며, 생각의 연속도 있을 수 없다. 사유 작용 없이 마음이 존재한다는 것은 모순이요 무의미한 말장난이며 아무것도 아니다."[원주42] 인드라는 로크나 버클리 이전 시대에 살았던 경험론자였던 것 같다.[역주8]

로체(Lotze)는 "만일 완전한 숙면 상태에 있는 영혼이 아무것도 생각하지 않고, 느끼지 않으며, 의도하지 않는다면, 그러면, 과연 그 영혼이 있는 것인가, 만일 있다면, 어떻게 그럴 수 있는가?"라고 묻는다. "만일 이것이 일어날 수 있다면, 얼마나 자주 그렇다는 대답이 주어졌는가? 이것이 일어날 때마다 영혼은 없다고 말하는 용기가 왜 우리에게는 없는가?"[원주43] 인

[원주40] 브래들리, *Ethical Studies*, p.52.
[원주41] *Appearance and Reality*, p.89.
[원주42] Berkeley, *Works*, vol. i . p.34.
[역주8] 인드라는 경험론자나 회의론자들과 마찬가지로 자아를 단지 '관념의 묶음'(bundle of ideas)으로 생각한다.
[원주43] *Metaphysics*(영역), vol. ii . p.317.

드라는 그것을 분명하게 말할 수 있는 용기를 지니고 있었다.[원주44] "그것은 실로 소멸되었다." 이것은 인도사상에서 거듭하여 간과되는 어떤 중요한 가르침을 담고 있다. 객관적인 외계의 삶을 부정하는 것은 곧 내면의 신을 허물어뜨리는 것이다.

순수한 주관 속에서 우리가 도달할 수 있는 최상의 경지에 이를 수 있다고 생각하는 사람들은 인드라와 프라자파티의 대화를 주목해야 한다. 인드라에 의하면, 유기체가 지니는 한계에서 자유롭고, 시공간을 벗어나 있으며, 아무런 대상도 지니지 않는 상태란 단지 완전한 소멸에 지나지 않는다. 내용 없는 자아, 데카르트의 추상적인 코기토(cogito), 칸트의 형식적인 통일체(formal unity), 경험적인 모든 의식의 배후에 혹은 그들을 초월하여 있다고 상정되는 주체, 이러한 것들은 실로 있을 수 없는 것이다. 심리학적인 분석뿐 아니라 철학적인 성찰도 이러한 결과로 귀착된다.

프라자파티는 경험의 모든 변화에 영향받지 않는 자아의 정체성을 강조하려고 애쓴다. 그는 인간의 자아가 의식의 상태를 배제하지 않지만, 그럼에도 불구하고 그것이 의식의 상태 그 자체는 아니라는 것을 지적하기 위하여 고심하였다. 맥타가트(McTaggart) 박사는 이 문제에 대해서 다음과 같이 그 전체적인 요점을 정리하고 있다.

> 자아는 무엇을 포함하는가? 그것은 의식하는 모든 것을 포함한다. 그것은 무엇을 배제하는가? 그것이 의식하는 마찬가지의 모든 것을 배제한다. 그것이 자기 안에 없는 것이라고 말할 수 있는 것은 무엇인가? 아무것도 없다. 그것이 자기 바깥에 없는 것이라고 말할 수 있는 것은 무엇인가? 하나의 추상뿐이다. 그리고 이 역설을 제거하려는 모든 시도는 자아를 망가뜨리고 만다. 왜냐하면, 그 두 측면은 불가피하게 연관되어 있기 때문이다. 만일 우리가 다른 모든 것으로부터 자아를 분리시킴으로써 그것을 명료한 개별자로 만들려 한다면, 그것은 자기가 의식적일 수 있

[원주44] 『찬도기야 우파니샤드』, viii.2.1~2: Vināśamevāpito bhavati.

는 모든 내용을 잃어버리게 만들며, 이것은 결국 우리가 이 과정을 통하여 보존하려 하는 바로 그 개별성을 잃게 되는 결과를 초래한다. 한편, 배제성을 희생하는 대신에 다른 모든 것을 포함시킴으로써 그 내용을 살리려 한다면, 의식은 사라져버리고 말 것이다. 그리고 이때 자아는 아무런 내용을 지니지 않고 다만 그것이 의식하는 대상만 지니기 때문에, 그 내용도 또한 사라진다."[원주45]

인드라는 자아가 초월적이라고 여기는 데 따르는 위험을 보여준다. 자아는 단순한 추상이 아니라, 전체의 참된 삶으로 알려져야 한다. 그러므로, 인드라가 언어로 표현하는 것의 어려움을 프라자파티에게 설명하는 다음 단계가 있다. "실로 숙면 상태에 있는 주체는 그 자신이 있다는 것을 스스로 알지 못하며, 또한 자기 이외의 다른 어떤 것들이 있다는 것도 알지 못한다. 그는 완전한 소멸로 떨어진다. 나는 여기서 전혀 바람직한 것을 보지 못한다."[원주46]

프라자파티는 어떻게 그것이 다양성 속에서, 그리고 그 다양성을 통해서 지속하는 동일성일 수 있는가를 지적한다. 전체 세계는 절대 의식의 자기 실현 과정이다. "마가반(Maghavan)![원주47] 이 육신은 반드시 소멸되며, 모든 것은 죽음 앞에 무력하다. 육신은 불멸하는 자아의 집이다. 그는 눈을 지닌 사람이며, 눈 그 자체는 보는 도구이다. 아는 자, 내가 이것을 냄새 맡게 하는 자, 그가 바로 자아이며, 코는 단지 냄새 맡는 도구일 뿐이다."[원주48]

[원주45] *Hegelian Cosmology*, sec.27.
[원주46] 『찬도기야 우파니샤드』, viii.11.1.
[원주47] 인드라에 대한 또 다른 이름이다.
[원주48] 『찬도기야 우파니샤드』, viii.12. *Timaeous*에서 필멸자와 불멸자의 두 영혼을 구분하는 플라톤과 비교하라. 필멸하는 영혼은 격정과 애착으로 이루어져 있으며, 자기를 변화와 소멸의 덧없는 세계와 동일시하는 경험적인 에고(ego)이다. 불멸하는 영혼은 인간과 세계에 공통된 지적인 본질이며, 인간의 속성으로 둘러싸여 있는 신의 불꽃이다(*Timaeus*와 *Phaedon*). 또한 우리는 아리스토텔레스에 있어서 소멸하는 정신과 기억에 반대되는 것으

자아는 추상적이고 형식적인 원리가 아니라, 그 자체로서 그리고 혼자의 힘으로 존재하는—헤겔의 용어를 빌리면—역동적인 보편 의식으로 나타난다. 그것은 온갖 차별상일 뿐 아니라 개체적인 자기 동일이다. 그것은 주관인 동시에 객관이다. 우리가 경험 속에서 인식하는 대상은 그것에 근거한다. 참되고 무한한 자아는 단순히 유한하지 않은 자아가 아니다. 그것은 유한한 것들 가운데 어떤 것이 아닌 것이 아니라, 그 모든 것의 토대이다. 그것은 초월적인 동시에 내재적인 보편아(普遍我)이다. 전체 우주는 그 안에서 살고 숨쉰다. "달과 해는 그것의 눈이요, 공중의 네 방위는 그것의 귀며, 바람은 그것의 호흡이다."[원주49]

그것은 인간 존재의 심연에서, 일체 만유가 생겨나는 우주적 아카샤(akāśa, 空)[원주50]에서, 살아 생동하는 창조의 원리[원주51] 속에서, 그리고 온 세계가 전율하며 움직이는 주체[원주52] 안에서 작열하는 빛이다. 그것은 함축적으로 객관 세계의 모든 의식을 포함한다. 전 우주를 통하여 우리 내면의 영원한 자아에 포함되지 않는 것은 아무것도 없다. 모든 것을 포함하고 있는 이 자아는 그 자신 안에 자연의 모든 사실들과 인간 경험의 모든 역사를 담고 있는 유일한 실재이다. 우리 각자의 소아(小我)는 그것 속에 포함되며, 그것은 소아를 초월한다.

자아는 관념의 흐름 이상의 주체이다. 관념의 흐름이란 단지 자아의 불완전한 현현에 불과하다. 인간의 모든 의식 상태는 이 중심 광원을 축으로 회전하고 있다. 광원을 없애면, 광선도 사라질 것이다. 주체가 없이는 그 어떤 관념의 흐름도 있을 수 없으며, 공간적인 감각 작용의 질서나 시간적인 연속의 순서도 있을 수 없다. 기억과 내성(內省), 지식과 윤리가 가능한 것은 바로 그것이 있기 때문이다. 우파니샤드는 이 주체야말로 모든 개체

로서의 intellectus agens에서도 이와 똑같은 구분을 본다.
[원주49] 『문다카 우파니샤드』, i.1 : 『찬도기야 우파니샤드』, iii.13.7.
[원주50] 『찬도기야 우파니샤드』, i.91.
[원주51] 같은 책, i.11.15.
[원주52] 『카타 우파니샤드』, vi.1.

속에 내재한 보편적인 토대라고 주장한다. 그것은 일체 만유 속에 감추어져 있으며, 모든 피조물에 편재한다. "그것 외에 제2의 것이란 있을 수 없으며, 별도의 다른 술어도 있을 수 없다."[원주53] "숨쉴 때 그는 호흡이라 불리고, 말할 때는 언어, 볼 때는 눈, 들을 때는 귀, 인식할 때는 의근(意根)이라 불리는 이 모든 것은 다만 그의 작용에 대한 이름일 뿐이다."[원주54]

각성 상태와 몽면 상태, 죽음과 수면, 속박과 해탈의 모든 상태에서 항상 존속하는 영원한 주체란 바로 이와 같이 이해된 자아일 뿐이다. 그것은 시종일관하여 두루 존재하며, 모든 세계들을 통하여 소멸되지 않는다. 그것은 보편적인 주체이지만, 그럼에도 불구하고 보편적인 대상이다. 그것은 보지만 보지 않는다. 이에 우파니샤드에서는 이렇게 말한다. "그가 지켜보고 있지 않을 때라 할지라도, 그는 보고 있다. 그는 영원히 멸하지 않는 관자(觀者)이기 때문에, 그에게 보는 것의 중단이란 있을 수 없기 때문이다. 그러나, 그 이외에 다른 제2의 것이란 있을 수 없으며, 그가 바라보는 타자, 혹은 그와는 구별되는 타자란 없다."[원주55] 자아는 전체이다. "나는 실로 일체 만유의 우주다."[원주56]

본질적으로 이 보편적인 자아는 지각될 수 없다. 그래서 샹카라는 "지켜보는 자아는 의식을 비추지만, 그 자체는 결코 의식 속에 있는 것이 아니다"라고 말한 것이다. 모든 대상이 그것을 위해 있지만, 그것은 경험의 소여(所與)가 아니며, 어떤 대상이 아니다. 그것은 사유 작용이 아니지만, 모든 사유 작용은 그것으로 인하여 있다. 그것은 보여지는 것이 아니지만, 보는 모든 것의 제1원리이다. 칸트가 말하는 것과 같이, 경험적으로 알려진 것의 상태는 알려진 것 그 자체가 아니다. 칸트는 말한다. "어떤 대상을 알기 위하여 내가 반드시 전제해야 하는 것은, 나는 대상으로서 알 수 없다는 것이다." 모든 경험에 있어서 주체 그 자체는 경험이 될 수 없다. 만일 그것

[원주53] 『브리하드아란야카 우파니샤드』, iv.3.23 : 『찬도기야 우파니샤드』, viii.1.3.
[원주54] 『브리하드아란야카 우파니샤드』, i.4.7 : 『카우쉬타키 우파니샤드』, iii.
[원주55] 『브리하드아란야카 우파니샤드』, iv.3.23.
[원주56] Aham eva idam sarvo'smi.

이 경험이라면, 의문이 일어난다. 누구에 의하여 그것이 알려지는가? 지식은 언제나 주관과 객관의 이원성을 띠게 마련이다. 그러므로 이 자아는 구체적으로 정의하기 어렵다. 모든 궁극적인 원리가 그렇듯이, 그것은 다만 받아들여져야 할 뿐이다. 비록 그 자체는 설명되지 않는다 할지라도, 그것은 다른 모든 것에 대한 설명이다. 인식 주관은 뒤돌아서서 그 자신을 잡을 수 없다는 콩트(Comte)의 어려움이 전혀 터무니없는 것은 아니다. "이것도 아니고 저것도 아니며, 그외의 다른 어떤 것도 아닌 영혼은 불가해한 것이다. 왜냐? 그것은 잡히지 않기 때문이다."[원주57]

우파니샤드는 자아를 육신이나 일련의 정신 상태, 혹은 표상들의 연속, 혹은 의식의 흐름과 동일시하는 것을 부정한다. 자아란 토대 없이는 있을 수 없는 어떤 형태의 관계일 수 없으며, 연관시키는 행위자 없이는 이해할 수 없는 어떤 유형의 연관일 수도 없다. 언제나 의식의 내용을 동반하며, 심지어 아무런 내용이 없을 때에도 여전히 지속하는 보편적인 의식의 실재를 받아들이지 않을 수 없다. 자아와 비아 모두의 전제가 되는 이 근본적인 주체를 아트만(Ātman)이라고 한다. 아무도 그것의 실재를 의심할 수 없다.[원주58]

2) 인간 의식의 여러 가지 양태들

『만두키야 우파니샤드』에 나타난 의식에 대한 분석도 이와 마찬가지의 결론으로 귀결된다. 이 우파니샤드의 분석에 따르면,[원주59] 영혼은 세 가지 상태──모두가 제4위(第四位)에 포함되는──를 지닌다. 이들은 각성위(覺醒位), 몽면위(夢眠位), 숙면위(熟眠位), 그리고 투리야(turīya)라 불리는 제4위이다.

그 첫번째 상태는 깨어 있는 상태로서, 자아는 외계 대상들의 일반적인

[원주57] 『브리하드아란야카 우파니샤드』, iii.7.3; iv.4.22.
[원주58] *Bhāmatī*: Na hi kaścit sandigdhe ahaṁ vā nāhaṁ veti.
[원주59] i.2.7.

세계를 의식한다. 그것은 조대(粗大)한 것들을 향수한다. 이 상태에서는 육신에 대한 의존이 현저하다. 두번째 상태는 꿈의 상태로서, 자아는 미세한 것들을 향수하며,[원주60] 각성 상태의 경험들을 토대로 새로운 형태의 세계를 만들어낸다. 영혼은 육신의 구속에서 벗어나, 자유롭게 돌아다닌다고 말해진다. 세번째는 숙면 상태이다. 여기서 우리는 꿈도 의욕도 지니지 않으며, 이 상태를 수숩티(suṣupti)라고 한다. 이때 영혼은 일시적으로 브라흐만과 하나가 되어 지복을 누린다. 숙면 상태에서 우리는 모든 욕망 위로 떠오르며, 모든 번뇌에서 벗어난다. 이른바 모든 대립은 이 대상 없는 순수 인식 주체 상태에서 사라진다.[원주61]

샹카라는 의근의 작용으로 야기되는 현상 세계의 이원성이 앞의 두 상태에서는 나타나지만, 숙면 상태에서는 없다는 것을 지적한다. 여러 구절에서 우리는 산만한 세계로부터 완전히 떠나 있는 숙면 상태에서 완전한 행복의 본질을 맛본다는 것을 듣게 된다. 영혼은 비록 육신의 장애를 받고 있지만, 원래 신성한 것이다. 잠들어 있을 때, 그것은 육신의 속박에서 벗어나 자기의 본바탕을 되찾게 된다고 말해진다. 아리스토텔레스의 미완성 유고(遺稿)에는 "영혼이 홀로 잠들어 있을 때는 언제나, 그 본래의 성품으로 돌아간다"[원주62]라고 적혀 있다. 육신의 횡포에서 벗어날 때 영혼의 본래적인 신성이 회복된다. "그는 수면중에 그의 가장 소중한 진리를 준다." 이 상태에서 외적인 모든 행위가 어떻게 억제되는가를 나타내기 위하여 영면(永眠)의 비유가 사용된다.

숙면위가 순수한 무의식과 혼동될 가능성이 있었다. 그래서 『만두키야 우파니샤드』는 최고의 상태가 이러한 숙면 상태가 아니라, 다른 어떤 상태, 즉 영혼의 제4위라는 것을 지적한다. 이것은 순수 직관 의식이며, 내적이거나 외적인 대상에 대한 그 어떤 형태의 지식도 없는 상태이다. 숙면 상태

[원주60] 『브리하드아란야카 우파니샤드』, iv.3.9.14를 보라.
[원주61] 『브리하드아란야카 우파니샤드』, ii.1 : 『카우쉬타키 우파니샤드』, iv : 『찬도기야 우파니샤드』, vi.8.1 : 『프라슈나 우파니샤드』, iv.4: iv.3.7.
[원주62] *Fragment* 2.

에서 영혼은 브라흐만과 절대적인 합일을 이루어 변화무쌍한 감각의 세계를 완전히 여읜 영역에 거주한다. 투리야 상태, 즉 제4위는 숙면 상태에서 강조되는 부정 명제의 긍정적인 측면을 나타낸다. "제4위는 주관을 의식하는 것이 아니며, 객관을 의식하는 것도 아니며, 주관과 객관의 양자 모두를 의식하는 것도 아니며, 순수 의식도 아니며, 아주 감각적인 물질도 아니며, 완전한 어둠도 아니다. 그것은 눈에 보이지 않고, 초월적이며, 불가해하며, 추론할 수 없으며, 상상도 할 수 없으며, 형언할 수 없는 것이다. 그것은 자아가 지닌 의식의 유일한 본질이며, 세계의 완성이며, 영원한 평화와 행복이다. 실로 이것은 아트만이다."[원주63]

제4위는 각성위, 몽면위, 숙면위의 A-U-M으로 구성된 아움카라(A-umkāra)로 상징된다. 그것은 배타적인 자아가 아니라 일체 만유의 공통 기반이며, 그들이 동일성을 유지할 수 있게 하는 토대이다.[원주64] 숙면위에서 우리는 모든 차별상이 사라지고 전체 우주가 소멸되는 영원한 통일에 도달한다고 말할 수 있을 것이다. 그러나 이것은 최고의 상태로 여겨질 수 없으므로, 보다 상위의 긍정이 상정된다. 경험적인 개아의 경우에는, 만일 비아(非我)가 없어지면 그의 개별성 또한 사라진다. 그러므로 대상을 없애는 것이 결국에는 자아를 내용이 없는 추상으로 만드는 것이 아닌가 하는 의문이 남는다. 그러나 궁극적인 보편아 속에는 모든 대상들의 실재가 포함된다. 세계 내의 대상들이 우리에게 알려지고 소중히 여겨지는 것은, 다만 그들이 세계의 모든 대상들을 배척하지 않고 포용하는 우리의 자아 속에 들어가는 한에 있어서이다.

자아는 모든 변화의 한가운데 있는 영원불변의 동일성이다. 양태는 끊임없이 변하고 사라지지만, 자아는 항상 동일하게 있다. 그것이 의식하는 대상들은 일어났다 사라지지만, 그것은 시작도 없고 끝도 없다. "결코 의식의

[원주63] i.7.
[원주64] Gauḍapāda, *Kārikā*, i.22: Triṣu dhāmasu yat tulyam sāmānyam(세 영역에 동등하게 공통된 토대).

단멸이 경험된 적이 있거나 직접 목격된 적이 없었으며, 만일 그런 경우가 있었다 해도 관자(觀者)나 경험자 그 자신은 동일한 의식의 연속되는 구체화로서 여전히 그 배후에 남아 있다."[원주65] 그것은 모든 존재의 토대이며, 지속적인 주체에 대한 대상의 의존성이 아주 명백한 것은 아닐지라도, 우리가 인식하는 모든 것에 대한 관조자이며 유일한 지주이다. 자아의 세 가지 상태, 즉 각성위, 몽면위, 숙면위, 그리고 이 모두를 포괄하는 상태는 각각 비슈와(viśva), 타이자사(taijasa), 프라갸(prājña), 그리고 투리야(turīya) 상태라고 불린다.[원주66]

각성·몽면·숙면의 세 가지 상태에 대한 분석을 통하여 볼 때, 비록 비존재는 아니라 할지라도, 결과적으로 이들 모두가 비실재적이라는 것이다. "처음에 무(無)요 끝에도 무(無)인 것은 반드시 그 중간에도 무(無)라 해야 한다."[원주67]

지금까지의 분석으로 미루어 볼 때, 각성 상태의 경험은 실재적이 아니다. 만일 꿈 속의 경험이 우리의 나머지 경험들과 일관되지 않기 때문에 비실재적이라고 말한다면, 각성 상태의 경험은 꿈과 일관되지 않는다고 주장할 수도 있지 않을까? 각성 상태의 경험이 그 자체의 범위 안에 있는 것과 마찬가지로, 꿈 속의 경험은 그 자체의 범위 안에서는 모순이 없다. 다양한 차원의 세계는 단지 자아의 특수한 양태와 관련하여 실재적인 것 같다. 각성 상태의 기준을 꿈 속의 세계에 적용하여 그것을 판단하는 것은 옳지 않다. 꿈 속의 경험과 각성 상태의 경험들은 정도의 차이는 있다 할지라도 비실재적이기는 마찬가지다.

꿈 없는 숙면 상태는 우리에게 내적이거나 혹은 외적인 어떤 것에 대한 아무런 인식도 없는 상태이다. 그것은 어둠의 장막으로 드리워진 무차별의 덩어리로서, 모든 임소들이 검은 헤겔의 밤에 비유될 수 있을 것이다. 우리

[원주65] *Devī Bhāgavata*, iii.32.15~16을 보라.
[원주66] 불교에 있어서 삼계(三界), 즉 욕계(慾界)·색계(色界)·무색계(無色界)와 초월계(超越界, lokottara)의 네 차원은 이 구분에 부합한다.
[원주67] Gauḍapāda, *Kārikā*, i.6.

는 여기서 모든 슬픔에서 벗어난 최상의 부정적인(negative) 상태를 경험한다. 그러나 아트만은 이와 같은 불행의 부재가 아니다. 그것은 긍정적인(positive) 행복이다. 그것은 각성위나 몽면위 또는 숙면위가 아니라, 그 셋을 초월함과 동시에 관조하는 제4위이다. 제4위에 주어지는 부정적인 묘사는 유한한 우리로서는 그것의 적극적인 본질을 알 수 없다는 것을 가리킨다. 제4위는 그 셋을 부정함에 의해서가 아니라, 그들 모두를 초월함으로써 실현된다.

우파니샤드에서는 그것이 내용 없는 공허가 아니라는 것을 거듭 강조하고 있지만, 유한 존재인 우리가 그 이상적 실재의 속성을 정의하는 것은 불가능하다. 그럼에도 불구하고, 궁극적인 것에 대한 그릇된 개념들을 비판하고, 결코 추상이 아닌 진리를 드러내 보이기 위하여 우파니샤드의 사상가들은 불충분한 개념들에 빠져든다. 엄격히 말하여, 우리는 그것에 관하여 아무것도 말할 수 없다. 그러나 논의를 위하여 우리는 제한된 타당성을 지니는 지적 개념들을 사용하지 않을 수 없다.

3) 자아에 대한 우파니샤드의 분석이 후기 사상에 미친 영향

자아의 문제는 우파니샤드에서 논의된 가장 중요한 문제 중의 하나이다. 그것은 또한 『바가바드기타』와 『베단타 수트라』(*Vedānta Sūtra*)에서 아디야트마 비드야(Adhyātma Vidyā)로 다시 다루어지고 있다. 자아의 본질에 대한 분석은 후기의 사상 학파들에 전해진 우파니샤드의 귀중한 유산이다. 그것이 수많은 오해를 가져왔던 것도 사실이다.

자아의 본질에 대한 상호 모순되는 교의들이 붓다, 샹카라, 파탄잘리(Patañjali),[역주9] 그리고 카필라(Kapila)[역주10]에 의하여 주장되었으며, 이 견해들은 모두 우파니샤드에 뿌리를 두고 있다.

[역주9] 『요가 수트라』(*Yoga Sūtra*)의 저자로 알려지는, 요가학파의 개조이다. 요가는 정통파든 비정통파든 인도의 거의 모든 학파에서 받아들여진 실천 수행법이다.
[역주10] 전통적으로 요가학파와 밀접한 관련을 지니는 상키야학파의 개조이다.

심원한 자아를 추상적인 무(無)로 만드는 것은 우파니샤드의 의도가 아니었다. 그것은 더할 나위 없이 충만한 실재요 비길 데 없이 완전한 의식이며, 단순히 소극적인 의미에서의 고요가 아니다. 사유의 논리 체계는 그 속에 부정의 측면을 지니게 마련이지만, 그것은 앞으로 나아가는 행진의 한 단계일 뿐이다.

　부정의 과정을 통해서 자아는 그 자신의 본질이 유한성이나 자기 충족성에 있는 것이 아니라는 것을 인식해야 한다. 긍정의 방법을 통해서 그것은 삶과 모든 존재 속에 있는 자신의 참된 자아를 발견한다. 일체 만유는 이 참된 자아 속에 존재한다.

　어떤 불교도들은 자아를 단지 공(空)에 불과한 것으로 여기며, 이러한 가정 아래 그것을 형이상학자의 추상으로 내던져 버린다. 우리는 의식의 영역 어느 구석에서도 이러한 자아를 발견하지 못한다. 그것을 발견하지 못하기 때문에, 우리는 그것이 무(無)일 뿐이라는 결론으로 치닫는다. 상키야학파는 그것을 단순하고 순수한——비록 수동적이라 할지라도——영혼으로 받아들이며, 그것은 이러한 단순성에도 불구하고 어떤 속성과 독특함을 지닌다. 여기서 우리는 무수한 영혼의 실재를 인정하는 상키야의 교의를 보게 된다.

　어떤 베단타 학자들은 참된 자아 혹은 브라흐만을 순수·적정·평온의 부동자로 간주하며, 자아는 유일하다고 주장한다. 수동적인 측면에 강조점을 둠으로써 그들은 자아를 단순한 추상으로 전락시키는 위험을 감수하게 된다. 자아를 단순히 식(識)——아무튼 아무런 내용 없이 생각할 수 있는——으로 환원시키는 불교 종파들도 있다.

8. 브라흐만

1) 객관으로부터 실재에 대한 접근——물질·생명·의식·지성·아난다

　우리는 이제 객관적인 측면으로부터 궁극적인 실재를 정의하고자 한다.

이때 그것은 브라흐만(Brahman)[원주68]이라 불린다. 『리그 베다』에서 우리는 일원론적인 개념이 일어났다는 것을 보았다. 우파니샤드는 항상 역동적이면서도 또한 항상 정지해 있는 영원한 혼에 대하여 보다 논리적인 정의를 내리고자 한다. 우리는 여기서 저급하고 불완전한 개념이 차츰 완전한 개념으로 발달해가는 과정을 볼 수 있다.[원주69] 『타잇티리야 우파니샤드』의 제3장에서, 아들이 아버지에게 다가가서 일체 만유가 흘러나오고 다시 귀입하는 궁극적 실재의 본질에 대한 가르침을 청한다. 아버지는 아들에게 브라흐만의 대체적인 모습을 말해 주고, 이러한 모습에 부합되는 개념의 내용을 발견하라고 이른다. "이 존재들이 생겨나고, 그들이 살고, 그들이 죽어서 귀입하는 것, 그것이 브라흐만이다."[원주70] 세계의 모든 존재는 끊임없이 그 모습을 바꾸며, 따라서 그것은 궁극적인 의미에서 실재한다고 간주될 수 없다. 변화하는 사물들──우파니샤드에서 나마루파(nāmarūpa,

---

[원주68] 우파니샤드의 궁극적인 실재를 어떻게 브라흐만(Brahman)이라고 부르게 되었는가 하는 문제는 여러 학자들에 의하여 다양하게 대답되어왔다. 하우그(Haug)는 브라흐만이 '부풀다', 혹은 '자라나다'의 의미를 지니는 동사 원형 Brh에서 파생된 말로서, 기도를 뜻한다고 주장한다. 신성한 기도는 성장을 가져온다. 그러자 그것은 자연의 힘을 의미하게 되었고, 나중에는 궁극적인 실재를 의미하게 되었다. 로트(Roth)에 따르면, 처음에 브라흐만은 신들을 향한 의지력이었는데, 차츰 신성한 신조, 그리고 마침내는 절대자를 의미하게 되었다. 올덴베르그(Oldenberg)는 이렇게 생각한다: 세계가 행복과 불행을 마음대로 주무르는 여러 신들과 신비력으로 가득 차 있던 베다 시대에, 가장 강한 자는 마법을 휘두르며 원하는 어떤 결과든 만들어낼 수 있다고 믿겨졌던 주술사들이었다. 그때 브라흐만은 주문(呪文)을 의미했다. 브라흐마나 시대에 그것은 제의식에서 사용되는 신성한 찬가들을 가리켰다. 아마 이 찬가들 중에 일부는 주술적인 효과를 가져오는 주문으로 사용되었을 것이다. 그리고 이 말은 차츰 세계를 생성시키는 중심 에너지를 뜻하게 되었다. 도이센(Deussen)은 브라흐만이 기도라고 주장한다. 그의 견해에 따르면, 기도는 우리가 진리를 깨닫게 될 때 영혼을 고양시키는데, 차츰 진리는 브라흐만이라는 말로 가리키게 되었다. 막스 뮐러는 브라흐만의 어원을 '말'(word)에서 찾는데, 이것은 브리하스파티(Bṛhaspati, 祈禱主) 혹은 바차스파티(Vācaspati, 言語의 主)라는 이름에서 분명하게 입증된다고 본다. 말하는 자가 브라흐만이다(Max Müller, *Six Systems of Indian Philosophy*, pp.52, 70). 우리는 이 말의 어원에 대해서 고민할 필요가 없다. 단지 분명한 것은, 우리에게 있어서 브라흐만은 실재, 성장, 호흡, 팽창하는 실재를 의미한다는 것이다.

[원주69] *Reign of Religion*, ch. viii을 보라.
[원주70] iii.1.

形色)라고 부르는—의 근저에 놓여 있는 항구불변한 어떤 것이 있는가?

아들은 물질이 궁극적인 실재라고 생각한다. 그것은 외부 세계에 있어서 가장 현저한 측면이다. 이 견해는 로카야타(lokāyata),[역주11] 즉 유물론자들에 의하여 견지된다.

아들은 잠시 후 물질이 생명 현상을 설명할 수 없다는 것을 깨닫는다. 식물의 성장은 물질 이외의 다른 어떤 설명을 요한다.

그는 프라나 혹은 생기를 궁극적인 원리로 생각해냈다.[원주71] 물질 없이 생명이 존재하는 것은 있을 수 없지만, 물질은 생명의 비밀을 지니지 않는다. 생명 속에는 무기(無機) 요소들을 흡수하고 변화시키는 어떤 것이 있다. 이 '어떤 것'이 사람 속의 피와 뼈와 근육 속으로 야채를 흡수, 변화시키는 것을 돕는 생명의 원리이다.[원주72] 그것은 우주에 편재하는 원리이며, 인간 존재를 나머지 다른 피조물들과 연결하는 원리이다. 비록 프라나가 육신의 본질이라 할지라도, 생명이 물질과는 다른 차원에 속한다는 것을 아들은 확신한다.[원주73] 다시 그는 궁극적 실재로서의 프라나라는 해답에 불만을 느낀다. 왜냐하면, 우리가 동물계에서 볼 수 있는 의식 현상이 생명의 원리로는 설명될 수 없기 때문이다.

마나스(manas), 즉 지각적인 의식은 생명이나 물질과는 다른 차원의 산물이다. 그것은 생명 진화의 절정인 것처럼 보인다.[원주74] 그래서 아들은 마나스가 브라흐만이라고 믿는다. 그러나 이것조차도 충분하지 않을 것이다. 왜냐하면, 단순한 지각적인 의식의 범위 밖에 있는 지적인 사실들이 있기 때문이다.

[역주11] 인도 유물론자(Cārvāka)들에 대한 별칭으로, 문자적으로는 '일상적인 경험의 세계에 한정된' 자들이라는 의미를 지닌다.
[원주71] 프라나는 원래 호흡을 의미한다. 『리그 베다』, i.66.1; iii.53.21; x.59.6을 보라.
[원주72] 『프라슈나 우파니샤드』, ii를 보라.
[원주73] 『브리하드아란야카 우파니샤드』, i.3.90. 또한 『찬도기야 우파니샤드』, vi.2.4를 보라.
[원주74] 마나스는 프라나에 제한된다. Prāṇa-bandhanam hi saumya manaḥ 참조.

비갸나(vijñāna), 즉 지성이 브라흐만이라고 말한다.[원주75] 어떤 불교 학파들은 이 견해를 받아들인다. 곧 아들은 지적인 자의식조차도 불완전하며, 부조화와 결함에 지배된다는 것을 깨닫는다. 우리가 극복하기 위하여 아무리 노력한다 해도, 지적인 차원에서는 이원성과 외적인 요소들이 여전히 남아 있다는 것을 지적하는 것이 우파니샤드의 목적이다. 지식과 윤리의 영역에서는 우리가 주관과 객관 혹은 주체와 대상의 관계를 떠날 수 없다. 단순한 지성 이상의 어떤 차원, 존재가 더 이상 지식에 의하여 구성되지 않는 고차원이 있음에 틀림없다. 존재의 통일성은 우리가 지적인 차원을 뛰어넘는 것을 요구한다. 일반적으로 알려지고 있는 것처럼, 사유 작용은 그 자체가 아니라, 그것의 바깥에 있는 다른 대상을 다룬다. 실재는 사유 작용과 다른 것이며, 그것은 궁극적인 직접성(highest immediacy)의 투리야 상태──사유 작용과 그 차별상들을 완전히 초월하고, 개아가 중심 실재와 하나 되는──에서 실현된다.

아난다(ānanda), 즉 환희는 아는 자와 알려지는 대상과 지식이 하나 되는 궁극적인 결실이다. 여기서 철학적인 탐구는 끝나며, 아난다보다 더 높은 것은 없다. 아난다는 적극적인 의미의 기쁨이며, 여기서는 아무런 방해 없이 모든 것이 이루어진다. 그것은 무(無)로 떨어지는 것이 아니라 존재의 완성이다.[원주76] "분별 있는 자들은 자기의 수승한 지식으로 모든 지복과 불멸로 빛나는 아트만을 본다."[원주77] 엄격히 말하여, 우리는 아난다의 궁극적 실재성에 대하여 아무런 설명도 할 수 없다. 그것이 추상적인가 아니면 구체적인가 하는 질문조차도 불합리한 것이다.

그럼에도 불구하고, 지적인 욕구는 우리가 아난다에 대한 어떤 설명을 내리도록 강요한다. 아난다는 추상적이라기보다는 구체적이라고 생각하는 것이 보다 진실에 가깝다 할 것이다. 차원 높은 원리는 저급한 것에 비하여

[원주75] 『아이타레야 우파니샤드』, iii.3 : 『타잇티리야 우파니샤드』, iii.5를 보라.
[원주76] 『문다카 우파니샤드』를 보라.
[원주77] 같은 책, ii.8.

보다 구체적이고 포괄적이다. 그러므로 브라흐만 그 자체인 아난다보다 더 포괄적인 것은 있을 수 없다. 그것으로 인하여 모든 존재가 유지되며, 그것 속으로 모든 존재가 녹아든다. 광물계, 식물계, 동물계, 그리고 인간 사회의 온갖 영역들이 궁극자와 어떤 추상적이고 기계적인 방식으로 연관을 맺고 있는 것이 아니다. 그들은 스스로에 대하여 보편적인 것 속에서 하나로 동일하다.

우주를 구성하는 모든 영역들은 이 보편적 자아의 빛을 나누어 가지며, 그들이 수행해야 할 특수한 기능 때문에 각각 차별상을 지닌다. 각 부분들은 자존적인 요소들이 아니라, 그 일자(一者)에 대한 의존적인 측면들이다. "스승이여, 무한자는 무엇에 의지합니까? 스스로의 장엄에 의지합니까, 아니면 거기에조차도 아닙니까?" 그외의 모든 것들이 그것에 의지해 있지만, 그것은 아무것에도 의지하지 않는다. 전체에 대한 각 부분의 관계가 본질적으로 유기적이고 살아 있는 것이라는 점은 여러 구절에서 분명히 나타난다. "수레 바퀴의 살이 모두 축(軸)과 바퀴테에 결합되어 있듯이, 모든 존재들과 모든 신들과 모든 세계들은 궁극의 자아 속에 들어 있다."[원주78] "뿌리가 위로 자라고 가지가 아래로 뻗어내리는 저 고대의 나무가 있다.[역주12] 그것은 빛나는 자, 브라흐만, 불멸자이며, 모든 세계들이 그 속에 들어 있고, 그것을 넘어 있는 자는 아무도 없다."[원주79]

2) 아난다의 위상에 대한 샹카라와 라마누자의 견해

우리는 궁극적 실재를 아난다로 정의했는데, 이것은 흔히 우리가 궁극자는 정의할 수 없다고 하는 말과 부합되지 않는다. 어떤 포괄적인 실재를 얻으려는 구체적인 시도들은 대개 구체적인 전체(concrete whole)로 귀결

[원주78] 『브리하드아란야카 우파니샤드』, ii.5.15.
[역주12] 세계 과정을 나무에 비유하고 있다. 이 나무는 신에게서 생겨나서 세계로 퍼져나가기 때문에 뿌리는 위로, 그리고 가지는 아래로 뻗친다고 표현한 것이다.
[원주79] 『카타 우파니샤드』, ii.6.1. 또한 『타잇티리야 우파니샤드』, i.10 ; 『바가바드기타』, xv.1을 보라.

된다. 그러나, 만일 우리가 정의된 실재를 정의되지 않은 것과 조화시키려 한다면, 지금 상황에서는 아난다란 궁극적 실재가 아니라 인간의 사유로 생각할 수 있는 최상의 것이라고 말해야 할 것이다. 그것은 본질적으로 영원히 존재하는 절대자 혹은 영원한 존재가 아니다.

합리적인 사람에게 있어서 전체는 실재적이며 그 속에 다양한 세계가 들어 있다. 구체적인 아난다는 인간의 사유에 나타난 실재(prāmāṇika satta)이며, 이것은 라마누자에 의하여 받아들여진 최상의 브라흐만과 부합한다.[역주13] 모든 속성을 여읜 순수 브라흐만은 무한정적 실재(nirupādhika satta)이며, 샹카라에 의하여 수용된 무속성 브라흐만(nirguṇa Brahman)이다. 전자는 유기적인 전체이며, 후자는 정의할 수 없는 실재이다. 그러나 샹카라에 따르면, 그 자신을 전자로 나타내는 것은 바로 후자이다. 다시 말하여, 직관의 영역에 있는 일자(一者)는 지식의 영역에서 유기적인 전체로 나타난다.[원주80]

이러한 관점의 차이는 우파니샤드에서 아난다의 해석에 관한 수많은 논의를 낳았다. 샹카라는 아난다마야(ānandamaya)라는 말의 접미사 마야(maya)에 주목하여, 그것은 단지 현상적인 결과를 가리킬 뿐이라고 단호하게 말한다. 만일 그것이 아트만과 다르지 않다면, 그것을 규명하는 아무런 이야기도 필요하지 않을 것이다. 만일 그것이 순수 브라흐만 그 자체라

[역주13] 라마누자의 브라흐만은 곧 인격신 이슈와라이며, 무한한 속성을 지닌다.
[원주80] 우파니샤드는 궁극자가 정의될 수 있는 것이 아니라는 점을 분명히 하고 있다. 물론 궁극자에 대한 지적인 차원의 설명이 주어지지만, 이러한 설명은 궁극적으로 진실이 아니다. 혹 어떤 논리적인 기술이 진실이라면, 그것은 라마누자의 설명 방식일 것이다. 우파니샤드의 근본 정신에 입각하여, 샹카라는 논리적인 궁극자——라마누자가 표방하는——보다 더 높은 차원이 있다는 것을 주장한다. 샹카라의 철학을 논의하면서, 우리는 어떻게 그가 궁극적 실재에 대한 최고의 범주들조차도 이에 부적절하다는 것을 확립하는가를 보게 될 것이다. 샹카라에 의하면, 우리는 절대자를 유한이라 할 수 없고, 무한이라 할 수도 없고, 유한인 동시에 무한이라 할 수도 없고, 또한 유한이 아닌 동시에 무한도 아니라고 할 수도 없다. 그것은 전체와 부분, 실체와 속성, 원인과 결과와 같은 모든 관계들과 동일하다. 우리가 샹카라의 철학에서 보게 되는 것과 같은 사유 작용의 한계에 대한 합리적인 논증은, 우파니샤드와 샹카라 사이에서 위대한 불교 전통의 중재에 의하여 가능하게 된다.

면, 그것에 형상과 속성을 부여하는 것은 부적절하다 할 것이며, 『타잇티리야 우파니샤드』에서처럼 그것이 머리와 사지를 지닌다고 묘사하는 것도 있을 수 없는 일이다. 만일 아난다가 브라흐만이라면, 아난다를 지탱하는 말단 브라흐만[원주81]에 대한 별도의 언급은 필요치 않을 것이다. 그러므로 샹카라는 "아난다마야 아트만은 단지 결과이며, 무한한 아트만이 아니다"라고 결론짓는다.

한편, 라마누자는 이 아난다가 곧 브라흐만이라고 주장한다. 접미어 마야는 단지 충만(充滿, prācurya)을 가리킬 뿐이다. 비록 물질과 생명 등과 관련하여, 내부에 어떤 다른 것이 있다고 명백히 말해지지만(anyo'ntara Ātmā), 그와 같은 내적 실재의 그 어떤 것도 아난다라고 주장되지 않는다. 브라흐만에 사지 등을 귀속시키는 것은 상상(想像, kalpana)에 불과하다. 말단 브라흐만(puccham Brahma)이 아난다와 브라흐만의 어떤 차이를 의미하는 것으로 받아들여질 아무런 이유도 없다. 그 둘은 전체와 부분으로 연관되어 있으며,[원주82] 이것은 가끔 대격 용법의 의미를 지닌다. 우파니샤드에서, 아난다마야에 대한 언급 바로 다음에 "그가 갈망했다"(sokāmayata)고 말해지며, 여기서 남성격 '그'는 중성의 말단 브라흐만을 가리키는 것이 아니라 다만 아난다마야를 지적할 뿐이다. 프리야(priya, 樂), 모다(moda, 喜)와 같이 환희의 다른 형태들은 전체 아난다에 포함되며, 수행자는 자신이 아난다를 실현할 때 마지막 피안에 도달한다. 이외에도 우리는 우파니샤드에서 아난다라는 말이 궁극적 실재에 대한 동의어로 사용된 경우를 여럿 볼 수 있다.[원주83]

전체의 논쟁은 아난다가 논리적인 의미에서의 최고 차원인가 아니면 궁극적인 존재인가에 대한 의문에서 기인된다. 우파니샤드는 샹카라에 의하여 지지된 직관 영역의 순수 일자(一者)와 라마누자의 구체적인 전체 간에

[원주81] Brahma puccham pratiṣṭhā.
[원주82] Samudāyasamudāyībhāva.
[원주83] 샹카라는 '아난다마야'를 지바(jīva)로 간주한다.

명백한 경계선을 긋지 않는다. 만일 우리가 그 둘을 분리시킨다면, 구체적인 존재계에서 우리가 어떤 가치의 구분을 인정하는 것은 불가능하게 될 것이다. 우파니샤드는 이슈와라(Īśvara)가 실제로 브라흐만과 하나라는 것을 시사한다. 아주 엄격한 어법과 엄밀한 철학적 정확성은 우리가 '나는 나다'[원주84]라는 자의식의 상태가 될 때에도, 그것이 궁극자보다는 저급한—비록 상상 가능한 최소한의 정도라 할지라도—것이라고 말하게 한다. 이와 같은 의사무(擬似無, quasinought)는 샹카라가 순수존재와 일체 만유의 근본 의식을 시공간과 인과의 세계 속으로 몰아대도록 하기에 충분하다. 우파니샤드는 우리가 순수존재를 생각하는 순간에 구분과 차별의 원리로 삼는 것은 아무것도 없다는 것을 은연중에 받아들이고 있다. 존재의 유기적인 통일체로 전개되는 자의식적인 신은 존재의 극대이며 비존재의 극소이다. 그는 최소의 객관성과 최소의 외면성을 지닌다. 그 일자(一者)는 세계의 모든 존재들 속에 드러나며, 우리가 그 일자와 그들이 떨어져 있는 거리를 가늠함으로써 그들의 실재성 정도를 확인할 수 있는 것도 바로 이러한 이유에서이다.

최상에서 최하에 이르기까지 존재의 전 범위를 통하여 시공간·인과의 일반적 속성뿐 아니라 브라흐만의 현현(顯現)이 있다 할지라도, 각각의 저급한 존재는 고등 존재의 감소에 놓여 있다. 저급한 존재들은 고등 존재들보다 그 일자(一者)로부터 멀리 떨어져 있으며, 우파니샤드의 아난다마야, 라마누자의 구체적인 브라흐만, 그리고 샹카라의 이슈와라는 그것으로부터 가장 가까이에 있다. 그보다 더 가까운 것은 상상할 수 없다. 최상의 브라흐만 혹은 비갸나(vijñāna, 自意識) 차원의 아난다는 자발적인 제한을 지니는 인격적 이슈와라가 된다. 신 혹은 자아는 통일성의 토대이며, 물질 혹은 비아(非我)는 다양성의 원리가 된다.[원주85]

[원주84] 『브리하드아란야카 우파니샤드』, i.4.10.
[원주85] 『타잇티리야 우파니샤드』, i.5 ; 『베단타 수트라』, i.1.6에 대한 샹카라와 라마누자의 주석을 보라.

9. 브라흐만과 아트만

1) 타트 트왐 아시(Tat tvam asi)—네가 그것이다

객관과 주관, 브라흐만과 아트만, 대아(大我)와 소아(小我)는 각각 동일한 것으로 간주된다. 브라흐만이 아트만이다.[원주86] "사람 속에 이 브라흐만인 자, 태양 속에 있는 저것인 자, 이 둘은 하나다."[원주87] 『리그 베다』에서 주장된 초월적인 신 개념은 여기서 내재적인 것으로 변형된다.[원주88] 우파니샤드의 가르침이 지니는 주관적인 성격은 이러한 변화와 무관하지 않다. 주관과 객관의 동일성은 플라톤이 태어나기 이전에 이미 인도에서 실현되었다. 그래서 도이센은 말한다.

> 만일 우리가 이러한 사유에서 지극히 비유적이고 때로는 터무니없는 여러 형태들을 벗겨내고, 우리의 관심을 오직 우파니샤드의 철학적 단순성, 즉 신과 영혼 혹은 브라흐만과 아트만의 동일성에만 집중한다면, 그것이 시대와 장소를 초월하는 중요성을 지니고 있다는 것을 알게 될 것이다. 아니, 우리는 그것을 전 인류에 대한 무한한 가치라고 주장한다. 아무도 미래를 예견할 수 없고, 끊임없이 탐구하는 인간 정신에 장차 어떤 계시와 발견이 기다리고 있는지는 알 수 없다. 그러나 우리가 자신있게 말할 수 있는 한 가지 사실은 미래의 철학이 아무리 새롭고 드문 길을 발견하게 된다 할지라도 이 원리는 영원히 흔들리지 않고 남아 있을 것이며, 여기서 벗어나는 일은 있을 수 없다는 것이다.

철학자에게 필연적으로 나타나는 커다란 수수께끼―결과적으로 우리

[원주86] 『타잇티리야 우파니샤드』, i.5.
[원주87] 『타잇티리야 우파니샤드』, ii.8. 또한 같은 책, iii.10 ; 『찬도기야 우파니샤드』, iii.13.7 ; iii.14.2.4 ; 『브리하드아란야카 우파니샤드』, v.5.2 ; 『문다카 우파니샤드』, ii. 1.10을 보라.
[원주88] 세계에 대한 신의 내재 개념은 『리그 베다』에서도 발견되지만(아디티에게 드려지는 찬가 i.89.10을 보라), 우파니샤드에서 한층 더 강화된다.

의 지식을 확장시켜 주는—에 대한 어떤 총체적인 해답이 주어진다면, 그 열쇠는 자연의 비밀이 우리에게 열려 있는 곳, 다시 말하여, 우리 내면의 자아 속에서 발견될 수 있을 것이다. 우파니샤드의 독창적인 사상가들이 그것을 처음으로 발견한 것은 바로 여기 우리의 내면에서였다. 그때 그들은 우리의 가장 내면에 있는 개체로서의 아트만이 전체 자연과 그 모든 현상들의 내적 존재인 브라흐만이라는 것을 깨달았다.[원주89]

이와 같은 주관과 객관의 동일성은 모호한 가설이 아니라, 관련된 모든 사유 작용과 느낌과 의지의 필연적인 함축이다. 만일 자연이 상상할 수 없고 정복하기 어려운 것이며, 사랑스럽지 않은 것이라면, 인간의 자아가 그것을 생각하고 정복하고 사랑한다는 것은 불가능하다. 자연은 아주 합리적이고 지성적이며, 주관할 능력이 있고 사랑할 자격이 있는 주체의 대상이다. 그것은 인간을 위하여 존재한다. 별들은 그의 발길을 밝히는 등불 구실을 하며, 어둠은 그를 달래어 잠들게 한다. 자연은 우리에게 생명의 영적인 실재를 일깨워주며, 영혼의 욕구에 답한다. 그것은 정신에 의하여 형성되고, 생명이 주어지며, 지배된다.

내적인 성찰의 시초부터 이와 같은 주관과 객관의 일체성, 모든 만물에 편재하며 또한 이들을 품고 있는 한 중심 실재가 있다는 것은 경건한 자들의 가르침이었다. 종교적 신비주의와 깊은 신앙심은 위대한 가르침의 진리—"타트 트왐 아시(Tat tvam asi), 네가 그것이다"—를 분명히 나타낸다. 우리가 그것을 이해하지 못할 수도 있지만, 이것이 곧 우리가 그것을 부정할 수 있는 충분한 이유가 되는 것은 아니다.

브라흐만에 대한 다양한 개념들은 아트만에 대한 개념들에 상응하며, 그 역(逆)도 또한 같다. 인간 의식에 있어서의 각성·몽면·숙면 상태들과 자아의 환희에 대한 개념이 후기의 베단타 저술들에서 분명하게 구분되고 있으며, 이러한 개념들은 브라흐만에 대한 여러 개념과 부합하는 것이다.

[원주89] *The Philosophy of the Upaniṣads*, pp.39~40.

아난다로서의 최고 브라흐만이 곧 제4위 투리야 상태에서 실현되는 아트만이다. 거기서는 주관과 객관이 하나가 된다. 보는 자와 보는 눈과 보이는 대상이 다함께 하나의 전체 속에 혼융된다. 우리가 아트만을 자의식으로 된 자아와 동일시할 때, 브라흐만은 자의식적인 이슈와라—자신에게 대립되는 힘을 지닌—로 나타난다. 자의식적인 개아가 자신의 존재를 이끌어내는 어떤 내용 혹은 대상을 떠나서는 단지 추상에 불과하듯이, 마찬가지로 이슈와라도 그에게 대립되는 어떤 요소를 필요로 한다. 이슈와라는 종교적인 의식(意識)의 궁극적인 대상이다. 아트만이 의근(意根, manas)으로 된 자아 혹은 생기(prāṇa)로 된 자아와 동일시될 때, 브라흐만은 이슈와라와 인간의 영혼 사이에 오는 히란야가르바(Hiraṇyagarbha, 宇宙魂)가 된다. 이 히란야가르바는 개아의 영혼이 육신과 연관되어 있는 것과 똑같은 방식으로 세계와 연관되어 있다고 본다.

여기서 우리는 『리그 베다』의 영향을 발견한다. 세계는 의식과 의지를 지닌 것으로 여겨진다. 마음은 언제나 몸과 함께한다. 우리가 사는 세계도 그 마음을 지니고 있으며, 이 마음이 히란야가르바이다. 이와 같은 세계혼 개념은 우파니샤드에서 여러 가지 이름과 형태로 나타난다. 그것은 카리야 브라흐마(kārya Brahmā), 결과 상태의 신, 혹은 나투라 나투라타(natura naturata)의 브라흐마라고 불리며, 카라나 브라흐마(kāraṇa Brahmā), 이슈와라의 원인 신, 혹은 나투라 나투란스(natura naturans)와는 구별된다.

이 결과 상태의 신은 모든 유한한 대상들로 이루어진 피조 만물의 총체이다. 모든 결과물들의 의식적인 총체가 브라흐마(Brahmā) 혹은 히란야가르바인데, 이것은 브라흐만과 근본적으로 다른 것이 아니다. 브라흐만은 순수하며, 유일무이한 자기 동일의 일자(一者)이다. 일단 그가 창조자 이슈와라로 보여지면, 다시 피조자 히란야가르바로 나타난다. 이 브라흐마조차도 브라흐만으로부터 생겨난다.[원주90] "그는 브라흐마의 원천이다." 객관적

[원주90] 『문다카 우파니샤드』, iii.13.1.

인 전체 세계는 바로 이 인식 주체에 의하여 지탱된다. 개별적인 주체들은 사라져가지만, 그는 세계를 관조하며 영원하다.

우리가 아트만을 우리의 육신과 동일시할 때, 브라흐만은 비라트(virāṭ), 즉 현시(顯示)된 우주가 된다. 비라트는 전체로서의 세계에 대한 개념의 구체화이다. 그것은 모든 사물과 현상의 총체이며, 모든 존재의 합이다. "이것이 그다. 모든 피조물의 내적 아트만으로서, 그의 머리는 아그니이며, 그의 눈은 해와 달이며, 그의 귀는 네 방위며, 그에게서 흘러나온 베다들이 그의 말이며, 바유(vāyu, 風)는 그의 호흡이며, 모든 우주가 그의 가슴이며, 그리고 그의 발에서 땅이 생겨났다."[원주91]

비라트의 몸은 이들의 총합으로서의 물질적인 대상으로 형성된다. 그는 현현된 신으로서, 각 방위가 그의 감각이며, 그의 몸은 다섯 요소들이며, 그의 의식은 "나는 모든 것이다"라는 느낌으로 타오른다. 비라트의 전개 이전에 모든 미세한 몸을 자기의 수레로 지니는 수트라트만(Sūtrātman), 즉 우주 의식 혹은 히란야가르바의 전개가 선행된다. 다시 말하여 비라트는 히란야가르바 이후에 생겨난다. 비라트의 형태로 히란야가르바는 가시적이 된다. 결과물이 전개될 때까지 이 수트라트만은 미세한 몸(sūkṣma śarīra)과 연관된 의식이다. 그는 최초의 원인자 속에서 다만 의식(vijñāna)과 운동(kriyā)의 가능성으로 머물러 있다.

비라트는 세계의 조대한 물질에 현시된 우주적 자아이며, 브라흐마는 우주의 미세한 물질에 현현된 우주적 자아이다. 그리고 수트라트만은 히란야가르바이다. 인과를 초월하는 최고아(最高我)는 브라흐만이지만, 그것이 자기에게 대립되는 비아(非我)로 인하여 자의식적이 될 때 우리는 이슈와라를 지닌다.[원주92] 다음의 내용은 지금까지의 논의에 대한 개요를 나타낸다.

[원주91] 『문다카 우파니샤드』, iv.4.11.
[원주92] 수슙티(suṣupti, 숙면상태)에서 우리는 억제된 대상—완전히 사라진 것은 아닐지라도—을 지니는 주관적인 자아가 된다.

주관(아트만)　　　　　객관(브라흐만)
1. 육체적인 자아(Viśva).　　1. 우주(Virāt 혹은 Vaiśvānara).
2. 생기로 된 자아(Taijasa).　2. 우주의 혼(Hiraṇyagarbha).
3. 지성적인 자아(Prājña).　　3. 자의식(Īśvara).
4. 직관적인 자아(Turīya).　　4. 아난다(Brahman).

2) 브라흐만의 긍정적인 속성

　만일 논리적인 설명이 허용된다면, 우리는 우파니샤드의 브라흐만이 결코 형이상학적인 추상이거나 무차별의 자동성이 아니며, 또한 침묵의 공허도 아니라고 말할 것이다. 그것은 더할 나위 없이 충만되고 실재적인 존재이다. 그것은 역동적으로 살아 있는 영(靈)이며, 무수히 많은 실재들의 원천이며 그들을 담고 있는 그릇이다. 세계 내의 차별상은 실체가 없는 것으로 내버려지는 대신에, 궁극적인 실재 속에서 신성하게 된다.

　흔히 브라흐만의 본질을 나타내기 위하여 사용되는 '아움'(AUM)[역주14]은 브라흐만의 구체적인 속성을 분명히 말해 준다.[원주93] 그것은 지고한 영혼의 상징이며, '비길 데 없이 높은 것에 대한 표상'[원주94]이다. '아움'은 완전성뿐 아니라 구체성의 상징이다. 그것은 후기의 문헌들에서 브라흐마, 비슈누, 쉬바로 인격화되는 지고한 영혼의 세 가지 주요 속성들을 나타낸다. 'A'는 창조자 브라흐마, 'U'는 유지자 비슈누, 그리고 'M'은 파괴자 쉬바이다.[원주95]

　『이샤 우파니샤드』는 우리가 현시된 상태의 브라흐만과 현시되지 않은

[역주14] '옴'(Om 혹은 Oṁ)으로도 말해진다. 범어에서 'o'는 구조상 'a'와 'u'가 합해져서 만들어지는 복모음이다.
[원주93] '아움'은 단지 영원한 영(靈)에 대한 상징이다. 숭배물로 도안된 것이 비슈누를 의미하기도 한다 : "pratimeva Viṣṇoḥ"(『타잇티리야 우파니샤드』 i.6에 대한 샹카라의 주석).
[원주94] 『마누법전』, ii.83. 또한 『타잇티리야 우파니샤드』, i.7 ;『카타 우파니샤드』, i. 2.15~16을 보라.
[원주95] 『찬도기야 우파니샤드』, i.3.6~7을 보라. 『브리하드아란야카 우파니샤드』, ii.3.1; viii.3.4~5.

상태의 브라흐만 모두를 섬겨야 한다고 가르친다.[원주96] 우파니샤드가 우리에게 제시하는 것은 추상적인 일원론이 아니다. 동일성뿐 아니라 차별성도 배척되지 않는다. 브라흐만이 무한자인 것은 그것이 유한자를 배제한다는 의미에서가 아니라, 그것이 모든 유한자들의 토대라는 의미에서이다. 브라흐만이 영원하다는 것은 그것이—마치 일시적이고 영원한 두 상태가 있고, 그 중의 하나가 다른 하나를 폐기해 버리는 것처럼—모든 시간을 완전히 배제하는 어떤 것이라는 의미에서가 아니라, 시간 안에 있는 모든 존재의 영원한 실재라는 의미에서이다.

절대자는 무한자도 아니고 유한자도 아니며, 자아이거나 그것의 실현도 아니며, 하나의 생명이거나 그것의 여러 표현들인 것도 아니다. 절대자는 자아와 그것의 실현, 생명과 그 나타남 모두를 포함하고 초월하는 실재이다. 그것은 무수한 유한 존재들이 생겨나서 꽃피게 하고, 그들 속으로 자기를 전개해가는 영적인 원천이다. 성장을 의미하는 브라흐만이라는 말은 생명, 운동, 그리고 발전을 시사하며, 죽음이나 적정 혹은 정체(停滯)를 의미하지 않는다. 궁극적 실재는 사트(sat)・치트(cit)・아난다(ānanda), 즉 존재・의식・환희로 묘사된다. "지식과 힘과 행위는 그것의 본질적인 것이다."

브라흐만은 자기 원인적이다.[원주97] 『타잇티리야 우파니샤드』에서는 브라흐만을 존재와 의식과 무한이라고 말한다. 그것은 적극적인 실재이다: "저것은 충만이다. 이것은 충만이다."[원주98][역주15] 궁극적인 실재를 단지 사유 작용, 힘, 또는 존재일 뿐이라고 할 수 없다는 것은 분명하다. 그것은 원인적인 본질과 결과적인 현존의 살아 있는 통일체이며, 이상과 실재, 지

[원주96] Ubhayam saha, 양쪽 다 함께.
[원주97] 『이샤 우파니샤드』, vii : Svayam-bhū.
[원주98] 『브리하드아란야카 우파니샤드』, v.1.1.
[역주15] 여기서 '저것'은 절대자를, 그리고 '이것'은 인격신에 의하여 주관되는 현상세계를 가리킨다(S.라다크리슈난, The Principal Upaniṣads, p.289). 『이샤 우파니샤드』의 서두에서도 이와 동일한 구절을 볼 수 있다.

식, 미와 사랑의 유기적인 조화이다. 그러나 이미 언급한 것처럼, 비록 그것이 부정적이고 무차별적인 원리는 아니라 할지라도, 그것은 다만 부정적으로 묘사될 수밖에 없다.

10. 지성과 직관

인간의 지성이 지향하는 이상은 주관과 객관 모두를 포괄할 수 있는 조화를 발견해내는 것이다. 이와 같은 조화와 통일이 있다는 것은 논리와 삶에 있어서의 실제적인 원리이다. 그 내용을 발견해내는 것이 철학적인 노력의 목표이다. 그러나 이러한 작업은 결국 실패로 끝나게 되어 있는데, 이것은 전체를 파악함에 있어서 인간의 지성이 보이는 본래적인 무력함 때문이다. 지성은 그 자체만으로는 "모든 언설이 외면하여 그것에 도달할 수 없는"[원주99] 실재를 파악하기에 부적절하다. "눈은 거기에 이르지 못하며, 언설이나 마음도 또한 닿지 못한다. 우리는 알 수 없다. 우리는 어떻게 어떤 이가 그것을 가르칠 수 있을지 모른다."[원주100]

궁극적 실재는 인간의 지성이 파악할 수 있는 어떤 객관적인 표상으로 전환될 수 없다. "그로 인하여 이 모든 것을 인식하는 자, 그를 그가 어떻게 인식할 수 있겠는가? 오, 당신이여, 어떻게 그가 인식하는 그를 인식할 수 있겠는가?"[원주101] 인식 주관에 대한 객관적인 지식은 불가능하다. 그것은 "보이지 않으나 보는 것, 들리지 않으나 듣는 것, 지각되지 않으나 지각하는 것, 알려지지 않으나 아는 것"[원주102]이다. 단지 아트만이 객관적으로 나타내질 수 없다는 이유만으로 그것을 비존재라고 할 수 없다. 비록 인간의

[원주99] 『타잇티리야 우파니샤드』, ii.4.
[원주100] 『케나 우파니샤드』, ii.3 : 『문다카 우파니샤드』, ii.1. 또한 『카타 우파니샤드』, i.3.10을 보라.
[원주101] 『브리하드아란야카 우파니샤드』, ii.4.13. 또한 iii.4.2를 보라.
[원주102] 같은 책, iii.7.23. 또한 iii.8.11을 보라.

지적인 능력이 그것을 파악하기에는 적합하지 않다 할지라도, 그럼에도 불구하고 만일 그것이 없다면 지성도 있을 수 없을 것이다.[원주103] "그들이 마음으로 생각할 수 없는 것, 그러나 그것으로 인하여 마음이 생각할 수 있게 되는 것, 오직 그것이 브라흐만이라는 것을 알라."[원주104]

지성은 우리를 막다른 골목과 이율 배반에 빠져들게 하는 시공간 및 인과의 범주를 통하여 작용한다. 우리는 첫 원인을 상정하여 인과율이 더 이상 보편적인 원리이기를 그만두게 하거나, 아니면 결과에서 원인으로 향하는 끝없는 소급을 받아들일 수밖에 없다. 이 난문제는 순수 지성으로는 해결될 수 없다. "신들은 인드라 속에 있고, 인드라는 천부신(天父神) 속에 있으며, 천부신은 브라흐마 속에 있다. 그러면, 브라흐마는 누구 속에 있는가?" 이에 대하여 야갸발키야는 "감당할 수 없는 것을 묻지 말라"[원주105]고 말한다.

우리의 지적인 범주들은 시공간과 인과의 형태하에 있는 경험 세계에 대하여 설명할 수 있지만, 궁극적 실재는 이 범주들을 벗어나 있다. 그것은 공간을 담고 있지만 공간적이 아니며, 시간을 포함하고 있지만 시간적이 아니다. 그 속에는 인과 관계로 묶인 세계 과정이 들어 있지만, 그 자체는 인과 법칙에 지배되지 않는다. 자존하는 브라흐만은 시공간과 인과 관계에 독립적이다. 우파니샤드에서 궁극적 실재의 공간적인 독립에 대한 표현은 단도직입적이다. 브라흐만은 무소 부재하며, 가장 큰 것보다 더 크고 가장 작은 것보다 더 작은 것으로 주장된다. "오 가르기(Gārgī)여, 천계 너머에 있는 것, 땅 밑에 있는 것, 사람들이 과거 · 현재 · 미래라고 부르는 것, 그 모든 것은 공간 안에 안팎으로 짜맞추어져 있다. 그러면, 공간은 어디에 짜맞추어져 있는가? 오 가르기여, 실로 공간은 이 불멸자 속에 안팎으로 짜맞추어져 있다."[원주106]

[원주103] 『브리하드아란야카 우파니샤드』, iii.8.11: ii.4.14: iv.5.15를 보라.
[원주104] 『케나 우파니샤드』.
[원주105] 『브리하드아란야카 우파니샤드』, iii.6.1.
[원주106] 『브리하드아란야카 우파니샤드』, iii.8.7. 또한 같은 책 iv.2.4: 『찬도기야 우파니샤

브라흐만은 시간의 한계를 벗어나 있는 것으로 묘사된다. 그것은 무시무종의 영원자, 혹은 어떤 유한한 시간의 간격도 지니지 않은 순간적인 지속으로 간주된다. 그는 과거와 미래로부터 자유롭고,[원주107] 만유의 주(主)이며,[원주108] 시간은 그의 발 아래서 흘러간다.[원주109] 인과 관계로부터의 독립을 강조하여, 브라흐만은 인과 법칙을 대표로 하는 모든 생성의 법칙들을 초월한, 완전히 정적인 존재로 나타난다. 인과 관계에 대한 브라흐만의 독립을 강조하는 이러한 사고 방식은, 절대적인 자존으로서의 브라흐만, 혹은 영원 불변의 지속으로서의 브라흐만이라는 그릇된 개념을 만들어 낸다.

인과 법칙은 세계 안에서 일어나는 모든 변화에 적용되는 법칙이다. 그러나 브라흐만은 인과 법칙의 지배에서 자유롭다. 모든 변화가 브라흐만에 의존해 있지만, 브라흐만에는 아무런 변화도 없다. 그것의 바깥에 있는 제2의 존재란 있을 수 없으며, 그것과 구별되는 타자(他者)도 없다. 우리는 모든 다양성을 브라흐만에게 귀속시켜야 한다. 공간적인 근접, 시간적인 연속, 상호 의존의 관계들, 이 모든 것들이 브라흐만에 달려 있다. 이와 같은 심원한 철학적 종합은, 우리가 인간 지성의 차원에 머물러 있는 한 달성될 수 없다.

우파니샤드는 사유 작용이 우리에게 궁극적 실재에 대한 불완전하고 부분적인 모습들을 준다고 주장하거나, 때로는 그것이 근본적으로 궁극적 실재에 도달할 수 있는 것이 아니라고 말하기도 한다. 인간의 지성은 관계를 다루며, 관계를 떠나 있는 절대자는 파악할 수 없다. 그러나 우주 가운데 절대자의 현시가 아니면서 시공간 속에 존재하는 것은 아무것도 없다. 완전히 참인 지식은 없다 할지라도, 그 어떤 지식도 완전히 거짓인 것은 없다. 진리에 가장 가까운 근접은 유기적인 전체라 할 수 있지만, 이 개념에

드』, iii.14.3: viii.24.7을 보라.
[원주107] 『카타 우파니샤드』, ii.14.
[원주108] 『브리하드아란야카 우파니샤드』, iv.4.15.
[원주109] 같은 책, iv.4.16.17.

불가피하게 들어 있는 관계성은 또한 그것을 완전하게 참이라고 말할 수 없게 만든다. 그것은 인간의 정신이 생각해낼 수 있는 절대자의 최고 형태이다.

단순한 오성이라는 의미에서의 인간 지성, 즉 시공간과 인과라는 유한한 범주를 통하여 작용하는 인간의 지성은 궁극적 실재를 파악하기에 부적절하다. 이성은 오성의 범위 밖으로 우리를 데려가지만, 이것 또한 부족하다. 그것은 우리가 단순히 어떤 개념이 아니라 살아 있는 영혼으로서의 실재를 파악할 수 있도록 돕지 않는다. 이성이 지니는 어떤 개념은 그 이상인 실재의 불완전한 단편일 뿐이다. 실재는 참도 아니며 거짓도 아니다. 실재에 대한 우리의 판단은 개념과 본체 사이의 이원성을 의미하기 때문에, 그것은 참이거나 거짓일 것이다.

만일 우리가 인간 존재와 신 존재가 일치하는 실재에 도달하려 한다면, 생각을 넘어서고, 이원의 대립을 넘어서야 하며, 추상적인 사유 작용의 유한한 범주들에서 야기되는 이율 배반을 넘어서야 한다. 우리가 실재를 대면하는 것은 사유 작용이 직관 속에서 완전해질 때다. 세계를 통하여 모든 신비가들은 바로 이 점을 강조하였다. 파스칼은 신의 불가해성을 강조했으며, 보쉬에(Bossuet)는 우리가 세계의 차별상들 때문에 좌절하지 않아야 하며, 그들 모두를 인간의 시각을 넘어서 신의 옥좌를 대면하는 황금 사슬로 간주해야 한다고 말한다.

우파니샤드에 따르면, 우리로 하여금 이 중심 실재를 파악할 수 있게 하는 보다 차원 높은 능력이 있다. 영적인 것은 영적으로 인식되어야 할 필요가 있다. 요가 체계는 이러한 실현에 이르는 길을 가리키는 실천적인 수련이다. 인간은 비범한 통찰력 또는 신비적인 직관력을 지니고 있으며, 이것을 통하여 지성의 차별상들을 뛰어넘고, 이성의 수수께끼를 푼다. 선택된 영혼들은 사고의 절정에 올라 실재를 직관해낸다. 이러한 직관적인 실현에 의하여 "들리지 않는 자가 들리게 되고, 지각되지 않는 자가 지각되며, 알려지지 않는 자가 알려지게 된다."[원주110] 우리가 이성적인 논리를 초월하여 종교적인 삶을 시작하는 순간에, 지성으로 야기되는 문제는 저절로 해결된

다.[원주111]

그러므로 우파니샤드는 우리가 지성의 자만과 자의식을 접어 두고, 어린아이와 같이 신선한 시각으로 사실 그 자체에 접근할 것을 요구한다. "브라흐민이 학식을 버리고 어린아이처럼 되게 하시오."[원주112] 먼저 어린아이처럼 되지 않고서는 아무도 신의 왕국에 들어갈 수 없는 것이다. 궁극의 진리는 단순하고 순수한 마음의 소유자에 의하여 감득될 수 있는 것이며, 현학적인 지성으로 증명되는 것이 아니다. "그가 많은 말을 추구하게 하지 말라. 왜냐하면 그것은 단지 혀만 피곤하게 할 뿐이기 때문이다."[원주113] "학식에 의하여 아트만이 얻어지는 것이 아니며, 비범한 재능이나 책에서 배우는 지식에 의하여 얻어지는 것도 아니다."[원주114]

궁극적 실재는 신비가들에 의하여 깨달음의 순간에 얻어진다. 그것은 체험에서 일어나는 직접적인 지식이며, 즉각적인 통찰이다. 신비 체험에서 인간의 영혼은 절대자 앞에 있는 자신을 발견하게 된다. 이때 영혼은 궁극적 실재에 대한 자각과 묵상, 그리고 그 환희에 몰입한다. 그것은 자신이 궁극적 실재에 도달했을 때 그것이 무엇인지 모른다. 그것보다 더 높은 것은 아무것도 없다. 다른 것들은 모두가 그것 속에 있다. 이때 그것은 악과 거짓에 대한 염려가 조금도 없으며, 완전히 신성하게 된다. 이러한 영적인 통찰은 우리가 걱정과 고통에서 벗어나게 한다. 높이 들리워진 영혼은 자신이 보는 것과 한 곳에 있다는 것을 느낀다. 이에 대하여 플로티누스는 이렇게 말한다.

[원주110] 『찬도기야 우파니샤드』, vi.13. 또한 『브리하드아란야카 우파니샤드』, ii.4.5를 보라.
[원주111] 『문다카 우파니샤드』, iii.1.8.
[원주112] 『브리하드아란야카 우파니샤드』, iii.5.1 : "tasmād brāhmaṇaḥ pāṇḍityaṁ nirvidya bālyena tiṣṭhāset." 이 번역은 도이센과 고우프(Gaugh)에 의하여 채택된다. 한편 막스 뮐러는 본 구절을 "브라흐민이 학문을 닦은 후에 참된 지력을 갖추게 하시오"라고 번역한다. 이것은 bālyena를 balyena로 잘못 읽은 데서 기인된다.
[원주113] 『브리하드아란야카 우파니샤드』, iv.4.21.
[원주114] 『카타 우파니샤드』, ii.23.

신에 대한 통찰에 있어서, 보는 것은 이성이 아니다. 그것은 이성보다 더 심원하고 선재하는 어떤 것이며, 이성의 전제가 되는 것이다. 그가 보는 그때, 스스로를 보는 자는 자신을 순수한 존재로 볼 것이며, 본래의 그 자신과 하나가 될 것이며, 자신이 그와 같이 되는 것을 느낄 것이다. 우리는 그가 본다고 말하는 것이 아니라, 그는 그 자신이 보는 것이라고 말해야 한다. 만일 보는 자와 보이는 대상을 구별하는 것이 실로 조금이라도 가능하다면, 그 둘이 하나라고 감히 단언해서도 안된다. 두 동심원의 경우처럼 그는 신에게 속하며, 신과 다르지 않다. 그 둘이 서로 합치될 때 그들은 하나이며, 단지 그들이 분리될 때 둘이다.[원주115]

인간 정신의 모든 열망들——지적인 요구, 정적인 욕망, 의지적인 이상——이 거기서 실현된다. 그것은 인간이 시도하는 모든 노력의 궁극적인 목표이며, 인간적인 삶의 종결이다. "이것은 저것의 지상 목적이며, 이것은 저것의 가장 값진 보물이며, 이것은 저것의 가장 좋은 거처이며, 이것은 저것의 더할 나위 없는 기쁨이다."[원주116] 그것은 감각적 경험과 동일한 차원에 있지만, 후자와는 달리 객관적이 아니며, 따라서 타자에 의하여 입증될 수 있는 것이 아니다. 추론에 의한 지식과는 달리 그것은 다른 사람에게 전달될 수 없다. 그것에 대한 외적인 설명은 불가능하다. 신비적인 통찰은 알려줄 수도, 알아들을 수도 없다.

태어날 때부터 장님인 사람에게 우리가 무지개의 아름다움 혹은 일몰의 장려함을 설명할 수 없는 것과 마찬가지로, 보통 사람에게 신비적인 통찰은 설명될 수 없다. "신이 그것을 내 머리 속에 던져 넣었다. 그런데 나는 그것을 너희의 머리 속에 부어 넣을 수 없다"는 것이 신비 체험의 마지막 말이다. 그러나, 단지 전달될 수 없다는 이유 때문에 그것이 다른 형태의

[원주115] Inge, *Plotinus*, vol. ii. p. 140.
[원주116] 『브리하드아란야카 우파니샤드』, iv. 3.32 : "Eṣāsya paramā gatiḥ eṣāsya paramā sampat, Eṣo'sya paramo lokaḥ, eṣo'sya parama ānandaḥ."

지식들보다 타당성이 덜한 것은 아니다. 우리는 이러한 경험을 단지 비유를 들어 설명할 수 있을 뿐이다. 그 빛이 우리를 눈멀게 하고 말 못하게 만들기 때문이다. 말로 표현될 수 없는 것을 완전하게 전한다는 것은 불가능하다.

바슈칼리(Vāṣkali) 왕에 의하여, 브라흐만의 본질을 설명하도록 요구받은 현자 바드와(Bādhva)는 침묵을 지켰다. 왕이 거듭하여 그에게 요구하자, 현자가 대답했다.

"내가 그것을 당신에게 말하지만, 당신은 그것을 이해하지 못합니다. 이 아트만은 평온·적정이다(Śanto'yam ātmā)".[원주117] 지성에 의거한 어떤 정의에 대해서라도 우리는 다만 '그것은 이것이 아니다', '그것은 이것이 아니다'라고 대답할 수밖에 없다.[원주118] 소극적인 정의들은 우리에게 알려지는 적극적인 속성들이 절대자에게 얼마나 부적합한 것인가를 잘 보여준다. "실로 장엄한 그를 측량할 길이 없다."[원주119]

비록 브라흐만이 직관되었을 때는 긍정적인 특징들이 드러난다 할지라도, 모순된 술어들이 브라흐만에 주어지는 것은, 우리가 지성의 논리를 사용하는 한 부정적인 개념들을 채택하지 않을 수 없다는 것을 지적한다. "그것은 가장 미세한 것보다 더 미세하고 가장 광대한 것보다 더 광대하다."[원주120] "그것은 움직이며 움직이지 않는다. 그것은 멀리 있으며 가까이 있다. 그는 이 모든 것의 안에 있으며 밖에 있다."[원주121] 겉으로 보기에 모순되는 이러한 설명들은 결코 생각의 어떤 혼란을 의미하는 것이 아니다.

절대자는 모든 경험 가운데 함축되어 있다. 왜냐하면, 세계의 모든 대상

[인주117] *Śaṁkara's Bhāṣya on the Vedānta Sūtras*, iii.2.17.
[원주118] 『브리하드아란야카 우파니샤드』, iii.9.26 : iv.2.4 : iv.4.22 : iv.5.15 : ii.3.6 : 『카타 우파니샤드』, iii.15 : 『프라슈나 우파니샤드』, iv.10 : 『찬도기야 우파니샤드』, vii.24.1 : 『문다카 우파니샤드』, i.1.7 : ii.1.2 : iii.1.7~8을 보라.
[원주119] 『야주르 베다』.
[원주120] 『슈웨타슈와타라 우파니샤드』, iii.20 : 『케나 우파니샤드』, i.3.
[원주121] 『이샤 우파니샤드』, v.

들은 절대자에 의존해 있기 때문이다. 물론 그들 중의 어떤 하나가 절대자를 완전하게 나타내는 것은 불가능하다. 그러므로 스스로 절대자를 모른다고 생각하는 사람은 완전하게는 아니더라도 그것을 안다. 반면에, 절대자를 안다고 생각하는 사람은 전혀 그것을 알지 못한다. 그것은 반은 알고 반은 모르는 상태이다. 『케나 우파니샤드』는 말한다. "그것은 아는 자들에게는 알려지지 않고, 모르는 자들에게 알려진다."[원주122] 우파니샤드는 지성이 쓸모없는 안내자라고 주장하지는 않는다. 그것에 의하여 주어지는 궁극적 실재에 대한 설명은 거짓이 아니다. 단지 그것이 완전한 형태의 실재를 파악하려 할 때 문제가 된다. 그외에는 어떤 경우에도 문제가 되지 않는다. 지성이 밝혀내는 것이 비실재적인 것은 아니다. 그렇다고 완전하게 실재적인 것도 아니다. 원인과 결과, 실체와 속성, 선과 악, 참과 거짓, 주관과 객관, 곧 이러한 이율배반은 연관되는 술어들을 갈라놓는 인간의 불가피한 성향에서 기인된다. 만일 우리가 이러한 대립 요소들이 하나의 본질에 뿌리를 둔 상호 보완적인 것임을 깨닫는다면, 자아와 비아에 대한 피히테(Pichte)의 수수께끼, 칸트의 이율배반, 흄의 사실과 정칙의 대립, 브래들리의 모순, 이 모든 것들이 극복될 수 있다. 인간 지성은 부정되어야 하는 것이 아니라, 단지 보완되어야 할 뿐이다. 직관에 근거한 철학이 반드시 이성과 오성에 반대되는 것은 아니다. 직관은 지성이 꿰뚫을 수 없는 어두운 곳에 빛을 던질 수 있다. 신비적인 직관의 결과들은 논리적인 분석의 검증을 필요로 한다. 우리 개개인이 진지한 삶을 영위할 수 있는 것은 바로 이러한 상호 교정과 보완을 통해서이다. 직관의 도움이 없다면, 지성의 결과들은 무디고 공허할 것이며, 온전치 못하고 단편적인 것이 될 것이다. 반면에 만일 지성에 의한 확인이 없다면, 직관적인 통찰은 맹목적이 될 것이다. 지성이 추구하는 이상은 직관적인 경험에서 실현된다. 왜냐하면 궁극자 안에서는 모든 모순들이 조화되기 때문이다.

오직 과학적인 지식과 직관적인 경험의 조화를 통하여 우리는 올바른 통

[원주122] ii.3.

찰을 일궈낼 수 있다. 단순한 이론은 우리가 그것을 하는 데 도움이 되지 않는다.[원주123] 만일 우리가 지성의 판단에 만족한다면, 개체들의 복수성과 독립성을 철학의 최종 결론으로 간주해 버리게 될 것이다. 따라서 경쟁과 투쟁만이 세계의 최종 목표가 되고 만다. 추상적인 지성은 우리를 거짓된 철학과 사악한 도덕으로 몰아갈 것이다. 브라흐만은 바로 이와 같이 그릇된 지식들에 의하여 감추어진다.[원주124] 이러한 형태의 그릇된 이지주의보다는 차라리 깊은 생각 없이 살아가는 것이 더 바람직할 것이다. "지식이 아닌 것을 섬기는 자들은 모두 캄캄한 어둠에 빠진다. 지식으로 즐거워하는 자들은, 말하자면 보다 더 큰 어둠 속에 떨어진다."[원주125] 다양성에 대한 지성적인 지식——직관적인 깨달음이 결여된——은 믿음에서 오는 맹목적인 무지보다 더 해롭다. 삶과 논리의 모순은 에머슨(Emerson)의 브라흐마 정신으로 극복되어야 한다.

나를 빼는 그들은 잘못 셈하는 것이니
그들이 나를 날아넘을 때, 나는 그 날개들이어라.
나는 의혹을 품은 자요, 그 의혹이라.

영원 유일한 정신은 그것의 모든 열정과 역설, 충직과 헌신, 진리와 모순들로써 풍부한 세계의 다양성을 표현하고 감싸며, 하나로 통일하고 향수한다. 이와 같이 모든 것을 기꺼이 받아들이는 실재를 모르는 나약한 영혼들은 지적·심미적·도덕적인 싸움으로 점점 지치게 된다. 그러나 그들은 조화의 기쁨이란 모순된 요소들에 대한 피나는 투쟁에서 도출되어야 한다는 사실에 용기를 내야 한다. 겉으로 보이는 모순들은 영적인 삶의 일부를 이룬다. 하나의 영혼은 삶과 사유 작용의 모든 대립과 모순들——흄의 수수께

[원주123] 『카타 우파니샤드』, ii.9.
[원주124] 『타잇티리야 우파니샤드』: Medhayā pihitah.
[원주125] 『브리하드아란야카 우파니샤드』, iv.4~10 : 『이샤 우파니샤드』, ix를 보라.

끼, 칸트의 문제, 경험론의 갈등, 사색의 독단—속에서 자신의 존재를 드러낸다. 사유보다는 직관을, 비갸나(vijñāna, 知性)보다는 아난다를 역설함으로써 우파니샤드는 불이 일원론(不二一元論)을 견지하는 것처럼 보인다. 사유 작용의 개념들에 붙잡혀서 단지 실재의 표면을 스쳐 지나가는 한, 우리는 보다 깊은 영혼에 이를 수 없다. 아난다에서 인간은 가장 심원한 실재의 깊이에 있다. 개별적인 경험의 가장 깊은 곳—내적인 아난다마야(ānandamaya)—에 실재의 본체가 놓여 있다. 인간의 지적인 사유 체계는 우리가 삶의 풍요로운 보고(寶庫) 속으로 침잠하는 것을 싫어한다. 비갸나로 떨어지는 것은 무엇이나—비록 그것이 보편적이고 객관적이 되는 경향이 있다 할지라도—비실재적이 된다. 개념화되지 않고 범주화되지 않은 것이 진실로 주관적인 것이다.

비갸나의 유기적인 전체는 동일성에 대한 논리적인 상(象)을 제공한다. 직관은 동일성의 사실 그 자체를 드러낸다. 동일성을 실현하려는 시도에 있어서, 우리는 그것을 차별상으로 쪼개어 피상화시킨 다음에 어떤 체계를 구축함으로써 그 차별상들을 다시 동일성으로 환원시키려고 애쓴다. 그러나 일단 관계들로 나누어져 버린 사실은 단순한 논리를 통하여 다시 그 일원성으로 돌아가는 것이 불가능하다. 우리가 이미 언급한 바와 같이, 논리의 첫 접촉은 일자(一者)를 하나의 체계로 변형시키는 원인이 된다.

11. 창조

1) 브라흐만과 세계

우파니샤드가 유물론자와 활력론자(活力論者)의 진화론에 불만을 느낀다는 것은, 브라흐만의 본질에 대한 우리의 설명으로 보아 명백하다. 물질은 생명이나 의식으로 진화될 수 없다. 외부 환경으로부터 주어지는 아무리 많은 충격이라 해도, 그것은 단순한 물질에서 생명을 끌어낼 수 없다. 만일 아난다가 진화의 시작이 아니라면, 그것은 또한 진화의 끝일 수 없다.

비록 잠재된 형태라 할지라도, 끝은 전체 과정을 통하여 나타난다. 세계의 모든 만물은 그들의 궁극적인 원인과 결과의 모습을 동시에 지니고 있다. "아들에게 속해 있는 것은 무엇이나 아버지에게 속해 있으며, 아버지에게 속해 있는 것은 무엇이나 아들에게 속해 있다."[원주126]

인간뿐 아니라 세계의 모든 존재는 본질적으로 궁극적 실재 그 자체이다. 발달이란 장애 세력을 제거함으로써 사물의 가능태가 현시되는 것을 의미한다. 과학적인 관점에서, 우리는 세계의 여러 사물들에서 발달의 다양한 정도를 인지할 수 있다. 철학자는 통일성을 가능케 하는 보편적인 토대에 관심을 쏟는다. 세계의 다양성은 하나의 절대자에 토대를 두고 있다. "이 아난다가 아카샤(ākāśa, 虛空)에 없다면, 실로 누가 살 수 있으며, 누가 숨쉴 수 있겠는가?"[원주127] 어김없이 해가 뜨고 별들이 스스로의 궤도를 벗어나지 않으며, 일체 만유가 제 본분을 지키고 질서를 유지하는 것은, 잠들지 않고 늘 깨어 있는 절대자 때문이다. "빛나는 그를 따라 만유가 빛난다. 그의 광채로 이 모든 것이 비추어진다."[원주128]

아난다는 세계의 시작이며 끝이다. 그것은 결과일 뿐 아니라 원인이며, 우주의 싹일 뿐 아니라 그 뿌리이다.[원주129] 동력인(動力因)과 목적인(目的因)은 하나이다. 전개가 시작되는 물질은 독립적인 실체가 아니다. 그것은 최상의 아난다 속에 감추어져 있었다. 전개의 과정은 잠재적인 것에서 실제적인 것으로 이행한다. 물질은 생명보다 더 잠재적이다. 존재 양태의 등급화된 척도에 있어서, 보다 나중의 것은 보다 더 전개된 것, 또는 형상화된 것이며, 보다 앞의 것은 보다 잠재적인 것, 또는 덜 형상화된 것이다. 아리스토텔레스의 말을 빌리자면, 보다 초기의 것은 물질이고 나중의 것은 형식이다. 물질은 활력이 주어져야 할 필요가 있는 수동적인 것이다.

논리적인 설명에 있어서, 우리는 물질을 주관하고 그것을 자극하여 활동

[원주126] 『아이타레야 아란야카』, ii.1.8.1
[원주127] 『타잇티리야 우파니샤드』, ii.
[원주128] 『문다카 우파니샤드』, ii.2.10.
[원주129] Mūla(根)와 Tūla(筍), 『아이타레야 아란야카』, ii.1.8.1.

하게 하는 어떤 신을 지닌다. 이 신은 프라갸냐(prajñāna), 즉 영원히 역동적이고 자의식적인 이성이다.[원주130] 그는 변화하는 모든 영역의 원인이다. 우파니샤드는 선재하는 물질로 세계를 형성하는 전능자 개념을 피한다. 만일 신이 물질을 배제한다면—비록 후자는 단순한 가능성으로 간주된다 할지라도—신은 물질과 대립된 채로 있기 때문에 우리는 이원론을 피할 수 없다. 이와 같은 이원론은 최초의 운동자와 최초의 물질을 명백히 구분하는 아리스토텔레스의 철학 체계에서 그 전형적인 예를 본다. 우파니샤드에 있어서는 형상과 물질, 영원히 능동적인 의식과 영원히 수동적인 무의식의 양자 모두가 유일한 실재의 측면들이다. 물질 그 자체가 하나의 신이다.[원주131] 화(火)·수(水)·지(地) 세 요소의 그 최초 형태들은 신성한 것으로 여겨진다. 왜냐하면 그들은 모두가 유일한 절대자에 의하여 형태가 부여되었기 때문이다.

상키야의 이원론은 우파니샤드와 모순된다. 초월적인 실재는 정신과 물질 양자간의 갈등에 대한 토대 혹은 화해이다. 전체 세계는 변화에 대한 공동 기반뿐 아니라 목적의 동일성을 지니는 것으로 생각된다. 우파니샤드는 창조에 관한 상상력이 풍부하고 신화적인 여러 설명에서 세계의 일원성에 대한 위대한 진리를 분명히 말하고 있다. 브라흐만은 세계의 동력인인 동시에 그 질료인으로서 세계의 유일한 원인이다. 세계 내의 모든 실체들은 물질에서 시작하여 아난다로 끝나는 일련의 발달 과정 속에 서로 연관되어 있다.

"그것은 스스로 자기 자신을 창조했다."[원주132] "그는 세계를 창조하고 그 속으로 들어갔다."[원주133] 외로움에 지친 인격신 프라자파티는 모든 만물을 자기 자신으로부터 이끌어내거나, 자신을 남성과 여성으로 양분한 후에 세

[원주130] 『아이타레야 아란야카』, i.3.3.6.
[원주131] 『찬도기야 우파니샤드』, vi.8.4~6.
[원주132] 『타잇티리야 우파니샤드』. 또한 『브리하드아란야카 우파니샤드』, ii.1.20 : 『문다카 우파니샤드』, i.1.7: ii.1.1을 보라.
[원주133] 『브리하드아란야카 우파니샤드』, iv.7.

계를 만들어낸다.[원주134] 때로는 인격적 존재 혹은 피조물이 물질적 토대로부터 나아가는 그 자신으로 나타나기도 한다. 어떤 경우에는 만물의 근본적인 실체가 그 자신을 피조물 속에 현현하는 것으로 나타난다.[원주135] 마치 물에 녹아 있는 소금이 물 속에 널리 퍼져 있듯이, 아트만은 만물에 두루 스며 있다. 불에서 불꽃이 피어나듯이, 거미에서 거미줄이 나오듯이, 피리에서 소리가 흘러나오듯이, 아트만으로부터 일체 만유가 생겨난다.[원주136]

어떤 산물을 만들어내는 것이 그 산물의 원천에는 아무런 영향도 미치지 않는다고 생각하는 유출설도 또한 제시된다. 태양에서 나오는 광선은 태양을 변화시키지 않는다. 이것은 개아가 단지 브라흐만의 아바사(ābhāsa), 즉 가현(假現)이라고 보는 후기의 이론을 정당화시키는 것 같다. 거미에 의하여 거미집이 지어지고, 어머니에 의하여 아이가 잉태되며, 악기에서 소리가 나오는 이러한 비유들은 원인과 결과 간의 친밀한 관계를 나타내 보이기 위한 시도들이다. 이 모든 상징과 비유 속에 담겨 있는 것은 바로 브라흐만과 세계 간의 타다트미야(tādātmya), 즉 동일성이다. 현상 세계는 브라흐만과 나란히 존재하는, 분리된 어떤 것이 아니다. 존재의 궁극적 토대로서의 브라흐만과 존재의 경험적인 상태, 즉 세계와 다르지 않다.[역주16]

차별상의 세계는 남김없이 영원한 일자(一者) 브라흐만으로 환원될 수 있다. 우파니샤드는 브라흐만이 살아 있는 모든 생명의 원천이며, 모든 다양성을 하나로 묶는 외겹 실(絲)이라는 원칙에 대하여 단호하다. 다양성과

[원주134] 『브리하드아란야카 우파니샤드』, i.2.14. 우리는 중국의 음양 이론에서 이와 유사한 어떤 것을 본다. 태고의 혼돈(태극)이 팽창과 수축이라는 두 원리의 대립에 의하여 둘로 나누어졌다고 말해진다. 양(陽)은 모든 피조물 가운데 있는 남성적인 힘이며, 음(陰)은 여성적인 힘이다. 또한 엠페도클레스의 견해와 비교하라.
[원주135] 『찬도기야 우파니샤드』, iii.39.
[원주136] 『찬도기야 우파니샤드』, vii.21.2: vi.2.1 : 『브리하드아란야카 우파니샤드』, iv.5 : 『문다카 우파니샤드』, ii.
[역주16] 이러한 입장을 전변설(轉變說, pariṇāmavāda), 혹은 인중유과설(因中有果說, sat-kāryavāda)이라고 하며, 여기서는 신과 세계—원인과 결과—간의 존재론적인 연속성이 강조된다.

통일의 문제가 다루어질 때, 우파니샤드는 비유와 상징의 언어로 말하며, 어떤 분명한 대답을 주지 않는다. 브라흐만에 대한 지식이 없으므로, 우리는 브라흐만에 대한 현상 세계의 관계에 대하여 독단적인 주장을 할 수 없다. 그 둘은 무관할 수 없으며, 하나이다. 그럼에도 불구하고 우리는 정확히 어떻게 그들이 하나인지 알 수 없다. 전자의 측면은 브라흐만이 세계의 동력인인 동시에 질료인이라는 주장에서 분명히 설명된다. 한편, 후자는 우리가 그것에 관하여 전혀 아무것도 모른다고 말해질 때 나타난다. 샹카라의 표현처럼, 그것은 마야(māyā), 불가사의한 것, 혹은 아니르바차니야(anirvacanīya), 즉 설명할 수 없는 것이다.

우리는 관계성을 지니지 않는 브라흐만이 어떻게 세계에 연관되어 있는가를 물을 수 없다. 다만 관계로 이루어진 세계가 브라흐만의 본질에 전혀 영향을 미치지 않는다는 것이 전제로 받아들여진다. 경험 세계의 파괴는 브라흐만의 존재에 조금도 손상을 주지 않는다. 브라흐만은 관계로 이루어진 이 세계와 떨어져서 존재할 수 있으며, 그렇게 존재한다. 세계는 브라흐만의 존재에 있어서 본질적인 요소가 아니다. 브라흐만과 세계의 상호 의존은 브라흐만을 세계의 차원으로 끌어내려, 그것을 시간과 목적의 범주들에 종속시키는 결과를 가져올 것이다.

그러나, 세계에 대한 절대자의 관계를 정의할 수 없다는 것이 곧 세계에 대한 부정으로 받아들여져서는 안된다. 세계는 단지 유한한 인간에 의하여 상상된, 절대자를 가로막고 있는 장막으로, 궁극적으로는 부정되어야 할 어떤 것이 아니다. 왜냐하면, 시공간과 인과의 세계는 브라흐만 속에서 그것의 실재를 지닌다고 언명되기 때문이다. 절대자가 현상 세계에 내재하기 때문에, 우리는 절대자로부터 각 사물들의 거리를 헤아려 그들이 지닌 실재성의 정도(grades of reality)를 알 수 있게 된다. 브라흐만이 세계로서 존재하는 것은 아니라 할지라도, 그것은 세계 속에 있다.

우파니샤드는 이 문제를 정면으로 대하지 않는다. 여러 설명들을 조화시키는 유일한 방법은 브라흐만의 절대적인 자족을 받아들이는 입장을 취하는 것이다. 브라흐만의 완전이란 모든 차원의 세계와 과거·현재·미래의 모든 현상들이 브라흐만 속에서 실현된다는 것을 의미한다. 이때 브라흐만은 다른 모든 존재들에 대하여 독립적이지만, 그 역(逆)은 아니다. 즉 브라흐만 없이 세계는 있을 수 없다. 우리가 브라흐만과 세계 간의 명확한 관계를 모른다는 엄밀한 철학적인 입장에 얽매이지 않고 계속하여 그 관계에 대하여 말한다면, 세계가 브라흐만의 창조물이라기보다는 브라흐만의 자기 한정이라고 말하는 것이 보다 옳을 것이다. 왜냐하면 신에 의한 세계 창조는, 태초에 신이 홀로 있었으며, 어느 한때에 그가 세계를 창조했다는 것을 의미할 것이기 때문이다.

원인으로서의 신을 결과로서의 세계에 대하여 시간적으로 선행하는 것으로 여기는 것은 옳지 않다. 세계를 신의 자기 표현으로 생각하는 것이 보다 낫다. 사실 우파니샤드의 여러 구절들에서는 세계가 절대자의 자기 발전일 뿐이라고 말한다. 자연은 절대자가 활력화되는 과정이기 때문에, 그것은 자발 혹은 스스로를 전개하는 자율의 체계라 할 수 있다. 이러한 전개 과정에서 첫 단계는 자의식적인 신과 물질의 수동적인 잠세력이라는 두 요소들이 일어나는 것으로 특징지워진다. 궁극적인 사실은 브라흐만의 자족이며, 어떻게 세계가 그것과 연관되어 있는가 하는 것은 말할 수 없다. 만일 우리가 어떤 설명을 시도한다면, 가장 만족스러운 것은 절대자를 다양성을 지닌 통일체 혹은 구체적이고 역동적인 영혼으로 말하는 것이다. 그러면 우리는 상호 작용하여 전체 우주를 전개시키는 자아와 비아에 도달한다.[원주137] 자기 표현 혹은 자기 전개는 절대자의 본질이 된다. 역동성은 삶

[원주137] 바부 바가반 다스(Babu Bhagavan Das)는 가르갸야나(Gargyayana)의 『프라나바바다』(Praṇavavāda)를 번역하면서, 우파니샤드의 위대한 문장 "아함 에타트 나(aham etat na), 나는 이것이 아니다"를 심오한 철학적인 교설로 해석해내려는 시도를 보인다. 아함(aham), 즉 자아는 자의식적인 이슈와라(Īśvara)이며, etat는 자연 혹은 비아(非我)이다. 이 둘의 관계는 na, 즉 부정으로 나타내진다. "자아는 비아가 아니다." 성음(聖音) 아움(AUM)에서 A는 자아를 나타내고, U는 비아를, M은 양자의 부정을 나타낸다. 그러나 이들 셋 모두는 성음(Praṇava) 'AUM' 속으로 귀입된다. 세계는 아함(aham)의 부정적인 반영(反影)으로 해석된다. 그것은 그 자체의 실현을 위하여 자아에 의하여 긍정된다. 에타트(etat)는 비실재적인 그림자에 불과한 반면에 아함은 실재이다. 이 해석은 독창적인 것이

의 법칙이다. 힘은 존재에 본래적인 것이다. 에너지라는 의미에서의 마야는 존재 속에 잠재적으로 영원하다.

2) 환영론(幻影論, māyāvāda)

우파니샤드에서, 변화하는 전체 우주가 근거 없는 상상의 산물, 혹은 단순히 현상적인 허상이나 그림자의 세계라는 것을 시사하는 구절은 거의 찾아보기 어렵다. 우파니샤드의 심미적이고 시적인 영혼들은 항상 자연의 세계에서 살았으며, 결코 그것을 벗어나려 하지 않았다. 우파니샤드는 삶이 악몽이라거나, 세계가 헛된 비존재라고 가르치지 않는다. 오히려 그것은 세계 조화의 리듬으로 고동친다. 세계는 신의 자기 현현이다. 그의 기쁨은 이 모든 형태로 나타난다.[원주138]

그러나 우파니샤드의 가르침을 추상적인 일원론과 동일시하여 현상 세계의 풍요로운 삶을 공허한 꿈으로 해석해 버리는 대중적인 견해가 있다. 만일 우리가 일상적인 경험의 사실에서 출발하여 그것을 설명하려 한다면, 우리는 자의식적인 이슈와라와 미현현된 물질의 두 요소들에 떨어질 것이다. 지적으로 우리는 이 둘의 일체를 확신한다. 우리의 어려움은 한편으로 이 주관과 객관의 양자를 조화시키고, 다른 한편으로는 이 둘과 우파니샤

다. 그러나 우리가 기억해야 할 것은, 부정되는 것이 아함(自我)의 반영으로서의 에타트(非我)가 아니라, 아함과 분리된 것으로서의 에타트일 뿐이라는 점이다. 일자(一者)로부터 분리되고 격리된 다자(多者)가 부정된다. 궁극적 실재 브라흐만에서 모든 차별상이 야기된다. 인도사상에서 이 '아움'이라는 상징은 여러 가지를 나타낸다. 모든 유형의 삼위일체는 '아움'으로 표현된다 : 존재-비존재-생성, 삿트와(sattva, 純質)-라자스(rajas, 激質)-타마스(tamas, 暗質), 과거-현재-미래, 브라흐마·비슈누·쉬바. 브라흐마·비슈누·쉬바의 개념은 세 가지 상태를 지니는 유일한 궁극자의 각각 다른 측면들을 강조한다. 신은 자기의 의지대로 아무런 속박 없이 우주를 창조한다. 이러한 위격의 신을 브라흐마라고 한다. 그는 그 자신과는 다른 존재로서 우주를 관조하고, 그것을 유지하며, 그것을 향수한다. 이 신이 비슈누이다. 그는 자기 존재의 영속하는 요소로서 스스로의 조화 속으로 우주를 귀입시킨다. 이때 그는 쉬바이다. 그 세 가지 위격이 상호 배타적이라고 여기는 사람들은 세 가지 다른 기능을 구체화하는 인격적인 세 작인(作因)을 상정한다.

[원주 138] Ānandarūpam amṛtam yad vibhāti.

드에서 명백히 주장되고 있는 브라흐만을 조화시키는 것이다. 궁극적 실재는 하나이다. 그럼에도 불구하고 우리에게는 그 둘이 있다. 세계의 차별상들이 일어나는 것은 바로 이러한 이원성에서이다. 우리는 막다른 벽과 직면한다.

만일 철학이 대담하고 진지하다면, 그 관계는 설명될 수 없다고 말해야 한다. 어쨌든 하나가 둘로 된다. 이러한 상황에서, 이것이 가장 논리적인 견해로 보인다. "유한 존재 속에 절대자의 내재와 절대자 속에 유한 존재의 내재, 나는 항상 설명할 수 없는 것으로 여긴다……. 그것을 이해하는 것은 우리의 한계 밖에 있으며, 심지어 모든 지성조차도 초월한다."[원주139] 양자 간의 관계가 설명될 수 없다는 것은 이미 우파니샤드에 나타나 있으며, 그 후에 베단타학파는 그것을 마야라고 명명하였다.

만족스러운 설명을 줄 수 없는 어려움은, 자기모순을 안고 있는 시공간의 범주와 인과의 범주를 사용하는 인간 정신의 불완전함에서 기인된다. 인간에게 알려지는 세계의 측면들은 단편적이며 참으로 실재하는 것이 아니다. 우리의 유한한 경험 속에서 만나는 모든 것은 언젠가 파괴되고 모순된 것으로 드러나게 마련이다. 모든 유한한 경험들은 제한되고 불완전하지만, 그들은 각각 다른 정도로 그렇다. 따라서 그들 모두를 일반적인 차원에서 동등한 정도의 실재성을 부여하는 것, 혹은 보다 정확히 말하여, 동등한 의미에서 그들 모두를 비실재적인 것으로 보는 것은 옳지 못하다. 마야 이론은 이러한 유한자의 모든 경험이 지니는 일반적인 모습, 즉 그것은 절대성을 결여하고 있다는 것을 추상적으로 나타낸다.

인간은 불완전하다는 의식에서 생겨나는 지적인 겸손은, 우파니샤드의 사상가들이 궁극적 실재에 대한 부정적인 표현 방식에 호소하지 않을 수 없게 한다. 그런데 우파니샤드의 이상을 그릇 이해한 해석자들은 브라흐만

[원주139] Bradley, *Mind*, No.74, p.154. Green의 *Prolegomena to Ethics*, Sec.100 을 참조: "신이 왜 세계를 창조했는가 하는 해묵은 질문은 지금까지 결코 대답된 적이 없으며, 앞으로도 그럴 것이다. 우리는 세계가 왜 있어야 하는지를 모른다. 우리는 단지 거기에 그것이 있다는 것을 알 뿐이다."

이 절대적으로 동질적인 비인격적 지성이라고 자신있게 말한다. 이것은 우파니샤드의 참된 정신과는 전혀 다른, 지극히 독단적인 주장이다. 이와 같이 브라흐만의 본질에 대하여 긍정의 방식으로 특징지우는 것은 비논리적이다. 왜냐하면, 샹카라조차도 궁극적 실재는 아드와이타(advaita, 不二), 즉 둘이 아니며, 또 긍정적(positive)인 어떤 것이 아니라고 말하기 때문이다.

티보(G.Thibout)에 따르면, (우파니샤드에는) "브라흐만을 비인격적 지성의 동질적인 일자(一者)로서, 모든 속성을 초월하는 것으로 나타내려는 뚜렷한 경향을 지닌"[원주140] 구절들이 있다. "그런데 다양한 현상 세계의 사실들은 부정될 수 없기 때문에, 철저하게 일관된 사색을 유지할 수 있는 유일한 길은 어쨌든 그것의 실재성을 부정하고, 그것을 어떤 비실재적인 원리 때문에 생겨나는 단순한 미망이라고 불렀다. 이때 그 비실재적인 원리는 실로 브라흐만과 연관되어 있지만, 바로 그 자신의 비실재성 때문에 브라흐만의 본질이 지니는 단일성을 손상시킬 수 없다."[원주141] 티보에 의하면, 현상적인 다양성과 일자의 실재를 조화시키는 장치가 마야이다.

그러나 불행하게도 추상적 지성이라는 개념은 무의미한 것이며, 우파니샤드 이론의 반(反)독단론적인 입장에서는 허용되지 않는다. 우파니샤드는 궁극적 실재에 대한 추상적인 개념을 지지하지 않는다. 그 철학은 일원론이라기보다는 불이론(不二論, advaitism)이다. 비록 주관과 객관의 구분이 현상 세계에서는 실재적이라 할지라도, 그것은 절대적이 아니다. 우리는 세계를 주관과 객관의 두 부분으로 나눌 수 없다. 브라흐만이 양자 모두의 근저에 놓여 있기 때문이다. 그것은 이원성을 부정하는 동시에, 상징적인 의미가 아니라면, 일체 만유가 하나로 녹아들 수 있다는 것도 긍정하지 않는다.[원주142]

[원주140] 서론, *Vedānta Sūtra*, p.cxxlii.
[원주141] 같은 책, p. cxxv.
[원주142] 우리는 브라흐만과 세계의 동일성을 설명하기 위하여 찰흙(구리 등)의 예화를 들고 있는 구절들이 "vācārambhaṇaṁ vikāro nāmadheyam mṛttikety eva satyam"이라는

3) 도이센의 입장에 대한 검토

우파니샤드에 대한 다른 우호적인 해석자들도 우파니샤드가 세계의 미망이라는 의미에서의 마야 이론을 지지한다고 주장한다. 그들의 주장이 지니는 가치를 검토해 보도록 하자. 베단타의 지식을 유럽에 보급하는 데 큰 공헌을 한 도이센은, 창조에 관한 네 가지 유형의 이론들이 우파니샤드에 나타난다고 지적한다. (1) 물질은 신과 무관하게 영원히 존재한다. 신이 물질을 형성하지만, 창조하지는 않는다. (2) 신이 무(無)로부터 세계를 창

어구를 사용하고 있는 것을 본다. 이것은 모든 것이 여러 이름으로 불리는 유일한 실체의 변형들이라는 것을 의미하는 것 같다. 샹카라는 이것을 "변형(vikāra)이란 단지 언어에서 생겨나고 존재하는 것이며, 결과로서의 그러한 것은 사실 있을 수 없다. 그것은 단지 이름일 뿐이며, 따라서 비실재적이다"라는 의미로 해석한다. 그것은 경험적(vyāvahārikam)이다. 그러나 이 말이 그것의 허구(mithyā)를 의미하는 것은 아니다. 또한 웃달라카―단지 형태상의 변화만을 겪는 물질에 대한 이론을 주장했던―도 이러한 언급을 하고 있다는 것을 주목할 필요가 있다. 그에 따르면, 물질이란 하나의 연속적인 전체로서, 이 속에는 질적으로 다른 입자들이 서로 뒤섞여 있다. 위에 인용된 어구는 발전이 여러 가지 이름을 부여함으로써 지각된다는 것을 말한다. 이름과 형태는 우파니샤드에서 개별성을 가리키기 위하여 사용된다(『브리하드아란야카 우파니샤드』, i.4.7을 보라).

일자(一者)가 다자(多者)로 전개되는 것은 근본 원리에서 이름과 형태가 일어나는 것이다. 이름과 형태로 나타나는 변형들이 비실재적이라는 것은 전혀 시사되지 않는다. 물론 그들은 브라흐만을 떠나서는 아무런 실재성도 지닐 수 없다. 나마루파(nāmarūpa)는 영어에서 name과 form이 나타내는 것과는 다르다. 나마루파는 아리스토텔레스의 형상과 질료에 해당한다. 나마(nāma)와 루파(rūpa)는 함께 세계의 개별자들을 형성한다. 불교에서 루파는 조대신(粗大身)을, 나마는 미세신(微細身)을 각각 나타낸다. 우파니샤드에서 나마와 루파는 '이름'과 '물질적인 형태'를 의미한다(『브리하드아란야카 우파니샤드』, i.6.1~2 ; 『문다카 우파니샤드』, vi.8 ; 또한 올덴베르그의 *Buddha*, pp.445 이하를 보라). 우파니샤드에 있어서 이름과 형태의 전개는 일자(一者)의 개별화를 의미한다. 개별화는 창조의 원리이며, 세계과정의 가장 현저한 모습이다. 사물과 사람은 궁극적으로 신의 존재 양태들에 불과하다. 그들은 자기 원인적인 실재가 아니며, 오직 브라흐만이 자기 원인적인 실재라 할 수 있다. 그들의 격리성은 피상적이다.

우파니샤드에 있어서 해탈은 나마루파가 지니는 표면상의 격리성이 완전히 소멸되는 것이다. 『문다카 우파니샤드』는 말한다 : "궁극의 지혜를 얻은 자는 우주혼과 하나가 되며, 강물이 바다로 흘러들어 영면하듯 나마루파를 뒤에 남기고 이로부터 구원된다." 한편, 원인은 결과보다 더 실재적이다. 신은 인간과 모든 만물의 원인이다. 금 장식의 본질은 금이듯이, 브라흐만은 세계의 실체요, 삿타사만야(sattāsāmānya), 즉 그 토대이다.

조한다. 세계는 신의 피조물이지만 신에게 의존하지 않는다. (3) 신이 자신을 세계 속으로 전변하여 그것을 창조한다. (4) 오직 신만이 실재하며, 창조란 있을 수 없다.

도이센은 위의 이론들 중에 마지막 입장이 우파니샤드의 근본적인 입장이라고 본다. 시공간의 세계는 가현·미망이며, 신의 그림자이다. 신을 알려면 가현의 세계를 부정해야 한다. 그가 이러한 견해를 지니게 된 것은, 모든 참된 종교의 본질이 세계의 실재성을 부정하는 것이라는 그 자신의 믿음에 기인한다. 독자적으로 그러한 결론에 도달한 후에, 그는 고대 인도의 우파니샤드와 샹카라, 고대 그리스의 파르메니데스와 플라톤, 그리고 근세 독일의 칸트와 쇼펜하우어 등의 철학 체계에서 자신의 이론을 위한 토대를 발견하고자 했다. 자신의 입장을 뒷받침할 근거를 구하려는 열망에서, 그는 있는 그대로의 사실에 대해서는 깊은 주의를 기울이지 않았다.

그는 우파니샤드의 근본적인 교의가 환영(幻影) 이론이라는 것을 주장하면서도, 널리 보급된 가르침은 범신론적이라는 것을 받아들인다. 그는 사실의 단순한 압력으로 범신론적인 견해가 '현저한' 것임을 인정하지 않을 수 없으며, 환영론이 '근본적'이라는 것은 사실에 대한 그 자신의 해석이다. 범신론이라는 사실과 환영론이라는 해석, 양자간의 타협이 이루어진다. 도이센은 그것이 떠들썩한 외침에 대한 양보와 죄많은 사람의 경험적인 요구 사항이라고 말함으로써 양자간의 절충을 도모한다.

> 근본적인 사고 방식에 있어서, 모든 단계들—심지어 물질의 독립적인 실재를 주장하는 가장 저급한 단계에서도—에서 적어도 하나의 원리로 견지되는 것은 아트만의 유일한 실재성에 대한 확신이다. 이러한 확신에도 불구하고, 세계의 실재성에 대한 경험적인 의식에 대하여 상당할 정도의 양보가 이루어졌다. 세계의 실재성에 대한 의식은 결코 완전히 버려질 수 없었다."[원주143]

[원주143] *The Philosophy of the Upaniṣads*, pp.161~162.

환영 이론의 입장에서 강조된 첫번째 주장은 우파니샤드가 브라흐만의 유일한 실재성을 주장한다는 것이다. 그것은 세계가 비실재적이라는 결론이 된다. 우리는 아트만이 유일한 실재라는 것을 인정한다. 만일 우리가 그것을 알면 그외의 다른 모든 것이 알려진다. 그것의 외부에 차별상이나 변화가 있을 수 없다는 것도 받아들일 수 있다. 그러나 안팎으로 전혀 아무런 변화도 있을 수 없고, 차별상도 있을 수 없다는, 이러한 무조건적인 전제는 이해하기 어렵다.

도이센은 "가현적인 다양성과 변화를 나타내는 자연은 단지 환영일 뿐이다"[원주144]라고 말한다. 같은 맥락에서 프레이저(Fraser) 씨는 주장한다: "실재에 대한 모든 가현이 환영이라는 이 교설은 자아 혹은 아트만 혹은 브라흐만의 불이성(不二性)을 우주의 유일한 실재로 간주하는 우파니샤드의 반복되는 가르침에서 오는 논리적인 필연이다."[원주145] 이러한 주장에서는 무한자가 그릇된 의미로 받아들여지고 있다. 무한자는 비(非)유한자(the not-finite)와 동일시되며, 또한 영원자는 비(非)일시적인 자(the not-temporal)로 만들어진다. 영원자가 무시간의 추상으로 떨어질 때, 시간적인 세계의 삶은 비실재적이 된다. 시공간의 세계와 영원하고 절대적인 세계 간의 대립은 궁극적인 것이 되고 만다.

그러나 우파니샤드의 어느 구절에서도 무한자가 유한자를 배제한다고 가르치는 곳은 없다. 그것이 브라흐만의 유일한 실재성을 주장할 때마다, 이와 함께 세계가 브라흐만에 뿌리를 두고 있으며, 따라서 그 실재성을 공유한다는 것을 주의깊게 상기시키고 있다. "유한자는 무한자 속에 있다. 이 아트만이 전체 우주이다."[원주146] 그것은 프라나(Prāṇa, 生氣)이다. 그것은 언어이다. 그것은 의근이다. 그것은 우주 내에 있는 모든 것이다. 신은 하찮은 티끌 속에도 나타난다.[원주147] 실제에 대한 긍정은 그것에 토대를 둔

[원주144] *The Philosophy of the Upaniṣads*, p.237.
[원주145] *Indian Thought*, p.68.
[원주146] 『찬도기야 우파니샤드』, ii.4.26.
[원주147] 『문다카 우파니샤드』, ii.2.11 : 『카타 우파니샤드』, ii.5.2 : 『타잇티리야 우파니샤

모든 것에 대한 긍정이다. 브라흐만의 유일한 실재성에 대한 가르침으로부터, 그것에 포함되고 그것에 토대를 둔 것들에 대한 상대적인 실재성이 도출된다.

도이센은 "아트만에 대한 지식으로 다른 모든 것이 알려진다고 언명하는 구절들이 다양성의 세계를 부정한다"는 것을 강조한다. 우리는 이 주장을 받아들일 수 없다. 만일 아트만이 그 속에 모든 생각하는 존재들과 생각의 대상들을 포함하는 보편적인 자아라면, 그것의 바깥에는 아무것도 없다면, 그것이 알려질 때 다른 모든 것이 알려질 수 있을 것이다. 우리를 해탈에 이르게 하는 참된 지식은 우리 속에 깃든 한 영혼을 깨달을 수 있도록 해준다. 아트만과 세계의 상호 배척을 시사하는 구절은 어디에도 없다. 만일 양자의 상호 배척을 주장한다면, 인드라가 프라자파티에게 말하는 것이 진실이 될 것이며, 유한하고 개별적인 모든 것을 배척하는 아트만은 공허한 추상이 되고 말 것이다.

만일 우리가 차별상을 무시한다면, 그것은 결과적으로 절대자를 비실재로 끌어내리는 것이 된다. 상대적인 것을 부정하는 것은 결코 절대자의 위상을 나아지게 하도록 작용하지 않는다. 영원자는 덧없는 것을 무익하고 공허한 것으로 내버릴 필요가 없다. 인간의 종교·윤리·철학·미학적인 가장 심오한 경험들에 대하여 정직해질 때, 우리는 영원자에 뿌리를 둔 일시적인 존재의 실재성과, 무한자 속에 살고 있는 유한자의 실재성, 그리고 신에게서 태어난 인간의 실재성을 인정하지 않을 수 없을 것이다. 우연적이고 개별적인 것을 부정하는 것은 결국 필연적이고 보편적인 것을 거짓으로 만드는 결과가 된다.

세계가 브라흐만에 뿌리를 두고 있다고 언명하는 많은 구절들은, 도이센에 의하여 경험적인 의식에 대한 양보로 설명되어 버린다. 만일 세계가 단지 환영일 뿐이라는 것이 우파니샤드 사상가들의 입장이라면, 그들은 세계

드』, iii.1:『찬도기야 우파니샤드』, iii.14.1: ii.14.2~4: vi.9.1:『브리하드아란야카 우파니샤드』, ii.4.6: iv.5.7: ii.5.2: v.3.1: i.4.16: ii.5.15: iii.7.15: iv.4.23.

의 상대성에 대한 교의를 그와 같이 진지하게 제시하지는 않았을 것이다. 무익한 해석이 도이센에 의해서 시도되고, 터무니없는 주장이 근본적으로 불합리한 것을 뒷받침하기 위하여 채택된다. 환영 이론을 위대한 독일 철학자 칸트에게 돌리려는 의도에서, 도이센은 그 가설이 우파니샤드의 사상가들에 의하여 완벽한 형태로 혹은 분명하게 주장되지는 않았다는 것을 받아들인다. 그래서 그는 이와 같이 말한다. "일자(一者) 브라흐만과 그의 가현적인 차별상 간에는 여전히 큰 차이가 있다. 고대의 사상가들이나, 실로 칸트 이전의 그 어떤 사상가들도 시공간에 펼쳐진 전체 세계가 단지 주관적인 현상일 뿐이라는 개념을 생각해낼 수 없었다."[원주148] 도이센은 우파니샤드가 세계에 대한 주관주의적인 입장을 주장하지 않았을 것이라는 사실을 바르게 제시하고 있다. 창조에 관한 다양한 이론들은 단지 브라흐만과 세계 간의 본질적인 의존을 지적하기 위하여 선언된다.

우리는 다양한 세계가 절대적인 유일자로부터 이름과 형태의 전개에 기인한다고 주장하는 구절들이 있다는 것을 인정한다. 이들은 단지 일체 만유의 근본적인 본질이 그 유일한 실재라는 것을 가리키는 것일 뿐이다. 그런데, 만일 우리가 이름과 형태의 세계에 정신이 팔린다면, 모든 다양성이 생겨나게 하는 근저의 본질을 잃어버릴 위험이 있다. 이러한 차별상의 세계가 이른바 불멸의 본질을 가리고 있는 것이다.[원주149] 우리는 덧없는 모든

[원주148] *The Philosophy of the Upaniṣads*, p.103. 도이센은 우파니샤드의 입장에서 칸트를 해석하고, 칸트의 입장에서 우파니샤드를 해석하려 했던 것 같다. 그러나, 이것은 결국 양자 모두를 그릇 해석하게 되는 결과를 가져왔다. 샹카라가 자기의 관념론이 불교의 주관주의와 동일시되는 것을 원치 않았던 것과 마찬가지로, 칸트는 자신의 관념론이 버클리의 주관주의와 혼동되지 않을까 염려하였다. 아마 쇼펜하우어와 더불어 도이센은 관념론에 대한 칸트의 비판이 어리석고 쓸데없는 군더더기이며 대실책이라고 생각했던 것 같다. 칸트의 제자들이 도이센의 견해에 동의할지 의문스럽다. "불멸이란 우리에게 심어진 도덕률의 실현에 바탕을 둔다는 칸트의 유명한 주장은, 일상적인 의미에서의 불멸을 말하는 것이 아니라 윤회를 말한다"(같은 책, p.314).

[원주149]『브리하드아란야카 우파니샤드』, i .6.3. Amṛtaṁ satyena channam : 사트(sat)라는 말의 다의성은 실재에 대한 우파니샤드의 견해에 상당한 혼란을 초래하였다. 한 의미에 있어서 사트는 존재하는 모든 것을 의미한다. 변화와 생성의 세계는 이러한 의미에서 사트이

존재들을 에워싸고 있는 장막을 꿰뚫어야 한다. 시공간적인 대상들은 사물의 본질을 숨긴다.

일상의 덧없는 외양은 결코 영원한 진리가 아니다. 참 존재는 이러한 모든 것을 초월하여 있다. 그는 세계를 통하여 자신을 현현(顯現)한다. 현현은 동시에 은폐를 의미한다. 현현이 보다 완전해질수록, 실재는 점점 더 감추어진다. 신은 자신의 얼굴에 베일을 드리움으로써 스스로를 가리며 또한 스스로를 드러낸다. 사물의 숨은 의미는 감각으로 아는 것과 일치하지 않는다. 세계는 신의 영광을 드러내는 반면에, 그의 순수하고 절대적인 본질을 가린다. 진리, 유일한 실체, 현상에 대한 절대공(絶對空)이 피조 세계의 다양성과 복수성에 의하여 감추어진다.

유한한 개아를 포함하여 세계의 모든 대상들은 스스로가 홀로 자존한다고 생각하며, 각자의 존재를 보전하는 일에 골몰하는 것 같다. 그들은 모두가 하나의 원천에서 생겨나며, 이로부터 스스로의 본질을 구한다는 것을 망각한다. 이러한 믿음은 마야, 즉 미혹 때문에 생겨난다. "작은 나뭇잎 하나라도 본질적으로 그것이 완전히 독립된 존재——햇빛과 공기 속에 자신을 지탱하다가 겨울이 오면 시들어 떨어지고 마침내는 소멸해가는——라고 여기는 충분한 의식을 지니고 있을 것이다. 그것은 아마 자신이 언제나 나무 줄기에서 보내지는 수액으로 지탱되고 있으며, 자신도 또한 나무에 영양소를 주고 있다는 것과, 자신의 자아가 곧 전체 나무의 자아라는 것을 깨닫지 못하고 있을지도 모른다. 만일 그 나뭇잎이 실로 그 자신을 이해할 수 있다면, 그것은 자신의 자아가 전체 나무의 삶과 깊이 연관되어 있으며, 실제로 그것과 하나라는 것을 알게 될 것이다."[원주150]

다. 사트는 또한 모든 변화 한가운데 있는 실재, 혹은 불멸자(amṛtam)를 나타낸다. 『타잇티리야 우파니샤드』는 전자를 사트, 그리고 후자를 트야트(tyat)라고 부른다. 트야트는 현존하는 사트에 반대되기 때문에, 가끔 그것은 아사트(asat, 非存在) 혹은 안리탐(anṛtam, 거짓)이라고 불린다(『타잇티리야 우파니샤드』, ii.6). 일반적으로는 영원한 실재 혹은 브라흐만을 사트, 그리고 변화의 세계를 아사트라고 부른다(『찬도기야 우파니샤드』, vi.2.1; iii.19.1).

[원주150] Edward Carpenter, *Pagan and Christian Creeds*, p.301.

분리된 의식의 파도마루 그 아래에는 모든 영혼이 각자의 존재를 이끌어 내는 삶의 광대한 공동 토대가 있다. 만일 우리가 외계의 대상들을 독립적이고 자존적인 것으로 간주한다면, 그것은 진리로부터 우리를 차단하는 장벽을 세우는 것이다. 유한한 대상들의 자존이라는 그릇된 개념은 천국의 빛을 구름으로 덮는다. 우리가 바로 직전의 원인들을 관통하여 모든 존재의 본질로 침잠할 때, 그 장막은 허물어지고 우리는 그 근저에 놓인 원리가 우리 속에 깃들어 있는 것과 다르지 않다는 것을 알게 된다. 『찬도기야 우파니샤드』(vi.10 이하)에서 아버지와 아들 간의 대화를 통하여 분명히 밝혀지는, 모든 존재가 하나라는 진리를 깨닫기 위하여 바로 직전의 원인들의 배후로 가는 것은 바로 이러한 필요에서이다.

"그곳에 가서 니야그로다(Nyagroda) 나무 열매 하나를 가져오라." "여기 있습니다, 스승이여." "그것을 부수어라." "스승이여, 그것이 부수어졌습니다." "거기에 무엇이 보이는가?" "아주 작은 씨앗들이 있습니다." "그 가운데 하나를 부수어라." "스승이여, 그것이 부수어졌습니다." "거기에 무엇이 보이는가?" "스승이여, 아무것도 보이지 않습니다."
 아버지가 말했다: "내 아들아, 네가 거기서 지각할 수 없는 그 미세한 본질, 바로 그 본질에서 이 커다란 니야그로다 나무가 존재한다. 그것을 믿어라. 존재하는 모든 것이 그 속에서 자신의 자아를 지니는 그 미세한 본질, 그것이 진리이다. 그것이 자아이다. 오, 슈웨타케투(Śvetaketu), 네가 그것이다."

아버지는 아들에게 자연 가운데서 연속하는 몇 가지 전형적인 대상들을 지적하고, 삶의 통일성에 대한 철학적인 진리와 인간의 삶과 우주의 삶이 지니는 연속성을 깨닫도록 훈계한다. 우리는 온갖 대상들에 의하여 감추어진 이 유일한 실재를 쉽게 이해할 수 없다. 그것을 실현하기에는 우리가 너무 세속적이고, 너무 경험적이며, 우리 자신에 대하여 너무 심각하다. 우리는 표면에 부유하며, 형식에 집착하고, 헛된 것을 섬긴다.

도이센은 우파니샤드의 철학의 중심 진리를 간과하고 있다. 이것은 그가 "전체 우주, 모든 아이들, 재산, 그리고 지혜가" 반드시 "그들의 본래 모습인 무(無)로 사라져야 한다"[원주151]고 말할 때 분명해진다. 이러한 전제하에서는, 조정의 원리에 입각하여, 우주의 유지자로서의 브라흐만과 개아의 심리적인 본체가 동일하다고 주장하는 모든 구절을 해명해야 하는 불가피성이 대두된다. "브라흐만을 심리적인 본체로 간주하는 교의에 의하여 상정되는 형태의 근저에는 똑같은 조정의 정신이 놓여 있다."[원주152] "우파니샤드는 우리 내면의 무한히 작은 아트만과 우리 바깥의 무한히 큰 아트만을 동일시하는 독특한 즐거움을 발견한다."[원주153] 난관에 직면할 때, 우리는 더 이상 신을 들여와야 하는 것이 아니라, 다만 나약한 인간 본성에 양보해야 한다.

"형이상학적 지식은 아트만의 바깥에 어떤 실재가 있다는 것을 인정하지 않는다. 이와는 반대로, 경험적인 입장에서는 다양성의 세계가 바깥에 존재한다고 가르친다. 이 두 상반되는 전제의 조합으로부터, 세계는 실재적이지만, 그럼에도 불구하고 아트만이 곧 세계이기 때문에, 오직 아트만이 유일한 실재로 남는다는 교의가 표방된다."[원주154] 어떻게 그 두 전제가 상반되는지, 그리고 왜 그 결론이 양립할 수 없는 타협이라는 것인지를 이해하는 것은 쉽지 않다. 아트만의 바깥에는 아무런 실재도 없다고 말할 때, 그것은 아트만이 다른 모든 것을 포함하는 우주적 영혼, 혹은 의식이라는 것을 의미한다. "다양성의 세계가 우리의 외부에 존재한다"고 말할 때, 여기서 '우리'란 시공간성을 지니는 마음과 몸에 의하여 제한된 경험적인 개아들을 가리킨다. 확실히 이와 같은 존재들에 있어서 세계는 실재적이다.

우리가 추구하는 아트만은 지식의 대상이 아니라 모든 지식의 토대이다. 그것은 물질 세계와 정신 세계에서 공히 그 전제가 된다. 생각하는 존재 혹

[원주151] *The Philosophy of the Upaniṣads*, p.168.
[원주152] 같은 책, p.171.
[원주153] 같은 책, p.237.
[원주154] 같은 책, p.405.

은 지바(jīva), 즉 심리적인 자아는 자연계의 일부분이다. 그 세계에서 그들은 다른 존재들에 대하여 외적으로 행위하며, 또한 그들의 행위에 있어서 외적인 대상이 된다. 그러나 논리적으로 볼 때, 아트만은 서로 연관되어 존재하는 대상 세계가 존재하는 조건이다. 모든 존재는 자아를 위한 존재이다. 세계는 심리적인 자아로서의 우리의 저편에 있다. 그것은 우주적 자아 속에 있다. 결론적으로 말하여, 우주가 우리에게 실재적인 것은 우리가 아직 완전한 자아가 아니기 때문이다. 아트만은 유일한 실재이며, 그것은 또한 우주를 포함한다. 이외의 어떤 입장도 비논리적이 될 것이다. 경험적인 자아로서 우리는 세계와 대립되며, 그 대상들에 의하여 한정된다. 처음에는 물질에 대립하는 우리의 삶이 점차로 사물의 기계적인 측면을 흡수하고 개조하듯이, 마찬가지로 주체는 대상을 변형시켜야 한다. 그러면 처음에는 외적이고 객관적이었던 것이 마침내 주체적 행위의 한 상태가 된다. 이러한 과정은 주체가 대상을 완전히 압도하여 총체적이 될 때까지 지속적으로 계속된다. 그러면 주체의 바깥에는 아무런 장애도 없게 되지만, 그때까지도 목표는 달성되지 않는다. 대립이 사라지는 것은 영적인 성장의 표시이다.

만일 시공간에 속박된 개별적인 주체—일련의 영적인 발달 과정에서 그 독특한 연결 고리가 되는—가 궁극적인 실재로 간주되면, 세계란 단지 가현일 뿐이라는 결론이 잇따르게 된다. 만일 우리가 그 자체로 브라흐만이라면, 우리가 유일한 실재라면, 우리에게 대립되는 세계는 단지 마술 속의 허상일 것이다. 그러나 유일한 실재로 주장되는 자아는 완전한 자아이며, 우리가 이루어야 할 자아이다. 우리의 안팎에 있는 모든 것을 포함하는 완전한 자아에 있어서는, 대립되는 것이 아무것도 없다. 도이센에게 허상의 대립을 시사한 것은 모순으로 가득 찬 인간의 유한한 자아와 브라흐만의 궁극적인 자아 간의 혼동이다. 그는 인위적인 장치로써 이 대립을 극복하려고 노력한다.

브라흐만에서 다자(多者, nānā)를 발견하려 해서는 안된다고 말하는 구절들이 있다.[원주155] 이 구절들은 세계의 일체성을 나타내 보이고자 하며,

그 강조점은 다수의 유한자가 아니라 하나의 무한자에 놓여 있다. 일상적인 삶 속에서 우리는 주체와 대상 간의 대립을 실재적인 것으로 생각한다. 냉철한 사색은 우리에게 그러한 대립이 궁극적이 아니라는 것을 말해 준다. 주관과 객관의 이원성은 궁극의 진리가 아니다. 이원성이 전부가 아니며, 최종적인 것이 아니라고 말할 때, 이것은 전혀 이원성이 없다거나 차별이나 다양성이 없다는 것을 의미하지 않는다. 사실 샹카라가 배척한 것은 바로 이 잘못된 견해—불교의 한 학파가 주장했던—였다. 우리가 세계를 절대자 이외의 어떤 것에서 기인되는 것으로 생각하는 한 길을 잃고 방황하게 마련이다. 우파니샤드가 부정하는 것은 아트만에서 분리된 어떤 요소가 존재한다는 것이다.

세계에 대한 브라흐만의 관계를 나타내기 위하여 우파니샤드에서 사용된 비유들—소금과 물, 불과 불꽃, 거미와 거미줄, 피리와 그 소리—에 의거하여 논지를 전개하는 과정에서 올덴베르그(H.Oldenberg)는 이렇게 말한다.

우리는 사람들이 우주 안에 있는 아트만의 살아 있는 힘을 보다 가깝게 이해하려 하였던 이 비유들의 배후에서, 아트만으로부터 떨어져 있는 사물들 속에 어떤 요소가 존재한다는 것에 대한 확신—비록 완전히 의식적인 확신은 아니라 할지라도—을 간파할 수 있다. 소금이 녹아 있는 물 속에 소금이 두루 퍼져 있듯이, 아트만은 우주에 편재한다고 인도인들은 말한다. 그러나 우리는 이 비유에 대한 보완으로서 다음과 같은 말을 쉽게 부가할 수 있을 것이다 : 만일 소금이 없다면 단 한 방울의 소금물도 있을 수 없지만, 그럼에도 불구하고 물은 소금과 별개로 구성된 어떤 것으로 지속한다. 이로부터 우리가 추론할 수 있는 것은, 인도인들에게 아트만은 분명히 유일한 현존이며 사물들 속에 있는 중요한 실재이지만, 사물들 속에는 아트만이 아닌 나머지 다른 요소가 있다는 것이다.

[원주155] 『브리하드아란야카 우파니샤드』, iv.4.19를 보라.

이원론에 대한 부정이 강조되는 것은 바로 이와 같은 견해에 대해서이다. 우파니샤드는 아트만과 분리되어 있는 피조 세계를 주장하지 않는다는 것을 분명히 말하고 있다. 그것은 모든 경험에 대한 아트만의 적합성을 강하게 주장하고 있으며, 그 가르침이 사실에 충실하다는 점에서 추상적인 관념론과는 확실히 구별된다. 그것의 최고 원리 혹은 신은 객관적인 세계[원주156]와 주관적인 인간[원주157]을 초월하고 포함하는 영원한 영혼[원주158]이다. 최고의 상태에서는 오직 일자(一者) 브라흐만이 있을 뿐이다. "우리는 그밖에 아무것도 보지 못하며, 그밖에 아무것도 듣지 못하며, 그밖에 아무것도 알지 못한다."[원주159]

자아에 대한 궁극의 깨달음[원주160]에서 우리는 주관과 객관의 일체성과 세계의 상대성, 그리고 대립적인 것들의 무상함을 느낀다. "더 이상 남아 있는 낮도 없고 밤도 없으며, 존재도 없고 비존재도 없다. 오직 신만이 있다."[원주161] 사도 바울이 말한다. "완전한 것이 오면, 부분적인 것은 사라질 것이다." 뤼스브로크(Ruysbroeck)도 이와 비슷한 말을 한다 : "제4의 양태는 사심 없는 사랑과 신성한 빛 속에서 신과 하나된 공(空)의 상태이다 ……. 그래서 사람은 그 자신을 잊어버리고, 자신도 모르고 신도 모르며, 그 어떤 피조물도 모른다. 오직 사랑 외에는 아무것도 모른다." 궁극자에게 그 어떤 차별상이 있다고 생각해서는 안된다고 말하는 모든 구절들은 바로 이러한 직관적 경험의 완전한 일원성을 가리킨다.

우리는 우파니샤드의 가르침에 따라 다원성, 시간적인 연속, 공간적인 공존, 인과 관계, 그리고 주관과 객관의 대립들이 궁극적으로 실재하는 것이 아니라는 것을 받아들인다. 그러나 이것은 그들이 비존재라고 말하는

[원주156] Adibhūtam.
[원주157] Adhyātmam. 『타잇티리야 우파니샤드』, i .7.
[원주158] Adhidaivam.
[원주159] 『찬도기야 우파니샤드』, vii.23.
[원주160] Ātmabuddhiprakāśa.
[원주161] 『슈웨타슈와타라 우파니샤드』, iv.18.

것이 아니다. 우파니샤드가 마야 이론을 수용하는 것은, 다만 인격신에서 전봇대에 이르기까지 모든 요소를 포함하는 근원적인 실재가 있다는 의미에서이다. 샹카라는 "브라흐마에서 풀잎에 이르기까지 모든 살아 있는 피조물 속에 아트만이 있다"고 말한다. 개체성의 다양한 등급들은 모두가 유일한 절대자의 분산되는 광선들이다. 마야는 실재 그 자체가 전개되는 자기 차별을 개념적인 차원에서 나타낸 것이다.

개별적인 사물들은 있다고 할 수도 없고 없다고 할 수도 없다. 그들은 미정의 존재이다. 절대자의 완전과 유일한 실재의 무한한 충만이라는 관점에서 보면, 고통과 혼란으로 가득 찬 다양성의 세계는 보다 덜 실재적이다. 궁극자의 이상과 비교할 때, 그것은 실재성이 부족하다. 설사 우리가 세계의 사람과 사물들을 단지 실체의 그림자로 간주한다 해도, 실체가 실재적인 한 그 그림자 또한 상대적인 실재성을 지닌다. 세계의 사물들이 궁극적 실재의 불완전한 현현이라 할지라도, 그들이 단순히 그것의 허상에 불과한 것은 아니다. 표면에 나타나는 갈등과 대립은 근저에 놓인 절대자의 상대적인 양태들이다. 이원성이나 다원성은 실재가 아니다.[원주162]

무분별한 의식은 유한 세계가 완전히 실재적이라고 경솔하게 생각한다. 이것은 그렇지 않다. 세계 내의 에너지와 사물은 결정적이거나 궁극적인 것이 아니다. 그것은 자기 존재에 대한 어떤 해명을 필요로 한다. 다시 말하여, 그것은 자기 원인적이 아니며 자존하는 것이 아니다. 그 배후에 그것을 초월하는 어떤 것이 있다. 우리는 세계를 신 속에, 유한자를 무한자 속에, 무비판적인 지각의 실재를 직관의 브라흐만 속에 침잠시켜야 한다. 어떤 경우에도, 우파니샤드는 무한한 공간——육신을 매개로 우리 모두가 속해 있는——속에 놓인 우리 주변의 대상들이 단지 허깨비에 불과하다는 것을 말하지 않는다.

우파니샤드가 세계의 비실재성을 주장한다는 그릇된 판단에 의거하여

[원주162] 그래서 어떤 우파니샤드에서는 '이바'(iva)라는 말이 사용된다. 『브리하드아란야카 우파니샤드』, ii.4.14; iv.3.7; iv.4.19를 보라.

우파니샤드의 이론에 대한 다양한 비판이 제기되어왔다. 전개는 변화를 의미하므로 비실재적이며, 변화가 비실재적인 것은 그것이 비실재적인 시간 속에서 일어나기 때문이라고 주장하는 사람들이 있다. 그러나 이 비판은 오해에서 비롯된 것이다. 절대자는 시간 속에 있지 않은데 시간은 절대자 속에 있다는 것은 옳다. 절대자 안에서 우리는 참다운 성장, 창조적인 진화를 지닌다. 시간상의 과정은 실재적인 과정이다. 왜냐하면 실재성이란 시간적인 변화 속에, 그것을 통하여, 그리고 그것에 의하여 나타나기 때문이다. 만일 우리가 어떤 영원하고 무시간적인 허공 속에서 실재를 찾으려 한다면, 우리는 그것을 발견할 수 없을 것이다.

우파니샤드가 주장하는 것은 시간의 진행 과정이 본질적으로 무시간적인 절대자 속에서 그 근거와 의미를 찾는다는 것이다. 변화와 과정이 참으로 의미를 지니려면, 절대자에 대한 이러한 개념이 불가피하다. 이와 같이 모든 것을 포괄하는 절대자가 없다면, 우리는 세계의 흐름이 점진적인 진전이라는 것, 변화가 발전이라는 것, 또는 세계의 끝날에 선이 승리한다는 것을 확신할 수 없다. 절대자는 세계의 진행 과정이 혼돈이 아니라 질서라는 것을 보증하며, 발전이 우연한 변화의 결과이거나 아무렇게나 이루어지는 것이 아님을 담보한다.

실재는 일련의 비연속적인 상태들이 아니다. 만일 절대자가 없다면, 우리는 아무런 계획이나 목적도 없는 끝없는 과정 속에 떨어지고 말 것이다. 절대자의 통일은 세계 전개 과정을 통하여 끊임없이 작용한다. 우리는 아직 없는 어떤 것 혹은 결코 있을 수 없는 어떤 것을 실현하기 위하여 무력하게 싸우고 있는 것이 아니다. 어떤 의미에 있어서, 실재는 역사의 모든 과정을 통하여 표현된다. 존재와 과정, 즉 있는 것과 되어지는 것은 다르지 않다. 이러한 견해로써 우파니샤드의 가르침은 본질적인 조화를 이룬다. 그것은 세계를 단순한 환영(幻影)으로 보는 교의를 지지하지 않는다. 홉킨스는 말한다. "초기 우파니샤드에서 저자들이 객관 세계를 환영으로 믿는다는 것을 보여주는 어떤 것이 있는가? 전혀 없다."[원주163]

12. 실재성의 정도

절대자에 관한 한 어떤 의미에서도 등급이란 있을 수 없다. 등급의 개념은 단지 사물을 분별하는 유한한 지성에 대해서만 의미를 지닌다. 따라서 그것은 궁극적인 가치를 지니지 않는다. 세계의 다자성이 일자(一者) 속으로 거두어들여질 때 등급의 개념도 초월된다. 우파니샤드의 형이상학적인 실재 속에서 우리는 실재하는 것에 대한 아무런 등급도 발견할 수 없다. 그것은 다만 경험의 세계에서 의미를 지닐 뿐이다. 세계 내의 모든 발전은 반드시 등급의 개념을 수반한다. 존재에 있어서 발전과 변화에 대한 어떤 요구는 그것을 전제로 한다.[역주17] 유한 존재의 상대적인 세계에 있어서 실재의 특성에 대한 탐구는 실재성의 다소에 대한 검토라 할 수 있다. 우리는 궁극자에 대하여 충분히 알고 있으며, 그것을 이 세계에서 활용한다.

우파니샤드의 이러한 견해는 샹카라에 의하여 옹호된다. 브라흐만은 알려지는가 아니면 알려지지 않는가? 만일 알려진다면 우리가 굳이 그 본성을 탐구할 필요가 없으며, 만일 알려지지 않는다면 그것에 대한 우리의 탐구는 헛된 것일 수밖에 없다. 이 딜레마에 대하여 샹카라는 자아로서의 실재가 분명히 알려진다고 말한다. 자아는 "내가 탐구한다." 혹은 "내가 의심한다"는 등의 언급에서 자신을 상정한다. 어떤 것이 실재적이라는 것은 자명한 진리이며, 우리가 탐구하고 깨달아야 하는 것은 그것의 본성이다. 우

[원주163] *Journal of the American Oriental Society*, xxii, p.385. R.G. Bhandarkar 경은 "우파니샤드의 가르침이 표방하는 요지를 세계의 미망됨과 유일한 자아의 실재성이라고 보는 몇몇 저명한 학자들의 견해는 명백히 그릇된 것이며, 감히 말하건대 그것은 무분별한 판단을 나타낸다"(*Vaiṣṇavism*, p.2, 각주)고 주장한다.

[역주17] 베나르지(N.V.Benarjee)에 따르면, '실재'란 가치의 개념이 아니라 존재의 개념이기 때문에, 여기에는 어떤 등급 혹은 정도란 있을 수 없다. 다시 말하여, 단지 실재·비(非)실재의 두 가지 범주가 있을 뿐 그 중간은 있을 수 없으며, 우리가 등급을 말할 수 있는 것은 가치에 있어서, 즉 완전성이라는 점에서이다. 이런 입장에서는 세계가 신보다 덜 실재적인 것이 아니라, 다만 덜 완전할 뿐이다(*The Spirit of Indian Philosophy*, pp. 226~227).

리가 실감하는 실재성은 존재에 있어서 등급을 구분하는 기준으로 작용한다.

세계에 대한 환영 이론은 실재의 등급에 대한 개념과 부합되지 않는다. 우파니샤드는, 세계 과정의 마지막 완성일 뿐 아니라 그 원천이며 모든 것을 포함하는 절대자로부터 하강하는, 실재의 여러 등급들을 나타내는 어떤 등급 체계를 보여주고 있다. 다양한 종류의 존재들은 유일한 절대자의 높고 낮은 현현이다. 상대적으로 아무리 완전하고 자존적인 것으로 보이는 어떤 것이 있다 할지라도, 이 세상에 홀로 있는 것은 없으며, 모두가 그 등급 체계 안에 있다. 모든 유한한 대상들은 그 속에 초월적인 것을 가리키는 특징들을 지니고 있다. 절대자는 모든 유한 존재들 속에 스며들어 있는 반면에, 개개의 사물은 그것이 절대자를 투과하는 정도에 있어서, 혹은 그것이 절대자를 비추는 반영의 완전함에 있어서 다양하다.

> 모든 부분들이 같지는 않으나, 찬란한 빛으로써
> 모두가 동등하게 비추어지나니······.

무감각한 물질보다는 유기적인 생명 속에, 유기적인 생명보다는 인간 사회 속에 실재의 더욱 풍부하고 완전한 모습이 드러난다. 높고 낮은 범주들의 등급은 실재에 대한 그들의 표현이 지니는 적합성의 정도에 따라 결정된다. 생명은 물질보다 상위의 범주이며, 자의식은 단순한 의식보다 더 구체적이다.

자기 안에 있는 자아의 점차적인 발전을 아는 자는 더 많은 발전을 얻는다. 풀과 나무, 그리고 동 물계가 있으며, 그는 그들 속에서 점차 발전하는 자아를 안다. 왜냐하면, 풀과 나무들 속에는 단지 수액이 보일 뿐이지만, 활동하는 생물 속에는 칫타(citta, 意識)가 보이기 때문이다. 또한 활동하는 생물들 중에 자아가 점점 발전한다. 왜냐하면 어떤 것들에서는 (의식뿐 아니라) 수액이 보이기 때문이다. 그러나 다른 것들에서는 의식이 보이지 않는다. 또한 사람 속에 자아가 점차로 발전한다. 왜냐하면 그는 지식을 가장 많이 타고나기 때문이다. 그는 자기가 알았던 것을 말하며, 그가 알았던 것을 본다. 그는 장차 일어날 일을 알며, 유형·무형의 세계들을 안다. 필멸자로서, 그가 불멸을 바라며 마침내 그것을 얻는다. 다른 동물들에 있어서, 굶주림과 목마름은 오성의 일종이다. 그러나 그들은 자기가 알았던 것을 말하지 않으며, 그들이 알았던 것을 보지도 않는다. 그들은 장차 일어날 일을 알지 못하며, 유형·무형의 세계들을 알지도 못한다. 그들은 아주 멀리 가며, 더 멀리 가지는 않는다.[원주164]

우리는 비록 동일한 실재가 "별 속에, 바위 속에, 육신 속에, 영혼 속에, 그리고 흙 덩어리 속에" 나타난다 할지라도, 그럼에도 불구하고 그것은 죽은 물질보다는 살아 있는 존재들 속에, 만족해하는 짐승보다는 발전하는 사람 속에, 지적인 삶보다는 영적인 삶 속에 더욱 완전하게 드러난다는 것을 안다.[원주165]

이러한 자기 실현 혹은 자기 완성의 과정에 있어서, 가장 열등한 것은 흙이다. 우파니샤드 사상가들은 유일한 요소로서의 물에 대한 베다적 개념을 더욱 발전시켰다. 때로는 화(火)·수(水)·지(地)의 세 요소들이,[원주166] 또 때로는 공(空)·풍(風)·화·수·지의 다섯 요소들이 제시된다. "자아(브라흐만)로부터 허공(ākāśa)이 생겨났으며, 허공에서 바람이, 바람에서

[원주164] 『아이타레야 아란야카』, ii.3.1~5.
[원주165] 『아이타레야 우파니샤드』(iii.1)는 지바(jīva, 靈魂)에 대한 네 가지 구분을 시사하고 있다: (1) 태생(胎生, jarāyuja) – 인간, 고등동물, (2) 난생(卵生, aṇḍaja) – 까마귀, 오리 등, (3) 습생(濕生, svedaja) – 벌레나 곤충 등, 그리고 (4) 토생(土生, udbhijja) – 식물 등. 이 구분은 다양한 존재들이 지상에 출현하는 양태에 의거한 것이다. 또한 『마누법전』, i.43~46을 보라. 아리스토텔레스는 식물, 동물, 그리고 인간의 영혼을 말하고 있으며, 라이프니츠는 생물을 식물·동물·인간으로 구분한다.
[원주166] 이 세 요소들의 조합에 의하여 모든 다른 몸들이 형성된다. 『찬도기야 우파니샤드』, vi.2.3~4를 보라. 짐작건대, 상키야학파의 탄마트라(tanmātra, 微細本質) 교의는 이 견해에서 비롯된 것이다. 상키야의 전개설에 의하면, 아항카라(ahaṁkāra, 我慢)로부터 다섯 탄마트라가 나오며, 다섯 탄마트라로부터 다섯 마하부타(mahābhūta, 五大)가 생겨난다.

불이, 불에서 물이, 물에서 흙이 생겨났다. 흙에서 식물이, 식물에서 정액이, 정액에서 사람이 생겨났다. 그래서 사람은 음식의 본질로 이루어져 있다."[원주167]

 생명의 물질적인 토대를 논의함에 있어서 우파니샤드의 저자는 물질의 전개 과정을 이렇게 설명한다. 보다 상위의 요소는 그보다 열등한 요소의 속성들을 포함한다. 처음에 소리라는 단 하나의 속성을 지닌 허공이 나온다. 그것은 우리가 들을 수 있는 것이다. 허공에서 바람이 나온다. 바람은 허공의 속성인 소리를 지니며, 이에 부가하여 촉감이라는 속성을 지닌다. 그것은 우리가 듣고 느낄 수 있는 것이다. 바람에서 불이 나온다. 그것은 우리가 듣고 느끼며 볼 수 있는 것이다. 불에서 물이 생겨난다. 우리는 또한 그것을 맛볼 수 있다. 물에서 흙이 나온다. 그것은 우리가 듣고 느끼며, 보고 맛보며, 또한 냄새 맡을 수 있는 것이다.

 오늘날의 척도로 볼 때, 여기에 전제된 과학은 지극히 공상적인 것으로 비칠 것이다. 그럼에도 불구하고, 그 설명에 담겨진 어떤 원리가 있었다. 우리가 처음으로 다섯 요소설을 지니게 되는 것은 바로 우파니샤드에서이다. 원소적인 미세한 본질, 즉 탄마트라(tanmātra)와 이로부터 생겨나는 조대(粗大)한 요소들 간의 구분이 제시된다.[원주168] 『찬도기야 우파니샤드』는 가끔 세계 내의 사물들이 서로 질적으로 구별되며, 무한한 부분들로 나누어질 수 있다는 것을 시사한다. 웃달라카(Uddālaka)는 물질이 무한하게 나누어질 수 있으며, 질적으로 구별된다는 이론을 제의한다.

 사물이 완전히 다른 어떤 것으로 변형되는 것과 같은 일은 있을 수 없다. 우리가 응고된 우유로 버터를 만들 때, 응고된 우유가 버터로 변형되는 것이 아니라, 버터의 입자들이 이미 응고된 우유 속에 있으며, 휘젓는 과정에서 다만 그 입자들이 위로 떠오를 수 있게 할 뿐이다.[원주169] 여러 종류의

[원주167] 『타잇티리야 우파니샤드』, ii.1.1.
[원주168] 『프라슈나 우파니샤드』, iv.8; vi.4; 『아이타레야 우파니샤드』, ii.3; 『카타 우파니샤드』, ii.15를 보라.
[원주169] 『찬도기야 우파니샤드』, vi.6.1.

물질이 상호 침투한다고 보는 아낙사고라스(Anaxagoras)의 입장은 이와 유사하다. "만일 음식물의 소화와 같은 어떤 경험적인 사실이 우리에게 곡물이 살과 뼈로 전환되는 것을 보여주는 것 같다면, 이것은 곡물이 그 속에 감지할 수 없을 만큼 아주 적은 양이지만 그것이 변형되어 나타나는 것을 이미 지니고 있다고 해석되어야 한다. 그것은 실제로 살과 피, 그리고 골수와 뼈의 입자들로 구성되어 있다."[원주170] 카나다(Kaṇāda)의 원자설[역주18] 또한 입자들이 단지 결합되고 분리될 뿐이라는 견해를 시사한다. 마치 온갖 나무의 수액이 꿀 속에 함께 섞여 있는 것과 마찬가지로, 물질은 복합적인 덩어리로 표현된다.[원주171] 여기서 상키야 이론의 단초를 발견하는 것은 어렵지 않다.

물질의 세계 전개는 지바 아트만(jīva-ātman), 즉 개아가 물질 속으로 들어가는 것으로, 혹은 다양한 차원의 영들에 의하여 물질이 활력을 지니게 되는 것으로 설명된다. 때로는 운동의 원리가 물질 그 자체 속에 상정되기도 한다. 프라나 혹은 생기는 물질에서 일어나지만, 물질로는 완전하게 설명되지 않는다. 이와 마찬가지로 의식은 생기에서 일어나지만, 프라나의 전제만으로는 그것이 이해되지 않는다. 인간에 이르러서 우리는 자의식적인 사유를 지닌다. 인간은 돌이나 별 혹은 짐승이나 조류보다 더 고차원적인 존재다. 그 이유는 인간이 이성과 의지를 지닐 뿐 아니라 서로 사랑하고 양심에 따른 친교를 맺을 수 있기 때문이다. 그러나 우리가 여전히 고통과 모순을 느끼는 것으로 미루어 보아, 인간의 현존이 궁극적인 차원의 존재는 아니다.

[원주170] Adamson, *The Development of Greek Philosophy*, p.50.
[역주18] 카나다는 바이셰쉬카학파의 개조(開祖)이다. 그의 원자설은 지·수·화·풍의 네 원자(paramāṇu)를 상정하고, 모든 물질 세계를 이 원자들의 각각 다른 조합들로 설명한다.
[원주171] 『찬도기야 우파니샤드』, vi.9.1~2.

13. 우파니샤드는 범신론적인가?

이 단원을 끝내기 전에, 우파니샤드의 교의를 범신론적인 것으로 보는 것이 과연 옳은가 하는 것에 대하여 잠시 생각해 볼 필요가 있다. 범신론은 신을 전체 세계와 동일시하며 그의 초월을 부정하는 견해이다. 만일 신의 본질이 세계 과정에 의하여 속속들이 완전하게 규명된다면, 그 둘이 하나가 된다면, 우리는 범신론을 지닌다. 그러나 우파니샤드에서 우리는 궁극적 실재의 본질이 세계 과정에 의하여 완전하게 규명되지 않는다고 말하는 여러 구절들을 본다. 세계의 존재가 절대자의 완전을 감소시키지 않는다. "저것이 충만이며 이것이 충만이다. 저 충만에서 이 충만이 일어난다. 저것에서 이 충만을 덜어낸다 해도 남는 것은 여전히 충만이다." 신은 자기를 세계로 전변시킬 때에도 그의 본질에서 아무것도 상실하지 않는다.

이미 『리그 베다』에서도 모든 만물은 단지 푸루샤의 4분의 1에 불과한 반면에, 나머지 4분의 3은 찬란히 빛나는 불사계(不死界)에 남아 있다고 주장된다.[원주172] 『브리하드아란야카』 v.14에 따르면, 브라흐만의 한 발은 삼계(三界)로 이루어져 있으며, 두번째 발은 세 베다의 지식으로, 세번째 발은 생기를 주는 세 호흡으로 이루어져 있으며, 그리고 땅 위로 들리워진 네번째 발은 태양으로 빛난다.[원주173] 우파니샤드는 세계가 신 안에 있다고 말한다. 그러나 그것은 결코 세계가 신이라고 주장하지 않는다. 신은 자기의 작품인 세계보다 더 광대하다. 마치 사람으로서의 존재가 육신—이승의 삶에서 필요한 도구인—이상이듯이, 신은 세계 이상이며 그것을 초월한다.[역주19]

[원주172] x.90.3. 또한 『찬도기야 우파니샤드』, iii.12.6을 보라.
[원주173] iv.3.32.
[역주19] 신과 세계의 관계에 대한 이러한 입장는 크라우제(Karl C.F. Krause)의 용어로 범재신론(汎在神論, panentheism)이라 할 수 있을 것이다. P.Nagaraja Rao는 범신론과 범재신론의 차이를 이렇게 설명한다: "범신론의 경우에는 신-세계=0인 반면에, 범재신론의 경우에는 신-세계=신이다."

우파니샤드는 신을 세계 속에 가두는 것을 거부한다. 그러나, 이러한 사실들이 세계와 분리되어 존재하는 외적인 창조자로서의 신을 말하는 것이 아니다. 신은 세계 속에 자신을 표현하며, 세계는 그의 삶의 표현이다. 더할 나위 없이 충만한 존재로서의 신은 그의 실제적인 현현들을 초월한다. 신은 내재적인 동시에 초월적이다. 우파니샤드는 부정적인 의미의 범신론을 주장하지 않는다. 아무런 통일성이나 목적 혹은 가치의 구분도 없이 유한 존재들이 신이라 불리는 더미 속으로 함께 내던져지는 것은 아니다. 우파니샤드의 철학은 이신론(理神論)의 신 개념을 거부한다. 그것은 신이 세계의 밖에 있다고 말하지 않으며, 때로는 그의 존재가 초자연적인 계시나 신묘한 간섭에 의하여 감득될 수 있도록 한다.

만일 신이 우리 삶의 근본적인 실재이며 우리는 그 없이 살 수 없다고 말하는 것이 범신론이라면, 우파니샤드의 철학은 분명히 범신론이다. 현상 세계의 모든 존재들은 유한한 동시에 무한하며, 완전한 동시에 불완전하다. 모든 것은 자신을 초월한 선한 존재를 원하며, 스스로의 유한성을 떨쳐버리고 완전하게 되고자 애쓴다. 유한자는 자기 초월을 추구한다. 이것은 무한자가 유한자 속에서 활동하고 있다는 것을 분명하게 나타낸다. 실재는 비실재적인 것의 토대가 된다. 만일 신의 내재에 대한 교의가 어떤 철학 체계를 범신론으로 판단할 수 있는 충분한 사유가 된다면, 우파니샤드의 철학은 범신론이다. 그러나 이러한 의미에서의 범신론은 모든 참된 종교의 본질적인 모습이다.

14. 개아(個我)

우파니샤드는 유한한 대상들 가운데 개아가 최고의 실재성을 지닌다는 것을 분명히 밝히고 있다. 그것은 비록 절대자 그 자체는 아니라 할지라도, 절대자의 본질에 가장 근접해 있다. 유한한 자아가 세계의 반영으로 간주되는 구절들이 있다. 전체 세계는 무한하게 되려고 노력하는 유한자의 과정이며, 이러한 긴장은 개아 속에서 발견된다. 『타잇티리야 우파니샤드』에 따르면, 현상 세계의 여러 요소들이 개아의 본질 속에서 발견된다. 『찬도기야 우파니샤드』 iv.11.3과 4에서는 불, 물, 그리고 흙이 무한자의 원리와 함께 지바 아트만, 즉 개아를 구성한다고 말해진다.[원주174]

인간은 여러 차원의 실재들이 만나는 곳이다. 그의 프라나(prāṇa, 生氣)는 바유(vāyu, 風)에 상응하며, 호흡은 자연계의 바람에, 마나스(manas, 意根)는 아카샤(ākāśa, 虛空)에, 마음은 우주의 영기(靈氣)에, 조대한 육신은 물질적인 요소에 상응한다. 인간의 영혼은 밑바닥에서 꼭대기에 이르기까지 모든 차원의 존재들과 밀접한 관련을 지닌다. 그 속에는 우리가 행복에 빛나는 의식이라고 부르는 신적인 요소, 즉 아난다의 상태가 있다. 아주 드문 순간들이지만 이 상태에서 그는 절대자와 직접적인 관계에 들어간다. 유한한 자아는 오관 및 의근과 결합된 아트만이다.[원주175]

온갖 다양한 요소들이 불안정한 조화 속에 있다. "두 마리 새가 자동수(自同樹) 위에 앉아 있다. 그들은 한 족속이며 서로 친근하다. 그들 가운데 한 마리는 달콤한 열매를 먹고 있지만, 다른 한 마리는 다만 그것을 조용히 관조하고 있다. 똑같은 나무—세계수(世界樹)—에 인간이 신과 더불어 살고 있다. 고통에 짓눌린 그는 힘을 잃고 자기의 무력함을 슬퍼한다. 그러

[원주174] 신은 인간 속에
　　　창공, 지층(地層), 그리고 빛,
　　　물고기, 가금(家禽), 그리고 야수와 벌레,
　　　온갖 생명을 모으고 다시 시작하는 까닭에,
　　　그들의 모든 행렬을 당신의 품안에 거두어들여서
　　　소우주, 모든 피조물의 총합, 인간을 새로이 만들어낸다.
　　　－Browning

또한 『아이타레야 우파니샤드』, iii.3 ; 『슈웨타슈와타라 우파니샤드』, ii.12.6 ; 『프라슈나 우파니샤드』, vi.11을 보라. 개아는 축소판 세계이며, 세계는 확대판 개아이다. 플라톤은 그의 『티마이오스』에서 대우주와 소우주, 즉 세계와 인간 간의 비유를 들고 있다. 그에 따르면, 세계의 영혼은 불변한 것과 무상한 것들을 섞어서 만들며(34.B), 우주는 확대된 인간이다. 『타잇티리야 우파니샤드』 i.3과 이에 대한 아난다기리(Ānandagiri)의 주석을 보라.
[원주175] 『찬도기야 우파니샤드』, viii.12.3.

나 그가 다른 편, 즉 자기가 즐거워하는 주(主)를 바라볼 때, 아, 주(主)는 얼마나 장려한가, 그의 고통은 순식간에 사라진다."[원주176]

  현상 세계와 신은 아직까지 확고한 조화를 이루지 못한 상태에 있다. 우리 각자는 끊임없는 생성 과정이며, 현존 이상의 차원을 얻기 위하여 노력한다. 인간 속에 있는 무한자는 개아가 직면하는 다양성에서 통일성을 실현하도록 촉구한다. 세계 과정을 통하여 나타나는 유한자와 무한자 간의 이러한 긴장은 인간의 의식 속에서 극도로 고조된다. 인간의 삶이 지니는 지적·정적·윤리적인 모든 측면에서 이러한 갈등이 감지된다. 그는 스스로의 개별성을 탈각하고, 모든 유한성을 무한성으로 승화시키며, 인성을 신성으로 전환시킴으로써 절대적인 사랑과 절대적인 자유가 머무르는 신의 왕국에 들어갈 수 있게 된다. 그러나 그는 유한한 인간이기 때문에, 그 마지막 목표를 성취하는 것은 실로 어렵다. 자기 속에 갈등과 모순이 나타나는 존재가 그 자신을 초월한 어떤 것을 지향하며, 따라서 인간은 좌절하지 않을 수 없게 된다.

  유한아는 자존하는 실재가 아니다. 만일 그렇다면, 신은 단지 유한한 자아에 의하여 제한된 다른 하나의 개체가 되고 말 것이다. 자아의 실재성은 무한하며, 제거되어야 할 비실재성은 유한한 것이다. 만일 내재하는 영혼이 없다면, 그에게 있어서 실재적인 것은 아무것도 없다. 인간의 자아에게 존엄성을 부여하는 것은 바로 무한자의 내재이다. 개아는 보편 생명, 즉 무한자로부터 자신의 존재를 얻으며, 그에 의하여 유지된다. 궁극적인 본질에 있어서 자아는 완전하다.[원주177]

  현실적으로 자아는 서로 배척하고 반발하는 심리적인 측면이 있다. 그러나 배척이라는 외견상의 사실을 근거로 자아간에는 어떤 실재적인 격리가 있다고 추론하는 것은 옳지 않다. 배타성은 단지 거짓으로 나타나는 차별상이다. 그것은 결국 동일성으로 귀착될 수 있어야 한다. 그렇지 않으면,

---

[원주176] 『문다카 우파니샤드』, iii.1.2 : 『리그 베다』, i.164.20을 보라.
[원주177] 『베단타 수트라』(Śaṁkara 주석), 서론을 보라.

그것은 우리의 마음이 만들어내는 무의미한 추상으로 떨어지고 말 것이다. 사실 배타적인 자아를 상정하는 것은 진리와 선과 사랑의 이상에 대한 여지를 완전히 없애버린다. 이러한 이상들은 인간의 현존이 완전하지 않으며, 현실적인 자아보다 더 고차원적인 어떤 것이 있다는 것을 전제한다.

우리가 개체의 독립적인 실재성을 엄밀히 따져볼 때, 그것은 사실 환영에 불과하다. 공동체와는 별도로 각각 떨어져 있는 사람들은 무엇인가? 인간 존재에 실재성을 부여하는 것은 그 속에 있는 공동심(common mind)이며, 혼자만을 놓고 본다면 그는 인간적이 아니다. ……만일 이것이 온갖 형태의 사회 의식(social consciousness)의 실상이라면, 사회 의식 이상인 공동심의 실재도 마찬가지로 확실하다. 종교 안에서 하나의 영적인 전체를 형성하는 개개의 유한한 마음은 결국 가시적으로 구체화된 아무것도 지니지 않는다. 게다가, 가시적인 공동체 내에 있는 구성원으로서가 아니라면, 그들은 전혀 실재하는 어떤 것이 아니다. 종교에 있어서, 만일 내재하는 한 영혼이 제거된다면, 그 어떤 영혼들도 지속될 수 없다.[원주178]

비록 저차원의 자연과 싸우고 있는 개아가 세계 내에서 최고의 존재라 할지라도, 그것은 실현가능한 최고의 존재가 아니다. 애써 노력하는 인간의 모순된 영혼은 영적인 자유와 조화의 기쁨, 그리고 절대자의 환희를 성취하여야 한다. 오직 자기 안에 있는 신이 실현될 때, 오직 이상이 그 결실을 맺을 때, 인간의 운명은 완성된다. 우리의 삶 속에 여실한 투쟁과 모순과 역설들은 불완전한 발전의 표징이지만, 조화와 즐거움과 평온은 발전 과정의 완전함을 보여주는 것이다. 우리 각자는 싸움이 끊이지 않는 전쟁터다. 싸움은 반드시 끝나야 하며, 이상이 실현되기 위해서는 모순이 극복되지 않으면 안된다. 완전을 향하여 나아가는 인간 속에서 시작되는 신성

[원주178] Bradley, *Truth and Reality*, p.435.

은 그때 완전한 결실을 맺게 될 것이다. 인간은 세계의 다른 모든 측면들보다 고차원적이며, 그의 운명은 무한자와 하나 될 때 완성된다.

만물은 그 속에 생명을 품고 있으며, 생명이 발현할 때 만물의 운명은 완성된다. 생명은 그 속에 의식을 품고 있으며, 그것이 의식을 해방시킬 때 그 목적이 이루어진다. 의식의 운명은 지성이 발현할 때 성취된다. 그러나 지성의 실상은 그것이 보다 고차원의 직관 속에 녹아들 때 도달된다. 직관은 사유 작용도 아니고, 의지나 느낌도 아니다. 그럼에도 불구하고 그것은 사유 작용의 절정이며, 의지하는 바의 목표이며, 느낌의 완성이다. 유한한 자아가 궁극자를 얻을 때, 영적인 삶의 목표가 달성된다. "깨달음을 얻은 자의 경우에 자아가 모든 것이 되었을 때, 조화와 일치를 이룬 그에게 무슨 슬픔이, 무슨 고통이 있을 수 있겠는가?"

15. 우파니샤드의 윤리

1) 우파니샤드의 이상

우파니샤드의 윤리가 지니는 가치를 평가함에 있어서, 우선 우리는 그것이 표방하는 이상이 지니는 논리적인 함축을 고려해야 하며, 나아가서는 그것이 시사하는 의미를 밝혀내야 한다. 앞의 논의로 볼 때, 우파니샤드는 그 지표로 신과의 합일을 염두에 두고 있음이 분명하다. 세계는 스스로 있는 것이 아니다. 그것은 신으로부터 생겨나며, 따라서 신 안에서 안식처를 구할 수밖에 없다. 세계 과정을 통하여 우리는 이와 같은 유한자의 무한화 과정을 똑똑히 본다. 다른 모든 존재들처럼, 인간은 자기 속에 내재한 무한자의 압력을 느끼며, 궁극자를 움켜잡기 위하여 손을 뻗는다.

"모든 새들은 둥지가 있는 나무 위로 올라간다. 이와 같이 이 모든 것은 궁극자에게 간다."[원주179] "오 주여, 당신이 그런 것처럼, 내가 당신에게 깃

[원주179] 『프라슈나 우파니샤드』, iv.7.

들게 하소서, 오 주여, 당신이 내게 깃드소서……. 오 주여, 내가 청정해지도록 하소서."[원주180] "당신은 나의 안식처입니다."[원주181] 신과의 합일을 실현하는 것이 인간의 이상이다. 모든 존재가 무한자를 추구하지만, 이에 대한 뚜렷한 관념을 지니고 있는 것은 오직 인간뿐이다. 이 점에서 인간의 의식은 여타의 존재들과 구별된다. 장구한 세월을 통한 진전을 거듭한 끝에 인간은 우주의 장엄한 구조를 의식하게 된 것이다. 오직 그만이 무한자의 부름을 감득하며, 그를 기다리고 있는 천계를 향하여 성장해간다. 이런 의미에서 절대자는 유한한 자아의 의식적인 목표이다.

절대자와의 합일이 최고의 완성이며, 가장 바람직한 이상이라는 것은 여러 가지 방법으로 설명된다. 그것은 "굶주림과 목마름을 훨씬 넘어서며, 슬픔과 좌절을 넘어서며, 늙음과 죽음을 넘어서 있는" 상태이다. "우주의 눈, 태양은 그것이 마주치는 온갖 질병에도 불구하고 아무 탈 없이 멀리 떨어져 있듯이, 모든 만물 속에 거하는 일자(一者) 아트만은 세상의 슬픔에 닿지 않고 초연하게 있다." 삶의 전부를 질병과 고통에 지배되는 소아(小我)에게 걸고, 차별상의 세계에서 살아간다는 것은 실로 불행한 일이다. 유한한 존재를 있게 한 그 원인을 풀어헤치고 나오는 것이 인간의 본래적인 목적이다. 차별상을 떨쳐버리고 일자로 귀입하는 것이 이상적인 목표이며 가장 궁극적인 가치이다. 그것은 인간의 전 존재에 만족을 준다.

『타잇티리야 우파니샤드』에 따르면, 그것은 "생명과 마음의 환희, 평화와 영원의 충만"(Prāṇārāmam mana-ānandam, śāntisamṛddham amṛtam)이다. 우리가 탐착하는 저급한 목표들은 유기적 생명체 혹은 이보다 다소 상위에 있는 정신의 욕구를 채워줄 수는 있을 것이다.

그러나 궁극의 이상은 이 모든 것들을 포함하며, 또한 이들을 초월한다. 우리는 자기 존재의 여러 차원에 부응하는 온갖 즐거움들—생명의 기쁨, 감각적인 것, 정신적인 것, 그리고 지성적인 것—을 지닌다. 그러나 최고

[원주180] 『타잇티리야 우파니샤드』, i.4.
[원주181] 『타잇티리야 우파니샤드』, i.4 ; 『브리하드아란야카 우파니샤드』, iv.3.32를 보라.

의 즐거움은 아난다이다.

  우리가 우파니샤드에서 읽어내는 모든 윤리는 이 목표에 종속된다. 의무는 궁극적인 완성의 목표에 이르는 수단이다. 무엇이든 이 최고의 상태에 미치지 못하는 것은 완전한 만족을 줄 수 없다. 도덕은 다만 아난다로 인도하는 것일 때 가치 있는 것이 된다. 그것은 인간의 가슴 속에 깃든 완성에 대한 영적인 충동의 표현이며, 우리의 의식적인 자아를 규제하는 영원한 실재에 대한 복종이다. 이런 의미에서 의무는 "신의 음성을 전하는 불가피한 딸"이라고 말한다. 삶의 완전한 이상은 오직 영원한 실재 속에서 발견될 수 있을 뿐이다. 도덕률은 "너희의 하늘 아버지가 완전함과 같이" 완전하게 되기 위한 안내장이다.

2) 윤리에 대한 형이상학적 근거

  윤리적인 삶에 대한 논의에 앞서, 우선 우파니샤드의 철학 체계의 윤리적인 가능성에 대하여 일반적으로 제기되는 반대 의견들을 검토해 볼 필요가 있을 것이다. 흔히 이렇게 묻는다. 만일 모든 것이 하나라면, 우리가 어떻게 도덕적인 관계를 지닐 수 있는가? 만일 절대자가 완전이라면, 이미 완성된 것을 실현하기 위하여 노력할 필요가 어디에 있는가?

  그러나 우파니샤드의 일원론은 선악의 구별을 완전히 제거해 버리는 것을 의미하지 않는다. 윤리적인 삶에 필수적이라고 할 수 있는 타성(他性)과 다수성이 우파니샤드에서 인정되고 있다. 우파니샤드는 인간의 삶에 있어서 만일 배타성과 차별성이 근본적이라면, 우리에게 이웃을 사랑하라고 말하거나 혹은 사랑으로 세계의 일치를 이루라고 요구하는 것에는 아무런 의미도 없다는 것을 지적한다. 만일 사람들이 라이프니츠의 단자(單子)처럼 선재적 조화에 따른 조정 없이 서로간에 완전히 외적이라면, 윤리적인 이상은 실현 불가능한 것이다. 만일 우리가 이웃을 사랑하도록 요청된다면, 그것은 모두가 궁극적인 실재 속에 하나이기 때문이다. 만일 피상적이고 덧없는 차별상이 초월된다면, 나와 내 이웃이 우리 내면의 자아 속에서 하나라는 것을 알게 된다.

절대적으로 그리고 영원히 모순되지 않는 참된 자아는 시공간 속에서 만들어지는 불안정한 모든 개별상을 초월한다. 우리의 배타성을 초월해야 한다는 것은 결코 단순한 빈말이 아니다. 모크샤(mokṣa, 解脫)는 글자 그대로 벗어난다는 것을 의미한다. 감각적인 것과 개별적인 것에 대한 속박에서 벗어나는 것, 유한하고 편협된 것에서 벗어나는 것이 해탈이다. 그것은 자기 확장과 자유의 결실이다. 완전히 선하게 산다는 것은 모든 면에서 자기의 삶을 해방시키는 것이다. 인간의 유한한 본성이 갈망하는 이상은 오직 유한한 자아가 스스로의 한정된 개별상을 뛰어넘어 전체와 자기를 일치시킬 때 얻어질 수 있다. 구원의 길이란 곧 영적인 성장의 길이다. 우리의 개별상을 초월함으로써 도달되는 실재야말로 최상의 것이며, 우파니샤드에서 주장되는 실재도 바로 이것이다.

인간이 본질적으로 신이라는 우파니샤드의 전제는 인간의 윤리적인 노력에 대한 여지를 완전히 부정하는 것이라는 주장이 있다. 그러나 단순히 신이 인간 속에 있다고 말해진다고 해서, 이로써 인간의 모든 노력이 끝나게 되는 것은 아니다. 인간에 대한 신의 내재는 인간이 아무런 노력 없이 자기도 모르게 신을 지닐 수 있다는 식으로 말해지는 것이 아니다. 신은 하나의 잠재성 혹은 가능성으로 나타나며, 의지와 행동으로 그를 붙잡는 것은 인간의 의무이다. 만일 인간이 그것을 하지 않는다면, 그것은 인간된 의무를 저버리는 것이다. 인간에 내재한 신은 있는 그대로의 사실일 뿐 아니라 애써 찾아야 할 당위이며, 소유일 뿐 아니라 과제이다.

무지 가운데 있는 인간은 자기를 겉모양과 동일시하며, 육신의 겉껍풀 혹은 지적인 겉치레가 자기의 전부인 양 착각한다. 절대자에 대한 인간의 열망은 자기 자신의 유한성과 상충된다. "각 개체는 신의 불꽃으로 빛난다 할시라도, 그가 완전히 신성한 것은 아니다. 그의 신성은 실제적인 어떤 것이 아니라, 전체이기를 열망하는 신의 일부일 뿐이다. 말하자면, 그는 티끌인 동시에 신적 존재이며, 그 속에는 신과 야수가 공존한다. 신성하지 못한 요소를 단순히 억누르는 것이 아니라, 신성한 정신으로 그것을 철저하게 감내함으로써 제거해가는 것이 윤리적인 삶의 과제이다."[원주182]

인간은 물질에 본유하는 유한성과 영혼의 무한한 이상 간에 놓인 긴장과 모순 속에 살아가며, 점차로 물질계의 무질서한 원리들을 신성한 정신의 주관 아래 둠으로써 자신의 운명을 개척해 나아가야 한다. 자신의 소아적 (小我的)인 껍질을 깨고 신성한 원리와 완전한 하나를 이루는 것이 그의 목표이다. 윤리의 문제는 자기의 삶이 유한한 것과 무한한 것의 싸움, 혹은 악마적인 요소와 신적인 요소 간의 싸움인 사람에게 의미를 지닌다. 기실 인간은 이 싸움을 위하여 태어난다 할 수 있으며, 이러한 대립을 느끼는 한 스스로의 자아를 찾았다고 할 수 없다.

3) 윤리적인 삶과 그 일반적인 특징

라티타라(Rāthītara)의 진실, 파우루쉬슈티(Pauruśiṣṭi)의 고행, 그리고 무드갈리야(Mudgalya)의 학습[원주183] 등 최고아를 실현하는 다양한 방법에 대한 우파니샤드의 언급으로 볼 때, 그 시대의 사람들이 윤리의 문제에 대하여 상당히 고심했다는 것은 분명하다. 다양한 사상가들의 개별적인 견해에 대한 상세한 논의는 접어두고, 여기서는 그들 모두가 받아들였던 일반적인 입장을 개괄하고자 한다.

윤리의 이상은 자아 실현이다. 도덕적인 행위는 자아를 실현하는 행위이다. 물론 이때 자아라는 말은 나약함과 추함, 그리고 이기심과 아집으로 가득한 경험적인 자아가 아니라, 모든 속박과 이기적인 개별상에서 완전히 자유로운 인간의 심원한 본성을 의미한다. 동물적인 자아의 욕망과 정념, 이기심에 뿌리를 둔 온갖 바람과 야망은, 궁극적으로 생명의 에너지를 경박하고 천한 자아의 차원에 머물게 하며 영적인 삶을 속박하는 것이기 때문에 반드시 제거되어야 할 요소들이다. 영혼의 성장을 위하여, 혹은 최고아의 실현을 위하여, 반드시 그 장애와 영향은 제어되지 않으면 안된다. 도덕적인 삶은 바른 판단과 이해의 삶이며, 단순한 감각과 본능의 삶이

[원주182] *International Journal of Ethics*, 1914, p.169.
[원주183] 『타잇티리야 우파니샤드』, i.9.

아니다.

"아트만(Ātman, 自我)을 육신이라는 수레에 앉아 있는 주인으로 알고, 붓디(buddhi, 覺)를 마부로 알며, 마음을 그 고삐로, 감각들을 말(馬)로, 감각의 대상들을 마차가 달리는 길로 알아라. ……그러나, 사려분별이 없고 의지가 약한 자의 감각들은 마치 마부가 다루기 어려운 말처럼 길길이 날뛴다. 사려분별이 있고 의지가 강한 자의 경우에는, 그의 감각이 마치 마부가 잘 다룰 수 있는 훌륭한 말과 같아서 잘 제어된다. 판단이 흐리고 생각이 깊지 못하며 부도덕한 자는 결코 불멸을 얻어 영적인 무형의 세계에 이를 수 없으며, 다만 생사의 윤회를 거듭할 뿐이다. 그러나 분별 있고 판단이 바르며 마음이 청정한 자는 다시 돌아오지 않는 상태에 도달한다."[원주184]

욕망의 충동은 제어되지 않으면 안된다. 욕망이 주도권을 쥐면, 영혼은 좌초하고 말 것이다. 그것은 인간 존재의 순리가 아니기 때문이다. 만일 우리가 이성으로 규제된 이상을 인정하지 않는다면, 다시 말하여, 보다 고차원의 도덕률을 받아들이지 않는다면, 우리의 삶은 아무런 목적도 없는 동물적인 존재의 삶으로 전락될 것이다. 이때, 우리는 뚜렷한 목표나 이유 없이 무절제한 사랑에 빠지게 되며, 서로 증오하고 탐착하며, 죽이는 일로 분주할 수밖에 없을 것이다. 인간의 이성은 단순한 본능 이상의 보다 고매한 어떤 것을 우리에게 일깨워주며, 우리가 본능적인 존재에서 목적과 이유를 지니는 인간적인 존재로 전환할 것을 요청한다.

이러한 인간 본래의 지향성에도 불구하고, 만일 우리가 쾌락을 목적으로 산다면, 우리의 삶은 인간에게 전혀 무가치한 도더저인 아으로 떨어지고 말 것이다. "동물이 본능을 사용하는 것과 마찬가지로 인간의 이성이 사용된다면, 인간은 결코 단순한 동물적인 삶 이상으로 고양될 수 없다."[원주185]

[원주184] 『카타 우파니샤드』. i. 3.3~9.

단지 사악한 사람들이 세속의 일을 신으로 받들고 섬길 뿐이다. "이제 마음이 흡족해진 비로차나(Virocana)는 아수라(asura, 惡鬼)들에게 가서, 육신적인 자아만이 숭배되고 받들어져야 하며 육신을 섬기고 받드는 자는 이승과 저승의 두 세계를 얻는다고 가르쳤다. 그러므로 사람들은 지금도 시주를 하지 않는 자나 믿음이 없는 자, 혹은 아무런 제사도 드리지 않는 자를 아수라라고 부른다. 왜냐하면, 그것은 아수라의 가르침이기 때문이다."[원주186] 이렇게 영위되는 인간의 삶은 헛된 꿈과 두려움으로 가득할 것이다.

이성적인 삶은 조화와 일관성으로 특징지워질 것이다. 우리의 삶 속에 나타나는 다양성은 질서를 지니게 되고 하나의 궁극적인 이상을 명백히 드러내게 될 것이다. 만일 이성 대신에 감각이 우리를 인도하게 된다면, 우리의 삶은 덧없는 격정과 일시적인 충동의 반영이 되고 말 것이다. 이와 같은 삶을 영위하는 사람은 도그베리(Dogberry)[역주20] 같은 바보로 간주되어야 한다. 분열되고 산만하게 흩어진 일련의 에피소드로 이루어진 그의 삶은, 마음에 둘 아무런 목적도 없고 꼭히 해야 할 일이나 하지 말아야 할 일도 없으며, 실현해야 할 목표도 지니지 않을 것이다. 합리적인 삶에 있어서는, 하나의 행위가 실행되기 전에 그것은 반드시 이성의 법정에 세워지고 그것이 과연 궁극의 목표에 기여할 수 있는가 하는 것이 검토된다. 적합하다고 판단될 때 그 행위는 채택된다.[원주187]

이성에 바탕을 둔 삶은 세계에 대한 사심 없는 헌신의 삶이다. 이성은 개인이 전체와는 무관한 어떤 사리사욕을 지니지 말 것을 권한다. 오직 그가 전체와 분리되어 있는 감각적 존재라는 생각을 떨쳐버릴 때, 비로소 무상

[원주185] Kant, *Critique of Pure Reason*.
[원주186] 『찬도기야 우파니샤드』, ⅷ.8.4~5.
[역주20] Shakespeare의 *Much Ado About Nothing*에 등장하는 어리석은 경찰관의 이름이다.
[원주187] *International Journal of Ethics*(1914), pp.171~172.

한 흥망성쇠와 변덕에서 구제될 수 있을 것이다. 자기의 삶에서 개인적인 목적을 사회적인 목적 아래에 두는 사람은 도덕적으로 선한 사람이며, 반면에 그 반대의 사람은 도덕적으로 악한 사람이라 할 수 있다. 이기적인 행위를 저지르는 영혼은 자기 스스로 족쇄를 채우고 있는 것이며, 이것은 단지 보편적인 삶을 재확인함으로써 제거될 수 있다. 모든 사람들은 이러한 공감대를 형성하고 있으며, 이것은 영혼의 확장으로 귀결된다. 만일 우리가 죄악에서 벗어나려 한다면, 우리는 반드시 이기심에서 벗어나야 한다. 소아(小我)를 최고로 여기는 사고 방식의 언저리에 놓인 알맹이 없는 자부심과 어리석음을 잠재워야 한다. 우리 각자는 자기 자신을 독자적인 개체, 즉 자기의 육신과 정신의 바깥에 있는 다른 모든 것과 명백하게 구별되는 경험적인 자아로 간주한다. 자기 중심적인 사고 방식에서 도덕적으로 악한 모든 것이 생겨난다. 우리는 스스로의 삶을 통하여 모든 것이 신 안에 있으며 신적이라는 것을 깨닫고 실행해야 한다. 이 진리를 아는 사람은 개인으로서의 삶을 던져버리고, 이기적인 모든 것을 멀리 하며, 그가 지닌 모든 것을 하찮게 여길 것이다. 이와 같이 만일 그가 신의 보편적인 삶과 일치될 수 있다면, 세상으로부터 경멸당하고 배척받는 것도 마다하지 않을 것이다.

어떤 의미에서 우파니샤드의 윤리는 개인적이라 할 수 있다. 왜냐하면 그 목적이 자아 실현에 있기 때문이다. 그러나 여기서 '개인적'이라는 말은 어떤 배타적인 의미를 지니지 않는다. 자기 자신을 실현하는 것은 자기만의 것이 아닌 선(善)과 자신을 일치시키는 것이다. 도덕적인 삶은 신 중심적인 삶, 인류애를 향한 열렬한 사랑과 정열의 삶이며 유한한 것을 통하여 무한한 것을 추구하는 삶이다. 그것은 결코 보잘것없는 목적을 위한 이기적인 모험이 아니다.[원주188]

유한한 대상은 우리의 영혼이 갈망하는 것을 채워줄 수 없다. 지적인 영역에 있어서 우리가 궁극적인 실재를 경험 세계의 대상에서 발견할 수 없듯이, 도덕적인 차원에서 우리가 추구하는 지고선은 유한한 만족을 통하여

[원주188] 『이샤 우파니샤드』.

얻어지지 않는다. "무한자는 지복(至福)이다. 유한한 것 속에는 결코 지복이 있을 수 없다."[원주189] 야갸발키야는 숲으로 떠나기 전에 자기의 재산을 두 아내 마이트레이(Maitreyī)와 카티야야니(Kātyāyanī)에게 나누어주고자 하였다. 이에 마이트레이는 어찌할 바를 모르고 슬픔에 잠겨 멀리 숲을 내다보고 있었다. 그날 그녀는 헛된 목적을 추구하는 가련한 사람에게 비난을 퍼부었다.

유한한 것은 우리가 그것을 통하여 얻으려 하는 것에 반대되는 것을 가져온다. 우리의 영혼은 참된 만족을 열망하며, 이것은 오직 무한자만이 우리에게 줄 수 있는 것이다. 삶 속에서 우리는 유한한 대상을 원하고, 그것을 얻게 되지만, 여기에는 전혀 참된 만족이 없다. 온 세상을 다 정복할 수 있을지도 모른다. 그럼에도 불구하고 우리는 더 이상 정복해야 할 세계가 없다는 사실에 탄식한다. "그가 도달하는 것이 무엇이든, 그는 그것을 초월하고 싶어한다. 만일 그가 하늘에 닿는다면, 그는 그것을 뛰어넘고 싶어할 것이다."[원주190] 우리 대부분은 "많은 사람들을 파멸시키는 부(富)에 이르는 길"[원주191] 위에 있다.

물질을 섬기는 노예가 됨으로써, 혹은 외적인 소유로 자신을 감쌈으로써 우리는 참된 자아를 잃어버리고 만다. "그 누구도 재물로써 행복해질 수 없다." "내세는 결코 재물에 눈이 먼 젊은이의 눈앞에 떠오르지 않는다. 그는 이것이 그 세계라고 생각하며, 더 이상 아무것도 없다고 믿는다. 따라서 그는 거듭하여 죽음의 손아귀에 떨어진다."[원주192] "영원한 것의 본질을 아는 현자(賢者)는 여기 덧없는 것 가운데서 부동의 어떤 것을 찾으려 하지 않는다."[원주193] 인간은 자기가 신으로부터 소외되었을 때 고뇌에 빠지게 되며, 신과의 합일 이외에 그 무엇도 그의 본질적인 갈망을 만족시킬 수 없다. 더

[원주189] 『찬도기야 우파니샤드』, vii.1.24.
[원주190] 『아이타레야 아란야카』, ii.3.3.1.
[원주191] 『카타 우파니샤드』, ii.2~3.
[원주192] 같은 책, i.2.6.
[원주193] 『카타 우파니샤드』, ii.4.2.

할 나위 없이 아름답고 청정무구한 것에 대한 영혼의 무한한 열망은 시공간과 감각의 족쇄에 채워진 대상들에 의해서는 보장되지 않는다.[원주194]

절대자가 아닌 다른 존재에 대한 사랑을 통하여 절대 가치의 이상을 실현하려는 사람이 많이 있다. 그러나 그 존재가 시공간의 지배를 받는 또 다른 하나의 인간인 한, 그의 이상은 결코 이루어지지 않는다. 다른 사람—남성 혹은 여성—에게서 완전한 사랑과 아름다움을 찾으려는 것은 자기 기만일 뿐이다. 인간이 지니는 이상에 대한 완전한 실현은 오직 영원자 속에 있을 수 있다. 세상에 대한 집착, 혹은 소유에 대한 애착에서 벗어나는 것은 이를 위하여 불가피하게 요청된다.

애초부터 세속을 떠나 은거함으로써 고뇌에서 벗어나려는 사람들이 있었다. 식솔과 가재도구들을 버리고 청빈한 삶 속에서 영혼의 구제를 찾아 나섰던 수많은 탁발 수도승들이 있었다. 이와 같이 가정 생활에서 오는 불가피한 속박을 끊어버렸던 일단의 고행자들이 불교 승단을 위한 길을 마련하였다. 신성한 이욕행(離欲行)의 삶은 해탈에 이르는 한 중요한 길로 인정되었다.

그것은 우파니샤드가 윤리의 내적인 본질을 강조하며, 행위의 동기에 큰 중요성을 부여하고 있다는 결론이 된다. 내면의 청정함이 외적인 순종보다 더 중요하다. 우파니샤드는 "도둑질하지 말라", "살인하지 말라"고 말할 뿐 아니라, 또한 "남의 물건에 탐심을 내지 말라"고 하거나 "남을 미워하지 말며, 분노와 악의와 탐욕을 제어하라"고 가르치고 있다. 마음이 우선 청정해져야 한다는 것이다. 왜냐하면, 우리가 나무의 뿌리를 손대지 않고 그냥 둔 채 가지를 자르는 것은 아무런 쓸모가 없기 때문이다. 행위는 주관적인 가치 혹은 거기에 포함된 희생의 정도에 따라서 평가된다.

우파니샤드는 인간의 영혼이 그렇듯이 우리가 전체 세계를 신의 소산으로 간주해야 한다고 가르친다. 만일 이러한 입장을 견지하는 것이 궁극적

[원주194] "너희 모두는 헛된 것에서 위안을 얻는 가련한 자들이로다. 오, 나는 내가 어디서 그 (主)를 구해야 할지 알고 있도다"(욥기).

으로 모든 사랑을 바르게 방향지워진 이기주의로 만드는 것으로 해석된다면, 우파니샤드는 도덕과 사랑이 최고 형태의 자아 실현이라는 것을 받아들이며, 단지 이기주의나 이와 관련된 모든 것을 반대할 뿐이다. 야갸발키야는 자기애(自己愛, self-love)가 다른 모든 형태의 사랑의 밑바닥에 놓여 있다는 것을 주장한다. 부와 재물, 혈족과 나라에 대한 사랑은 자기애의 특수한 형태들이다. 유한한 것에 대한 사랑은 단지 수단적인 가치를 지닐 뿐임에 비하여, 영원한 것에 대한 사랑은 본원적인 가치를 지닌다. "아들이 소중한 것은 그 속에 있는 영원한 것 때문이다."

유한한 대상들은 우리가 자아를 실현하도록 도와준다. 오직 영원자에 대한 사랑만이 지고한 사랑이다. 왜냐하면 신은 곧 사랑이기 때문이다.[원주195] 신을 사랑하는 것은 더할 나위 없는 행복이며, 신을 사랑하지 않는 것은 불행이다. 신을 사랑하는 것은 지혜와 불멸을 얻는 것이다. 신을 사랑하지 않는 것은 의혹과 미망에 사로잡히는 것이며, 슬픔과 죽음의 손아귀에 자신을 맡기는 것이다.[원주196] 신에 대한 사랑은 모든 참된 종교에 있어서 공히 강조되는 지배적인 동기이다. "나에게 죄를 범하는 것은 그 자신의 영혼을 그르치는 것이다. 나를 미워하는 모든 이들은 죽음을 사랑한다."[원주197] 우파니샤드에 따르면, 죄악을 범하는 자들은 그 자신의 영혼을 살해하는 자들이다. 아트마하노 자나하(ātmahano janāḥ).

우파니샤드는 모든 것에 대한 관심이 아니라 단지 이기적인 노력을 버리라고 가르친다. 자기 자신에 대한 무집착과 신에 대한 앙모, 이것이 바로 우파니샤드가 우리에게 요구하는 것이다. 숭고한 현자(賢者)는 그가 비록 이기적인 욕망을 지니지는 않는다 할지라도 욕망을 지닌다. "아무런 욕망도 지니지 않는 자, 모든 욕망을 초월한 자, 자기의 욕망이 이루어진 자, 자기의 욕망이 영혼이며 브라흐만인 자는 브라흐만을 얻는다."[원주198] 우리가 버

[원주195] 『브리하드아란야카 우파니샤드』, iii.9.11 : Kāmāyatana.
[원주196] 같은 책, iv.4.5.
[원주197] 『이샤 우파니샤드』를 보라.
[원주198] 『브리하드아란야카 우파니샤드』, iv.4.6.

려야 할 카마(kāma)는 욕망 그 자체가 아니라, 다만 동물적인 정염과 격정, 야수적인 인간의 충동적인 갈망이다.

카마로부터의 자유가 요구되지만, 이것이 완전히 수동적이 되라는 것을 의미하지는 않는다. 단지 우리는 욕정과 탐욕의 횡포로부터, 바깥 사물의 유혹으로부터, 본능적인 욕망의 충동으로부터 자유로워질 것이 요청된다.[원주199] 욕망 그 자체가 금지되는 것은 아니다. 이 모든 것은 욕망의 대상이 무엇인가 하는 데 달려 있다. 만일 어떤 사람의 욕망이 육신이라면, 그는 간부(姦夫)가 될 것이다. 만일 그 욕망이 아름다움에 관한 것이라면 예술가가 될 것이며, 만일 그것이 신이라면 성자가 될 것이다.

해탈과 지식에 대한 욕망이 적극 권장된다. 참된 욕망과 거짓된 욕망 간에 선이 그어지고,[원주200] 우리는 참된 욕망을 지녀야 한다고 말해진다. 나치케타스(Naciketas)의 효와 사랑, 사비트리(Sāvitrī)의 사랑과 헌신은 그릇된 것이 아니다. 모든 피조물의 주(主)는 욕망이라는 의미의 카마를 지니고 있다. "그는 '내가 다자(多者)가 되었으면' 하고 원했다(akāmayata)." 만일 주(主)가 욕망을 지닌다면, 왜 우리가 그것을 지니지 말아야 하겠는가? 우리는 우파니샤드에서 애정 그 자체에 대한 비난을 찾아보기 어렵다. 단지 자만・분개・욕정 등을 버려야 한다고 가르치고 있을 뿐, 사랑・자비・연민에서 일어나는 감정조차도 포기하라는 것은 아니다. 우파니샤드의 여러 곳에서 영적인 실현 수단으로서의 타파스(tapas, 苦行)가 언급되고 있는 것이 사실이다. 그러나 타파스는 다만 영혼의 힘을 키우는 것, 육신의 노예가 된 영혼을 자유롭게 하는 것, 혹은 맹렬한 사유 작용을 의미할 뿐이다. 타파스가 정신력을 강화시키는 엄격한 사색을 의미할 때, "그의 타파스는 생각 그 자체로 이루어져 있다."[원주201] 삶은 우리가 초대받은 대축제이며, 여기서 우리는 티피스, 다나(dāna, 寬容), 아르자밤(ārjavam,

---

[원주199] 참된 성자는 śānta, śrānta, dānta, uparata, samāhita로 묘사되는데, 이 모든 말들은 격정의 정복을 의미한다.
[원주200] 『찬도기야 우파니샤드』, vii.1.3.
[원주201] 『문다카 우파니샤드』, i.1.9.

正直), 아힝사(ahiṁsā, 不殺生 혹은 非暴力), 그리고 사티야바차남(satyavacanam, 不妄語)[원주202]을 실천해 보여야 할 것이다.

타파스 혹은 티야가(tyāga, 拋棄)가 시사하는 것은 무사(無私)의 정신이다. "카르마(行爲)에 의해서도 아니고, 자손에 의해서도 아니며, 재물에 의해서도 아니며, 다만 이욕행에 의해서 불멸이 얻어진다."[원주203] 『찬도기야 우파니샤드』는 "슈랏다 타파하"(śraddhā tapaḥ),[원주204] 즉 믿음은 자기 부정이라고 말한다. 외계 대상의 속박으로부터 자유를 얻기 위하여 숲 속의 외진 곳으로 들어가거나, 애써 궁핍과 고행을 조장할 필요는 없다. 『이샤 우파니샤드』에서는 "이욕행으로 그대는 즐거움을 누려야 하리라"고 하였다. 만일 우리가 세속적인 소유의 해독으로 짐지워지지 않을 수 있다면, 우리는 세상을 즐길 수 있다. 세상에 대한 우리의 즐거움은 우리 자신의 청빈에 정비례한다. 각자 분리되어 있다는 생각을 완전히 떨쳐버리고 사심 없는 사랑을 실천한다는 의미에서의 이욕행은, 모든 참된 종교가 지니는 종교의 본질이다.[원주205]

4) 금욕주의

베다 시대 이후 인도사상에 어떤 변화가 일어났다.[원주206] 『아타르바 베다』의 금욕주의로 인하여, 신비주의적인 경향이 고조되었다. 『리그 베다』 찬가 시대에는 즐거움을 얻기 위한 일종의 이기적인 포기가 성행하였다. 그후 차츰 인간의 영적인 본능이 나타나기 시작했으며, 우파니샤드 시대에는 감각의 횡포에 대한 저항이 현저해졌다. 더 이상 인간 정신은 무절제하고 방탕한 육신을 쫓아가기만 하는 무력한 상태로 머물러 있을 수 없었던

[원주202] 『찬도기야 우파니샤드』, iii.16 : 『타잇티리야 우파니샤드』, i.9.
[원주203] 『나라야니야』(Nārāyaṇīya), iv.21.
[원주204] v.10.
[원주205] "어리석은 질문입니다. 심은 씨는 죽지 않고서는 살아날 수 없습니다"(고린토전서, xv.36).
[원주206] Rhys Davids, *Buddhism, Hibbert Lectures*, pp.21~22를 보라.

것이다. 그러나 우파니샤드에서는 이러한 자기 부정의 정신이 후대에서 보이는 비정상적인 금욕주의—몸을 태운다거나 이와 유사한 고행을 일삼는—로 전락되지 않았다. 붓다와 마찬가지로, 바라드와자(Bhāradvāja)는 세속적인 삶과 극단적인 금욕주의를 모두 부정하였다.[원주207]

우리는 이와 같이 과도하고 광적인 금욕주의가 진정한 의미에서의 자기 부정이 아니라, 이기심의 또 다른 형태일 뿐이라고 말할 수도 있을 것이다. 자신의 영혼이 전체 세계의 영혼보다 더 귀중하다는 입장에서, 혼자만의 구제를 얻으려는 시도들은 올바른 수행관의 표현이라고 할 수 없다. 우파니샤드는 행위하되 사심없이 하라고 가르친다. 의로운 사람은 세속을 등지고 은둔하는 사람이 아니라, 세속에 살며 세속적인 것을 소중히 여기되 자기 자신을 위해서가 아니라, 그것이 지니고 있는—그것이 감추고 있는—무한자를 위해서 귀히 여기는 사람이다. 그에게 있어서 신은 더할 나위 없는 가치를 지니며, 현상적인 모든 대상들은 전체를 싣고 있는 수레로서, 혹은 신에게 이르는 길로서, 단지 파생된 가치들을 지닌다.

모든 일반적인 의무와 개별적인 제사는 자아 실현에 도움이 된다. 우리는 조상일 수 있다. 왜냐하면 그것은 우리의 편협된 개별성을 초월하고 우리 자신을 보다 큰 목적과 일치시킬 수 있는 방법이기 때문이다. 인간적인 사랑은 신의 사랑에 대한 그림자이다. 우리는 실재의 핵심에서 불타오르는 환희를 위하여 아내를 사랑할 수도 있어야 한다. 우파니샤드에서는 "실로 남편이 소중한 것은 남편을 위해서가 아니라, 아트만을 위하여 소중한 것이다"라고 말한다. 이와 마찬가지의 이치가 아내, 아들, 왕국, 사제 계급과 전사 계급들, 세계, 신들, 그리고 일체 중생과 우주에 대하여 계속적으로 반복된다. 그들이 여기에 있는 것은 그들 자신 때문이 아니라 영원자를 위해서이다.[원주208]

현상 세계를 이루는 사물들은 죄악으로 이끄는 유혹이 아니라, 천국의

[원주207] 『문다카 우파니샤드』를 보라.
[원주208] 『브리하드아란야카 우파니샤드』, ii.4.5.

지복으로 통하는 길로 묘사된다. 일단 우리가 바른 견해를 지니기만 하면, 부귀와 영화를 누릴 수도 있을 것이다.[원주209] "그후에 내게 재물을 가져다 주시오"(Tato me śriyam āvaha). 그래서 샹카라는 재물이란 거듭나지 않은 사람에게는 악이 되지만, 지혜 있는 사람에게는 그렇지 않다는 것을 지적하고 있다. 겉보기에 성스럽지 못한 세계의 사물은 영성을 추구하는 인간에게 끝없는 도전이었다. 그는 그것의 독자적인 개별성과 맞서 싸워야 하며, 마침내 그것을 신의 자기 표현으로 돌려놓아야 한다. 또한 그는 이 모든 것을 무집착의 정신으로 하지 않으면 안된다.

집착을 버린다는 것은 영혼이 세속의 모든 속박에서 벗어나는 것이며, 세속의 그 무엇에도 의지하지 않는 것이며, 덧없는 그 어떤 것에도 기대지 않는다는 것이다. 그것은 다른 사람들이 우리에 대해서 어떻게 말할까, 어떻게 생각할까, 혹은 어떻게 행할까 하는 것을 전혀 염려하지 않는 것이며, 어떤 종교적인 의무가 우리의 희생을 요구할 때, 평판, 명성, 편안한 환경, 안락함, 인간적인 애정 등 그 어떤 것에도 연연하지 않고, 싸움터에 나가는 전사처럼 초연하게 자기의 직분을 다하는 것이다."[원주210]

우파니샤드는 영적인 수련을 위하여 일정한 신체적인 준비가 필요하다는 것을 가르친다. 육신의 정화 수단으로서 청결·단식·금욕·독거(獨居) 등이 명해진다. "내 몸이 적합하게 되고, 내 혀가 더할 나위 없이 감미롭게 되고, 내 귀로 많은 것을 들을 수 있게 하소서."[원주211] 이것은 육신을 영혼에 대한 장애로 홀대하는 것이 아니다. 이와 같이 행해지는 육신의 정화, 감각적인 충동에서 벗어남, 정신력의 함양 등은 자기 자신을 학대하는 난행(難行)과는 전혀 다르다.[원주212]

[원주209] 『타잇티리야 우파니샤드』, i.4.
[원주210] Newman, *University Sketches*, p.127.
[원주211] 『타잇티리야 우파니샤드』, i.4.

또한 『찬도기야 우파니샤드』[원주213]는 범계(梵界)가 브라흐마차리야(brahmacarya, 梵行)를 행하는 자들에게 속한다고 가르친다. 브라흐마차리야는 수행자가 반드시 겪어야 하는 과정으로서, 구루(guru, 師) 밑에서 학습에 몰두하는 기간을 말한다. 브라흐마차리야가 세속을 등진 고행이 아니라는 것은, 같은 우파니샤드 viii.5에서 그것을 제의식의 수행과 동등한 것으로 보고 있다는 점에서 분명히 나타난다. 이러한 것들은 브라흐마차리야를 세상에 대한 무관심으로 잘못 해석하는 것을 일깨워주는 것처럼 보인다. 육신은 영혼의 하인이며, 결코 영혼의 감옥일 수 없다. 우파니샤드에서 우리가 생명·정신·의식·지성 등을 버려야 한다는 것을 가리키는 곳은 어디에도 없다. 오히려 신의 내재에 대한 교의는 그 반대의 결론으로 귀결된다.

고우프에 따르면, "우파니샤드가 말하고 있는 것처럼, 인도의 현자(賢者)들은 순수한 감정과 드높은 생각, 혹은 진리를 배우고 정의를 실천하려는 끊임없는 노력에 의해서가 아니라, 마음의 공허와 무관심, 그리고 무기력과 무아경에 의해 성스러운 삶에 도달하고자 한다."[원주214] 오이켄(Eucken)에 따르면, 우파니샤드의 목표는 "세계에 대한 통찰과 극복이라기보다는, 그것으로부터의 은둔과 격리에 있다. 그것은 극심한 고난에 직면해서도 삶을 보전하기 위하여 노력하는 삶의 고양이 아니라, 단지 완화, 고난을 유화시키는 것, 해체, 사라짐, 혹은 난해한 사색일 뿐이다."[원주215] 여기에 언급된 견해들, 즉 우파니샤드는 인간의 현실적인 삶에서 벗어나는 것을 요구한다고 보는 것은 전적으로 그릇된 생각이다.

우파니샤드는 우리가 세속의 삶을 버려야 한다고 가르치거나, 혹은 욕망

[원주212] 고우프는 타파스를 자학으로 해석함으로써 실수를 범하게 된다. 『타잇티리야 우파니샤드』, i.4에서 금제(禁制)들은 반드시 육신이 신의 거주에 적합하게 되도록 하는 결과를 가져온다.

[원주213] viii.4.3.

[원주214] *Philosophy of the Upaniṣads*, pp.266~267.

[원주215] *Main Currents*, p.13.

그 자체를 금기시해야 한다고 요구하지 않는다. 윤리적인 삶의 본질은 의지 그 자체에 대한 부정이 아니다. 삶을 실체 없는 꿈으로 보고 세계를 환영(幻影)으로 여기는 거짓된 금욕주의—유럽뿐 아니라 인도의 몇몇 사상가들을 사로잡았던—는 우파니샤드의 지배적인 입장과 다르다. 실제적인 삶 가운데서 오는 건전한 즐거움은 우파니샤드에 속속들이 배어 있다. 세상을 등지는 것은 인간성에 대한 절망이며, 신의 실패를 고백하는 것이다. "다만 직분을 다하면서 우리는 백년의 삶을 소망해야 한다."[원주216]

세상을 저버리라는 것이 아니라, 세계의 독립적인 실재성에 대한 망상에서 깨어나라고 가르친다. 우리는 장막을 꿰뚫고 물질 세계와 인간 사회에 있는 신의 실재를 실현해야 한다. 겉으로 보이는 현상으로서의 세계를 극복하고, 그것을 우리 속에, 그리고 그것 속에 있는 신성의 표현으로 회복시켜야 한다. 우파니샤드에 있어서 세계는 인간의 영적인 활동을 촉구하는 직접적인 자극으로 규정된다. 체념의 철학, 과도한 고행을 규정한 윤리 법전, 그리고 세상을 기피하는 식의 염세주의는 우주의 창조자에 대한 모욕이며, 우리 자신과 세계에 대한 죄악이다. 우파니샤드는 신을 믿으며, 또한 이와 마찬가지로 세계를 믿는다.

우파니샤드는 참된 종교의 본질을 말하는 것으로 만족하지 않는다. 그것은 또한 우리에게 도덕적인 이상의 실현에 반드시 필요한 의무 규정들을 제시한다. 격정이 제어되고 이성으로 주관되는 행위, 개체의 이기적인 편협성에서 벗어난 자기 초월적인 행위, 그리고 신의 뜻 안에서 우리 모두가 상호 협력자라는 자세로 행하는 행위는 고결하고 덕있는 것이며, 그 반대의 행위들은 사악한 것이다. 자제·관용·자비가 미덕으로서 강조된다. [원주217] 오른손이 행하는 것을 왼손이 몰라야 한다는 가르침은 다음과 같이 표현된다. "믿음으로 주라, 믿음 없이는 주지 말라, 풍부하게 주라, 겸손하게 주라, 공경하는 마음으로 주라, 연민의 정으로 주라."[원주218]

[원주216] 『이샤 우파니샤드』, ii.
[원주217] 『브리하드아란야카 우파니샤드』, v.2.

『찬도기야 우파니샤드』 iii.17에서는, 명상, 자비, 정업(正業), 불살생, 그리고 정직이 바른 행위로 규정된다.[원주219] 우리의 현대적인 개념에서 본다면, 동물 학대를 삼가는 것이나 사냥꾼에게 쫓기는 산토끼에 대하여 연민의 마음을 갖는 것은, 지나치게 결벽한 여인에게나 적합한 나약한 감상일지도 모른다. 그러나 우파니샤드에서는 짐승들에 대한 사랑이 커다란 미덕으로 간주된다. 일체 중생에 대한 애정과 자비는 인도 윤리에서 강조되는 공통적인 특징이다. 오락으로 사슴을 쏘아 죽이는 것이나 재미로 쥐를 괴롭히는 것은 죄악이다. 감정의 제어를 위하여 어떤 훈련이 과해지기도 한다.

인도사상가들은 육신이 마음에 영향을 준다는 것을 믿으며, 청정한 마음을 위하여 필수적인 깨끗한 음식을 규정하고 있다.[원주220] 원칙적으로 감정의 제어는 자발적이어야 하지만, 이것이 불가능할 경우에는 강제적인 통제가 행해지기도 한다. 타파스, 즉 인위적이고 강제적인 감정의 제어와 영적인 이욕(離欲)으로서의 니야사(nyāsa)가 구분된다. 타파스는 인생의 저급한 단계에 있는 바나프라스타(vānaprastha, 林棲者)를 위한 것인 반면에, 니야사는 인생의 마지막 단계인 산야신(sannyāsin, 遊行者)을 위한 것이다. 정신 집중이나 묵상과 같은 요가 수행도 실천된다. "현자는 말을 마음 속으로 가라앉혀야 하며, 마음을 붓디(buddhi, 覺) 속으로 침잠시켜야 한다."[원주221]

마음을 닦는 방편으로서의 명상과 관법이 또한 명해진다. 수행자는 그의 모든 생각을 내면으로 돌리고, 좋아하는 것을 얻고자 하는 마음가짐이 아니라 신과의 합일을 이룬다는 일념에서 오직 신만을 생각해야 한다. 그러나 이러한 명상 생활에 몰두하는 것조차도 반드시 현실로부터의 도피를 요하는 것은 아니다. 그것은 단지 우리가 사물의 궁극적인 진리를 볼 수 있게

[원주218] 『타잇티리야 우파니샤드』, i.11.
[원주219] 또한 i.9.12를 보라.
[원주220] Āhāraśuddhau satvaśuddhiḥ.
[원주221] 『카타 우파니샤드』, i.3.10.

하는 방편일 뿐이다. "예리하고 민감한 마음을 통하여 그가 보인다."[원주222] 브라흐마차린(brahmacārin, 學生期), 그리하스타(grhasta, 家住期), 바나프라스타, 산야신으로 말해지는 인생의 네 단계(āśrama)는 인간이 점차 세속의 오염을 씻고 자신의 영적인 본향에 적합하게 되는 여러 과정들을 나타낸다.

세상으로부터의 은둔, 즉 산야신은 자기의 모든 사회적인 의무를 완수한 모든 아리아인에게 부과되는 의무이다. 그것은 인생 노정의 마지막에 온다.[원주223] 자비와 정행으로 사는 산야신은 관심을 궁극적인 범계(梵界)로 돌리며, 세속의 모든 유혹에서 벗어나 흔들리는 법이 없다. 소박하지만 경건한 인도인들은 항상 불멸의 아름다움과 끊임없는 음악에 대한 꿈에 젖어 있었다. 그들은 스스로가 확신하는 이상(理想)과 불가분의 관계에서 삶을 영위한다. 이상과 삶 간에는 아무런 틈새도 없다. 아마 우리에게는 그것이 꿈일 수도 있을 것이다. 그럼에도 불구하고 그것은 그들이 실제로 사는 꿈이다. 따라서 그것은 그들이 알지 못하는 실재보다 더 실재적인 것이다.

몸과 영혼에 대한 엄격한 수련은 혼자서 그러한 이상적인 삶을 살 수 있는 수행자를 위하여 규정된다. 그의 삶은 최고의 청정행이어야 한다. 그는 삭발해야 하며, 황색 가사를 입고 거리에서 탁발하는 것이 요구된다. 이러한 것들은 영혼이 겸손해질 수 있도록 돕는 방편이 된다. 인간의 영혼은 세심하게 규정된 기도와 단식에 의하여 영속하는 행복을 얻을 수 있다. 고행자를 위대하게 만드는 것은 그 자신의 성스러움과 겸손이다. 그것은 능수능란한 마술사가 속임수를 부리는 능력, 혹은 신비한 꿈을 꾸는 능력이 아니라, 욕정과 분노에서 벗어나고 격정과 욕망에서 벗어나 항상 청정한 삶

[원주222] 『카타 우파니샤드』, iii.12.
[원주223] 도이센에 따르면, 초기 우파니샤드에서는 단지 학생기·가주기·은둔기의 세 단계가 인정되었으며, 진리를 깨달은 자들은 이러한 인생의 단계들을 초월한다. 『우파니샤드의 철학』(The Philosophy of The Upaniṣads), p.368을 보라. 『자발라 우파니샤드』(Jābāla Upaniṣad)는 인생의 네 단계들을 언급하고 있다. 『브리하드아란야카 우파니샤드』, iv.4.10 ; 『찬도기야 우파니샤드』, ii.23.1을 보라.

을 유지하는 것이다.

이와 같이 강렬한 고행은 스스로를 죽이는 것보다 훨씬 더 어렵다. 죽음은 오히려 쉽다. 그것은 스스로 고통을 감내하는 삶이다. 참된 고행자는 사회적인 속박을 벗어나기 위하여 가정과 사회를 버린 사람이 아니다. 그는 인생에서 좌절을 겪었기 때문에 산야신이 된 사람이 아니다. 참된 산야신은 자제심과 영적인 통찰로써 인류를 위하여 고난을 감내하는 수행자이다. 삶의 노고는 우리가 이기심을 극복할 수 있도록 주어지는 것이며, 사회 제도와 규범은 영적인 성숙을 조장하는 장치들이다. 그러므로 그리하스타 아슈라마(gṛhastha-āśrama, 家住期)에 이어서 임서기(林棲期)가 온다.

우파니샤드에 따르면, 아트만을 아는 자는 모든 이기적인 욕망을 버리고 탁발 수행자가 된다. "아트만을 알게 될 때, 브라흐민은 자손에 대한 욕망, 소유에 대한 욕망, 그리고 세속적인 번영에 대한 모든 욕망을 버리고 탁발 수행자가 되어 떠난다."[원주224] 고대 인도에서, 산야신은 비록 가진 것이 없고 나날이 탁발로 살아가며, 또한 아무런 권력이 없다 할지라도, 그럼에도 불구하고 세상의 임금이 그에게 삼가 절할 정도로 높이 받들어졌다. 거룩한 삶에 대한 공경은 이와 같았다.

인도 종교의 주요 특징 가운데 하나인 아슈라마 다르마(āśrama dharma, 개인적인 의무)는 전체의 삶을 영성으로 채우려고 시도한다. 그것은 엄격한 금욕 생활이 참된 결혼 생활을 위한 준비가 된다는 것을 가르친다. 우파니샤드의 사상가들에게 있어서, 결혼은 종교적인 성례, 즉 신성한 예배의 한 형태이다.[원주225] 가정은 신성한 것이며, 어떤 형태의 종교 의식이든 여기에 참여하는 아내가 없다면, 그것은 불완전한 것으로 간주된다. 사

[원주224] 올덴베르그에 따르면, 이것이 인도에 있어서 승원 생활에 대한 최초의 흔적이다. "이와 같이 아트만을 앎으로써 세속적인 모든 것을 버리고 탁발승이 된 브라흐민들로부터 역사적인 발전이 진전되어 붓다에까지 이르는 질서정연한 계통을 형성하게 된다. 붓다는 해탈을 구하여 가족과 모든 소유를 버리고 수행자의 황색 가사 차림으로 정처없이 방랑하게 된다. 인도에서 영원한 일자(一者)에 대한 교의와 승원 생활의 기원은 동시적이다. 이 둘은 하나의 동일한 사건에서 파생되는 두 가지 중요한 결과들이다."

[원주225] 『타잇티리야 우파니샤드』, i 을 보라.

회 내의 각 개인은 결혼을 하고 어버이가 됨으로써 인간적인 애정과 가족에 대한 사랑을 실현한 후에, 우주의 한 구성원으로서의 존엄을 실현하기 위하여 점차 가정과 가족에 대한 집착에서 자유로워질 것이 요망된다.

만일 불교가 인도인의 마음속에 지속적으로 남아 있는 데 실패했다면, 그것은 불교가 금욕적인 독신 생활의 이상을 결혼 생활보다 훨씬 더 중요시하고, 아무런 준비 과정 없이도 누구나 최고의 산야신 단계로 직행할 수 있도록 허용했기 때문일 것이다. 산야신들은 무소유를 행하며 어떤 카스트나 종족에 구애됨이 없이 사랑과 봉사의 가르침을 기쁜 마음으로 실천하는 형제들이다. 그들은 이 땅에서 신성한 삶과 겸손의 위력, 무소유의 즐거움과 봉사의 자유함을 증거하는 신의 사절들이다.

카스트에 관한 규범들은 사회에 대한 의무를 규정한다. 인간은 자기의 운명이 무엇이든, 자기 본연의 의무를 이행해야 한다. 각자의 직분은 역량에 따라 좌우된다. 사제의 직분은 출신 가문에 달려 있는 것이 아니라, 개인의 성향에 따라 결정된다. 다음의 이야기는 이러한 사실을 잘 말해주고 있다.

자발라(Jabālā)의 아들 사티야카마(Satyakāma)가 그의 어머니에게 청하였다: "어머니, 저는 브라흐마차린(梵行者)이 되고 싶습니다. 저는 어떤 가문에 속합니까?"

그녀가 그에게 말했다: "애야, 나는 네가 무슨 가문에 속하는지 모른다. 젊은 시절에 내가 하녀로 여러 곳을 떠돌아다닐 때, 너를 임신했다. 그래서 나는 네가 무슨 가문인지 알 수 없다. 내 이름은 자발라요, 네 이름은 사티야카마이니, 너는 사티야카마 자발라라고 말하거라."

그가 하리드루마트(Haridrumat)의 아들 가우타마(Gautama)에게 가서 말했다: "스승이여, 저는 당신과 더불어 브라흐마차린이 되고 싶습니다. 거두어주시겠습니까?"

가우타마가 그에게 말했다: "친구여, 그대는 무슨 가문에 속하는가?"

그가 대답했다: "스승이여, 저는 제가 무슨 가문인지 모릅니다. 제가

저의 어머니에게 묻자 그녀가 이렇게 대답했습니다: '젊은 시절에 내가 하녀로 여러 곳을 떠돌아다닐 때, 너를 임신했다. 그래서 나는 네가 무슨 가문인지 알 수 없다. 내 이름은 자발라요. 너는 사티야카마니라.' 스승이여, 따라서 저는 사티야카마 자발라입니다."

스승이 그에게 말했다: "다만 참된 브라흐민만이 그와 같이 거리낌없이 말할 수 있을 것이다. 가서 땔감을 가져오너라. 내가 그대를 거두어들이리라. 그대는 진리에서 빗나가지 않았다."[원주226]

우파니샤드의 철학의 전체적인 입장은 계급 의식을 완화하고 계급간의 갈등이나 반감을 해소하고자 하는 경향을 보인다. 신은 동등하게 모든 사람의 내적인 영혼이다. 따라서 모든 사람은 진리에 부응할 수 있는 능력을 지니고 있으며, 진리를 배울 권리를 지닌다. 전형적인 크샤트리야(Kṣatriya) 계급인 사나트쿠마라(Sanatkumāra)는 브라흐민 나라다(Nārada)에게 사물의 궁극적인 신비에 관하여 가르치기도 한다. 고매한 철학과 종교는 결코 브라흐민 계급에만 국한되지 않는다. 우리는 우파니샤드에서 크샤트리야 계급인 왕이 당시의 명망 높은 스승들에게 오묘한 정신적인 문제들에 관하여 가르치는 장면을 읽는다.[원주227] 자나카(Janaka)와 아자타샤트루(Ajātaśatru)는 철학적인 논쟁이 활발하게 이루어졌던 종교 집회를 열었던 크샤트리야 계급의 왕들이다.

당시는 삶 가운데 지적인 분위기가 팽배한 시대였다. 심지어 일반 대중들조차도 철학적인 문제에 깊은 흥미를 느끼고 있었다. 박식한 사람들은

[원주226] 『찬도기야 우파니샤드』, iv.4.1~5.
[원주227] "철학자들이 사제계급이 아니라 전사계급──아마 토착민이 아닌──이었으며, 심지어 붓다도 외래 종족이었을 것이라고 보는 그릇된 이론이 있다. 그러지만 이 이론을 뒷받침하는 것은 거의 없으며, 오히려 이에 반하는 사실들이 많다. 우파니샤드 철학의 단초는 (사제의) 『아타르바 베다』와 브라흐마나 문헌에 배태되어 있으며, 우리가 후대 현자들의 논쟁 속에서 그들의 비체계적인 철학사상들을 끌어낼 곳은 바로 그 문헌들에서이다. 아마 당시의 왕들은 평범한 관심──교양있는 왕권에 통례적인──을 가졌을 것이며, 그들이 논쟁에 가담했을 때 승리가 그들에게 돌려졌을 것이다"(Hopkins, *Ethics of India*).

열띤 논쟁을 벌이며 나라의 이곳저곳을 돌아다니게 된다. 브라흐민 출신의 우파니샤드 집성자들은 진리에 대한 아주 진지한 관심을 지니고 있었기 때문에, 그들은 크샤트리야 계급의 학자들이 이러한 지적인 탐구에 있어서 중대한 역할을 하였다는 것을 아무 거리낌없이 받아들일 수 있었다.[원주228] 여성들도 해탈을 향한 영적인 정진에 있어서는 남성과 동일한 권리를 지니고 있었다. 마이트레이와 가르기(Gārgī)는 영혼에 대한 깊이 있는 문제들을 논의하고 있으며, 철학적인 논쟁에 뛰어들기도 한다.[원주229]

5) 갸나 · 카르마 · 우파사나

우파니샤드가 해탈의 수단으로 지식에 강조점을 두고 있다는 것은 사실이다. "아트만을 아는 자는 모든 슬픔을 뛰어넘는다"(Tarati śokam ātmavit). "브라흐만을 아는 자는 실로 브라흐만이 된다"(Brahmavid Brahmaiva bhavati).

우파니샤드가 갸나(jñāna, 知識)를 강조하고 도덕적인 모든 행위를 이에 대한 준비 과정으로 간주하기 때문에, 이것은 결국 의지력을 종속적인 지위로 강등시키는 결과를 초래했다고 주장하는 비판가들이 있다.

도이센은 도덕이 깨달은 자에 대해서는 아무런 의미도 지니지 못한다는 것을 주장한 후에, 깨닫지 못한 자들에 대해서조차도 필수적인 것이 아니라고 말한다.

"도덕적인 행위는 해탈에 필요한 지식을 얻는 데 있어서 직접적이 아니라 단지 간접적인 기여를 할 수 있을 뿐이다. 왜냐하면 이 지식은 이전에 존재하지 않았던 것이 어떤 적절한 수단에 의하여 생겨나는 생성 과정이 아니라, 단지 무시무종으로 이미 있었던 것에 대한 지각에 불과하기 때문이다."[원주230]

[원주228] 『카우쉬타키 우파니샤드』, i.4.2 : 『브리하드아란야카 우파니샤드』, iii.7 : 『찬도기야 우파니샤드』, v.3.7을 보라.
[원주229] 『브리하드아란야카 우파니샤드』, ii.4.
[원주230] The Philosophy of the Upaniṣads, p.362.

그러나 우파니샤드는 해탈에 이르는 유일한 수단이라는 좁은 의미의 지식을 주장하지 않는다. "그 자아는 베다의 지식으로 얻어질 수 없으며, 충분한 이해나 많은 학습을 통해서 얻어질 수 있는 것도 아니다."[원주231] 또한 바른 삶도 강조된다. 덕행이 따르지 않는 지식은 의미가 없다. 만일 신학을 공부하려는 사람이 도덕적이고 영적인 성취가 없다면, 그의 열성과 탐구심이 어떠하든, 그는 공부할 자격이 주어지지 않는다.[원주232] 거듭 강조하여, 갸나는 단순히 지적인 능력만을 의미하지 않는다. 그것은 영감이다. 구도자의 마음은 너무 들떠 있거나 세상일에 골몰하여 궁극자에 전일(專一)할 수 없게 되어서는 안된다. 그의 가슴은 신에 대한 헌신으로 청정해지고 따뜻해져야 한다. 우파니샤드에 따르면, 구도자가 신학에 정통한 리쉬(ṛṣi)의 제자로 받아들여지기 위해서, 먼저 도덕적·영적인 수련의 긴 과정을 통과해야 한다. 『프라슈나 우파니샤드』에서, 핍팔라다(Pippalāda)는 또 다른 한 해의 수련을 위하여 신에 대한 여섯 가지 물음에 정통해야 한다. 『찬도기야 우파니샤드』에서 사티야카마 자발라(Satyakāma Jābāla)는 스승의 가축을 돌보기 위하여 황야의 숲으로 보내지며, 그는 거기서 혼자 명상하는 것에 익숙해지고 자연과도 친숙하게 된다.

우파니샤드가 강조하는 갸나는 영적인 에너지의 살아 있는 규범이 되는 믿음이다. 나무가 열매를 맺듯이, 지식은 행위 속에서 실현되어야 한다. 우리가 갸나를 지닌다는 것은, 진리를 우리 자신의 것으로 만들어서, 이를 통하여 우리의 존재가 변모된다는 것이다. 이것은 "사악한 행위를 삼가지 않는 사람, 마음이 고요하지 못하고 산만한 사람, 가슴 속에 평화가 없는 사람"에게는 불가능하다. 그러므로 라마누자(Rāmānuja)는 지식을 디야나(dhyāna, 禪定), 혹은 우파사나(upāsana, 숭배)로 해석한다.[역주21] 지식에서 도덕적인 삶을 배제해 버리는 해석은 어떤 이유로도 정당화될 수 없

[원주231] 『문다카 우파니샤드』, iii.2.3. 또한 같은 책 iii.1.8을 보라.
[원주232] 『카타 우파니샤드』, i.2.24~25.
[역주21] Śrībhāṣya, iv.1.1을 보라.

을 것이다.

우파니샤드는 만일 우리의 행위가 자아와의 일체감을 나타내지 않는다면, 그것만으로는 불충분하다는 것을 강조한다. "사실, 어떤 사람이 이것을 알지 못하면서 위대하고 거룩한 행위를 한다 할지라도, 그 행위는 결국 사라지고 말 것이다. 만일 그가 자아만을 자기의 참된 영혼으로 섬긴다면, 그의 행위는 없어지지 않을 것이다. 왜냐하면 그는 자기가 바라는 모든 것을 바로 이 자아로부터 얻기 때문이다."[원주233] 이 구절은 행위가 반드시 지식을 바탕으로 행해져야 한다는 것을 주장하고 있다.

초월자에 대한 믿음이 결여된 행위는 단지 수고로울 뿐이다.[원주234] 인간의 진정한 목표는 단순하고 기계적인 선(善)에 의하여 도달될 수 없다. 모든 행위와 공희(供犧) 속에, 그리고 모든 제의식 속에는 자기 초월—반드시 무한자와의 동일화일 필요는 없지만—이 있다. 모든 행위는 참된 자아의 실현을 위한 것이라는 분명한 동기를 지니고 행해져야 한다. 만일 신이 없다면, 우리의 삶은 아무런 의미가 없을 것이며, 우리가 존재할 수도 없고, 우리를 지탱해줄 아무도 없다. 우파니샤드는 현세 혹은 내세에서 많은 대가를 받으려는 생각으로 드려지는 제사와 공희를 비난한다. 내세의 주식(株式)을 사기 위하여 혹은 신과의 은행 구좌를 트기 위하여 우리의 의무를 이행해서는 안된다. 이와 같이 브라흐마나 문헌에서 현저하게 나타나는 의무에 대한 기계적인 개념을 극복함에 있어서, 우파니샤드는 필연적인 진리를 강조하였다. 그러나 우파니샤드는 행위와 지식이 상호 배타적이라는 견해, 혹은 지식만이 해탈에 이르는 길이 될 수 있다는 견해를 지지하지 않는다. 우파니샤드는 갸나와 카르마 양자를 결합하는 정신의 삶을 강조한다.

6) 윤리와 종교

우리가 지적인 차원에 머물러 있는 한 지성적인 이상이 실현될 수 없으

[원주233] 『브리하드아란야카 우파니샤드』, i.4.15.
[원주234] 같은 책, iii.8.10을 보라.

며, 우리가 그 차원을 넘어서서 직관의 영역으로 떠오를 때 비로소 그 이상이 발견될 수 있다. 이와 마찬가지로, 우리가 도덕적인 차원에 머물러 있는 한 윤리적인 이상은 이루어질 수 없으며, 단지 우리가 종교적인 차원으로 떠오를 때 그것이 도달된다. 윤리적인 차원에서는 인간 본성의 두 측면들, 즉 유한한 측면과 무한한 측면이 상호 대립한다. 한 개인에게 있어서 유한한 측면은 아항카라(ahaṁkāra, 我慢)를 나타내며, 그에게 보편자로부터 떨어져 있다는 느낌을 준다. 한편 그의 무한한 측면은 세계 내에서 그 자체를 실현하기 위하여 돌진해 나간다. 영혼의 자기 완성은 이와 같은 두 측면의 갈등과 분열에 의하여 저해된다. 우리는 윤리의 실천을 통하여 저급한 측면을 극복하려고 시도하지만, 그것이 완전히 정화되지 않는 한 이상은 이루어지지 않는다. 우리가 종교를 통하여 환희를 얻고 영혼의 완전한 자유를 실현하게 되는 것은, 우리의 개별상이 지니는 배타성을 없애고 이로써 각자가 별개라는 생각을 완전히 벗어버리게 될 때이다.

이러한 종교적 실현의 가능성은 모든 윤리의 전제가 된다. 만일 그것이 없다면, 우리는 윤리적인 열망이 반드시 실현될 수 있다는 확신을 지닐 수 없다. 온갖 재앙과 공포에 찬 사건들, 그리고 피할 수 없는 죽음과 질병에도 불구하고, 모두가 선을 지향하고 있다는 확신을 지닐 수 있다는 것은 다행한 일이다. 이와 같이 윤리는 종교라는 선결 조건을 요한다. 신은 우리에게 모든 것이 세계와 함께 순조로우며, 인간은 마침내 승리하도록 운명지워져 있다는 확신을 준다. "보이지 않고, 만져 볼 수 없으며, 설명할 수 없고, 깊이를 헤아릴 수 없는 것 속에서 평화와 안식처를 찾는 사람은 평화를 얻으리라. 그러나 만일 그 둘이 분리되어 틈새가 생겨난다면, 불안과 근심이 끊이지 않으리라. 더욱이 그것은 스스로 현명하다고 여기는 자의 불안과 근심이다."[원주235]

이와 같은 형태의 종교적인 확신과 보증은 우리가 곤경과 박해를 극복할 수 있게 해준다. 어떤 고난이든 그것이 우리를 분노하게 하거나 좌절하게

[원주235]『브리하드아란야카 우파니샤드』, iv.2.4.

할 수 없다. 종교는 윤리에 대한 영감의 원천이다. 종교가 없는 윤리는 영원한 노력, 끝없이 계속되는 과정일 뿐이며, 우리에게 결여된 어떤 것에 대한 무한한 열망일 뿐이다. 종교에서 이 모든 것이 실현되고, 기쁨과 결실을 가져온다. 이때 우리의 유한성은 극복되며, 유한한 자아는 의미와 목적을 지니게 된다. 일단 이러한 의식의 단계에 도달되면, 육신의 존속 혹은 사멸은 관심 밖의 일이 된다.[원주236] 인간은 신에 대한 사랑과 인류에 대한 봉사의 불꽃으로 태워 없어진다. 그는 건너야 할 길이 순탄하든 그렇지 않든 개의치 않는다. 인간이 진리를 실현할 때, 마치 흙덩이가 단단한 바위에 부딪치듯이 모든 악은 그에게서 떠나 저절로 사라진다.[원주237]

7) 선악의 분별을 초월한 삶

직관의 차원이 지성의 범주들을 초월하듯이, 종교의 차원은 선악의 분별을 초월한다. 궁극자에 도달한 사람은 모든 법칙들을 넘어서 있다.[원주238] "실로 이러한 생각이 그를 괴롭히지 못한다 : '왜 내가 선한 일을 행하지 않을까?' '왜 내가 악을 행할까?'"[원주239] 그는 아무것도 두려워하지 않으며, 과거에 행한 악행으로 근심하지 않는다. "불멸자인 그는 선과 악 모두를 초월한다. 이미 행해진 것과 장차 행해질 것들도 전혀 그에게 고통의 원인이 될 수 없다. 그의 영역은 그 어떤 행위로도 영향받지 않는다." 이것은 본질에 있어서의 참된 변화를 통하여 죄많은 삶의 결과들이 소멸될 수 있는 가능성을 인정한다. 진정한 참회가 이루어진다면 아무리 중한 죄라도 구원에 장애가 되지 않는다는 기독교의 가르침은 이러한 원리에 입각한 것이다.

일단 영혼이 궁극적 실재를 얻으면, "그에게 있어서 사는 것은 불멸의 행

[원주236] "악인들이 기승을 부리고 레바논의 송백처럼 높이 솟은 것을 나 보았지만, 다시 지날 때에는 흔적도 없었고, 아무리 찾아봐도 아무데도 없더라. 덕스러운 사람을 보아라, 정직한 사람을 눈여겨 보아라. 평화를 도모하는 사람에게 후손이 따르리라"(시편, xxxvii.35~37).
[원주237] 『찬도기야 우파니샤드』, i.2.7.
[원주238] 『카우쉬타키 우파니샤드』, ii.8 : 『브리하드아란야카 우파니샤드』, iv.4.22.
[원주239] 『타잇티리야 우파니샤드』, ii.9.

복이며," 육신에 남아 있는 더러운 모든 속성은 시들어 없어지고 장려한 신성으로 충만해진다. 그에게 윤리의 문제는 전혀 의미가 없게 된다. 왜냐하면 어떤 것을 행하는 것은 더 이상 개별 존재로서 행하는 것이 아니기 때문이다. 그의 의지는 곧 신의 뜻이며, 그의 삶은 곧 신의 삶이다. 그는 전체 속에 혼융되어 전체와 하나가 된다. 모든 행위는 신의 샘에서 흘러나온다. 더 이상 신과 개아 간의 구별이 없어진다. 보상케 박사는 그의 명저 『종교란 무엇인가』(What Religion Is)에서 이와 같은 궁극적 상태의 일원성을 강조한 바 있다.

더할 나위 없는 선(善)으로 충만된 사랑과 의지의 청정 속에서 당신은 구원될 뿐 아니라, 자유롭게 되고 강해진다. ……당신은 그 하나 됨을 깨뜨리도록 조장되지 않을 것이며, 신으로부터 당신이 혹은 당신으로부터 신이 얼마나 멀리 떨어져 있는가를 말하려 하지 않을 것이다. 당신은 그 속에서 자신을 더욱 심원하게 하거나, 혹은 당신 속에서 그가 더욱 심원해지도록 할 것이다. 이 중 어떤 표현이든 그 사실을 당신의 마음에 가장 잘 나타내 보인다.[원주240]

불행하게도, 종교적인 삶에 있어서 근본이 되는 이러한 진리는 몇몇 훌륭한 인도사상가들에 의해서조차도 충분히 인식되지 못하고 있다. 최근의 우파니샤드 비평가 흄(R.E.Hume) 박사는 이렇게 말한다.

지식을 가진 자는 그것에 의하여 반드시 도덕적으로 선하게 되어야 한

[원주240] pp. 20~21. "한 방울의 물이 술단지 속에서 그 맛과 색깔을 띠면서 확산되듯이, 녹은 쇠가 불덩어리처럼 되어서 그 형태를 잃어버리듯이, 햇살이 배어든 공기가 바로 그와 똑같은 빛으로 변모되어서 마치 그것은 빛에 비추어지는 것이 아니라 빛 그 자체인 것처럼 보이듯이, 성자들에 있어서 모든 인간적인 사랑은 이루 말할 수 없을 정도로 용해되어 신의 의지 속으로 배어든다. 만일 인간에게 인간적인 어떤 것이 조금이라도 남아 있다면, 어떻게 신이 모든 것일 수 있겠는가? 어떤 실체가 남겠지만, 그것은 다른 하나의 형태·영광·힘으로 남을 것이다"(St. Bernard, *Mind*, 1913, p.329).

다고 하거나, 가르침의 결과는 도덕적인 삶이어야 한다고 가르치는 우파니샤드의 이론은 그리스 현자들의 이론과 큰 차이를 보인다. 우파니샤드에서는 어떤 형이상학적 지식의 소유가 실제로 과거의 모든 죄를 상쇄하며, 심지어 지식을 가진 자는 아주 악한 것으로 보이는 행위──이러한 지식이 결여된 사람의 경우에는 극악한 범죄 행위가 되어 막심한 피해를 초래할 수 있는──를 아무 부끄럼 없이 계속해도 벌받지 않을 수 있도록 허용된다.[원주241]

우리는 이미 우파니샤드의 지식이 단순한 형이상학적 식견이거나 변증적인 사변이 아니라, 우주의 근저에 놓인 본질적인 힘으로서의 궁극자를 실현하는 것임을 지적한 바 있다. 이러한 영적인 지각은 이론적·실천적 측면에 있어서 인간 본성의 완전한 전환을 통하여 가능해진다. 흄 박사가 "어떤 형이상학적 지식의 소유"라고 말하는 것은 오직 순수한 마음의 소유자에게 가능하다. 그들은 완전한 자유를 향유한다. "그 궁극의 상태에서는 도둑은 도둑이 아니며, 살인자는 살인자가 아니다. 그는 선으로 이끌리거나 악으로 이끌리지도 않는다. 왜냐하면 그때 그는 모든 고뇌를 벗어나 있기 때문이다."[원주242] 바른 지식으로 자유롭게 된 자들은 스스로가 아무런 제재 없이 선택한 것을 행할 수 있다. 그러나 이러한 자유는 결코 '허가된 광란'[원주243]이 아니다.

신비가는 자기 자신에게 법이 되며, 자신이 살고 있는 세계와 그 자신의 주인이 된다. 계율과 의무 규정들은 양심의 명령에 자발적으로 따르지 않는 사람들에게 필수적이다. 그러나 스스로의 이기적인 자아를 초월한 사람들에게 윤리는 그들이 있는 상태 그 자체이며, 계율은 사랑을 통하여 이루어진다. 그들에게는 악행을 할 가능성이 전혀 있을 수 없다. 외부로부터의

[원주241] *The Thirteen Principal Upaniṣads*, 서론, p.60.
[원주242] 『브리하드아란야카 우파니샤드』, iv.
[원주243] Rabindranath Tagore, *Sadhana*, p.18.

강제는 내적인 수용으로 전환된다. 영적인 삶이 마침내 승리를 거둘 때까지, 도덕률은 인간이 애써 준수해야 하는 외적인 명령으로 비칠 것이다. 그러나 그 빛이 성취되면, 도덕률은 무의식적이고 자발적으로 작용하는 영혼의 내적인 삶이 된다. 성자의 행위는 영혼의 자발성에 대한 완전한 복종이며, 외적으로 부과된 계율에 마지못해 따르는 것이 아니다.

우리에게는 어떤 행위의 보상이나 그 불이행에 대한 벌을 계산하지 않는 사심 없는 영혼의 자유로운 발로가 있다. 관습적인 규준과 외적인 의무 조항들, 그리고 윤리 규범들은 그에게 무의미하게 된다. 그의 영혼은 궁극자의 축복 속에서 기뻐하며, 모든 존재의 통일성을 깨닫게 되고, 자신을 사랑하듯 세계를 사랑한다. "따라서 완전히 선한 의지도 객관적인 규범들(즉 선의 규범들)에 똑같이 지배되지만, 그 때문에 그것이 '하지 않을 수 없는' 행위로 여겨져서는 안 된다. 왜냐하면, 그것은 오직 그 자체의 내적인 본질의 발로에서 선의 개념에 따라 결정될 수 있기 때문이다. 그러므로 어떤 경우에도 신의 의지 혹은 여타의 거룩한 의지는 '불가피한' 것으로 주장될 수 없다. 이 경우에 '당위'라는 말은 어울리지 않는다. 왜냐하면 의지 작용은 이미 그 규범과의 하나 됨 속에 저절로 스며 있기 때문이다."[원주244] 도덕적인 규범들은 사실상 그것의 표현이며, 따라서 그것을 속박하지 않는다. 이와 같이 완성된 영혼은 가치의 창조자이며, 스와라트(svarāṭ),[원주245] 즉 자기 자신에 대한 법이다.

세상에는 세 부류의 사람들이 있다. (1) 자기 과시와 욕망을 이루기 위하여 애쓰는 사람들로서, 설사 덕을 실천한다 해도 이기적인 동기—천국에 가고 싶어서 혹은 지옥이 무서워서—에서 그렇게 하는 악한 사람들. (2) 윤리 규범을 알고 있으며, 자신의 자아가 모순 속에 있기 때문에 부단한 노력과 고통을 감수하면서도 그것을 준수하려고 애쓰는 사람들. (3) 세

[원주244] Kant, *Metaphysics of Morals*(Abbot 版), p.31.
[원주245] Svayam eva rājaḥ(자기 자신이 실로 왕이다). 이것은 그가 자명하다는 것, 혹은 자존적이라는 것을 의미한다.

상을 구제하는 사람들로서 삶의 갈등을 극복하고 평화를 얻은 사람들이다. 이들은 삶의 목적을 알고 있으며, 무의식적이고 자동적으로 삶을 영위해 간다.

우파니샤드는 우리가 어떤 불확실한 경우나 곤경에 처했을 때, 브라흐만을 아는 자들이 지녔을 마음가짐으로 판단하라고 가르친다.[원주246] 이 위대한 사람들은 마치 하늘에서 별이 빛을 발하듯이, 꽃이 향기를 뿜어내듯이 덕을 발산하면서 자신의 일상적인 직분을 계속한다. 심지어 그들은 자기의 미덕을 의식하지 않는다. 모든 사람은 이와 같은 경지에 이를 수 있다. 신과 하나 될 수 있는 가능성은 오직 그것이 실제로 실현되었을 때 입증될 수 있다. 실현이라는 사실은 전능한 영혼과 인간의 동일성에 대한 가능성을 보증하는 유일한 증거이다. 기독교 사상가들에 따르면, 이와 같이 인간 속에 신이 완전하게 구현된 한 예가 바로 예수이다. 우파니샤드는 모든 사람이 자기의 신성한 지위로 완전하게 떠오를 수 있는 가능성을 지니고 있으며, 그것을 위하여 노력하기만 한다면 누구나 실현할 수 있다고 말한다.

윤리란 단지 인간이 자기 본래의 궁극성을 실현하기 위하여 노력하는 불완전한 세계에서 의미를 지니는 것이기 때문에, 우파니샤드의 형이상학적 체계 안에서는 그 적절한 자리매김이 불가능하다고 주장되기도 한다. 도이센은 "아트만에 대한 지식이 얻어지면, 일상적인 행위는 물론이거니와 도덕적인 행위 또한 그 의미를 상실하게 된다"[원주247]고 지적한다. 지금까지 계속하여 우리는 이와 같은 불평의 원인을 지적해왔다. 도덕적인 행위는 그 자체가 목적이 아니다. 그것은 완전한 삶으로 넘겨져야 한다. 오직 이것만이 초월적인 가치를 지닌다. 『탈무드』(*Talmud*)의 한 아름다운 이야기에 나오는 해탈자는 창조의 행위 속에서 전능성을 부여받는다. 여기서 우리는 어떤 목적을 추구함에 있어서 자유로운 봉사의 개념으로 대체된 규범에 대한 복종으로서의 윤리를 지닌다. 이 상태에서 개별 존재는 궁극자 속에 녹

[원주246] 『타잇티리야 우파니샤드』, i.11.
[원주247] *The Philosophy of the Upaniṣads*, p.362.

아 있다. 오직 이것만이 초월적인 가치를 지니지만, 그것을 위한 길을 준비하는 과정으로서의 윤리적인 노력이 쓸모없는 것은 아니다.

16. 종교 심리

종교는 본질적으로 삶과 경험의 문제이다. 우파니샤드는 종교 심리의 발달을 세 단계, 즉 스라바나(sravaṇa, 敬聽), 마나나(manana, 內省), 니디디야사나(nididhyāsana, 念想)로 구분하여 설명하고 있다.[원주248] 첫째 단계는 종교적인 삶에 있어서 전통의 위상을 가리킨다. 살아 있는 신에 대한 믿음이 생겨나려면, 어떤 전통적인 계시 혹은 경전이 필수적이다. 많은 사람들은 전통과 상징에 의지한다. 그러나 우파니샤드에 의하면 종교는 단지 전통을 고집하는 것과 혼동되어서는 안된다. 지적인 노력을 통하여 우리는 전통의 본질적인 의미 혹은 여기에 담긴 진리를 이해할 수 있어야 한다. 이성적인 사고에 대한 필요가 두번째 단계에서 나타난다. 첫 단계에서 무비판적으로 받아들여진 순수 가정이 이제 논리적인 결론으로 확립된다. 그러나 진리에 대한 지적인 이해가 곧 실재의 실현은 아니다. 종교 심리의 최고 차원에서 실재는 추론되는 어떤 것이 아니라 주어지는 것이다. 실재에 대한 이러한 경험, 무한자에 대한 이러한 의식은 단순한 이성의 양태와는 다른 깨달음의 차원이 요청된다.

니디디야사나, 즉 염상은 우리가 논리적인 개념을 영적인 지각 혹은 다르샤나(darśana)—이미 받아들여진 진리에 대한 직관적인 실현—로 전환시킬 수 있도록 해준다. 그것은 홀로 서는 것이며, 휘트먼(Whitman)처럼 천문학에 대한 논리적인 공부를 한 후에 "완전한 침묵 속에서 별들을 응

[원주248] 『브리하드아란야카 우파니샤드』, ii.4.5: iv.5.6. 우다야나(Udayana)는 그의 『쿠수만잘리』(Kusumāñjali) i.3에서, 아가마(āgama)와 아누마나(anumāna, 推論), 그리고 디야나(dhyāna, 冥想)를 언급하는 한 구절을 인용하고 있다.

시하는 것"이다. 그것은 심안(心眼) 앞에 우리가 알고자 하는 대상을 드는 것이다. 명상은 황홀경에 빠져드는 수단이 아니라, 정신을 대상에 집중할 수 있게 해주는 방편이다. 이리저리 동요하는 마음을 다잡고 욕망을 제어함으로써 우리는 하나의 대상에 마음을 전일(專一)하고 그것을 꿰뚫으며, 마침내 그것과 하나 될 수 있다.

　신에 대한 숭배, 선행, 그리고 진리파지는 영혼에 진리의 삶을 확립해가는 과정이다. 사색적인 정신의 소유자는 신의 존재를 정관(靜觀)하려고 노력을 기울이는 반면에, 신에게 열정적인 신애(信愛)를 바치는 감성적인 품성의 소유자는 신 안에서 자기를 잃어버린다. 일상적인 경험에서와는 달리, 대상은 더 이상 우리의 바깥에 놓인 별개가 아니다. 전 존재를 통하여 고동치는 강렬한 깨달음이 있으며, 신과 하나 됨이 있다. 숭배자는 차츰 자기가 숭배하는 것과 비슷해지며, 대상은 관자(觀者)의 내용뿐 아니라 그의 의식 자체가 된다. 의식의 전환은 어떤 의미에 있어서 존재 그 자체의 전환이다. 우파니샤드는 우리에게 브라흐만에 대한 무아경의 직관뿐 아니라 군소신들에 대한 직관에 대해서도 말하고 있다. 직관된 대상들이 한계성 혹은 개별성의 흔적을 지니는 한 궁극적인 목표는 도달되지 않는다. 우리는 브라흐만을 직관하여 브라흐만이 될 수 있어야 한다.

　우파니샤드의 종교가 전체적인 인간 본성의 전환을 강조하고 있다는 것은 명백하다. 그것은 단순히 형식적인 제의식이거나 윤리적인 수양, 혹은 독단적인 신조가 아니다. 우파니샤드가 인간 본성의 지적인 측면에만 관심을 보이며 그외에는 무관심하다고 말하는 것은 옳지 않다. 그것은 사색적인 종교뿐 아니라 정적인 종교의 여지를 지니고 있다. 우파니샤드는 일반적인 종교 심리가 드러내 보이기 쉬운 모순들을 알고 있다. 만일 신이 완전한 선(善)이라면, 도덕은 이미 실현되었을 것이다. 왜냐하면, 이 경우에 존재하는 모든 것은 완전한 의지의 표현임에 틀림없기 때문이다. 만일 신이 세계의 창조자라면, 그는 틀림없이 자기 자신의 본성을 제한하는 어떤 것을 생기게 하였을 것이다. 창조된 세계는 창조자 신과 구별되거나, 양자가 동일하다. 전자의 경우에는 신이 자신의 창조물에 의하여 제한된다고 보아야 한다. 한편 후자의 경우에는 모든 종교와 도덕에 부합되지 않을 가능성이 있다.

　종교에 있어서 우리는 신의 의지에 주관되는 인간의 의지를 지닌다. 만일 그 둘이 동일하다면, 인간 의지의 독립적인 실재가 있을 수 없고, 따라서 인간의 윤리적 행위란 있을 수 없다. 만일 그 둘이 서로 다르다면, 신은 제한되고 유한하게 되며, 유한한 신은 우리에게 믿음을 불러일으킬 수 없다. 또한 만일 우리가 신에게 자유 의지를 귀속시킨다면, 그는 카르마의 법칙을 무시하고 예측 불가능한 변덕을 부릴 것이다. 반면에 만일 그가 법칙들에 종속되어서 우리가 카르마의 법칙에 따르도록 한다면, 그의 자유는 제한될 것이다.

　이러한 모순들은 우리가 지닐 수 있는 신에 대한 최고의 개념이 곧 최고의 실재가 아니라는 생각이 들게 할 수도 있을 것이다. 종교는 침체되고 유한한 신—이 개념이 설사 모순된 것이라 할지라도—으로 만족해야 할지도 모른다. 이것은 최상의 진리를 발견하는 것이 종교의 주된 관심사가 아니며, 철학적인 입장에서 우리는 신에 대한 모든 개념이 단지 상대적일 뿐이라는 것을 받아들일 수 있다는 근거에서 정당화될 수 있을 것이다.[원주249] 이러한 입장은 우파니샤드 철학의 함축적인 의미라 할 것이지만, 우파니샤드의 직관적인 통찰이 과학적인 사유 체계로 전환될 때, 그것은 하나의 명백한 교의가 된다. 실제로 우파니샤드는 높고 낮은 여러 차원의 종교 형태를 인정하고 있다.

　우리는 우파니샤드에 있어서 명상과 윤리, 그리고 신에 대한 숭배를 다 함께 강조하는 최고 형태의 종교가, 다른 종교의 주변에는 여전히 잔재해 있었던 전통적인 도그마나 기적에 의해서 방해되지 않는다는 것을 기억해야 한다. 스스로를 세계 속으로 현시하는 유일 궁극의 실재가 있다는 우파니샤드의 중심 원리는 어떤 도그마로 주장되지 않는다. 그것은 인간이 이해할 수 있는 궁극적 진리이다. 과학과 철학의 발달은 그것과 모순되는 것

[원주249] 『케나 우파니샤드』, i.5.8.

이 아니라 오히려 그것을 확고하게 한다. 우파니샤드의 종교는 위대한 영혼에 대한 경애의 감정이다. 그러한 명상은 영성에 토대를 둔 박티(bhakti, 信愛)이다. 그것은 또한 주관과 객관의 구분이 종교적 열정의 한 가운데서 녹아 없어진다는 것을 인정한다.

세계의 하나 됨과 그 조화는 우파니샤드 종교의 궁극적인 결론이다. 이것은 일반적인 종교 심리로는 납득하기 어려울 것이다. 유한한 자아로서의 인간이 절대적인 실재를 파악한다는 것은 쉬운 일이 아니다. 그래서 그는 절대자를 대상화시켜 자기 앞에 세우게 되고, 이때 절대자는 신이 된다. 비록 그것은 궁극적인 진리가 아니라 할지라도, 일반적인 종교 심리는 그것을 요구한다. 신은 친구요 조력자이며, 아버지요 창조자이며, 전체 우주의 통치자이다. 그는 최상의 원인(原人, Puruṣottama)이라고 말해진다. 그러나 그는 세계의 바깥에서 세계를 주관하지 않는다. 그 경우에는 그와 세계 간에 아무런 유기적인 연관도 있을 수 없을 것이다. 그는 내적 통제자 안타르야미(antaryāmi)이다. 비록 인격적인 존재로 고백된다 할지라도, 그는 모든 것을 초월하고 모든 것 속에 있으며, 또한 모든 것을 통하여 있다고 말해진다. 일체 만유는 그로 말미암아 있고 그 속에 있으며 그에게로 나아간다.

그러나 야코비(H. Jacobi)도 주장하는 것처럼, 해석된 신은 전혀 신이 아니다. 우리가 보건대, 신을 상상하는 것은 단지 신성 모독에 지나지 않는다. 비록 종교의 신은 절대자에 대한 제한된 표현이라 할지라도, 그것이 단순히 상상의 산물인 것은 아니다. 절대자가 유한자의 마음에 의하여 상정되는 우주로 전개되는 과정에 있어서 그 첫 존재자가 신, 즉 자의식을 지닌 우주혼이다. 그는 의인화된 절대자이다. 우파니샤드는 그를 사물의 관념적인 성향과 동일시하는 것을 좋아하지 않는다. 만일 그렇게 한다면, 그는 유한자의 차원으로 떨어질 것이다.

우파니샤드에 따르면, 절대자와 신은 하나다. 다만 우리가 그것의 불가지성과 유한자에 대한 초월성을 강조할 경우에는 궁극적 브라흐만이라 부르며, 종교적 신애를 위하여 불가피한 인격적 측면을 강조할 경우에는 이슈와라(Īśvara, 自在神)라고 부른다. 절대적인 브라흐만과 인격신 이슈와라의 관계는 진정한 주(主)와 이에 대한 성상(聖像)의 관계와 같다.[원주250] 그러나 그 둘은 하나다. 절대자는 인격적인 동시에 비인격적이다.[원주251] 궁극자에 대한 명상이 세계의 주에 대한 열정적인 신애가 된다.

개아는 신을 초월적인 어떤 것으로 간주하고, 은총의 필요를 강하게 느낀다. 데바프라사다(devaprasāda),[원주252] 즉 신의 은총은 인간이 속박에서 벗어날 수 있는 조건이다. "이 아트만은 학습을 통하여, 혹은 경전의 교설을 많이 들음으로써 얻어지는 것이 아니다. 그는 오직 그가 택하는 자에 의해서 얻어질 수 있을 뿐이다. 아트만은 스스로가 택한 자에게 자기의 참 모습을 드러낸다."[원주253] 때로는 종교적인 열정이 너무 강렬하게 타올라서 이렇게 외친다. "그가 높이 들어올릴 사람은 선행을 하도록 고무하고, 그가 타락으로 내몰 사람은 악행을 하도록 충동질하는구나."[원주254]

신과 인간의 하나 됨은 오직 부단한 수행을 통하여 실현된다. 종교의 이상이 이루어질 때, 절대자에 대한 인격적인 개념은 초월된다. 우리가 종교적인 체험 속으로 높이 올라가면 갈수록, 점점 더 숭배의 대상과 숭배자 간의 일치를 인식하게 되며, 마침내는 그 둘이 하나가 된다. 그렇게 되면 전통적인 의미의 숭배는 더 이상 존재하지 않는다. 절대자는 전체 우주에 편재하고 인간의 영혼에 충만하는 무한한 영으로 느껴진다. 우리의 한계는 무너져내리고 인간의 불완전함에 부수하여 일어나는 결점들은 완전히 소멸된다. 종교의 궁극은 종교의 초월이다. 이상적인 종교는 그것이 출발하는

[원주250] "Śālagrama iva viṣṇoḥ, 살라그라마가 곧 비슈누이다"(『타잇티리야 우파니샤드』 i.6에 대한 샹카라의 주석).
　　샬리그리마는 간다키(Caṇḍakī)강 유역에 있는 마을로서, 비슈누 교도들의 성지이다. 이 마을 이름은 그 부근에 많이 자라고 있는 살(Śāl)나무에서 따온 것이다(역주).
[원주251] "mūrtāmūrtam, 그것은 유형이며 무형이다"(같은 책, 같은 곳).
[원주252] 사용된 표현은 다투프라사다(dhātuprasāda, 意根과 五感의 寂靜)이다. 『카타 우파니샤드』, ii.20을 보라.
[원주253] 『문다카 우파니샤드』, iii.2.3 ; 『카타 우파니샤드』, ii.23.
[원주254] 『카우쉬타키 우파니샤드』, iii.8.

이원성을 극복한다. 종교적인 숭배는 두려움으로 시작하고, 영원한 궁극자에 대한 경애와 상호 교감의 단계를 지나서, 신과 인간의 영혼이 하나로 혼융되는 무아경의 절정에 이른다. 이와 같이 완전한 상태가 성취될 때까지 종교적인 숭배는 인정되어야 한다.

불완전한 형태의 숭배는 완전한 궁극의 상태에 도달하기 위한 준비로 받아들여진다. 만일 우파니샤드가 당시에 만연했던 모순되는 신조들을 지나치게 엄격히 취급하려 했다면, 스스로 모순된 개념 속으로 빠져들었을 것이다. 어떤 사람들은 주술을 믿었고, 또 어떤 사람들은 정신 집중이나 고행으로 자연의 힘을 제압하려고 노력하였다. 무익한 형식주의에 빠져든 사람들, 베다의 온갖 신들을 숭배하는 사람들, 영적인 통찰로 이 덧없는 세계에서 벗어나려는 사람들이 있었다. 우파니샤드의 사상가들은 영원히 모든 만물에 내재하는 신을 유한한 잣대로 한정시킬 수밖에 없는 인간 이성의 취약성을 잘 알고 있었으며, 만일 저급한 신앙 양식들이 무조건 배척되어 내버려진다면, 우리의 삶에서 신을 완전히 몰아내버릴 위험이 뒤따른다는 것을 인식하고 있었다.

아무리 저급한 신앙이라도 그것은 무신론자가 되는 것보다는 낫다. 그래서 숭배하는 것이 무엇이든 우리는 그렇게 될 수 있다고 말해진다. "브라흐만을 스스로의 유지자로 섬기라, 그러면 유지될 것이다. 브라흐만을 위대한 자로 섬기라, 그러면 위대하게 되리라. 브라흐만을 마음으로 섬기라, 그러면 마음을 부여받을 것이다. 브라흐만을 브라흐만으로 섬기라, 그러면 브라흐만을 지닌 자가 되리라."[원주255] 신은 다양한 사람들에게 다양한 방법으로 자기를 드러낸다. 이것은 우파니샤드에서는 아직 알려지지 않은 권화(權化, avatāra)의 교의와 혼동되어서는 안된다.[역주22] 우파니샤드는 절대

[원주255] 『타잇티리야 우파니샤드』, iii.10. 또한 『찬도기야 우파니샤드』, i.3.12 : 『브리하드 아란야카 우파니샤드』, i.2.13을 보라.

[역주22] 파니니(Pāṇini)에 따르면, '아바타라'라는 말은 '강하'(降下), 특히 신의 강하——천계로부터 지상으로——를 의미한다. 다시 말하여 무형의 신이 인간의 형상 혹은 다른 어떤 물질적인 형상——예를 들어 물고기·거북·멧돼지 등——으로 지상에 현현하는 것을 말한다.

자에 대한 명상을 최고 형태의 종교로 여기며, 그 다음은 유일한 내재자 주(主)에 대한 열정적인 신애, 그리고 가장 열등한 것으로는 베다의 신들과 다른 신격들에 대한 숭배라고 본다.

종종 우파니샤드는 어떤 형태의 종교적인 숭배도 인정하지 않는다는 주장이 제기된다. 우콰트(Urquhart) 박사는 이렇게 말한다. "참된 숭배의 자세가 아무리 명백하게 시사되고 있는 것처럼 보인다 할지라도, 숭배되어야 할 자아가 곧 숭배자의 자아라는 결론으로 귀결시키는 지속적인 자제가 보이며, 결과적으로 그 둘(신과 인간) 사이의 구분──완전히 유신론적인 관계에서 요구되는 것과 같은──은 없다."[원주256] 우파니샤드는 신과 인간의 일체에 관하여 단호하다. 우리가 그 둘 사이에 인정하는 상대적인 차이는 보다 고차원의 통일성으로 승화된다. "만일 어떤 사람이 자신과 신이 다르다는 생각으로 신을 섬긴다면, 그는 무지하다."[원주257] 이와 같이 영혼의 통일성은 우파니샤드 교의의 근저에 놓인 가장 중요한 원리이다.

신의 내재는 우파니샤드의 핵심 내용이다. 만일 그것이 종교적인 숭배에 부합되지 않는다면, 그것은 단지 유신론이 참된 종교에 대하여 아무런 여지도 지니지 않는다는 것을 의미할 뿐이다. 왜냐하면 참된 유신론은 반드시 신의 내재를 받아들여야 하기 때문이다. 모든 참된 종교는 유한 존재들

곤다(J.Gonda) 씨는 그의 *Die Religionen Indiens*(ⅰ. p.269)에서 아바타라를 신의 현현(Erscheinung)이라고 하였다. 이러한 의미에서의 아바타라 개념은 고대의 찬가들에서 이미 그 단초를 찾아볼 수 있는데, 예를 들어 『리그 베다』 ⅲ.53.8과 ⅵ.47.18 등에서 인드라는 자기의 창권력(māya)으로 어떤 모습이든지 띨 수 있는 것으로 묘사된다. 푸라나와 서사시들에 이르러 아바타라 교의가 완전 형태로 확립되었으며, 여기서 아바타라는 비유하(vyūha, 流出)와 구별되어 사용된다. 이 두 개념은 특히 비슈누(Viṣṇu)와 관련하여 발전하였으며, 『바가바드기타』에서는 정의와 도덕(dharma)이 쇠하고 불의와 악(adharma)이 창궐할 때마다 비슈누가 이 세상에 나타나서 다르마를 다시 확립한다고 하였다(ⅳ.7~8). 바샴(A.L. Basham) 씨는 비슈누교의 아바타라 사상이 불교의 과거불(過去佛)이나 자이나교의 티르탕카라(Tīrthaṅkara, 祖師) 사상의 영향을 받았을 것이라고 보기도 한다(*The Wonder That Was India*, p.304).

[원주256] *The Upaniṣads and Life*, p.60.
[원주257] 『브리하드아란야카 우파니샤드』, ⅰ.4.10.

이 자존하거나 스스로 발달하는 것이 아니라고 보며, 신은 모든 것을 초월하고 모든 것을 통하여 있으며 모든 것 속에 있는 존재의 토대요 삶의 원천이며 모든 바람의 목표라고 말한다. "하늘에 올라가도 거기에 계시고 지하에 가서 자리깔고 누워도 거기에도 계시며, 새벽의 날개를 붙잡고 동녘에 가도, 바다 끝 서쪽으로 가서 자리를 잡아 보아도 거기에서도 당신 손은 나를 인도하시고 그 오른손이 나를 꼭 붙드십니다."[원주258] "멀리 떨어져 있는 신이 아니라 지척에 계신 주(主)께서 말씀하신다. 내가 한 신이더냐? 어느 누가 스스로를 비밀스런 곳에 감추어 내가 그를 보지 못하게 할 수 있더냐? 내가 하늘과 땅을 가득 채우지 않더냐?" "신 속에서 우리가 살고 움직이며, 우리의 존재를 지니는도다."[원주259] "사랑에 거하고 신 안에 거하는 자, 그 안에 신이 있다."[원주260] 모든 참된 종교는 신의 내재를 인정하며, 또한 지극히 신비적이다.

17. 해탈(解脫, mokṣa)

종교적 실현의 최고 상태, 혹은 지고한 신성을 통한 속죄는 단지 무(無)로 떨어져 소멸되는 것인가? 우파니샤드의 견해에 따르면, 궁극의 상태에서는 개별성이 소멸되고 자기 중심적인 분리가 사라진다. 그러나 그것이 순수한 무(無)이거나 죽음인 것은 아니다. "마치 흐르는 강물이 바다에 이르러 그 이름과 외형을 잃고 사라지듯이, 자기의 이름과 형태를 벗어버린 현자(賢者)는 모든 것을 초월해 있는 거룩한 자에게 간다."[원주261] 우파니샤드는 한정된 개아의 궁극적인 실재를 인정하지 않는다. 개별적인 불멸을 간구하는 사람들은 개인의 궁극성을 확고하게 믿으며, 저 세상에서도 그것

[원주258] 시편, cxxxix.8~9.
[원주259] 사도 바울(St.Paul).
[원주260] 사도 요한(St.John).
[원주261] 『문다카 우파니샤드』, iii.2.8. 또한 『프라슈나 우파니샤드』, vi.5를 보라.

이 지속된다고 주장한다. 개아의 본성 가운데 있는 최고 차원의 실재는 무한자이며, 그것은 육신의 한계를 초월하여 지속된다.

물론 그 어떤 가치도 사라져 없어지지 않는다. 우리가 지상에서 불완전하게나마 얻게 되는 모든 가치는, 궁극의 상태에 도달했을 때에도 우리에게서 없어지지 않는다. 인간 존재로서 우리는 섬광과 같은 통찰의 순간들을 통하여 우리의 이상에 불완전하게 도달한다. 궁극의 상태에서 우리는 완전하고 흠없이 그리고 절대적으로 그것을 실현하게 된다. 『타잇티리야 우파니샤드』는 우리가 이 세상에서 지니는 행복이 단지 신의 행복의 그림자에 불과하다는 것을 지적하고 있다.[원주262] 인생의 고해에서 겪는 우리의 고난에도 불구하고, 우리는 굶주려 죽을 수밖에 없는 강 언덕으로 떠내려가지 않는다. 해탈의 상태는 자아의 가장 완전한 발현으로 간주되어야 한다. 만일 궁극적인 브라흐만 그 자체가 하나의 추상으로 간주된다면, 신에게 도달하는 것은 공허 혹은 심연 속으로 빠져드는 것이 되고 말 것이다. 그때 인간의 목표는 완전히 사라져버린다. 우파니샤드는 이러한 결론을 부정한다. 최상의 경지는 피조물의 피조성이 사라지고 창조자와 하나가 되는 상태, 보다 정확히 말하여, 그와 일체를 이루는 무아경, 아난다(ānanda, 歡喜)의 상태이다. 우리는 이와 같이 완전한 상태를 정확하게 묘사할 수 없으며, 따라서 상징을 사용한다. 영원한 삶의 본모습은 아난다 혹은 자유의 상태, 환희에 찬 영혼의 확장 상태로서, 여기서는 하늘과 땅이 함께 혼융된다.

상징과 비유를 통하지 않고는 궁극적 실재의 본질이 특징지워질 수 없다. 우리 주변에는 이 생에서 영원한 삶의 예로 들 수 있는 어떤 상태들이 있다. 폰 휘겔 남작(Baron Von Hügel)은 무아경에 대하여 이렇게 기술한다. 그것은 "그들의 심중에 비례하여 경험하는 영혼에 무시간적인 것, 즉 비연속적이고 동시적이며 따라서 영원한 것으로 나타난다. ……여기서 영

[원주262] 『타잇티리야 우파니샤드』, ii.8 ; 『카우쉬타키 우파니샤드』, i.3.5 ; 『브리하드아란야카 우파니샤드』, iv.3.33을 보라.

혼의 영원성은 다른 점에 있어서 명백히 신과 같다는 것으로부터 도출되는 결론이 아니다. 오히려 그 영원성은 경험 그 자체의 핵심에 있으며, 그것은 영혼이 스스로 신성하다고 주장하는 주된 요인이다. 영혼의 불멸성은 죽음 이전에 경험될 수 없는 반면에, 그것의 영원성은 현세에서도 직접적으로 경험된다. 그러므로, 불멸에 대한 믿음은 파생적이지만, 영원성에 대한 믿음은 본래적이다."[원주263] 어떤 황홀한 음률 속에서 혹은 예술 활동의 묵상 가운데, 전체로서 논지를 통찰하는 중에 우리는 신비 상태를 경험하게 되며, 신을 일견하고 영원자에 대한 체험을 지니게 된다."[원주264] 덧없는 일들은 그것이 절대자와 관련하여 조망될 때 영원하게 되며, 따라서 그들의 참된 가치를 지니게 된다.

우리 인간의 관점에서 볼 때 절대적인 실재의 완전을 묘사하는 것은 불가능하기 때문에, 우파니샤드는 궁극적인 자유의 상태를 정확하게 묘사하지 않는다. 단지 그것이 신과 유사한 상태라는 입장과 신과의 완전한 합일

[원주263] *Eternal Life*, p.27.
[원주264] 성 어거스틴은 그의 *Confessions*에서 이렇게 말한다 : "우리에게서 육욕의 격정이 영원히 사라지고 땅과 바다와 하늘의 모든 감각적인 표상들이 스러진다고 생각하라. 천국이 적정에 들어 있고 영혼조차도 한 마디 말이 없으며, 다만 스스로의 모든 사념을 훌쩍 뛰어넘는다고 생각하라. 모든 꿈과 사념의 잔재들이 말과 상징과 이 덧없는 세계에 속해 있는 모든 것과 더불어 잠재워진다고 생각하라. 혹 듣는 이가 있어, 이 모든 것들이 '우리가 우리 자신을 창조한 것이 아니라 그(신)가 우리를 영원히 사는 자로 만들었다'고 말하는 것을 듣는다 할지라도, 그들은 완전한 침묵 속으로 침잠한다고 생각하라. 그러나 그들은 단지 이 말을 하고는 곧 침묵 속으로 사라진다고 생각하라. 이때, 그들은 스스로를 통해서가 아니라 그(신) 자신을 통하여 홀로 말하게 하면서 듣는 자의 귀를 그(신)에게 돌려서, 우리가 그의 말을 듣는다. 그의 말이 전해지는 것은 육신의 혀를 통해서도 아니고 천사의 음성에 의해서도 아니며, 천둥 속에서도 아니고 그것이 드러나는 것을 감추고 있다고 생각되는 그 어떤 것 속에서도 아니라고 생각하라. 그런 다음에는 그와 같은 현현을 통하여 우리에게 사랑을 가르쳤던 신은 아무런 매개 없이 우리에게 직접적으로 드러난다고 생각하라. 이것은 마치 우리가 손을 뻗쳐 섬광 같은 통찰에 닿는 것과 같다. 끝으로, 이와 같은 신에 대한 통찰은 영원히 지속되어야 하며 다른 모든 저급한 형태의 관념들은 완전히 사라져야 한다고 생각하라. 그래서 오직 이것만이 관자(觀者)를 황홀하게 하고 녹아들게 하며, 그를 무아경에 이르게 만든다. 그리고 우리의 삶은 명료한 통찰의 순간처럼, 우리의 마음속에 일어나는 영감처럼 영원하다. 이것이 '너희 주(主)의 환희 속으로 들어가라'고 한 말의 의미가 아닐까?"

이라고 보는 두 견해는 우파니샤드를 통해 끊임없이 갈등하고 있다.[역주23]

개아가 궁극자와 하나가 된다고 말하는 구절들이 있다. "프라나바(praṇava, 眞言)는 활이요 아트만은 화살이며, 브라흐만은 그 과녁이라고 말해진다. 그것은 자기를 제어하는 자에 의하여 관통된다. 그것을 꿰뚫는 자는 화살이 과녁과 하나가 되듯이 브라흐만과 하나가 된다."[원주265] 아트만은 브라흐만과 하나가 된다.[원주266] 여기서는 영혼과 브라흐만 간의 절대적인 동일성이 주장된다. 또한 "이 모든 것들은 지고(至高) 불멸의 브라흐만 속에서 하나가 된다."[원주267] "그는 지고 불사의 아트만 속으로 녹아든다."[원주268] "그는 전지하게 되고 전체가 된다."[원주269] "그는 일체 만유 속에 스며든다."[원주270] 속박에서 벗어난 영혼은 모든 것 속으로 들어가며, 모든 것이 된다. "그를 얻으면, 성선(聖仙)들은 그들의 지식과 성취된 목적으로 만족하며, 모든 욕망에서 벗어나 평정심에 머무른다. 모든 면에서 일체 만유에 편재하는 아트만을 얻을 때, 그들은 마음을 집중하면서 모든 것 속으로 들어간다."[원주271]

일체를 포용하는 일자(一者) 속에 확고하게 지속되는 전체 우주를 보는 자에게는 어떤 슬픔이나 고통도 있을 수 없다. "한 점 의심도 남김없이 베

[역주23] 샹카라와 라마누자가 우파니샤드를 주석함에 있어서 근본적인 차이를 보이는 것도 바로 이 점이다. 전자는 해탈의 상태에 있어서 개별성을 부정하는 반면에 후자는 그 반대의 입장을 보인다. 흔히 불이 일원론자들은 자신들의 주장에 대한 가장 확실한 전거로『문다카 우파니샤드』의 "Sa yo ha vai tat paramam brahma veda brahmaiva bhavati, 실로 최고의 브라흐만을 아는 자는 브라흐만 그 자신이 된다"(iii.2.9)는 구절을 들고 있지만, 라마누자는 이 구절이 단지 해탈의 상태에서 개아가 브라흐만과 유사한 상태로 된다는 것을 의미할 뿐이라고 주석한다(Śrībhāṣya, i.1.1).
[원주265]『문다카 우파니샤드』, ii.2.2. 또한『카타 우파니샤드』, ii.15를 보라.
[원주266] Śaravat tanmayo bhavet.
[원주267]『문다카 우파니샤드』, iii.2.7 : Sarva ekībhavanti.
[원주268]『프라슈나 우파니샤드』, iv.9.
[원주269] 같은 책, iv.10 : Sa sarvajñaḥ sarvo bhavati.
[원주270] 같은 책, i.vii : Sarvam evāviśanti.
[원주271]『문다카 우파니샤드』, iii.2.5.

단타 지식의 의미를 깨닫고, 이욕행으로 마음이 청정해진 그들은 저 브라흐만의 세계를 얻는다. 그들의 육신이 소멸될 때, 영원불멸의 브라흐만과 하나 된 그들의 아트만은 완전히 녹아 없어진다."[원주272] 해탈된 영혼은 신과 자신 사이의 일체성을 너무 강렬하게 느끼기 때문에, 그는 스스로를 세계의 창조자라고 부른다. "나는 음식이다. 나는 음식을 먹는 자다. 나는 주체다. 나는 대상이다. 나는 동시에 그 둘이다. 나는 최초에 태어난 자요, 또한 세계의 파괴자이기도 하다. 나는 태양 같은 빛이다. 나는 세계와 불멸하는 신들의 중심이다."[원주273] 이 구절들은 전혀 개별성을 인정하지 않는 것 같으며, 따라서 최고의 상태에서는 아무런 행위도 있을 수 없다는 것을 의미하는 것처럼 보인다. 그것은 육신과 마음이 소멸되고 모든 것이 깊이 모를 어둠 속으로 사라지는, 의식 없는 잔존으로 보인다. 괜찮다면, 우리는 그것을 꿈 없는 숙면 혹은 무차별의 평화라고 부를 수 있을 것이다.

야갸발키야는 이것을 마이트레이에게 다음과 같이 설명한다. "물 속에 던져진 한 덩어리 소금은 녹아서 다시 한데 모을 수 없지만, 그 물 전체가 짠 맛을 내듯이, 영원무한하며 지식으로 충만한 이 위대한 존재도 마찬가지다. 이 존재들로부터 그것이 나타나며 또한 그들과 더불어 그것이 사라진다. 사후에는 아무런 의식도 없다." 마이트레이가 말한다. "사후에는 의식이 없다는 당신의 말은 나를 당황하게 합니다." 야갸발키야가 대답한다. "나는 당신에게 이해하지 못할 어떤 것을 말하지 않는다. 그것은 아주 알기 쉬운 것이다. 존재의 이원성이 있을 때, 우리는 타자(他者)를 볼 수 있고, 타자를 냄새 맡을 수 있으며, 타자에게 말할 수 있으며, 타자의 말을 들을 수 있으며, 타자를 생각하고 타자를 이해할 수 있다. 그러나 모든 것이 그의 아트만 속으로 사라지면, 누구에 의하여 그리고 누구를 그가 볼 것이며, 누구에 의하여 그리고 누구를 그가 냄새 맡을 것이며, 누구에 의하여 그리고 누구에게 그가 말할 것이며, 누구에 의하여 그리고 누구의 말을 그가 들

[원주272] 『문다카 우파니샤드』, iii.2.6.
[원주273] 『타잇티리야 우파니샤드』, iii.

고 생각하고 이해할 것인가? 누구에 의하여 그가 이 우주를 이해하는 그를 이해할 것인가? 누구를 통하여 아는 자, 그를 그가 알 것인가?"

이 모든 것을 통해 볼 때, 모든 행위·지각·사유·의식이 완전히 사라진 해탈을 얻은 영혼을 인간의 이성이 파악한다는 일은 결코 쉽지 않다는 것이 명백하다. 이와 같은 온갖 형태의 정신 기능은 주관과 객관의 대립에 의존해 있으며, 단지 상대적인 세계에서만 가능하다. 절대적인 세계에서는 모든 복수성(複數性)이 이것의 결과로 생겨나는 지각 작용이나 행위와 함께 완전히 사라진다고 말해진다. 이때 그것은 영원불변 그 자체이며, 그것의 완전함 속에 모든 움직임이 적정에 들고 모든 형색이 사라지며 모든 소리가 끝난다. 이것은 자유의 소극적인 측면으로서, 유한한 지성에게 열려 있는 모든 것이다.

물론 적극적인 측면이 없는 것은 아니다. 단지 유한한 우리가 절대 상태의 충만을 설명할 수 없다는 이유 때문에, 그것이 부정적인 공백으로 떨어지는 것은 아니다. 소극적인 관점에서 볼 때, 영혼은 모든 차별상을 잃어버리고 이것도 아니고 저것도 아닌 것이 되지만, 적극적인 측면이 강조될 때, 해탈된 영혼은 최고아(最高我)와 동등하게 절대적인 지위를 지니는 완전한 개아로 간주된다.[원주274] 해탈된 영혼은 자기가 바라는 모든 것을 얻으며, 세계를 가로질러 뛰어넘는다고 말하는 구절들은, 자유롭게 된 영혼도 여전히 활동적인 존재를 지니고 있다는 것을 시사한다. "이 세계들을 가로지르며, 그가 좋아하는 음식을 먹고, 그가 원하는 형상을 띠며, 그는 노래부르며 앉아 있다."[원주275] 그럼에도 불구하고, 그는 신과 하나라는 느낌을 지닌다. 『찬도기야 우파니샤드』에 의하면, 불멸이란 신계(神界)까지 우리 자신을 들어올리는 것이다.[원주276] 『문다카 우파니샤드』는 그것을 신과의 친교라고 주장한다.[원주277] 신과 완전히 유사하게 되는 것이 불멸이라는 주장도

[원주274] Paramaṁ sāmyam upaiti. 『문다카 우파니샤드』, iii.1.3.
[원주275] 『타잇티리야 우파니샤드』, iii.10.8.
[원주276] ii.22.
[원주277] iii.2.6.

있다.[원주278] 앞에서 말한 개아의 행위에 대한 여지를 허용하기 위하여 개아는 단지 신처럼 될 뿐이라고 말해진다. 이와 같이 궁극적인 상태의 본질에 관한 여러 견해에도 불구하고, 한 가지 분명한 사실은 그것이 자유와 완전으로 충만한 역동적인 상태라는 것이다. 엄격히 말하여 우리는 그 상태를 묘사할 수 없다고 말할 수 있지만, 그래도 어떤 묘사가 주어진다면 그것을 신성한 삶의 상태로 간주하는 것이 최선일 것이다.

태양에서 그 빛이 사라지지 않고 대양에서 파도가 없어지지 않는 것과 마찬가지로, 자아는 결코 사멸되지 않는다. 개아의 노래는 우주의 노래에 휩싸여 사라지는 것이 아니다. 자아는 영원히 동일한 것이지만, 그럼에도 불구하고 동일한 것이 아니다. 해탈된 영혼은 모든 것과 하나가 되고 신과 일체를 이루는 삶을 산다고 말해진다. 이와 같이 해탈 상태에 대한 적극적인 묘사는 이 세계에서 개아의 행위를 가능하게 하는 개별성을 시사하는 것으로 보인다. 물론 여기서 개별성은 어떤 자의식에 뿌리를 둔 것이 아니다. 삶의 개별화는 유일한 궁극자의 기쁨을 충족시키기 위해서도 불가피한 것 같다. 자기 표현을 위하여 이와 같은 개별성의 지속이 있다 할지라도, 영혼은 스스로의 장려함과 그 불멸의 위대성을 깨닫고 있다. 그것은 신의식(神意識)이 연출하고 행위하는 우주적인 드라마 속에서 신이 역사하고 있다는 것을 느낀다. 또한 해탈된 영혼도 완전한 진리로 충만되어 그 드라마 속에서 역할을 수행한다. 그의 목적에 부합되지 않는 것은 아무것도 없다. "그는 바람을 사자(使者)로 삼고, 타오르는 불꽃을 신하로 삼는다." 다양한 묘사들에 대한 철학적인 종합은 후대에 가서야 가능하게 되었다. 이 세상에 살아 있는 동안에도 이기심을 없애는 것이 가능하며, 이생에서 완성을 이룬 자를 지반무크타(jīvanmukta, 生解脫者)[원주279][역주24]라고 부른

[원주278] iii.1.3.
[원주279] 지반무크타에 대한 사유의 단초는 우파니샤드에서 찾아볼 수 있지만, 그 말 자체는 후대의 것이다. 『카타 우파니샤드』, vi.14와 비교하라.
[역주24] 이에 비하여 죽어서 육신을 떠날 때 얻게 되는 해탈을 비데하 무크티(videha mukti, 離身解脫 혹은 無餘解脫)라고 말한다. 샹카라는 지반무크티를 인정하는 반면에, 라마누자는

다. 그가 지니는 불멸의 기쁨은 걸림 없는 행위 속에서 실현된다.

우파니샤드의 교의가 지니는 다의성은 동일한 구절을 놓고도 여러 가지 다양한 이론들이 생겨나도록 만들었다. 어떤 불교도들은 우파니샤드의 이상을 완전한 상실로 해석하며, 어떤 베단타 학자들은 그것을 궁극자 속으로 개아가 녹아드는 것으로 본다. 또 어떤 사람들은 그것이 완전한 소멸을 의미하는 것이 아니라, 궁극자의 의식과 사랑과 환희 속에 사로잡힌 영원한 존재라고 주장한다. 이러한 견해는 박티 시성들의 외침에서 잘 나타난다. "나는 설탕을 먹고자 하며, 설탕이 되고자 하는 것이 아니다." 비슈누교와 쉬바교의 종교철학자들도 이러한 입장에 선다. 그러나 대부분의 인도사상가들은 모크샤가 생사에서 벗어나는 것이라는 입장에 동의한다. 신과의 합일이란 영원하게 된다는 것을 달리 표현한 것이다. 영원이라는 말을 현상 세계의 차원으로 해석한다면, 그것은 불생불사가 된다.

18. 악과 고통

악의 문제는 일원론 체계에 대한 가장 큰 장애 중의 하나다. 유한자의 생성에 대한 형이상학적인 문제는 이미 언급한 적이 있고, 이제 우리는 도덕적인 악의 문제를 다루고자 한다. 베다 찬가에 있어서 선은 베다의 규정들을 준수하는 것이며, 그렇지 못한 것은 악이다. 우파니샤드에서는 영원한 삶에 대한 지식이 선이며 무지가 악이다. 이 그릇된 견해를 나타내는 행위와 이의 결과로 일어나는 자아의 격리가 바로 악행이다. 우파니샤드에 따르면, 세계 내의 모든 대상은 우리가 신에게 이르는 대문으로 추구된다. 만일 우리가 그것을 아무런 유동성도 지니지 않는 격리된 것으로 간주하고, 우리 자신을 각자 분리된 한 단위로 여긴다면, 우리는 도덕적으로 죄를 범하는 것이 된다.

오직 비데하 무크티만 인정한다.

오류는 경험적인 자아에 의하여 전체의 궁극성이 부정되는 것, 혹은 경험적인 자아의 절대적인 자존을 주장하는 데에 놓여 있다. 악은 경험적인 자아에 의한 행위 속에서 전체의 궁극성이 부정되는 것이다. 죄는 자기 본위의 이기주의를 조장하면서 스스로의 편협성에 사로잡혀 그 어떤 희생도 기피하는 천박한 식견의 소산이다. 우파니샤드는 악이 단지 헛것에 불과하다고 말하지 않으며, 그것이 영원한 것이라고 말하지도 않는다. 만일 이 두 경우 중의 하나라면, 악에 굴복하는 것이 인간의 의무라고 해야 할 것이다. 마침내 선으로 전환될 수밖에 없다는 의미에서 악은 비실재적이다. 그 본질을 전환시키기 위하여 노력이 필요하다는 점에서 악은 실재적이다.

죄는 자아를 신보다 더 높이 받드는 것인 반면에, 거룩함이란 자아의식을 신의식으로 대체하는 것이다. 인간은 항상 악에만 매달려 있을 수 없다. 그것은 존재의 본성에 반하는 불안정한 평형 상태이다. 우파니샤드에 의하면, 덕행은 존재의 참된 본성을 나타내며, 따라서 오직 선만이 궁극적으로 널리 번성할 수 있다. "진실은 성하고 거짓은 쇠하리라."[원주280] 악은 소극적이고 자기 모순을 안고 있는 어떤 것이며 죽음의 원리이다. 이에 비하여 선은 적극적이고 실재적이며 생명의 원리이다. 악이 완전한 만족일 수 없다는 것은, 오늘날의 세계가 그 풍요와 사치와 발달된 기계문명에도 불구하고 철저한 혼란에 빠져 있다는 사실로 보아도 명백하다.

브라흐만을 실현하는 것이 어렵다는 것을 강조하는 많은 구절들이 있다. "그에 관하여 들을 수 있는 자가 드물다. 듣고도 이해하지 못하는 자가 또한 많다. 그것을 가르치는 자가 놀라우며, 그것을 이해하는 자가 놀랍다." [원주281] 해탈에 이르는 길은 마치 "뛰어넘기도 어렵고 밟고 지나가기도 어려운 날카로운 면도날"[원주282]과 같다. 자아의 실현은 결코 순조롭기만 한 발전, 혹은 아무런 장애도 없는 전진이 아니다. 완전을 향한 성장은 쓰라린

[원주280] 『문다카 우파니샤드』, iii.1.6.
[원주281] 『카타 우파니샤드』, i.2.7 ; 『바가바드기타』, ii.29.
[원주282] 『카타 우파니샤드』, i.3.14.

고난을 통해서 이루어진다. 단단한 부싯돌을 세차게 치지 않는다면 불꽃이 일어날 수 없으며, 병아리는 무형의 빛과 공기 속으로 나오기 위하여 껍질을 깨는 아픔을 겪지 않으면 안된다.

덕행은 존재의 본성에 맞지 않는 것 같이 느껴진다. 즐거움이 항상 선행과 연관되어 일어나는 것은 아니다. "선행과 즐거움은 별개이다. 이 둘은 다른 목적들을 지니며, 사람을 속박한다. 선을 택하는 자가 수승하며, 즐거움을 택하는 자는 자기 본래의 목적을 잃고 말 것이다."[원주283] 즐거움은 오히려 본능적인 충동의 만족에 놓여 있는 것 같으며, 선은 본능의 욕구를 잘 다스리는 것을 필요로 한다. 도덕적으로 사는 사람은 어떻게든지 그가 잃어버린 참된 자아를 추구해가지만, 참된 자아가 실현될 때까지 도덕법은 외적인 규제의 형태를 띠게 마련이다. 선한 자는 즐거운 것처럼 보이지 않는다. 도덕은 즐거운 것을 좋는 천박한 성품과의 싸움을 의미한다. 사람이 자기의 본능적인 혼돈과 무질서에서 벗어나려고 애쓸 때, 삶은 투쟁으로 격렬해진다.

고난은 발전의 전제 조건이다. 투쟁은 존재의 법칙이며, 희생은 발전의 원리이다. 투쟁과 희생이 더할수록 기쁨과 자유는 점점 더 커진다. 모든 형태의 발전은 이러한 파괴적인 측면을 지닌다. 영혼에 하나를 보탤 때마다 본능에서 하나씩 감해야 하는 아픔이 있다. 그러나 그 상실은 진정한 의미의 상실이 아니다. 만일 그것이 실재적이고 절대적이라면, 그 상실은 쓸모없는 상실이며 우리는 그것을 용납할 수 없을 것이다. 고통은 사람의 아들이 자기 본래의 면류관을 얻고자 할 때 반드시 치러야 하는 몸값이다. 그것은 우리에게 자아와 세계의 불완전성을 보여준다. "내가 고난 가운데 있는 것은 나에게 득이 된다"고 시편 작자는 말한다. 왜냐하면 고통이란 우리에게 세계의 불완전함과 세속적인 삶이 덧없음을 보여주는 신의 심부름꾼이기 때문이다.

고행은 또한 영적인 수행에 소용된다. 시련은 우리의 영혼이 전력을 다

―――――――――
[원주283] 『카타 우파니샤드』, i.2.1.

하도록 내몰아 그것이 점차 성숙해지도록 돕는다. 하늘이 어두울수록 별은 더욱 밝게 빛나는 법이다. 영적인 삶이 인간적인 차원에서 영위되어야 하는 한, 고통은 사라질 수 없다. 전 존재가 신에 대한 공물로 완성될 때까지, 고난을 통한 점차적인 성장은 멈출 수 없다. 우파니샤드는 "실로 인간은 제물이다"[원주284]라고 말한다. 우리가 신을 대면할 때까지, 삶은 끊임없는 고난과 희생의 연속이다. 삶은 인간이 영원을 얻기 위하여 몸부림치는 고난의 장이다. 겹겹이 쌓인 장막이 거두어져야 한다. 신성한 삶이 성취되기에 앞서, 삶의 허상들이 제거되고 우리의 소중한 꿈들이 진면목을 드러내야 한다.

19. 카르마(karma, 業)

1) 업보의 필연성

카르마[역주25]의 법칙은 윤리 세계에 적용되는 질량불변의 법칙과 같은 것으로, 도덕적 에너지 보존의 법칙이라 할 수 있다. 법칙과 질서에 대한 통찰은 『리그 베다』의 리타(Rta, 天則)에서 이미 그 단초를 보인다. 카르마의 법칙에 따르면, 윤리 세계에는 우연적이거나 돌발적인 것은 아무것도 없다.[원주285] 우리는 언제나 뿌린 대로 거둔다. 선을 뿌리면 선의 결실을 가

[원주284] 『찬도기야 우파니샤드』, iii.16.1.
[역주25] 카르마 혹은 카르만(karman)은 '행위하다'라는 의미를 지니는 동사 원형 kr에서 파생된 명사로 '행위'라는 의미를 지니는 말이지만, 경전에 따라서 다양한 의미로 사용된다. 업설(業說) 혹은 카르마의 법칙과 관련하여 사용되는 카르마는 '행위의 뒤에 남는 잠재력'이라는 의미를 지닌다. 인도인의 사고방식에 의하면, 인간의 모든 행위는——그것이 악행이든 선행이든——반드시 그 결과를 남기며, 그것은 행위자의 다음 존재 양태를 결정하게 된다. 즉 자업자득(自業自得)이라는 말이다.
[원주285] 영국의 사상가 토머스 칼라일(Thomas Carlyle, 1795~1881)은 이 원리를 다음과 같이 말한다 : "어리석도다! 그대는 거기에 그대 자신의 횡설수설을 눈치챌 보즈웰(James Boswell, 1740~1795)과 같은 충실한 전기작가가 없기 때문이라고 생각하는데, 그래서 그것이 죽어 파묻히던가? 아무것도 죽지 않으며, 아무것도 죽을 수 없다. 그대가 내뱉는 아

져올 것이며, 악을 뿌리면 악의 결실을 가져온다. 아무리 하찮은 행동이라도 반드시 이에 상응하는 결과를 낳는다. 인간은 현재 자기 안에 있는 행위 하고자 하는 성향의 일부는 자기 자신의 의식적인 선택의 결과라는 것을 안다. 의식적인 행위들은 무의식적인 습관이 되는 경향을 보이며, 우리 속에서 발견되는 무의식적인 성향들이 과거의 의식적인 행위들의 결과로 간주되는 것은 아주 당연한 일이다.

우리가 썰물을 막고 별의 운행을 멈추게 할 수 없는 것과 마찬가지로, 도덕적인 행위의 결과가 발현하는 과정을 저지할 수 없다. 카르마의 법칙을 뛰어넘으려는 시도는, 자기의 그림자를 뛰어넘으려는 것만큼이나 무모하다. 시간도 희미하게 할 수 없고 죽음도 지워버릴 수 없는 기록 속에서 우리의 삶이 영위된다는 것은 심리학적인 원리이다. 죄로부터의 구원이 신에 대한 희생 제의를 통하여 가능하다는 지난 시대 베다 사상의 결점을 바로잡기 위하여, 카르마의 법칙이 크게 강조되었다. 그것은 무시무시한 심판의 말을 주저하지 않는다. 죄 있는 영혼은 죽음에 처하리라. 제의식을 통해서가 아니라, 선행을 통해서 사람이 선하게 된다. "사람은 선행으로 선하게 되고 악행으로 악하게 된다."[원주286]

또한 "인간은 의지로 만들어진다. 그가 이 세상에서 믿는 바에 따라, 죽어서 그렇게 되리라."[원주287] 따라서 우리는 선한 의지를 지니고 선을 행해야 한다. "마음이 청정한 자는, 그가 어떤 세계를 갈망하고 어떤 대상을 원하든지, 그 세계와 대상들을 얻으리라. 그러므로 초인적인 힘 부티(bhūti)를 원하는 자는, 아트만을 아는 자를 섬기라."[원주288] 행위의 응보는 무시무

주 사소한 많이라도 그것은 시간 속에 던져지는 씨앗이 되며, 영겁을 통하여 그 결과를 가져온다." "잘못 생각하지 마십시오. 하나님은 조롱을 받으실 분이 아니십니다. 사람은 무엇을 심든지 자기가 심은 것을 그대로 거둘 것입니다"(갈라디아서, vi.7).

[원주286] 『브리하드아란야카 우파니샤드』, iii.2.13.
[원주287] 『찬도기야 우파니샤드』, iii.14.1. 또한 『브리하드아란야카 우파니샤드』, iv.4.5를 보라.
[원주288] 『찬도기야 우파니샤드』, iii.1.10.

종의 생사·윤회를 만든다. 업설은 인간과 신, 동물과 식물 모두에 적용된다.

2) 자유의지 문제

개인적인 의무감이 강조되므로 카르마의 교의는 사회봉사의 차원과 모순된다고 생각하는 비판가들이 있다. 다시 말하여, 상호간의 무거운 짐을 나누어 진다는 개념이 부족하다는 것이다. 그러나 사실상 우파니샤드는 오직 사회적인 봉사를 통하여 카르마를 벗어날 수 있다고 가르친다. 우리가 자신을 위한 행위를 하는 한, 우리는 속박의 법칙에 주관된다. 사심 없는 행위는 우리를 자유롭게 한다. "우리가 그렇게 산다면, 결코 카르마가 우리에게 들러붙을 길이 없다."[원주289] 우리를 생사의 굴레에 붙잡아매는 것은 행위 그 자체가 아니라, 이기적인 행위이다.

개아가 무거운 짐을 신의 섭리나 운수 혹은 자기 이외의 다른 어떤 것에 전가시킴으로써, 자기가 행해온 것에 대한 책임을 언제든지 회피할 준비가 되어 있었던 시대에 카르마의 교의는 역설한다 : "새가 그 둥지에서 떠날 수 없듯이, 인간은 스스로가 자기를 속박한다."[원주290] 우리에게 나타나는 것은 어두운 숙명이 아니라, 우리 자신의 과거이다. 우리는 휘몰아치는 운명의 희생물이 아니며, 고통은 우리가 지은 죄의 대가일 뿐이다. 이러한 관념이 선행에 대한 커다란 자극이 된다는 것은 의심할 나위 없다. 그것은 다만 인간 행위에 대한 어떤 제한적인 조건들이 있다는 것을 말할 뿐이다. 우리는 우리 자신을 만들지 않았다. 우리가 불가능에 직면할 때, 우리는 자기가 바라는 것을 할 수 없다는 사실을 깨닫게 된다.

바르게 이해된 카르마는 도덕적인 노력을 포기하게 만들지 않으며, 마음을 구속하거나 의지를 제한시키지 않는다. 그것은 다만 우리의 모든 행위가 그 선행조건들의 불가피한 결과라는 것을 말할 뿐이다. 원인은 결과로

[원주289] 『이샤 우파니샤드』, ii.
[원주290] 『마이트라야니 우파니샤드』, iii.2.

전이(轉移)하게 마련이다. 물질 이상의 차원에 있는 영혼이 자기의 자유를 주장하지 않는다면, 인간의 행위는 전적으로 과거의 행위와 현재의 상황에 달려 있다고 해야 할 것이다. 인간은 단순히 자연의 산물이 아니다. 그는 자신의 카르마보다 더 강대하다. 만일 카르마의 법칙이 전부라면, 진정한 의미의 자유는 불가능하다. 인간의 삶이 단순한 기계적인 관계들의 작용일 수는 없다. 기계적인 차원, 생명의 차원, 의식의 차원, 그리고 영적인 차원 등 여러 차원들이 있으며, 이러한 흐름들은 상호 교차하고 상호 침투한다.

인간을 구성하는 여러 차원 가운데, 단지 그의 저급한 차원만을 주관하는 카르마의 법칙은 그의 영적인 차원과는 전혀 무관하다. 영혼의 본질은 자유다. 스스로의 실천수행을 통하여 인간은 자기의 본능적인 충동을 주관하고 통제할 수 있다. 인간의 삶이 단순히 기계적으로 결정되는 상태들의 연속 이상일 수 있는 것은 바로 이런 이유 때문이다. 자유로운 인간의 행위가 단지 무의식적인 습관의 표현이거나 환경에 대한 반응에 불과할 리 없다. 그것은 내적인 영혼의 자유를 나타내는 것이다. 인간의 영성은 그의 독창성과 노력의 바탕이 된다. 인간의 기계적인 측면은 제어된다. 만일 인간이 물질적인 조건들의 총합에 지나지 않는다면, 그는 완전히 카르마의 법칙에 지배되고 말 것이다. 그러나 인간에게는 자기의 주인인 영혼이 있다. 외적인 어떤 것도 그것을 강제할 수 없다. 우리는 세계의 물리적인 힘들이 영성에 종속되며, 이와 마찬가지로 카르마의 법칙이 영혼의 자유에 지배된다는 것을 확신한다.

인간은 오직 신과 하나 되었을 때 최고의 자유를 누릴 수 있다. "참된 자아와 저 참된 욕망을 알지 못하고 이 세상을 떠나는 자들의 경우에는, 모든 세계에 있어서 아무런 자유도 있을 수 없다. 그러나 참된 자아와 저 참된 욕망을 알고 이 세상을 떠나는 자들의 경우에는 모든 세계에서 자유를 누리며 산다."[원주291] 신과 하나 되는 것이 최상의 자유를 얻는 것이다. 우리의 삶이 신과 가까울수록 우리는 점점 더 자유롭게 되며, 우리가 속해 있는

[원주291] 『찬도기야 우파니샤드』, ⅷ.1.6.

전체에 대한 이해를 상실할수록 우리는 점점 더 이기적이 되고, 이의 결과로 카르마의 속박은 점점 더 강해진다. 인간은 물질과 영혼 사이를 오가며 흔들리기 때문에 때로는 자유를 누리지만, 또한 때로는 필연에 끌려다니기도 한다.

카르마는 심리적인 측면뿐 아니라 우주적인 측면을 지닌다. 개개의 모든 행위는 반드시 이 세계에 물리적인 결과를 가져와야 한다. 동시에 그것은 인간의 마음에 어떤 인상을 남기거나 어떤 성향을 형성한다. 우리로 하여금 전에 행한 적이 있는 행위를 반복하고 싶은 생각이 들도록 만드는 것은 바로 이러한 성향, 즉 상스카라(saṁskāra) 혹은 바사나(vāsana)이다. 이와 같이 모든 행위는 세계 내에서 그 결실을 지니며, 인간의 마음에도 결과를 남긴다. 전자에 관한 한, 우리가 아무리 노력한다 해도 그것을 피할 수 없다. 그러나 정신적인 성향에 관한 한 우리는 그것을 통제할 수 있다. 장차 행할 우리의 행위는 모든 가능성을 지닌다. 자기 수련을 통하여 우리는 선한 성품들을 증장시키고 악한 것을 억눌러 몰아낼 수 있다.

인간의 행위는 어느 정도 예측할 수 있다. 만일 합리적이라면, 그것은 어떤 성향들을 나타내게 마련이며, 우리는 그 속에서 이타적인 목적 등의 내적인 어떤 일관성을 추적할 수 있을 것이다. 살아 있는 모든 영혼은 잠재적으로 자유롭다. 그의 행위는 단순히 실타래에서 실을 풀어내는 것과 같을 수는 없다. 인간은 영적인 삶의 초점이 되는 자유를 지닌다. 신은 인간에게 밖으로부터의 자유를 허용하지 않았다. 인간이 자유를 지니는 것은, 그가 신에게 그 뿌리를 두고 있기 때문이다. 인간이 자기의 참된 신성을 실현하면 할수록 그는 점점 더 자유롭게 된다.

3) 신과 카르마의 법칙

때로는 카르마의 법칙이 유신론과 모순된다는 비판이 제기되기도 한다.[원주292] 이 견해에 따르면, 카르마는 전체 우주를 지배하는 맹목적이고 무의

[원주292] MacNicol, *Indian Theism*, p.225를 보라.

식적인 원리이며, 그것은 신의 통제에도 지배되지 않는다. 기계적인 법칙을 주관하기 위한 (신의) 판단은 불필요한 것이다. 그러나, 카르마의 법칙은 절대적인 브라흐만의 실재와 모순되지 않는다. 카르마의 도덕법은 절대자의 본성의 표현이다. 의인론적으로, 우리는 신의 권능이 그 과정을 통제한다고 말할 수 있다. 리타는 베다의 법칙이며, 바루나는 리타의 주인이다. 카르마는 신들의 한결같은 행위[원주293]를 의미한다. 그것은 존재의 본질을 나타낸 것으로, 도덕적인 발전에 의한 어떤 임의적인 관여를 불가능하게 한다.

자연과학이나 습관에 대한 오늘날의 이론들—변덕스러운 간섭과 양립이 불가능한—도 이와 마찬가지의 결론에 도달한다. 만일 신의 존재를 증명하기 위하여 기적이 불가피한 것이라면, 과학은 언제나 신을 죽였을 것이다. 신의 간섭은 법칙들에 의하여 규제된다. 말레브랑슈(Malebranche)가 말하는 바와 같이, 신은 자의적으로 행위하지 않는다. 그것은 전체의 살아 있는 합리성을 나타낸다. 그것은 영혼이 작위하는 메커니즘이다. 정신세계의 자유는 물질 세계에서 기계적인 필연의 철칙으로 표현된다.[원주294] 자유와 카르마는 동일한 실재의 두 측면들이다. 신성은 법칙 속에 스스로를 표현하지만, 법칙이 신 그 자체인 것은 아니다. 그리스철학에서의 운명, 스토아철학의 이성, 그리고 중국인들의 도(道)는 법칙이 지니는 근본적인 필연성에 대한 다른 이름들이다.

[원주293] Devānāṁ dhruvāṇi vratāni(신들의 영원 불변한 법칙들).
[원주294] 우파니샤드에서 말한 것처럼, 우리는 카르마의 법칙을 신의 의지와 대립시킬 필요가 전혀 없다. 그 둘은 상호 배타적이 아니다. 베다의 이론에서와 같이 다수의 신들이 있어야 한다면, 그 신들은 카르마에 지배될 것이다. "가공할 죽음의 운명이 덮칠 때, 그 신들은 단 한 사람도 견뎌낼 수 없다. 제우스(Zeus)는 자기에게 가장 소중한 아들 사르페돈(Sarpedon)이 파트로클루스(Patroclus)의 손에 죽을 수밖에 없다는 것은 '운명'이라고 탄식한다. 그는 감히 운명이 명하는 것을 거역하지 않는다. 명해진 숙명을 피해 가는 것은 신에게도 불가능한 일이다. 아테나(Athena)는 아낙시만드로스(Anaximandros)의 말을 빌려 '명해진 것은 신들과 너희의 주인이다'라고 말한다"(Conford, *From Religion to Philosophy*, pp.12~13).

우리의 삶과 행위에 있어서 카르마의 이론보다 더 소중한 교의는 없다. 이 삶에서 우리에게 무슨 일이 일어나든, 우리는 말 없이 감내하지 않으면 안된다. 왜냐하면 그것은 우리의 지난 행위에 상응하는 대가이기 때문이다. 그러나 미래는 우리가 쥐고 있으며, 우리는 희망과 확신으로 매사에 임할 수 있다. 카르마는 우리에게 미래에 대한 희망을 불어넣으며, 동시에 과거를 인정하고 이를 받아들이게 한다. 그것은 우리가 세계의 사물들과 그것의 성공과 실패가 결코 인간 영혼의 존엄성을 어찌할 수 없다는 사실을 느끼게 한다. 높은 신분이나 많은 재산, 혹은 종족이나 국가가 아니라, 오직 선행만이 가치 있는 것이다. 덕행 이외에는 아무것도 가치 있는 것이 없다.

20. 내생(來生)

내생에 대한 베다와 브라흐마나 시대의 개념들이 우파니샤드에 이르러서는 한층 더 발전된 모습으로 나타나지만, 아직 어떤 일관된 이론으로 확립되는 것은 아니다. 우파니샤드에서 현저한 것은 재생에 대한 관념이다. 재생의 관념에 대한 단초는 『샤타파타 브라흐마나』(Śatapatha Brāhmaṇa)에서 보이는데, 여기서는 사후에 다시 태어나고 죽는 개념이 응보의 개념과 결부되어 나타난다. 바른 지식을 지니고 자기의 의무에 충실한 사람은 사후에 불멸을 위하여 다시 태어나는 반면에, 그렇지 못한 사람은 죽음의 먹이가 되어 거듭하여 재생한다고 말해진다.[원주295]

브라흐마나는 단지 내세에서 거듭되는 생사를 상정하고 있다. 이러한 믿음이 우파니샤드에 와서는 현세로 다시 태어난다는 교의로 전환된다. 그러나 이 두 개념이 완전히 조화되고 있는 것은 아니며, 때로는 이들이 함께

[원주295] 푸나르므리티유(Punarmṛtyu, 再死)의 개념을 참조. 『카우쉬타키 브라흐마나』, xxv.1.

나타나기도 한다. 선악의 행위들은 이중의 응보를 겪는다. 다시 말하여 그들은 일단 내생에서 그 결과를 나타내고, 다시 지상에서의 새로운 삶을 규정하는 요인으로 작용한다. 영혼은 화장(火葬)시에 빛의 형태로 천계에 올라간 후에, 새로운 존재에 이르는 세 영역들을 통하여 즉각 거기서 되돌아온다.[원주296] 우파니샤드의 어떤 구절[원주297]에서는 재생에 대한 믿음이 전혀 생소하다는 사실은, 이것이 단지 우파니샤드 시대에 와서야 확립되었다는 것을 시사한다. 재생에 대한 믿음이 구체화되는 최초의 구절들은 『찬도기야 우파니샤드』 v.3. 10과 『브리하드아란야카 우파니샤드』 vi.2이다.

  최고 차원의 불멸은 브라흐만과 하나 되는 것이라는 입장은 우파니샤드에서 명백하게 언명된다. 신이 궁극적 실재라면, 자유는 마땅히 그와의 합일에 놓여 있다고 보아야 한다. 브라흐만이 일체 만유의 제일 원리요 세계의 궁극적 토대인 이상, 영원한 삶은 그와 하나 되는 것일 수밖에 없다. 궁극적인 자유가 결여되어 있을 때, 우리는 저급한 시공간의 차원에 얽매이게 되고, 존재의 한 상태에서 또 다른 상태로 내몰린다. 속박에서 벗어나지 못한 영혼은 생사의 법칙에 지배되며, 지상에서의 삶을 통하여 자기의 운명을 감내해야 한다. 불멸은 해탈자의 것인 반면에, 시공간 속에 남는 것은 속박된 자의 몫이다. 우리는 이러한 기원을 듣는다 : "허옇게 늙어 이가 빠지고 침을 흘리게 되는 곳으로 내가 가지 말게 하소서."[원주298]

  태생의 위상은 개아가 행한 일의 성격에 달려 있다. 개아가 보다 높은 삶으로 들어올려질 때 천국으로 불리며, 그가 보다 낮은 삶으로 뛰어들 때 지옥이라 불린다. 상사라(saṁsāra, 輪廻)의 사슬에 묶인 현존은 영혼의 참된 실상이 아니다. 유한한 요소들이 우리에게 들러붙어 있는 한 우리는 상사라의 손아귀를 벗어날 수 없다. 유한자로서는 결코 우리가 절대자에게 이를 수 없겠지만, 가까이 다가갈 수는 있을 것이디. 항상이린 끊임없는 성

[원주296] 『브리하드아란야카 우파니샤드』, vi.2.14.
[원주297] 같은 책, i.5.16.
[원주298] 『찬도기야 우파니샤드』, viii.14.1.

장 혹은 영원한 접근이다. 유한한 요소들이 완전히 사라질 때, 신과의 합일이 실현되며 상사라로 다시 돌아오지 않는다.[원주299] 상사라는 영혼의 단련을 위한 것이다.

현상 세계는 우리에게 이 세상의 모든 것들이 얼마나 덧없고 비실재적인가를 보여준다. 여기서 우리는 모든 존재의 되풀이되는 죽음과 재생을 본다. "곡식처럼 필멸자는 스러져가고, 곡식처럼 그가 다시 태어난다."[원주300] 파괴 속에서 우리는 단지 새롭게 된 존재의 배아를 발견할 뿐이다. 죽음은 다만 삶의 문이다. 카르마의 법칙이 공덕과 경험 간의 어떤 정확한 일치를 약속하는 것은 아니라 할지라도, 그럼에도 불구하고 태생의 위상은 인간의 행위에 달려 있다고 주장된다. "스스로의 행위가 선했던 자들은 곧 좋은 생을 받아, 브라흐민이나 크샤트리야 혹은 바이쉬야로 태어나리라. 그러나 스스로의 행위가 악한 자는 곧 나쁜 생을 받아 돼지나 개 혹은 찬달라(caṇḍāla, 不觸賤民)로 태어난다."[원주301]

비록 우리의 의식이 증명해낼 수는 없다 할지라도, 하나의 생과 또 다른 하나의 생 간에는 지속하는 동일성이 있다. 때로는 현생에서 겪는 많은 일들이 잊혀지기도 한다는 것을 상기한다면, 연속되는 두 생의 동일성을 기억할 수 없다는 것은 그리 심각한 문제가 아니라고 볼 수 있다. 카르마의 이론은 의식의 연속성보다는 가치의 보전에 보다 더 큰 관심을 둔다. 보편아로서의 브라흐만은 속박에 지배되지 않으므로, 생에서 생으로 지속되는 것은 인간이 하는 것 혹은 그의 카르마라고 말해진다. 아르타바가(Ārtabhāga)가 야갸발키야에게 질문한다. "야갸발키야여, 육신의 죽음에도 불구하고 영혼은 살아 남는가? 만일 사람이 죽은 후에 그의 정신은 불 속으로 가고, 그의 호흡은 바람 속으로 사라지고, 그의 눈은 태양 속으로, 그의 마음은 달 속으로, 그의 귀는 공간의 방위(方位) 속으로, 몸의 털은 풀 속

[원주299] 『찬도기야 우파니샤드』, iv.16.6.
[원주300] 『카타 우파니샤드』, i.8.
[원주301] 『찬도기야 우파니샤드』, v.10.7.

으로, 머리털은 나무 속으로, 피와 정액은 물 속으로 간다면, 그는 어찌되는가?" 마침내 그들은 "실로 우리가 선행을 통하여 선하게 되고 악행을 통하여 악하게 된다"[원주302]는 결론에 도달한다. 삶의 실체는 육신 혹은 마음이 아니라 품성이다. 인간의 품성은 죽음으로 인한 분열에도 불구하고 살아 남는다. 우파니샤드는 카르마가 변하는 동안에도 보편아는 지속된다는 것을 주장한다. 어떤 불교도들처럼 만일 우리가 브라흐만을 헛된 것으로 내버린다면, 지속되는 것은 오직 카르마뿐이라고 말해야 할 것이다.

『브리하드아란야카 우파니샤드』 제4권에서 끝나는 야갸발키야의 가르침에서는 축생으로 환생하는 것에 대한 언급이 없지만, 이 우파니샤드[원주303]의 뒷부분과 『찬도기야 우파니샤드』, 그리고 『카우쉬타키 우파니샤드』에서는 이에 대한 언급이 보인다. 이 개념은 아마 토착민들의 믿음에서 파생되었을 것이다. 세계의 거의 모든 종교들에 있어서 소박한 미개인들은 인간의 영혼이 동물의 몸으로 넘어갈 수 있다고 생각했다. 인도로 침입해온 아리아인들은 토착 원주민들과의 접촉 과정에서, 동식물들도 영혼을 지니고 있으며 때로는 인간의 영혼이 그들 속에 살기도 한다는 개념을 접하게 되었다.

일체 만유에 내재한 생명의 신성함, 꽃·벌레·동물, 그리고 인간의 원초적인 평등은 우파니샤드의 근본적인 개념이 되었으며, 이러한 개념들은 우파니샤드가 토착민들의 입장을 수용하고 있다는 것을 은연중에 드러낸다. 이들은 또한 실천 생활에서도 커다란 가치를 지닌다. 임서기(林棲期)의 삶에서 동물에게 보이는 애정은 이러한 사고 방식의 표현이다. 거만한 사람은 자기의 야비한 편협성과 배타성을 버릴 것이 요청되며, 성 프란체스코(Francesco)의 겸손으로 검은 딱정벌레를 자기의 형제로 받아들여야 한다. 인간과 동물 사이의 긴밀한 관계를 강조하는 오늘날의 진화에 관한 이론들을 생각할 때, 이것은 결코 이상하지 않다.

[원주302] 『브리하드아란야카 우파니샤드』, iii.2.13.
[원주303] 같은 책, vi.3.16.

어떤 철학도 그것이 지나온 과거를 완전히 버릴 수 없었다. 내생에 관한 우파니샤드의 이론은 다른 생에서 상과 벌을 받는다는 고대 베다의 교의를 고려하지 않을 수 없었다. 인간의 보수성은 재생에 대한 새로운 개념을 그 이전의 종말론——죽은 자의 영혼이 가는 즐거움의 세계와 아무런 즐거움도 없는 어둠의 세계를 말하는——과 결합시키려고 노력하였다. 이것은 사후의 세계에 대한 우파니샤드의 이론을 더욱 정교하게 만들었으며, 사후에 가게 되는 길을 구분하게 되었다. "'나는 인간을 위한 두 길이 있다는 것을 들었다. 그 중에서 하나는 조상들에게 이르는 길이며, 다른 하나는 신들에게 이르는 길이다. 이 둘에 의하여 아버지 하늘과 어머니 땅 사이에 있는 모든 존재가 살아 움직인다'고 하는 리쉬들의 말을 들었다."[원주304]

우파니샤드는 죽은 영혼이 지상의 삶에서 쌓은 카르마를 향수하기 위하여 나아가는 두 길을 언급한다. 하나는 데바야나(devayāna, 神道) 혹은 빛의 길 아르치르마르가(arcirmārga)라고 불리며, 다른 하나는 피트리야나(pitryāna, 祖道) 혹은 어둠의 길 두마마르가(dhūmamārga)라고 불린다. 전자는 아그니 등의 여러 영역들을 거쳐서 브라흐마의 세계 혹은 사티야로카(satyaloka, 眞理界)로 인도하며, 거기서 다시 돌아오지 않는다. 데바야나는 브라흐마가 대상적인 존재——선한 자들이 가는 곳의 드높은 보좌에 앉아 있는——로 간주되는 한에 있어서만 의미를 지닌다. 그러나 자아와 브라흐만의 합일이 이루어질 때, 브라흐마의 보좌는 무너지고 데바야나는 궁극자와 하나 되는 길이 된다. 피트리야나는 연기·밤 등의 여러 영역들을 통하여 찬드라로카(candraloka, 月界)에 이른다. 데바야나로 가는 자는 이 세계로 다시 돌아오지 않지만, 피트리야나로 가는 자는 자기가 쌓은 선행의 과실을 향수한 후에 지상으로 다시 돌아온다. 이에 대한 세부 사항들에 있어서는 많은 차이들이 있다.

『카우쉬타키 우파니샤드』에 의하면, 사후에는 모두가 월계로 간다. 그곳에서 소수는 조도를 통하여 브라흐마에게 가지만, 나머지는 각자 업의 성

[원주304] 『브리하드아란야카 우파니샤드』, vi.2.2.

격과 지식의 정도에 따라서 사람과 미물 사이의 온갖 모습으로 다시 돌아온다.[원주305] 데바야나는 빛의 세계에 해당하며, 피트리야나는 우리가 윤회전생하는 어둠의 세계 혹은 아갸나(ajñāna, 무지)의 세계에 해당한다. 어둠에 쌓여서 아무런 기쁨도 없는 세계로 인도되는 제3의 길이 또한 언급된다.[원주306] "물과 건초를 먹었고 우유를 주었던, 새끼 못 낳는 암소들을 공물로 바친 자들은 기쁨 없는 세계로 간다."[원주307] 이것은 생사가 있는 존재와 미물, 그리고 날거나 기는 곤충들이 되는 제3의 길이다.[원주308]

자기 자신과 브라흐만의 동일성을 깨달아 자유롭게 된 자들은 해탈을 위하여 어떤 곳으로 가야 할 필요가 전혀 없다.[원주309] 그가 있는 바로 그 자리에서도 그는 브라흐만을 향수할 수 있다. "그의 프라나(prāṇa, 生氣)는 아무데로도 가지 않는다. 브라흐만이 된 그는 브라흐만 속에 혼융된다."[원주310] 자유를 실현한 자들은 더 이상 어떤 길도 밟지 않지만, 자기 향상에 의하여 그것에 도달해야 하는 자들은 데바야나를 통하여 가야 한다. 점차적인 향상이 언급되고 있으므로, 그것은 크라마무크티(kramamukti, 漸進的 解脫)의 길이라고 말해진다.

재생의 메커니즘은 다양한 방법으로 설명된다. "그때 그의 지식과 그의 일들과 그의 지난 경험들이 그를 움켜쥔다. 마치 쐐기벌레가 한 풀잎에서 다른 풀잎을 끌어당겨 그곳으로 옮겨가듯이, 인간은 자기의 육신을 벗어던진 후에 새로운 존재로 넘어간다."[원주311] 또한 "금세공인이 한 조각의 금붙이를 취하여 그것으로 보다 새롭고 마음에 드는 모양을 만들어내듯이, 육

[원주305] i.2.3.
[원주306] 『브리하드아란야카 우파니샤드』, iv.11.
[원주307] 『카타 우파니샤드』, i.3.
[원주308] 『브리하드아란야카 우파니샤드』, vi.2.16. 우리는 사도 바울(St.Paul)에서뿐 아니라 그노시스주의자들의 책에서도 이와 유사한 전통을 접한다. Harrison의 *Prolegomena to Greek Religion*과 Gardner의 *The Religious Experiences of St.Paul*을 보라.
[원주309] 『카타 우파니샤드』, vi.14.
[원주310] 『브리하드아란야카 우파니샤드』, iv.4.6.
[원주311] 같은 책, iv.4.3.

신을 내던지고 그 상태의 지식을 얻은 후에 영혼은 보다 새롭고 그 세계에 적합한 모습을 이룬다." "조각가가 낡은 조상(彫像)을 부수어 이로부터 새롭고 멋진 형상을 조각하듯이, 인간의 영혼 또한 무지를 없애고 육신을 벗은 후에 보다 새롭고 흠 없는 형태——조상들, 간다르바(Gandharva)들, 신들, 프라자파티, 브라흐마, 혹은 다른 존재의 형태——를 만들어낸다."[원주312]

때로는 사람이 죽는 순간에 영혼은 생령(生靈)들을 거두어들여서, 그들 모두를 고양된 다른 몸 혹은 그 영혼이 남긴 육신이 행한 행위와 무관한 다른 몸으로 옮겨간다고 말해지기도 한다.[원주313] 이러한 견해는 후대의 교의들에서 링가 샤리라(liṅga śarīra, 微細身)의 개념으로 발전하였으며, 이것은 신지학자들에 의하여 서구의 독자들에게는 영체(靈體, astral-body)로 잘 알려지게 되었다. 이 미세신은 마음과 품성을 실어나르는 수레 역할을 하며, 육신의 죽음으로 소멸되지 않는다. 그것은 다음 생을 통하여 유지되는 형체를 부여하며, 새로운 육신의 토대가 된다. 또한 피조물들이 유일한 참 존재로부터 각자의 생을 받으며, 다시 그 속으로 귀입한다고 말해지기도 한다.[원주314]

우파니샤드의 사상가들은 죽음의 순간에 영혼도 함께 소멸한다는 유물론적인 견해를 지지하지 않는다. 그들은 생명의 연속성에 대한 확고한 신념을 지니고 있으며, 육체적인 죽음에도 불구하고 살아 남는 어떤 것이 있다는 것을 주장한다. 성행위가 새로운 생명이 출현할 수 있는 상황을 만들어낸다는 것은 분명하지만, 그것은 결코 새로운 생명 그 자체에 대한 충분한 설명이 될 수는 없다. 의식의 생성은 세포 분열로 설명될 수 없다. 아기가 태어날 때마다 신이 새로운 영혼을 창조해낸다는 신학적인 전제는, 개개의 지바(jīva, 個我)[역주26]가 배아 속에 자신을 현현하며 그것이 취할 형

[원주312] 『브리하드아란야카 우파니샤드』, iv.4.4. 또한 『찬도기야 우파니샤드』, v.10.2 : 『카우쉬타키 우파니샤드』, i.2 : 『브리하드아란야카 우파니샤드』, i.5.16을 보라.
[원주313] 『브리하드아란야카 우파니샤드』, iv.3.38 : iv.4.5 : 『프라슈나 우파니샤드』, iii.10 : 『카우쉬타키 우파니샤드』, iv.3을 보라.
[원주314] 『찬도기야 우파니샤드』, vi.9.2 : vi.10.12.

태를 띤다는 우파니샤드의 이론보다 더 만족스러운 것 같지 않다.

재생의 이론은 내세에 대한 다른 어떤 이론들보다 논리적이며, 확실히 완전한 소멸을 주장하는 이론이나 최후의 심판을 상정하는 이론보다 더 만족스러운 것임에 틀림없다. 그것은 분명한 도덕적 무질서와 고통의 혼돈을 설명해 준다. 불공평한 고통의 분배는 우주의 이법과 모순되는 것처럼 보인다. 경험 세계의 변칙들이 논리적인 확신에 대한 도전이듯이, 도덕적인 무질서는 현재 영향력을 미치고 있는 원리의 선성(善性)에 대한 믿음에 역행한다. 만일 우리의 믿음이 합리적이라면, 지적이거나 도덕적인 어떤 혼동도 있을 수 없다. 만일 도덕적인 혼동이 궁극적이라면, 도덕적인 마비 상태는 그 당연한 귀결일 것이다.

우리는 도덕 세계의 무질서한 현상들을 선하고 위대한 신과 조화시켜야 하며, 이 세계란 단지 되는 대로 이루어진 것일 뿐이라는 생각으로 만족해서는 안된다. 도덕의 혼란과 고통을 인간의 자유의지 탓으로 돌리는 것은 사람들이 각자 다른 조건으로 세계에 태어나는 불평등을 설명할 수 없다. 처음에 주어지는 상황에 있어서의 이러한 차별상들은 신성하게 질서지워진 세계의 개념에 모순된다. 이에 비하여 재생을 상정하는 것은 우리에게 원초적인 차이에 대한 어떤 설명을 준다. 그것은 우리가 세상의 기쁨과 고통이 우리의 품성을 단련하기 위하여 거기에 있다는 것을 느끼게 한다. 벌은 응징적인 성격을 지닐 뿐 아니라 잘못된 것을 바로잡기 위한 것이기도 하다. 우리는 자신의 죄에 대하여 벌을 받으며, 동시에 그 벌에 의하여 청정해진다. 우리가 고통받는 것은 일면 긍정적인 측면이 있다.

지금까지 우리는 재생에 관한 이론의 기원 문제를 논의하였다. 우리는 이렇게 그것이 우파니샤드 사상가들을 둘러싸고 있었던 일단의 사상에서

[역주26] 감관, 마음, 자아의식, 이성, 그리고 무지를 지니는 윤리적인 개체를 의미한다. 자이나교를 제외한 거의 모든 철학파들에서는 지바를 아트만과 다른 것으로 간주한다. 최고아(最高我) 파람 아트만(param-ātman)과 구별하기 위하여 지바 아트만(jīva-ātman)이라고 부르기도 한다. 문자적으로 지바라는 말은 '사는 것', 혹은 '삶을 영위하는 것'을 의미한다. "jīvati iti jīvah."

자연적으로 일어나게 되었는가를 살펴보았다. 베다는 우리에게 신도와 조도의 두 길을 말한다. 토착 원주민들은 우리에게 나무나 동물로 윤회한다는 개념을 제공한다. 보상에 대한 필요가 브라흐마나에서 강조된다. 우파니샤드는 다만 이러한 요소들을 마무리하여 상사라의 교의로 발전시켰다. 그러므로 우리는 이에 대한 어떤 독립적인 원천을 반드시 추구해야 하는 것은 아니다. 만일 우리가 고대 그리스에서 이와 유사한 교의들을 발견한다면, 그들은 아마 독자적인 기원과 성장 과정을 지니고 있었을지도 모른다. 물론 이러한 견해는 오늘날의 학자들에게 전적으로 받아들여지는 것은 아니다. 이 문제와 관련하여 우리는 인도와 그리스 사상에 대한 두 권위자들의 언급을 인용할 수 있을 것이다. 맥도넬은 이렇게 말한다. "인도의 철학과 과학에 대한 피타고라스의 의존은 확실히 상당한 가능성을 지니는 것으로 보인다. 피타고라스의 경우에 있어서 영혼의 재생에 대한 교의는 어떤 관련이나 납득할 만한 배경 없이 나타났으며, 그리스인들에 의해서도 그것은 그리스 고유의 것이 아니라 전혀 이질적인 기원을 지니는 것으로 간주되었다. 그는 이것을 이집트로부터 끌어올 수도 없었을 것이다. 왜냐하면, 그것은 고대 이집트인들에게는 알려지지 않았기 때문이다."[원주315]

또한 곰페르츠(Gomperz)도 이와 유사한 견해를 피력한다. "일반적인 성격에 있어서뿐 아니라, 채식주의와 같은 어떤 세부 사항들에 있어서도, 피타고라스의 학설과 인도인들의 교의 간에는 아주 가까운 일치점이 있다. 그리고 이러한 일치는 그 둘에 있어서 생사의 순환에 대한 전체적인 신조를 개괄하는 방식이 또한 같다는 점에서 한층 더 확실해진다. 우리가 이러한 동일성을 단지 우연이라고 말하는 것은 거의 불가능하다. ……붓다와 같은 시대의 사람이었으며, 아마 차라투스트라(Zarathustra)와도 이러한 관계에 있었을 그 호기심에 찬 그리스인이 페르시아를 통하여 동양의 종교적인 사색들에 대한 다소간의 정교한 지식들을 받아들였다고 생각하는 것은 결코 무리가 아닐 것이다."[원주316] 한 가지 분명한 것은 인도인들이 그것

[원주315] *History of Sanskrit Literature*, p.422.

을 외부로부터 차용해 온 것은 아니라는 사실이다.

21. 우파니샤드의 심리학

우파니샤드에 어떤 체계적인 심리학적 분석이 있는 것은 아니라 할지라도, 우리가 그 속에서 이에 대한 관념들을 찾아보는 것은 어렵지 않다. 『프라슈나 우파니샤드』[원주317]에서는 10종의 인드리야(indriya, 器官)들, 즉 5종의 행동기관과 5종의 지각기관들이 언급되고 있다. 이 기관들은 마나스(manas, 意根)[역주27]의 통제하에 작용한다. 마나스는 지각 작용과 행위를 그 주된 기능으로 하는 중추기관이다. 마음이 없다면 감각들은 쓸모없는 것이다.[원주318] 이러한 이유 때문에 마음은 모든 감각들의 중심이라고 말해진다.

만일 마음 혹은 프라갸(prajña)[역주28]가 없다면, 우리가 말로써 어떤 것을 알게 할 수도 없을 것이다. 그는 "내 마음이 다른 데 있었다"고 말할 것이다. "나는 그 세계를 지각하지 못했다. 만일 프라갸가 없다면 눈은 어떤 것이 알려지게 하지 못한다."[원주319] "내 마음이 떠나고 없으면 나는 보지 못하며, 내 마음이 떠나고 없으면 나는 듣지 못한다. 이로 미루어 볼 때, 사

[원주316] *Greek Thinkers*, vol.i. p.127. 다른 여러 견해들에 대해서는 케이스(Keith)의 "Pythagoras and Transmigration"(*Journal of the Royal Asiatic Society*, 1909)을 보라.

[원주317] iv.2.

[역주27] 때로는 아주 넓은 의미로 사용되어 영어의 'mind'와 동일한 의미로 사용되기도 하지만, 여기서는 좁은 의미에서의 내적 인식기관(antarindriya)을 가리킨다. 이때 마나스는 오관을 통하여 지각되는 색깔·소리·촉감 등을 종합, 분석하여 하나의 통일체로 인식하는 기능을 의미한다.

[원주318] 『브리하드아란야카 우파니샤드』, i.5.3.

[역주28] 프라갸는 흔히 불교에서 '반야'(般若), 즉 궁극적인 진리에 대란 직관적인 통찰이라는 의미로 사용되는 말이다. 여기서는 마나스와 동일한 의미로 사용되고 있다.

[원주319] 『카우쉬타키 우파니샤드』.

람은 마음으로 보고 마음으로 듣는다는 것이 명백하다."[원주320] 마음은 본질적으로 물질적인 것으로 여겨졌다.[원주321][역주29] 그러므로 우파니샤드는 감각에 의한 인식에 있어서 필수적인 것은 단순히 감각이나 그 기능이 아니라 감각을 통하여 지각하는 자아라는 것을 분명히 밝히고 있다. 지각은 감관들이 그 대상들에 접근함으로써 일어나는 것이라고 말해진다.[원주322] 우리는 한 순간에 오직 한 가지 정신적인 행위를 할 수 있다.[원주323]

붓디(buddhi) 혹은 지성은 마나스보다 더 고차원적이다. 붓디의 기능에 대해서는 『아이타레야 우파니샤드』에서 언급된다. "감각, 지각, 관념 작용, 개념 작용, 오성, 통찰, 결심, 평가, 상상, 느낌, 기억, 의지 작용, 의욕, 생에 대한 의지, 욕망, 자제, 실로 이 모든 것들이 지성에 대한 다른 이름들이다."[원주324] 이러한 분석은 비판을 면할 수 없겠지만 매우 중요하다. 왜냐하면 그것은 우파니샤드 시대와 같이 아주 초기에도 이미 심리학적인 논의들이 있었다는 것을 가리키기 때문이다. 모든 것 중에 최고는 영혼이며, 이것은 눈의 눈이며, 귀의 귀이다. 그것은 붓디, 마나스, 감관들, 프라나(prāṇa, 生氣) 등을 주관한다.[원주325] 그것은 널리 만물에 편재하며, 절대적인 것으로 알려진다.[원주326]

영혼이 물질적인 요소들에게 주어지며, 심장의 깊숙한 곳에 살고 있다고 말하는 구절들이 있다.[원주327] 또한 그것의 크기에 관하여 보리나 쌀의 낟알

[원주320] 『브리하드아란야카 우파니샤드』, iii.1.4.
[원주321] 알렉산더(Alexander) 교수는 마음을 물리학자의 전자(電子)와 같이 구조상 물질적인, 특수한 실재로 해석한다.
[역주29] 마나스는 프라크리티(prakṛti, 根本物質)의 산물이므로, 본질적으로 물질적인 것이다.
[원주322] 이 점에 관한 엠페도클레스(Empedocles)와 데모크리토스(Democritos)의 견해들과 비교하라.
[원주323] 『카우쉬타키 우파니샤드』, iii.2.
[원주324] 『아이타레야 우파니샤드』, iii.2.
[원주325] 『브리하드아란야카 우파니샤드』, iv.4.5: i.4.17: v.6: ii.1.17: iii.7.22: iv.3.7: iv.5.13.
[원주326] 『카타 우파니샤드』, i.2.21 : 『문다카 우파니샤드』, i.1.6.
[원주327] 『브리하드아란야카 우파니샤드』, iv.3.17: v.6 : 『찬도기야 우파니샤드』, viii.3.3:

[원주328]만하다고 하거나, 한 뼘[원주329] 혹은 엄지손가락만하다[원주330]고 말하기도 한다. 만일 우리가 아리스토텔레스는 자신의 『데 아니마』(De Anima)에서 영혼을 심장에, 그리고 갈렌(Galen)은 그것을 뇌에 위치시키고 있으며, 또한 데카르트는 영혼의 위치가 뇌의 송과선(松果腺)이라고 생각하고 로체(Lotze)는 그곳이 뇌라고 말한 것을 기억한다면, 우파니샤드의 심리학자들이 영혼의 거처를 심장이라고 본 것은 전혀 이상하지 않다.

마음은 의식보다 넓은 개념이다. 의식은 단지 정신 작용의 한 측면, 즉 정신 세계 전체가 아니라 그것의 한 상태에 불과하다는 것은 심오한 진리이다. 서양사상은 상당한 시간이 경과한 후에야 이러한 사실을 인식하게 된다. 라이프니츠의 시대 이래로 의식은 정신적인 개념 작용의 필수적이고 본질적인 속성이 아니라, 단지 그것의 부수적인 속성으로 받아들여진다. "우리의 내면 세계는 보다 풍요롭고 광대하며 숨겨져 있다"는 그의 주장은 우파니샤드의 저자들에게 매우 잘 알려져 있었다.

『만두키야 우파니샤드』는 영혼의 여러 상태들, 곧 각성, 몽면, 숙면, 직관적인 투리야(turīya, 第四位)의 상태들을 언급하고 있다. 각성 상태에서는 마나스(manas, 意根)와 감관들이 모두 활동적이다. 몽면 상태에서는 감관들이 마나스 속에 잠겨서 고요해진다고 말해지는데, 이것은 현대 심리학의 입장에 반하는 것이다. 그러나 우파니샤드에 따르면 우리의 감관들이 활동하고 있는 한 우리는 단지 졸고 있는 것에 불과하며, 꿈꾸고 있는 것이 아니다. 우리는 반(半)각성 상태에 있는 것이다. 진정한 몽면 상태에서는 의근만이 아무런 속박 없이 자유롭게 작용한다. 각성 상태와 몽면 상태의 차이는 여기에 있다. 즉 각성 상태에서는 의근이 외계의 인상들에 의존하

---

v.1.6 : 『카타 우파니샤드』, ii.20: iii.1: iv.6: vi.18, 그리고 『슈웨타슈와타라 우파니샤드』, iii.11.20. 흐리다야(hṛdaya) 혹은 흐리트파드마(hṛtpadma)는 척추의 가장 신비하고 미세한 중심이다.
[원주328] 『브리하드아란야카 우파니샤드』, v.6.1 : 『찬도기야 우파니샤드』, iii.14.3.
[원주329] 『찬도기야 우파니샤드』, v.18.1.
[원주330] 『카타 우파니샤드』, vi.17: ii.21 : 『슈웨타슈와타라 우파니샤드』, iii.13.

는 반면에, 몽면 상태에서는 그것이 스스로의 인상을 만들어내고 그들을 즐긴다. 물론 그것은 깨어 있는 동안에 얻은 재료들을 사용할 수도 있을 것이다.

수슙티(suṣupti, 숙면 상태) 또한 인간의 삶에 있어서 일상적인 경험 중의 하나로서, 이 상태에서는 의근과 감관들 모두가 아무런 활동 없이 고요하다고 말해진다. 객관과 주관의 구분을 지니는 경험적인 의식의 지멸이 있다. 이 상태에서는 자아가 절대자와 일시적인 합일을 이룰 때 우리는 대상 없는 의식을 지닌다고 말해진다. 어떻든 간에, 그것이 완전한 비존재나 부정이 아니라는 것은 분명하다. 숙면 상태에서는 아무런 경험도 지니지 않지만, 자아가 지복을 누리면서 계속하여 존재한다는 것을 받아들이기란 쉽지 않다.

사실, 우파니샤드 자체도 생명의 원리, 즉 호흡이나 순환 등의 과정들을 주관하는 것으로 알려지는 프라나로써 생리적이고 무의식적인 행위들을 설명한다. 아마 유기적인 기억은 의식의 계속성에 대한 설명이 될 수도 있을 것이다. 인식 작용의 부재에도 불구하고, 숙면 상태의 자아가 적극적인 의미에서의 행복을 경험하는가에 대하여는 의문이 있다. 투리야는 단순한 경험적인 이해의 차원은 아니지만, 통일성에 대한 자각이라고 할 수 있다. 그것은 만유의 하나 됨에 대한 신비적인 깨달음이며 영적인 삶의 절정이다.

우파니샤드의 비(非)베단타적인 경향들을 다루기 전에, 먼저 우파니샤드의 일반적인 형이상학적 입장을 요약할 필요가 있다. 우파니샤드의 입장에는 상당할 정도의 애매성이 있으며, 이것은 여러 가지 다양한 해석을 낳을 수 있다는 것은 앞에서 이미 말한 바 있다. 우파니샤드라는 원초적인 복음의 궁극적인 가르침이 샹카라의 아드와이타(Advaita, 不二一元論)인지, 아니면 라마누자의 수정된 입장인지를 결정하는 것은 쉽지 않다. 이들 두 방향에서 완성될 수 있는 경향들은 서로 만나야 한다. 우파니샤드는 그들 간의 어떤 모순을 의식하지 않는다.

사실, 직관으로 도달된 불이론적인 브라흐만과 구체적으로 정의되는 실재는 서로 다르지 않다. 왜냐하면 그들은 동일한 것을 표현하는 두 가지 다른 방법이기 때문이다. 그들은 동일한 실재를 파악하는 직관적이고 지적인 방법들이다. 전자의 견해에 의하면 세계는 절대자의 가현이다. 후자에 있어서 그것은 신의 자기 표현이다. 어떤 경우에도 세계는 완전히 비실재적인 것, 혹은 환영(幻影)으로 간주되지 않는다. 이러한 입장에서는 우리가 경험 세계의 가치에 있어서 어떤 구별도 인정할 수 없기 때문이다.

불교 제 학파들의 영향을 통하여 실재의 불이성과 세계의 현상성이 가우다파다(Gauḍapāda)와 샹카라의 학설들에서 강조되었다. 사실 그와 같은 불이론 철학은 베다적 술어로 마디야미카(Mādhyamika, 中道) 형이상학을 수정, 변형한 것처럼 보인다. 서사시들과 『바가바드기타』의 종교적인 재건, 그리고 니야야(Nyāya)학파의 유신론적인 강조는 라마누자의 비쉬슈타드와이타(Viśiṣṭādvaita), 즉 수정된 일원론의 발전을 가져왔다. 사실상 불이론자들은 파리숫다 사우가타(Pariśuddha Saugata)들, 즉 정화된 불교도들이라고 불리며, 수정 일원론자들은 파리숫다 나이야이카(Pariśuddha Naiyāika)들, 즉 정화된 니야야 추종자들이라고 불린다.

22. 우파니샤드에 있어서 상키야와 요가철학의 요소들

우파니샤드에는 상키야나 요가철학과 같은 비(非)베단타적인 철학적 사유의 단초들이 있다. 상키야철학은 푸루샤(puruṣa, 純粹精神)와 프라크리티(prakṛti, 根本物質) 간의 이원론을 확립한다. 여기서 프라크리티는 모든 존재의 원질이며, 푸루샤는 프라크리티의 전개를 바라보는 부동의 관조자이다. 또한 푸루샤, 즉 인식 주관의 복수성을 주장한다.[원주331] 우파니샤

[원주331] 모든 다양성의 원천이 되는 아비야크타(avyakta, 未顯現者) 혹은 프라크리티의 개념은 우파니샤드에서 분명하게 제시되고 있다. "감각을 초월한 곳에 그 대상의 근본이 있고, 그 근본을 초월한 곳에 마음이 있으며, 마음을 초월한 곳에 마하트(mahat, 위대한 자)로 알려지는 아트만이 있다. 그리고 마하트를 초월한 곳에 아비야크타, 즉 미현현자(未顯現者)가 있으며, 아비야크타를 초월한 곳에 푸루샤가 있다. 푸루샤를 초월하는 것은 아무것도 없다"

드는 푸루샤의 복수성에 대한 이론을 지지하지 않지만, 이 이론에 대한 우파니샤드 자체의 비판과 발전의 자연적인 추이는 이러한 견해로 인도하는 점이 없지 않다. 우리는 어떻게 우파니샤드의 일원론이 종교적인 목적과 관련하여 일신론이 되는가 하는 것을 보았다. 일신론은 최고아에 대한 개아의 분리된 존재를 시사하며, 이것은 결국 개아의 복수성으로 귀결된다.[역주30]

그러나 상키야의 이론가들은 궁극자와 개아 간의 상호 독립에 대한 주장이 비판을 면하기 어렵다는 것을 인식하고 있었다. 둘 중 하나가 다른 하나를 부정한다. 궁극자든 개아든 둘 중 하나는 버려져야 한다. 창조의 기능이 프라크리티에게 돌려질 때, 신은 있으나마나 한 것이 되어버린다. 우파니샤드는 창조 기능을 신과 분리된 단순한 물질에 귀속시키는 것을 부정한다. 우파니샤드의 중심 경향은 주관과 객관이 일어나는 토대로서의 절대적인 영혼의 전제를 견지하는 것이다.[원주332]

요가철학 사상의 맹아 또한 우파니샤드에서 발견된다. 궁극적 실재는 우리의 불완전한 이해의 차원으로는 바르게 인식할 수 없다는 것이 우파니샤드 저자들의 신념이다. 그들에 따르면, 인간의 마음이란 단지 실재가 비추

(『카타 우파니샤드』, iii.10.11. 또한 같은 책 iv.7.8을 보라). 모든 만물이 생겨나는 미현현자를 초월하여 있는 것은 오직 신뿐이라는 것을 지적하고 있다. "타파스(tapas, 熱力)에 의하여 브라흐만이 커지고, 그것으로부터 음식이 생겨난다. 음식에서 생명·마음·근본요소들·세계들·카르마와 이에 따른 과실들이 생겨난다"(『문다카 우파니샤드』, i.1). 이 구절에서 음식, 즉 안남(annam)은 샹카라에 의해서 미현현자(avyākṛtam)로 해석된다. 『프라슈나 우파니샤드』, iv에서 우리는 어떻게 일체 만유가 불멸자에게로 귀입되는가에 대한 설명을 접할 수 있다(iv.8을 보라). 우파니샤드에서 프라크리티는 신에게서 나온다고 말해진다. '푸루샤'(Puruṣa)라는 말은 최상의 아트만을 의미한다. 수동적인 관조자로서의 푸루샤에 대한 상키야 이론은 두 마리 새에 관한 유명한 구절에 의해서 제시된다: "한 마리는 맛있는 과일을 먹고 있으며, 다른 한 마리는 그것을 먹지 않고 다만 관조할 뿐이다"(『문다카 우파니샤드』, iii.1.1).

[역주30] 베단타철학을 유신론적으로 해석하고 있는 라마누자의 경우에도 개아의 복수성이 인정된다.

[원주332] 『아이타레야 우파니샤드』, i.1.2 : 『브리하드아란야카 우파니샤드』, i.4.3 : 『찬도기야 우파니샤드』, vi.2.6 : 『타잇티리야 우파니샤드』, ii.1.

어지는 거울에 지나지 않는다. 우리가 실재를 아는 정도는 우리 마음의 상태—그것이 실재의 모든 것을 속속들이 반영하든 아니든—에 달려 있다. 색깔이 장님에게는 드러나지 않으며, 음악이 귀머거리에게 들리지 않듯이, 철학적 진리는 마음이 굳지 못한 사람에게 드러나지 않는다. 앎의 과정은 창조라기보다는 발견이며, 새로운 어떤 것을 만들어내는 것이라기보다는 원래 있는 것을 다만 드러내 보이는 것이다. 만일 드러내는 도구에 어떤 흠이나 불완전함이 있다면, 그 드러냄이 불완전하다는 것은 당연한 귀결이다.

이기적인 욕망과 감정이 마음이라는 도구와 드러내지는 실재 사이에 들어 방해한다. 인식 주관의 개성이 도구의 성격에 영향을 줄 때, 도구에 비친 반영은 흐려지게 마련이다. 관찰자의 무지는 자기의 상상으로 대상을 더럽힌다. 그를 사로잡고 있는 편견은 사물들의 실상을 간과해 버린다. 오류란 인식 도구의 결함이 실재 속으로 개입하는 것이다. 편견 없는 객관적인 태도는 진리를 발견하기 위하여 필수적인 것이다. 한편, 사사로운 모든 것은 이러한 과정을 방해하는 장애가 된다. 우리는 비뚤어진 마음에서 벗어나고 실책에서 자유로워져야 한다. 마음의 열화 같은 에너지는 단지 진리를 전달하기 위한 수동적인 통로가 되어야 한다.

요가 수행법은 마음의 거울을 닦아 맑게 하고, 개별상을 배제함으로써 그것을 깨끗하게 유지하는 방법을 제시한다. 우리가 사심 없는 최고의 상태로 떠올라 심원한 통찰력을 얻게 되는 것은 바로 이러한 수행을 통해서이다. 이 수행법은 우파니샤드의 자아에 대한 이론과 부합된다. 우리의 일상적인 의식은 영원한 세계에 등을 돌리며, 마음이 감각적인 인상들로부터 만들어내는 헛되고 무상한 세계 속에 빠져버린다. 경험적인 자아를 뛰어넘을 때 우리는 자아의 부정이 아니라 그것의 심화를 체험한다. 자아가 경험적인 일들에 묶일 때, 그 행위는 완전하게 수행되지 않는다. 경험적인 존재의 제한이 초월될 때 보편적인 삶이 심화되며, 우리는 자아를 풍요롭게 하고 개성을 향상시킨다. 그때 그것은 모든 경험을 그 속으로 끌어들인다. 자아가 시공간의 우유성(偶有性)에 의하여 생성된 어떤 유한 존재와 동일시되는 저급한 단계에서는, 경험의 세계가 그 자체의 실상을 드러내지 않는다. 우리가 경험 세계를 자신 속에 끌어안을 수 있으려면, 먼저 한정된 경험 세계에 대한 집착이 극복되어야 한다. 그때 우리는 우파니샤드가 말하는 "안에 있는 것과 밖에 있는 것 사이에 아무런 구별이 없는" 상태로 떠오른다. 요가 수행법은 참다운 내적 이상이 삶이라는 더없이 좋은 기회에 주어지기 전에, 우선 거짓된 바깥 물상들이 제어되어야 한다고 주장한다. 우리가 영원한 삶을 붙잡을 수 있으려면, 허상의 세계에 애착하는 우리의 삶을 멈추어야 한다.

요가 수행 체계는 우리가 정신적·영적인 훈련 과정을 거치도록 요구한다. 우파니샤드는 또한 삶의 목적이 실현되기 위하여 고행의 실천이 필요하다는 것을 강조하기도 한다. 『프라슈나 우파니샤드』에서 핍팔라다(Pippalāda)는 신을 묻는 여섯 행자들을 멀리 보내서 또 한 해의 수행을 하도록 할 때, "떠나거라, 금욕 생활을 하며, 고행을 실천하며, 경건한 믿음을 소중히 여기며 또 한 해를 살아가거라" 하고 명한다. 행자의 마음을 어지럽히는 가족의 접촉을 엄격히 금하는 금욕 생활은 그가 자기의 본분에 몰두할 수 있도록 한다. 고행은 그에게 정신적인 고요함을 주며, 바른 지식을 얻는 데 아주 큰 장애가 되는 마음의 동요를 없앤다. 슈랏다(śraddhā), 즉 믿음은 모든 일에 있어서 필수적이다. 모든 신비적인 가르침들이 그렇듯이, 요가철학의 정수는 인간이 일상적인 차원 위로 떠올라서 신의식과 직접적으로 대면할 수 있다는 것을 주장하는 점에 있다.

우리가 자유를 실현하려면, 우리를 바깥 사물들에 묶어 노예로 만드는 마음을 제어하여야 한다. 객관적인 대상들과 환경의 희생물이 될 때, 우리는 만족을 얻을 수 없다. "산등성이에 떨어진 빗물이 사방으로 흘러내리듯이, 속성들간의 차이를 보는 자는 그들을 따라서 사방팔방으로 내달린다. 청정수에 부어지는 청정수는 여전히 그대로이듯이, 오 가우타마(Gautama)여, 깨달은 자의 자아도 그러하다."[원주333] 자기의 자아를 알지 못하는 사람의 마음은 사방에서 험한 바위산으로 떨어지는 빗물처럼 이리저리

[원주333] 『카타 우파니샤드』, ii.15.

방황한다. 그러나 그의 마음이 청정해지면, 그는 모든 필멸자들의 배후에 있는 삶의 대양과 하나가 된다.

만일 무한정의 자유가 주어진다면, 밖으로 향하는 마음은 사막의 모래 속으로도 뻗어나갈 것이다. 구도자는 그것을 안으로 끌어당겨, 내면에서 보물을 얻을 때까지 그것을 견지해야 한다. 우리는 말을 감각 속으로 밀어넣고, 감각을 사유 작용 속으로, 사유 작용을 우주 의식 속으로 밀어넣어야 한다. 오직 그때 우리는 영원자의 심오한 평화를 알게 된다.[원주334] 다만 "지식의 다섯 원천들이 의근과 더불어 적정에 들고, 지력이 더 이상 활동하지 않게 될" 때, 우리는 궁극자에 이를 수 있다.[원주335] "우파니샤드의 강대한 무기를 활로 삼고, 끊임없는 명상으로 예리하게 된 화살을 메워서, 브라흐만에 전일한 마음으로 시위를 당겨, 복된 젊은이여, 불멸자 브라흐만의 과녁을 꿰뚫어라."[원주336]

『카우쉬타키 우파니샤드』는 프라타르다나(Pratardana)—자기 제어를 위한 새로운 수행 체계, 혹은 내면적인 희생 제의[원주337]라는 이름으로 알려지는 상야마나(saṁyamana)의 개조—에 대하여 언급하고 있다. 그는 개아가 자기의 고통과 감정에 대한 완전한 제어를 위한 수행에 전념해야 한다는 것을 주장한다. 우파니샤드는 우리에게 정신 집중의 방법을 자주 언급하지만,[원주338] 때로는 호흡 조절을 통하여 무아경에 들 수 있다는 것을 시사하기도 한다.[원주339] 아움(Aum)・타드와남(Tadvanam)[원주340]・탓

[원주334] 『카타 우파니샤드』, ii.13. 플라톤은 『파이돈』(Phaedon)에서 이렇게 말한다: "생각은 마음이 그 속에 모아질 때가 최상이다. 그것이 가능한 한 육신과 가장 적게 관련을 맺고, 아무런 감각이나 느낌도 지니지 않으며, 오직 존재 그 자체만을 열망하고 있을 때, 소리나 풍경 혹은 고통이나 즐거움 등 그 어떤 것도 그것을 괴롭힐 수 없다."
[원주335] 『카타 우파니샤드』, ii.12.
[원주336] 『문다카 우파니샤드』, ii.2.2.
[원주337] ii.5 : Antaram agnihotram.
[원주338] 『프라슈나 우파니샤드』, v.1.
[원주339] 『브리하드아란야카 우파니샤드』, i.5.23.
[원주340] 『케나 우파니샤드』, iv.6.

잘란(Tajjalān)[원주341]과 같은 진언들은 우리가 주의를 한 곳으로 집중해야 하는 상징들이다. 확고한 마음에 도달하는 방법은 다른 모든 것들을 다 잊어버리고 한동안 하나의 특별한 대상에 생각을 집중하는 것이다. 오직 반복적인 실천만이 우리가 이러한 수행에서 완전한 단계에 이를 수 있도록 한다.

후기 니야야 논리학에 대한 암시가 유일하게 『문다카 우파니샤드』에 나타난다.[원주342] "이 아트만은 힘이 결여된 자에 의해서, 어떤 자극에 의해서, 타파스에 의해서, 혹은 링가(liṅga)에 의해서 얻어질 수 있는 것이 아니다." 링가는 니야야 논리학의 기술적인 용어로서, 연결 고리 혹은 추론에 있어서의 중명사(中名辭)이다.[원주343] 지식에 관한 경험적 이론 —— 실재의 본성이 귀납에 의하여 알려진다고 보는—— 이 몇몇 구절에서 분명히 언급되고 있다. "한 덩어리 찰흙에 의하여 찰흙으로 만들어진 모든 것이 알려지고 …… 한 덩어리의 금붙이에 의하여 금으로 만들어진 모든 것이 알려진다." [원주344] 한편, 프라타르다나는 지식이 오직 주관과 객관의 관계를 통하여 가능하다고 주장한다.

23. 우파니샤드의 철학에 대한 평가

우파니샤드는 철학적 탐구에 있어서 중요한 문제들을 분명하게 제시하며, 후속되는 철학적 논의의 방향을 규정한다. 다른 여러 이론들 외에도, 우리는 우파니샤드가 세계의 상대적인 실재성과 영혼의 유일성 및 전체성, 그리고 윤리·종교적인 삶의 필요를 주장하는 가운데 참된 의미의 관념론적인 요소들을 시사하고 있는 것을 보았다. 의식의 통일성에 대한 근본 개

[원주341] 『찬도기야 우파니샤드』, iii.14.1.
[원주342] iii.2.4. 도이센과 홉은 이 구절에 대하여 각자 다른 의미를 부여하고 있다.
[원주343] 범어의 liṅga는 영어의 link에 상응한다. 또한 『찬도기야 우파니샤드』, vi.8.4를 보라.
[원주344] 『찬도기야 우파니샤드』, vi.1.4~6.

념이나 모든 존재를 하나로 묶는 근본 원리와 함께, 우파니샤드에서 제시되는 철학적인 종합은 분명히 그 사상이 지니는 탁월성이라고 할 수 있지만, 그 약점은 이러한 종합이 명백한 이성에 의해서라기보다는 직관에 의해서 확립된다는 사실에 있다. 비록 그것은 모든 참된 철학의 중심 개념들에 대한 핵심을 파악하고 있다 할지라도, 그것이 종합하는 다양한 요소들에 대한 논리적인 조화를 제공하지는 않는다.

베다 종교의 믿음은 우파니샤드 사상가들에게 중대한 영향을 끼쳤다. 그들이 베다의 믿음 체계에 대한 비판에 있어서 주저하지 않았다 할지라도, 그럼에도 불구하고 그들은 과거의 유산으로 제한되지 않을 수 없었다. 그들은 위대한 전통에 대하여 충실할 뿐 아니라, 장차의 발전을 도모하는 승리자가 되기를 원했다. 결과적으로 볼 때, 이것은 분명히 어려운 일이었다. 우파니샤드의 종교는 특정한 숭배 형태를 지니지 않으며, 어떤 형태의 사제 계급을 필요로 하지도 않는 순수하고 영적인 교의를 가르치지만, 그럼에도 불구하고 이 모든 것들을 관대하게 다루며, 심지어는 그들을 받아들이기도 하였다. "성선들이 만트라(mantra, 讚歌) 속에서 발견하였던 카르마(karma, 行爲)는 참된 것으로, 트레타유가(treta-yuga)에 많이 실천되었다. 바른 욕망으로 항상 그것을 행하라. 이것이 카르마의 바른 과실을 얻는 너의 길이다."[원주345] 베다의 신들은 태양 속에 거처를 지니며, 익숙한 숭배의 대상들이었던 그들을 저버리라고 요구하는 사람은 아무도 없었다. 독창적인 설명과 발상들, 그리고 상징주의는 지난 시대의 미신적인 관습들이 새로운 관념론 속에서 모순 없이 해석되도록 하였다.

그때는 영적인 이상에 대한 진지한 추구가 요청되는 시대였지만, 우리는 우파니샤드에서 상당할 정도의 타협을 발견하게 된다. 그것은 외적인 권위와 지나친 형식주의의 속박에서 개인을 해방시키려는 운동으로 시작되었지만, 결국 오래된 속박을 더욱 굳게 하는 것으로 귀결되었다. 그것은 삶에 대한 새로운 가치를 확립하는 대신에, 오히려 전통적인 가치에 집착하는

[원주345] 『문다카 우파니샤드』, i.2.1.

경향이 있었다. 영적인 민주주의를 가르친다는 것과 그것을 확립한다는 것 사이에는 상당한 차이가 있다. 우파니샤드는 심오한 신비주의를 전래의 믿음과 결합시키려는 강한 열망을 가지고 있었다. 그러나 그 시대는 결코 새로운 영적 이상과 과거의 신화들 간에 어떤 역동적인 취사선택의 필요성조차도 느끼지 않았다.

우파니샤드의 고매한 관념론은 대중적인 운동으로 발전하지 못하였다. 그것은 결코 사회 전반에 걸친 영향력을 행사할 수 없었다. 희생 제의 종교가 여전히 주도권을 쥐고 있었으며, 우파니샤드는 단지 그것에 상당한 지위를 더해줄 뿐이었다. 구래의 믿음은 다른 영역에서 비롯된 새로운 활력으로 더욱 고무된 것이다. 만일 우파니샤드의 관념론이 대중들에게 널리 보급되었다면, 민족성에 있어서의 커다란 변화와 사회 제도의 개혁이 있었을 것이다. 그러나 아무것도 일어나지 않았다. 온갖 미신적인 요소들을 지닌 저급한 종교들이 만연하였으며, 직업적인 사제 계급이 득세하였다. 종교 제도의 보수적인 경향과 대중들의 업신여김은 완전한 삶을 희구하는 소수의 수행자들에 의하여 채택된 심원한 정신과 병존하였다. 정신적인 갈등과 혼돈의 시대였다. 우파니샤드의 가르침은 정제된 관념론에서 조야한 우상숭배에 이르기까지 모든 형태의 교의를 수용할 수 있을 정도로 융통성을 지니게 되었으며, 이것은 결국 고등 종교가 저급한 종교들의 늪에 빠지는 결과를 가져왔다.

어디서나 우리가 보는 것은 모순된 개념들뿐이었다. 종교에 있어서는 우파니샤드의 일원론으로 변형된 베다의 다신론과 희생 제의가 있었다. 사회 제도에 있어서는 누구나 구제될 수 있다는 일반적인 시대 정신으로 다소 완화된 엄격한 카스트가 있었다. 종말론에 있어서는 지옥에 대한 여러 개념들과 혼합된 재생의 개념이 있었다. 그러나 진실은 거짓으로 압도되었고, 온갖 모순된 이론들을 지닌 바라문 종교의 혼돈은 우파니샤드 직후 혹은 불교 직전의 시대에 이르러 절정에 달한다. 이 시대는 진리가 관습으로 굳어지고 윤리는 틀에 박힌 겉치레로 경직되는, 영성이 메말라 버린 때였다. 삶은 일련의 형식적인 관례의 연속이 되었으며, 사람들의 마음은 규정된 신앙 양식과 의무의 엄격한 틀을 벗어날 수 없었다.

사회 전반의 분위기는 의식(儀式) 지상주의로 팽배해 있었다. 어떤 신조를 외우거나 제식을 행하지 않고 우리가 잠자리에서 일어나거나 혹은 목욕하고 세면하며 식사하는 것은 불가능하였다. 사소하고 내용 없는 신조가 하찮고 공허한 미신들에 매달려 있던 시대였다. 무미건조한 철학──메마르고 독단적인 종교에 의하여 위축되고, 과장과 허식으로 가득 찬──은 잠시 동안이라도 사색적인 소수를 만족시킬 수 없었으며, 그렇다고 하여 오랫동안 다수 대중을 만족시킬 수도 없었다.

우파니샤드의 개혁이 보다 체계적인 방법으로 시도되었을 때, 분열의 시대가 도래하였다. 우파니샤드의 일원론과 베다의 다신론 간의 논리적인 결합, 우파니샤드의 영적인 삶과 베다의 제의식적인 일상생활, 우파니샤드의 해탈·윤회와 베다의 지옥·천국, 우파니샤드의 보편 구원주의와 대중적인 카스트 제도들은 더 이상 양립할 수 없었다. 개혁은 그 시대의 가장 두드러진 관심사였다. 사람들의 일상적인 삶으로 내려올 수 있는, 보다 깊고 영적인 종교는 그 시대가 고대하고 있던 것이었다. 진정한 종합이 이루어지기 전에, 인위적으로 결합된 요소들은 그들이 상호간에 추상적인 대립으로 굳어지게 하였던 관계에서 떠나야 할 필요가 있었다.

불교도, 자이나 교도, 그리고 차르바카(Cārvāka, 唯物論者)들은 당시에 널리 행해지던 종교의 허례허식을 지적하였다. 이들 가운데 앞의 두 종교는 개혁을 시도함에 있어서 시대 정신의 도덕적 필요를 강조하였으며, 이러한 시도는 혁명적인 성향을 지니는 것이었다. 우파니샤드의 윤리적인 보편주의를 실행하는 가운데, 그들은 바라문적 카스트 제도의 권위와 희생제의 체계, 그리고 대중들의 종교를 완전히 타파한다는 생각을 지니고 있었다. 한편, 『비기비드기타』와 후기 우파니샤드들은 지난 시대의 유산을 인정하고자 했으며, 보다 보수적인 입장에서 비논리적인 요소들에 대한 종합 지양을 시도하였다. 이와 같이 우파니샤드 시대 이후에 널리 행해지던 종교에 대한 급진적이거나 보수적인 저항들은 인도의 여러 지역에서 체계화되었다. 불교와 자이나교는 동부에서, 그리고 『바가바드기타』는 고대 베다 종교의 본거지인 서부에서 일어났다. 이제 우리가 보게 되는 것은 바로 이러한 지적인 동요, 저항, 그리고 재건의 시대이다.

- 참고문헌

제2장

Max Müller and Oldenberg, *The Vedic Hymns, The Sacred Books of the East*, vols.xxxii, xlvi.
John Muir, *Oriental Sanskrit Texts*, vol.v.
Ragozin, *Vedic India*.
Max Müller, *Six Systems of Indian Philosophy*, ch.ii.
Adolf Kaegi, *The Ṛg-Veda*(英譯).
Ghate, *Lectures on the Ṛg-Veda*.
A.A.MacDonell, *Vedic Mythology*.
A.A.MacDonell, *Vedic Reader for Students*, London, Oxford University Press, 1917.
B.Barua, *Pre-Buddhistic Indian Philosophy*, pp.1~38.
Maurice Bloomfield, *The Religion of the Veda*, New York, The Knickerbocker, 1908.

제3장

Maurice Bloomfield, *The Atharva-Veda, The Sacred Books of the East*, vol.xliii.

Julius Eggeling, Śatapatha Brāhmaṇa, The Sacred Books of the East, vol.xii, Introduction.
E.W.Hopkins, The Religions of India, ch.ix.

제4장

Max Müller, The Upaniṣads, The Sacred Books of the East, vol. i. xv.
Paul Deussen, The Philosophy of the Upaniṣads, Edinburgh, T & T. Clark, 1919.
A.E.Gough, The Philosophy of the Upaniṣads.
B.Barua, Pre-Buddhistic Indian Philosophy, Delhi, Motilal Banarsidass, 1961.
Mahadeva Sastri, The Taittirīya Upaniṣad.
R.D.Ranade, "The Psychology of the Upaniṣads", Indian Philosophical Review, 1918~1919.
R.E.Hume, The Thirteen Principal Upaniṣads, London, Oxford University Press, 1968.
Belvalkar & R.D. Ranade, History of Indian Philosophy, vol. ii.
Keith, The Religion and Philosophy of the Veda, 2 vols.
R.D. Ranade, A Constructive Survey of Upaniṣadic Philosophy, Bombay, Bharatiya Vidya Bhavan, 1968.

● 찾아보기

ㄱ

가르기 205, 246, 308
가르기야야나 205
가르베 Garbe 91
가야트리 찬가 120
가영 歌詠 97, 179
가우다파다 Gauḍapāda 61, 353
가우타마 Gautama 102, 306, 356
가주기 183, 184, 190
가현 假現 201, 257, 264, 265, 267, 271, 353
각성위 覺醒位 53, 226, 228~230
간다르바 346
갈렌 Galen 351
개아 個我 50, 215, 228, 234, 241, 257, 268, 270, 280, 282~285, 313, 321, 324, 325, 327, 329~331, 336, 341, 354, 357
갠지스 75

경험의 소여 225
고우프 Gough 199, 200, 301
고행주의 163
곰페르츠 Gomperz 348
공 空 231, 273, 278
공화국 119
공희 供犧 157, 210, 310
공희종교 210
구루 301
권화 權化 322
그레셤의 법칙 174
그리스 46, 96, 104, 113, 114, 118, 119, 121~123, 348
그리하스타 304
그베신 137
기도주 祈禱主 180
기독교 69, 83, 161, 312
기리샤 180
기회주의적 일신교 135

ㄴ

나가르쥬나 Nāgārjuna 60, 63, 70
나라다 205, 213, 307
나라야나 152, 180
나라카 177
나마루파 232
나사디야 수크타 148
나스티카 138
나치케타스 297
내생 167, 191, 192, 340, 341, 344
내적 통제자 안타르야미 320
뉴턴 45
니디디아사나 317
니루파디카 삿타 236
니르구나 브라흐만 236
니야그로다 269
니야사 303
니야야 79, 91

ㄷ

다나 297
다르마 82, 189
다르샤나 50, 71~73, 89, 185, 317
다시유 111, 112, 165, 173, 190
다신론 108, 110, 206, 360, 361
다야난다 사라스와티
　Dayānanda Sarasvatī 103
다원론 53, 56, 68, 147
다원성 273, 274
다자 多者 61, 62, 70, 117, 140, 143, 297
다자성 276
단일신교 134, 135, 136
단테 Dante 168
답보적인 경향 83
대화편 44
데바 108, 113, 160, 173
데바닷타 220
데바야나 344, 345
데바프라사다 321
『데 아니마』 351
데카르트 Descartes 86, 222, 351
도 道 339
도그마 49, 50, 81, 139, 187, 207, 319
도덕률 115, 161, 288, 291, 315
독단주의 79, 80
동력인 66, 255, 256, 258
두마마르가 344
두마케투 123
드라비다족 141
드리타바르타 115
드와이타철학 87
드와파라유가 159
디감바라 92
디야나 309

찾아보기 367

디야우스 106, 113, 121, 131, 145
디오니소스 123
디티 146

ㄹ

라고진 Ragozin 175
라구나타 Raghunātha 91
라마누자 65, 67, 79, 91, 235~237,
    238, 309, 352
『라마야나』 90
라이크와 205
라이프니츠의 단자 288
라크샤 175
라티타라 290
락샤사 173
람 모한 로이 Ram Mohan Roi 103
러스킨 Ruskin 121
로마문화 75
로체 Lotze 221, 351
로카야타 233
로트 R.Roth 103
루드라 130, 131, 177, 180, 206
루시앙 Lucian 126
뤼스브로크 Ruysbroeck 273
리쉬 102, 182, 185, 187, 209, 309,
    344
리타 117~119, 134, 136, 141, 161,
    162, 170, 334, 339

리타시야 고파 118
리투아니아 127
링가 358
링가 샤리라 346

ㅁ

마나나 317
마나스 233, 283, 349~351
『마누법전』 148
마다바 Mādhava 77, 82
마두수다나 사라스와티
    Madhusūdana Sarasvatī 78, 93
마드와 Madhva 68, 91
마드와차르야 Mādhvācārya 93
마디야미카 353
마루트 117, 123, 130, 131, 156
마야 māyā 59, 61~63, 65, 67, 78,
    151, 153, 236, 237, 258, 260~
    263, 268, 274
마야반트 153
『마이트라야니 우파니샤드』 203
마이트레이 205, 294, 308, 328
마인 153
마타리슈완 122, 140, 143
『마하바라타』 51, 89
마하비라 Mahāvīra 50
마히다사 205
막스 뮐러 100, 127, 135, 143, 148

만달라 102, 103
『만두키야 우파니샤드』 203, 204, 226, 227, 351
만유 132
만트라 89, 97, 98, 100, 175, 181, 186, 213
말레브랑슈 Malebranche 339
말 희생 제의 158
매켄지 Mackenzie 199
맥도넬 A.A. Macdonell 116, 348
맥타거트 McTaggart 222
메루퉁가 Merutuṅga 92
모다 237
모크샤 74, 160, 289, 331
목적인 66, 255
몽면위 夢眠位 53, 218, 226, 228~230
무 無 58, 148, 229, 231, 234, 263, 270, 324
무니 51, 78
무드갈리야 290
무크티 215
『문다카 우파니샤드』 45, 98, 213, 329, 358
미세한 몸 242
미트라 106, 114, 119
밀 Mill 111
밀턴 Milton 168

ㅂ

바가 119
『바가바드기타』 48, 67, 76, 89, 130, 144, 170, 200, 203, 230, 353, 361
바가바타파 116, 130
바나프라스타 184, 190, 303, 304
바다라야나 Bādarāyaṇa 67, 86
바드와 Bādhva 251
바라드와자 205, 299
바라문교 132
바루나 106, 114~119, 123, 128, 134~137, 140, 145, 147, 158, 160~162, 169, 170, 189, 205, 339
바르가 102
바르트 Barth 209
바바비베카 Bhāvaviveka 92
바사나 338
바수데바 130
바슈칼리 Vāṣkali 251
바스카라 Vhāskara 91
바유 130, 206, 242, 283
바이셰쉬카학파 51, 91
바이쉬야 164, 165, 342
바차스파티 Vācaspati 91
바크 131, 152, 186, 189
바타 130
박티 116, 160, 320, 331

발라키 205
범신론 176, 264, 281, 282
범행기 190
베다 50, 51, 75, 76, 78, 81, 83, 85, 89, 95~100, 103~112, 114, 116, 117, 125~128, 132~137, 140, 141, 143, 145~147, 155, 157~162, 164~170, 172, 173, 175~183, 185~187, 189~194, 197, 198, 202, 204~210, 212, 213, 215, 242, 278, 281, 298, 309, 322, 323, 331, 335, 339, 340, 344, 348, 353, 359, 360, 361
베다 안타 197
『베단타 수트라』 73, 144, 200, 230
베르가이네 M. Bergaine 104
베르그송 Bergson 63
베이컨 Bacon 45
보상케 Bosanquet 80, 313
보쉬에 248
보편아 普遍我 50, 224, 228, 342, 343
부동의 관조자 353
부디 335
불교 50, 56, 67, 70, 83, 87, 89, 100, 159, 161, 198, 202~204, 231, 272, 295, 306, 353, 360, 361
불사음 190

불살생 190, 303
불이 일원론 57, 200, 254
불투도 190
붓다 Buddha 50, 89, 202, 221, 230, 299, 348
붓디 291, 303, 350
브라타 162
브라타니 162
브라흐마 148
브라흐마나 89, 97~100, 104, 106, 126, 156, 170, 177~181, 183, 184, 186, 188, 190~194, 198, 205, 210, 212, 244, 310, 340, 348
브라흐마나스파티 132, 180
브라흐마 로카 177
브라흐마 비드야 45
브라흐마차리야 301
브라흐마차린 183, 189, 304, 306
브라흐만 65, 132, 145, 147, 177, 180, 194, 201, 206, 208, 213, 214, 227, 228, 231~244, 246, 247, 251, 253, 254, 256~259, 261, 262, 265~267, 270~274, 276, 281, 296, 308, 316, 318, 320~322, 325, 327, 328, 332, 339, 341~345, 352, 357
브라흐민 165, 173, 176, 183, 184, 191, 249, 305, 307, 308, 342

브래들리 63, 70, 221, 252
브리구 122
브리트라 129
『브리하드아란야카 우파니샤드』 98, 203, 341, 343
블룸필드 M. Bloomfield 104, 135, 155, 173
비갸나비크슈 Vijñānabhikṣu 78, 91
비드야 62, 65
비드야난다 Vidyānanda 92
비라트 155, 242
비로차나 292
비바르타 201
비바스와트 125
비반호완트 125
비쉬슈타드와이타 66, 353
비슈누 117, 120, 121, 130, 180, 206, 243
비슈누교 89, 121, 331
비슈와 229
비슈와카르만 136, 137, 147, 151, 152, 180
비슈웨 데바하 133
비아 非我 144, 150~153, 217, 226, 228, 238, 242
비야사 Vyāsa 50
비유한자 265
비일시적인 자 265
비힌두교도 88

ㅅ

사고 manas 149
사나트쿠마라 205, 307
사라스와티 131
『사르바다르샤나상그라하』 77, 93
사르바메다 189
사르바 타누하 192
사만타바드라 92
사비트리 120, 132, 297
사색에 잠긴 동양 brooding East 56
사야나 Sāyaṇa 104~106, 129, 169
사트 140, 244
사티야 162
사티야로카 344
사티야바차남 298
사티야카마 Satyakāma 306, 307
사티야카마 자발라 Satyakāma Jābāla 205, 306, 309
산야사 184
산야신 190, 303~306
삼계 三界 281
상대성 이론 84
상사라 194, 210, 218, 341, 342, 348
상스카라 338
상야마나 357

상키야학파 50, 51, 68, 91, 170, 231
상히타 98, 100, 112
샤드다르샤나비차라 92
『샤드다르샤나사뭇차야』 92
샤브다프라마나 185
샤스트라 71
『샤타파타』 179
샤타 131
샨딜리야 Śāṇḍilya 205
서사시들 76, 86, 353
성선 聖仙 81, 98, 172, 176, 182, 185, 187, 188, 207, 215, 327
성 프란체스코 343
세계수 世界樹 283
소마 83, 102, 104, 114, 123~125, 132, 156, 168, 170, 176, 186
소박한 실재론 153
소카마야타 237
송과선 松果腺 351
쇼펜하우어 Schopenhauer 264
수 水 256
수리야 104, 119, 120, 121
수슙티 227, 352
수정 일원론 57, 63, 353
수트라트만 242
숙면위 熟眠位 53, 226~230
순수 일원론 57, 61, 63, 65
쉬바 131, 177, 180, 243

쉬바교 89, 331
슈낫셰파 158
슈랏다 132, 158, 356
슈루티 81, 185
슈리다라 Śrīdhara 91
슈리 하르샤 Śrī Harṣa 63
『슈웨타슈와타라 우파니샤드』 203, 213
슈웨타케투 205, 269
스라바나 317
스와라트 315
스캄바 177
스콜라학자 84
스토아철학 110, 339
스피노자 Spinoza 63
신계 神界 329
신도 神道 167, 191, 348
신두 131
신비주의 63, 69, 104, 176, 240, 360
신의식 神意識 330, 332, 356
신인동형동성론 109, 110, 136, 139
신학 45, 51, 107, 108, 174, 179, 198, 200, 309
실재성의 정도 258, 276
십진기수법 54

ㅇ

아갸나 345
아그니 102, 104, 114, 122, 123,

135, 140, 143, 147, 156, 160,
168, 180, 189, 192, 206, 242, 344
아낙사고라스 280
아낙시만드로스의 무한자 122
아난다 231, 234~238, 241, 243,
244, 254~256, 283, 288, 325
아난다마야 236~238, 254
아니르바차니야 258
아드야야 102
아드와이타 87, 262, 352
아드와이타 베단타 77
아드와이타철학 87
아디야트마 비드야 230
아디티 119
아디티야 119, 122, 192, 206
아란야니 131
아란야카 98, 190, 198
아르자밤 297
아르치르마르가 344
아르타바가 Ārtabhāga 342
아리스토텔레스 Aristoteles 45, 61,
67, 86, 202, 227, 255, 256, 351
아리스토텔레스의 질료 61
아리아인 47, 75, 85, 89, 96, 97, 99,
103, 110~112, 124~128, 135,
157, 160, 164~167, 169, 170,
172~175, 177, 182, 183, 189,
190, 191, 198, 304, 343

아리야만 119
아리아 사마즈 103
아바사 257
아베스타 111, 114, 123~125, 165
아비드야 62, 65
아사트 146
아수라 292
아슈라마 44, 180, 189, 306
아슈라마 다르마 189, 305
아슈빈 121
아슈와파티 207
아슈왓타 129
아슈타사하스리 92
아슈타카 102
아움카라 228
아이타레야 98, 179, 203~205
『아이타레야』 98, 179, 203
아자타샤트루 Ajātaśatru 205, 307
아카샤 153, 208, 224, 255, 283
아케메네스왕조 89
아타르바 213
아타르반 178
아타르방기라사하 178
아트만 194, 208, 215, 218, 219,
226, 228, 230, 234, 236, 237,
239~243, 245, 249, 251, 257,
264~266, 270~274, 280, 283,
287, 291, 299, 305, 308, 316,

321, 327, 328, 335, 358
『아프타미망사』 92
아프타바차나 81
아후라마즈다 114
아힝사 211, 298
악의 문제 331
안나 206
안리타 162
안요안타라 아트마 237
알렉산드로스 대왕 47
암묵적 일원론 57, 68
앙기라사 213
앙기라스 178
앙슈마티강 129
야갸 162, 212
야갸발키야 205, 206, 220, 246, 294, 296, 328, 343
야마 125, 126, 140, 167, 168
야자마나 182
야주스 97
야코비 100, 320
에머슨 Emerson 253
에오스 121
엘레우시스의 신조 104
염세주의 79, 80, 209, 302
영성 48, 49, 69, 73, 74, 82, 88, 165, 199, 210, 212, 300, 305, 320, 337, 361

영성종교 99
영체 346
예수 그리스도 68
오로빈도 고슈 104, 105
오르페우스 신비주의 104, 105
오우라노스 114
오이켄 Eucken 301
5종의 지각기관 349
5종의 행동기관 349
올덴베르그 H. Oldenberg 272
옴 212
외도 185, 198
요가학파 51, 52
우다야나 Udayana 91
우샤스 106, 121, 131
우유성 356
우주란 151
우주론 107, 146
우콰트 Urquhart 323
우파니샤드 48, 50, 63, 67, 69, 70, 75, 76, 81, 89, 98, 99, 100, 106, 138, 144, 159, 170, 171, 177, 190, 194, 195, 197~215, 224~226, 230~234, 236~241, 243, 244, 246~249, 252, 254, 256~267, 270, 272~279, 281, 282, 286, 288~290, 293, 295~303, 305, 307~310, 313,

314, 316~320, 322~327, 331,
332, 334, 336, 340, 341, 343,
344, 346~362
우파사나 308, 309
운동 242
웃달라카 Uddālaka 205, 207, 279
워즈워스 Wordsworth 118
원인 原人 69, 214
웨버 A.Weber 192
윌리엄 제임스 William James 125
윌슨 H.H.Wilson 54, 95
유대교 69
유신론 68, 79, 116, 144, 160, 170,
203, 323, 338, 353
유일신관 103, 104
유출 61, 201
유피테르 113
유행기 190
육파철학 77
윤리 79, 82, 107, 118, 119, 188,
195, 214, 215, 224, 234, 266,
286, 288, 290, 293, 295,
310~314, 316, 319, 359, 361
윤리에 대한 무관심 79, 82
윤회 169, 210, 215, 216, 291, 336,
345, 348, 361
은총 교의 208
응보 193, 335, 340, 341

의근 225, 227, 241, 265, 283, 351,
352, 357
의사무 238
의식 지상주의 361
이마 125
『이샤』 98
이슈와라 238, 241, 242, 260, 320,
321
이신론 282
이욕행 295, 298, 328
이원론 53, 56, 68, 152, 170, 256,
273, 353
이원성 226, 227, 234, 248, 261,
262, 272, 274, 322, 328
이집트 55, 142, 348
이집트문명 75
인과율 59, 60, 65, 246
인도문명 49, 75
인도-유럽어족의 신 113
인도-이란의 신들 106, 112
인도철학 45, 46, 48, 77~80,
82~87, 89, 91, 92, 187
인드라 102, 107, 114, 118,
122~124, 126~132, 135, 137,
138, 140, 143, 145, 147, 153,
155~158, 163, 169, 181, 205,
215, 217~223, 246, 266
인드리야 349

인생의 네 단계 190, 304
인식 주관의 복수성 353
일신교 116, 133~137, 139, 140, 142, 143, 145, 147, 180
일원적 관념론 56, 57
일자 一者 62, 65, 70, 117, 134, 139, 140, 141, 143, 154, 171, 235~238, 241, 254, 257, 262, 267, 273, 276, 287, 327
임서기 190, 305, 343

ㅈ

자기애 296
자나카 307
자동수 自同樹 283
자발라 205, 306, 307, 309
자아 52, 57~61, 150~153, 194, 208, 211, 213, 215~231, 235, 238, 240~244, 252, 259, 265, 266, 268, 269, 271, 273, 276~278, 282~290, 292~294, 296, 299, 309, 310, 312, 314, 315, 320, 323, 325, 330~333, 337, 344, 350, 352, 355, 356
자얀타 91
자연숭배 76, 145
자연종교 98
자연주의적 다신론 108

자유의지 문제 336
자이나교 83, 89, 159, 361
자이미니 51
자이발리 Jaivali 205
자재신 77
재생족 183
전변 60, 62, 64, 65, 264, 281
전통지향적인 자유주의 75
정신 집중 303, 322, 357
정업 303
정통 육파철학 77
정화된 니야야 추종자 353
정화된 불교도 353
제1원리 225
제4위 第四位 226~228, 230, 241
제사 지상주의 179, 180, 205
제식종교 96~98, 190
제우스 68, 113, 127, 142
제의종교 211
조도 126, 167, 191, 344, 348
존재 214
종교 심리 317, 318, 320
종말론 107, 167, 191, 344, 360
주술 103, 136, 173·178, 186, 322
중관파 불교도 92
중명사 358
지모신 160
지바 271, 346

지바 아트만 280
지반무크타 330
지신 112~114, 126
지옥 167, 169, 171, 177, 315, 341, 360, 361
직관 63, 64, 69, 71, 72, 90, 124, 141, 227, 236, 237, 245, 248, 251, 252, 254, 274, 286, 311, 312, 318, 352, 359
진리 214
진언들 357
진화론 84, 254
질료인 256, 258

ㅊ

차라투스트라 Zarathustra 348
차르바카 51, 361
찬다 100
찬달라 342
찬도기야 Chāndogya 98, 203, 204
찬드라로카 344
창세기 152
창조 63, 134, 136, 139, 147, 149, 150~155, 188, 206, 215, 224, 254, 256, 263, 264, 267, 316, 318, 346, 354, 355
창조론 188
천부신 160, 246

천신 112~114, 121
천칙 117
초의식 52, 152
축생으로 환생 343
칫타 277

ㅋ

카나다 Kaṇāda 280
카라나 브라흐마 241
카르마 170, 215, 298, 308, 310, 334, 336~340, 342~344, 359
카르마의 법칙 161, 162, 319, 334, 335, 337~339, 342
카리야 브라흐마 241
카마 146, 151, 177, 297
카스트 112, 180, 191, 306, 360
카스트 제도 51, 164, 166, 190, 191, 361
『카우쉬타키』 98, 203, 204
『카우쉬타키 브라흐마나』 180
카우틸리야 Kauṭilya 45
카티야야니 Kātyāyanī 294
카필라 Kapila 230
칸와 Kaṇva 102
칸트 60, 90, 202, 219, 222, 225, 252, 254, 264, 267
칼데아인 54
칼라 177, 206

칼리유가 159
칼파나 237
『케나』 98, 204
『케나 우파니샤드』 203
케어드 Caird 90
코기토 222
콩트 Comte 226
쾌락주의자 51
쿠마릴라 Kumārila 91
크라마무크티 345
크리슈나 129
크리타유가 159
크샤트라 165
크샤트리야 165, 191, 307, 308, 342

ㅌ

타다트미야 257
타드와남 357
『타르카즈왈라』 92
타마스 146
타이자사 229
『타잇티리야』 98, 203, 204
『타잇티리야 아란야카』 180
타트 트밤 아시 239, 240
타파스 146, 151, 153, 176, 297, 298, 303, 358
탄트라철학 177
탈락자층 191

『탈무드』 316
탓잘란 357
텔레파시 52
투리야 226, 228, 229, 234, 241, 351, 352
트레타유가 159, 359
트와슈트리 132
티르 113
티보 G.Thibout 262
티야가 298
티이 113
틸락 B.G. Tilak 100

ㅍ

『파라샤라스므리티』 159
파르메니데스 63, 264
파르자니야 126, 127
파리나마 201
파리슛다 나이야이카 353
파리슛다 사우가타 353
파바마나 찬가 176
파슈파티 177
파스칼 Pascal 248
파우루쉬슈디 Pauruśiṣṭi 290
『파이돈』 44
파탄잘리 Patañjali 230
판차마 166
펀자브 111

페르시아   89, 111, 119, 124, 165, 348
페르시아인 48
페르쿠나스 127
포기 62, 74, 86, 212, 297, 298, 336
폰 휘겔 남작 Baron Von Hügel 325
푸라나 49, 129, 148, 169
푸로히타 164
푸루샤 146, 151, 154, 155, 177, 214, 281, 353, 354
푸루샤 수크타 69, 154, 164, 190
푸르바 미망사 105
푸샨 121
풋참 브라흐마 237
프라갸 229, 349
프라갸나 256
프라나 177, 206, 233, 265, 280, 283, 345, 350, 352
프라나바 327
프라마니카 삿타 236
『프라보다찬드로다야』 77
『프라슈나』 98
『프라슈나 우파니샤드』 309, 349, 356
『프라스타나베다』 78, 93
프라추리야 237
프라크리티 62, 122, 151, 155, 353, 354
프라타르다나 Pratardana 205, 357

프레이저 Fraser 265
프로메테우스 68, 122
프리야 237
플라톤 44, 45, 49, 56, 60, 61, 63, 83, 86, 117, 119, 239, 264
플라톤의 비존재 61
플레이더러 Pfleiderer 103
플로티누스 63, 219, 249
플루타르코스 Plutarchos 142
피타고라스 348
피트리야나 344, 345
피히테 Pichte 252
픽테트 Pictet 103
핍팔라다 Pippalāda 309, 356

ㅎ

하리드루마트 Haridrumat 306
하리바드라 Haribhadra 92
『하리방샤』 148
하벨 Havell 49
하오마 123
해탈 159, 210, 211, 215, 216, 225, 266, 289, 295, 297, 308~310, 324, 325, 328~330, 332, 345, 361
헤겔 Hegel 64, 67, 77, 85, 86, 99, 224, 229
헤라클리투스 126

헤로도토스 Herodotos 89
헤르쿨레스 68
헤카테우스 Hecateus 89
헬레스폰트 75
호메로스 Homeros 113
홉킨스 Hopkins 275
화 火 256, 278
화장 火葬 167, 341
환영론 29, 260, 264
환희 44, 125, 163, 164, 170, 210, 214, 234, 237, 240, 244, 249, 285, 287, 299, 311, 325, 331
활력론자 254

황도대 53
회의론자 51
휘트니 W.D.Whitney 96, 124, 175
휘트먼 Whitman 321
흄 Hume 31, 86, 252, 253, 313, 314
히란야가르바 137, 147, 148, 170, 241, 242
힌두교 23, 69, 82, 83, 87, 92, 136,

● 라다크리슈난 연보

1888년 9월 5일 사르베팔리 라다크리슈난은 남인도의 동부 타밀나두 주에 있는 유서깊은 도시 티루타니(Tirutani)에서 태어나 1896년(8세)까지 어린 시절을 이곳에서 보냈다. 그의 부모는 전통적인 힌두교도였다.
1896년(8세) 티루파티 루터 선교 고등학교(~1900년), 벨로르 부르히즈 칼리지(~1904년), 마드라스 크리스천 칼리지(~1908년) 등 12년 동안 기독교 계통의 학교에서 교육을 받았다.
1908년(20세) 『베단타의 윤리와 그 형이상학적 전제들』(The Ethics of the Vedānta and Its Metaphysical Presuppositions, 마드라스대학교 석사학위 논문)을 출판했다.
1909년(21세) 4월부터 7년 동안 마드라스 프레저던시 칼리지에서 철학을 가르쳤으며, 이 기간 동안 우파니샤드,『바가바드기타』,『브라흐마 수트라』에 대한 여러 스승들의 주석 등 힌두교 고전들뿐만 아니라, 불교와 자이나교의 주요 문헌들도 두루 섭렵했다.
1912년(24세) 『심리학의 정수』(The Essentials of Psychology)를 출판했다.
1916년(28세) 마드라스 프레저던시 칼리지의 정교수가 되어 이때부터 1952년(64세)까지 일관되게 철학교수로서의 삶을 영위한다.
1918년(30세) 마이소르 대학교로 옮겨 1921년(33세)까지 재직했다.『라빈드라나트 타고르의 철학』(The Philosophy of Rabindranath Tagore)을 출판했다. 이 책에서 그는 생애를 통하여 천착하게 되는 대부분의 주제들, 예를 들어 인도의 영성, 종교의 윤리적인 의미, 철학적 직관 등에 대한 스스로의 입장을 시사하고 있다.

1920년(32세) 『현대철학에서 종교의 권능』(The Reign of Religion in Contemporary of Philosophy)을 출판했다. 여기에서 그는 철학에 대한 종교의 영향을 비판적으로 검토하고 있다.
1921년(33세) 마이소르 대학교에서 캘커타 대학교로 옮겨 1931년(43세)까지 재직했다.
1923년(35세) 『인도철학사』(Indian Philosophy) 제1권을 출판했다. 그의 주요 저술 가운데 하나로 평가되며, 베다와 우파니샤드, 불교와 자이나교, 유물론, 그리고 『바가바드기타』의 사상을 담고 있다.
1924년(36세) 라빈드라나트 타고르의 서문이 붙은 『우파니샤드의 철학』(The Philosophy of the Upaniṣads)을 출판했다.
1926년(38세) 『인도인의 인생관』(The Hindu View of Life)을 출판했다. 맨체스터 칼리지에서 했던 강의(1926년)를 정리하여 출간한 것으로, 인도 고유의 전통이 현대인의 삶 속에 부활될 수 있는 길을 모색하고 있으며, 또한 서양문명과의 대화를 시도하고 있다.
1927년(39세) 『인도철학사』(Indian Philosophy) 제2권을 출판했다. 상키야와 요가, 니야야와 바이셰쉬카, 미망사와 베단타의 철학이 논의된다.
1928년(40세) 『우리가 필요로 하는 종교』(The Religion We Need)라는 소책자를 출판했다. 현대인의 종교성과 참된 종교인의 삶, 보편적 인류애의 이상을 인도사상의 입장에서 소개한다. 또한 샹카라의 불이론과 라마누자의 한정불이론을 비교하는 『샹카라와 라마누자에 의한 베단타』(The Vedānta According to Śaṁkara and Rāmānuja)를 출판했다.
1929년(41세) 『칼키 혹은 문명의 미래』(Kalki-or the Future of Civilisation)를 출판했다. 또한 그의 주요 저술 가운데 하나로 꼽히는 『관념론자의 인생관』(An Idealist View of Life)을 출판했다. 관념론 철학과 보편종교 혹은 영성종교의 긴밀한 관계를 논의한다.
1931년(43세) 캘커타 대학교 교수직을 그만두고 안드라 대학교 부총장이 되어 1936년까지 재임한다.
1933년(45세) 『종교에서 동양과 서양』(East and West in Religion)을 출판했다.
1936년(48세) 동양인으로는 처음으로 옥스퍼드 대학교의 교수가 되었다. 여기서 그는 훗날 인도의 수상이 되는 인디라 간디 여사를 제자로 만나게 된다. 『자유와 문화』(Free and Culture) 및 『현대인도철학』(Contemporary Indian Philosophy)을 출판했다.

1938년(50세) 안드라 대학교 부총장직을 사임하고 베나레스 힌두 대학교 부총장이 되어 1948년(60세)까지 재임한다. 『가우타마 붓다』(Gautama-The Buddha)를 출판했다.

1939년(51세) 베나레스 힌두 대학교 부총장에 취임했다. 그의 주요 저술 가운데 하나로 꼽히는 『동양종교와 서양사상』(Eastern Religion and Western Thought)을 출판했다. 이 책은 그의 사상 전반에 흐르는 동양사상과 서양사상의 균형, 그리고 비교철학의 대가다운 역량이 돋보이는, 사실상 그의 대표작이다.

1944년(56세) 중국에서 행한 강의를 정리한 『인도와 중국』(India and China), 『교육, 정치 그리고 전쟁』(Education, Politics and War)을 출판했다.

1945년(57세) 『이것은 평화인가?』(Is This Peace?)를 출판했다.

1946년(58세) 유네스코 인도대사가 되어 1952년(64세)까지 재임한다.

1947년(59세) 베나레스 힌두 대학교와 캘커타 대학교에서 1942년 겨울에 행한 강의를 정리한 『종교와 사회』(Religion and Society)를 출판했다.

1948년(60세) 『바가바드기타』를 영어로 번역하고 주석하여 출판했다. 70여 쪽에 달하는 서론에서 '바가바드기타의 사상'을 논의하고 있다.

1949년(61세) 초대 주소련 인도대사로 임명되어 1952년까지 재임했다. 마하트마 간디, 바가완 슈리 라마나, 슈리 라마크리슈나, 라빈드라나트 타고르의 생애와 사상을 소개하는 『위대한 인도인들』(Great Indians)을 출판했다.

1950년(62세) 『담마파다』(Dhammapada, 법구경)를 영어로 번역하여 출판했다.

1952년(64세) 인도 부통령에 취임하여 1962년(74세)까지 재임한다.

1953년(65세) 델리 대학교 총장에 취임했다(~1962년).

1962년(74세) 인도 대통령을 지냈다(~1967년). 전문 철학자가 대통령이 된 보기드문 예로 평가된다.

1975년(87세) 마드라스의 아름다운 저택 '기리자'(Girija)에서 생을 마감했다.

HANGIL GREAT BOOKS 3

인도철학사 I

지은이 라다크리슈난
옮긴이 이거룡
펴낸이 김언호

펴낸곳 (주)도서출판 한길사
등록 1976년 12월 24일
주소 10881 경기도 파주시 광인사길 37
홈페이지 www.hangilsa.co.kr
전자우편 hangilsa@hangilsa.co.kr
전화 031-955-2000~3 팩스 031-955-2005

인쇄 오색프린팅 제본 경일제책사

제1판 제1쇄 1999년 11월 15일
제1판 제9쇄 2021년 3월 22일

값 28,000원

ISBN 978-89-356-3073-8 94150
ISBN 978-89-356-3087-5(전4권)

• 잘못 만들어진 책은 구입하신 서점에서 바꿔드립니다.

한길그레이트북스 인류의 위대한 지적 유산을 집대성한다

1 관념의 모험
앨프레드 노스 화이트헤드 | 오영환

2 종교형태론
미르치아 엘리아데 | 이은봉

3·4·5·6 인도철학사
라다크리슈난 | 이거룡
2005 『타임스』 선정 세상을 움직인 100권의 책
『출판저널』 선정 21세기에도 남을 20세기의 빛나는 책들

7 야생의 사고
클로드 레비-스트로스 | 안정남
2005 『타임스』 선정 세상을 움직인 100권의 책
2008 『중앙일보』 선정 신고전 50선

8 성서의 구조인류학
에드먼드 리치 | 신인철

9 문명화과정 1
노르베르트 엘리아스 | 박미애
2005 연세대학교 권장도서 200선
2012 인터넷 교보문고 명사 추천도서
2012 알라딘 명사 추천도서

10 역사를 위한 변명
마르크 블로크 | 고봉만
2008 『한국일보』 오늘의 책
2009 『동아일보』 대학신입생 추천도서
2013 yes24 역사서 고전

11 인간의 조건
한나 아렌트 | 이진우
2012 인터넷 교보문고 MD의 선택
2012 네이버 지식인의 서재

12 혁명의 시대
에릭 홉스봄 | 정도영·차명수
2005 서울대학교 권장도서 100선
2005 『타임스』 선정 세상을 움직인 100권의 책
2005 연세대학교 권장도서 200선
1999 『출판저널』 선정 21세기에도 남을 20세기의 빛나는 책들
2012 알라딘 블로거 베스트셀러
2013 『조선일보』 불멸의 저자들

13 자본의 시대
에릭 홉스봄 | 정도영
2005 서울대학교 권장도서 100선
1999 『출판저널』 선정 21세기에도 남을 20세기의 빛나는 책들
2012 알라딘 블로거 베스트셀러
2013 『조선일보』 불멸의 저자들

14 제국의 시대
에릭 홉스봄 | 김동택
2005 서울대학교 권장도서 100선
1999 『출판저널』 선정 21세기에도 남을 20세기의 빛나는 책들
2012 알라딘 블로거 베스트셀러
2013 『조선일보』 불멸의 저자들

15·16·17 경세유표
정약용 | 이익성
2012 인터넷 교보문고 필독고전 100선

18 바가바드 기타
함석헌 주석 | 이거룡 해제
2007 서울대학교 추천도서

19 시간의식
에드문트 후설 | 이종훈

20·21 우파니샤드
이재숙
2005 서울대학교 권장도서 100선

22 현대정치의 사상과 행동
마루야마 마사오 | 김석근
2005 『타임스』 선정 세상을 움직인 100권의 책
2007 도쿄대학교 권장도서

23 인간현상
테야르 드 샤르댕 | 양명수
2007 서울대학교 추천도서

24·25 미국의 민주주의
알렉시스 드 토크빌 | 임효선·박지동
2005 서울대학교 권장도서 100선
2012 인터넷 교보문고 MD의 선택
2012 인터넷 교보문고 MD의 선택
2013 문명비평가 기 소르망 추천도서

26 유럽학문의 위기와 선험적 현상학
에드문트 후설 | 이종훈
2005 서울대학교 논술출제

27·28 삼국사기
김부식 | 이강래
2005 연세대학교 권장도서 200선
2012 인터넷 교보문고 필독고전 100선
2013 yes24 다시 읽는 고전

29 원본 삼국사기
김부식 | 이강래 교감

30 성과 속
미르치아 엘리아데 | 이은봉
2005 『타임스』 선정 세상을 움직인 100권의 책
2012 인터넷 교보문고 명사 추천도서
『출판저널』 선정 21세기에도 남을 20세기의 빛나는 책들

31 슬픈 열대
클로드 레비-스트로스 | 박옥줄
2005 서울대학교 권장도서 100선
2005 연세대학교 권장도서 200선
2008 홍익대학교 논술출제
2012 인터넷 교보문고 명사 추천도서
2013 yes24 역사서 고전
『출판저널』 선정 21세기에도 남을 20세기의 빛나는 책들

32 증여론
마르셀 모스 | 이상률
2003 문화관광부 우수학술도서
2012 네이버 지식인의 서재

33 부정변증법
테오도르 아도르노 | 홍승용

34 문명화과정 2
노르베르트 엘리아스 | 박미애
2005 연세대학교 권장도서 200선
2012 인터넷 교보문고 명사 추천도서
2012 알라딘 명사 추천도서

35 불안의 개념
쇠렌 키르케고르 | 임규정
2012 인터넷 교보문고 필독고전 100선

36 마누법전
이재숙·이광수

37 사회주의의 전제와 사민당의 과제
에두아르트 베른슈타인 | 강신준

38 의미의 논리
질 들뢰즈 | 이정우
2000 교보문고 선정 대학생 권장도서

39 성호사설
이익 | 최석기
2005 연세대학교 권장도서 200선
2008 서울대학교 논술출제
2012 인터넷 교보문고 필독고전 100선

40 종교적 경험의 다양성
윌리엄 제임스 | 김재영
2000 대한민국학술원 우수학술도서

41 명이대방록
황종희 | 김덕균
2000 한국출판문화상

42 소피스테스
플라톤 | 김태경

43 정치가
플라톤 | 김태경

44 지식과 사회의 상
데이비드 블루어 | 김경만
2002 대한민국학술원 우수학술도서

45 비평의 해부
노스럽 프라이 | 임철규
2001 「교수신문」, 우리 시대의 고전

46 인간적 자유의 본질·철학과 종교
프리드리히 W.J. 셸링 | 최신한

47 무한자와 우주와 세계·원인과 원리와 일자
조르다노 브루노 | 강영계
2001 한국출판인회의 이달의 책

48 후기 마르크스주의
프레드릭 제임슨 | 김유동
2001 한국출판인회의 이달의 책

49·50 봉건사회
마르크 블로크 | 한정숙
2002 대한민국학술원 우수학술도서
2012 「한국일보」, 다시 읽고 싶은 책

51 칸트와 형이상학의 문제
마르틴 하이데거 | 이선일
2003 대한민국학술원 우수학술도서

52 남명집
조식 | 경상대 남명학연구소
2012 인터넷 교보문고 필독고전 100선

53 낭만적 거짓과 소설적 진실
르네 지라르 | 김치수·송의경
2002 대한민국학술원 우수학술도서
2013 「한국경제」, 한 문장의 교양

54·55 한비자
한비 | 이운구
한국간행물윤리위원회 추천도서
2007 서울대학교 추천도서
2012 인터넷 교보문고 필독고전 100선

56 궁정사회
노르베르트 엘리아스 | 박여성

57 에밀
장 자크 루소 | 김중현
2005 서울대학교 권장도서 100선
2000·2006 서울대학교 논술출제

58 이탈리아 르네상스의 문화
야코프 부르크하르트 | 이기숙
2004 한국간행물윤리위원회 추천도서
2005 연세대학교 권장도서 200선
2009 「동아일보」, 대학신입생 추천도서

59·60 분서
이지 | 김혜경
2004 문화관광부 우수학술도서
2012 인터넷 교보문고 필독고전 100선

61 혁명론
한나 아렌트 | 홍원표
2005 대한민국학술원 우수학술도서

62 표해록
최부 | 서인범·주성지
2005 대한민국학술원 우수학술도서

63·64 정신현상학
G.W.F. 헤겔 | 임석진
2006 대한민국학술원 우수학술도서
2005 연세대학교 권장도서 200선
2005 프랑크푸르트도서전 한국의 아름다운 책 100선
2008 서우철학상
2012 인터넷 교보문고 필독고전 100선

65·66 이정표
마르틴 하이데거 | 신상희·이선일

67 왕필의 노자주
왕필 | 임채우
2006 문화관광부 우수학술도서

68 신화학 1
클로드 레비—스트로스 | 임봉길
2007 대한민국학술원 우수학술도서
2008 「동아일보」, 인문과 자연의 경계를 넘어 30선

69 유랑시인
타라스 셰브첸코 | 한정숙

70 중국고대사상사론
리쩌허우 | 정병석
2005 「한겨레」, 올해의 책
2006 문화관광부 우수학술도서

71 중국근대사상사론
리쩌허우 | 임춘성
2005 「한겨레」, 올해의 책
2006 문화관광부 우수학술도서

72 중국현대사상사론
리쩌허우 | 김형종
2005 『한겨레』 올해의 책
2006 문화관광부 우수학술도서

73 자유주의적 평등
로널드 드워킨 | 염수균
2006 문화관광부 우수학술도서
2010 『동아일보』 '정의에 관하여' 20선

74·75·76 춘추좌전
좌구명 | 신동준

77 종교의 본질에 대하여
루트비히 포이어바흐 | 강대석

78 삼국유사
일연 | 이가원·허경진
2007 서울대학교 추천도서

79·80 순자
순자 | 이운구
2007 서울대학교 추천도서

81 예루살렘의 아이히만
한나 아렌트 | 김선욱
2006 『한겨레』 올해의 책
2006 한국간행물윤리위원회 추천도서
2007 『한국일보』 오늘의 책
2007 대한민국학술원 우수학술도서
2012 yes24 리뷰 영웅대전

82 기독교 신앙
프리드리히 슐라이어마허 | 최신한
2008 대한민국학술원 우수학술도서

83·84 전체주의의 기원
한나 아렌트 | 이진우·박미애
2005 『타임스』 선정 세상을 움직인 책
『출판저널』 선정 21세기에도 남을 20세기의 빛나는 책들

85 소피스트적 논박
아리스토텔레스 | 김재홍

86·87 사회체계이론
니클라스 루만 | 박여성
2008 문화체육관광부 우수학술도서

88 헤겔의 체계 1
비토리오 회슬레 | 권대중

89 속분서
이지 | 김혜경
2008 대한민국학술원 우수학술도서

90 죽음에 이르는 병
쇠렌 키르케고르 | 임규정
『한겨레』 고전 다시 읽기 선정
2006 서강대학교 논술출제

91 고독한 산책자의 몽상
장 자크 루소 | 김중현

92 학문과 예술에 대하여·산에서 쓴 편지
장 자크 루소 | 김중현

93 사모아의 청소년
마거릿 미드 | 박자영
20세기 미국대학생 필독 교양도서

94 자본주의와 현대사회이론
앤서니 기든스 | 박노영·임영일
1999 서울대학교 논술출제
2009 대한민국학술원 우수학술도서

95 인간과 자연
조지 마시 | 홍금수

96 법철학
G.W.F. 헤겔 | 임석진

97 문명과 질병
헨리 지거리스트 | 황상익
2009 대한민국학술원 우수학술도서

98 기독교의 본질
루트비히 포이어바흐 | 강대석

99 신화학 2
클로드 레비-스트로스 | 임봉길
2008 『동아일보』 인문과 자연의 경계를 넘어 30선
2009 대한민국학술원 우수학술도서

100 일상적인 것의 변용
아서 단토 | 김혜련
2009 대한민국학술원 우수학술도서

101 독일 비애극의 원천
발터 벤야민 | 최성만·김유동

102·103·104 순수현상학과 현상학적 철학의 이념들
에드문트 후설 | 이종훈
2010 대한민국학술원 우수학술도서

105 수사고신록
최술 | 이재하 외
2010 대한민국학술원 우수학술도서

106 수사고신여록
최술 | 이재하
2010 대한민국학술원 우수학술도서

107 국가권력의 이념사
프리드리히 마이네케 | 이광주

108 법과 권리
로널드 드워킨 | 염수균

109·110·111·112 고야
홋타 요시에 | 김석희
2010 12월 한국간행물윤리위원회 추천도서

113 왕양명실기
박은식 | 이종란

114 신화와 현실
미르치아 엘리아데 | 이은봉

115 사회변동과 사회학
레이몽 부동 | 민문홍

116 자본주의·사회주의·민주주의
조지프 슘페터 | 변상진
2012 대한민국학술원 우수학술도서
2012 인터파크 이 시대 교양 명저

117 공화국의 위기
한나 아렌트 | 김선욱

118 차라투스트라는 이렇게 말했다
프리드리히 니체 | 강대석

119 지중해의 기억
페르낭 브로델 | 강주헌

120 해석의 갈등
폴 리쾨르 | 양명수

121 로마제국의 위기
램지 맥멀렌 | 김창성
2012 인터파크 추천도서

122·123 윌리엄 모리스
에드워드 파머 톰슨 | 윤효녕 외
2012 인터파크 추천도서

124 공제격치
알폰소 바뇨니 | 이종란

125 현상학적 심리학
에드문트 후설 | 이종훈
2013 인터넷 교보문고 눈에 띄는 새 책
2014 대한민국학술원 우수학술도서

126 시각예술의 의미
에르빈 파노프스키 | 임산

127·128 시민사회와 정치이론
진 L. 코헨·앤드루 아라토 | 박형신·이혜경

129 운화측험
최한기 | 이종란
2015 대한민국학술원 우수학술도서

130 예술체계이론
니클라스 루만 | 박여성·이철

131 대학
주희 | 최석기

132 중용
주희 | 최석기

133 종의 기원
찰스 다윈 | 김관선

134 기적을 행하는 왕
마르크 블로크 | 박용진

135 키루스의 교육
크세노폰 | 이동수

136 정당론
로베르트 미헬스 | 김학이
2003 기담학술상 번역상
2004 대한민국학술원 우수학술도서

137 법사회학
니클라스 루만 | 강희원
2016 세종도서 우수학술도서

138 중국사유
마르셀 그라네 | 유병태
2011 대한민국학술원 우수학술도서

139 자연법
G.W.F 헤겔 | 김준수
2004 기담학술상 번역상

140 기독교와 자본주의의 발흥
R.H. 토니 | 고세훈

141 고딕건축과 스콜라철학
에르빈 파노프스키 | 김율
2016 세종도서 우수학술도서

142 도덕감정론
애덤스미스 | 김광수

143 신기관
프랜시스 베이컨 | 진석용
2001 9월 한국출판인회의 이달의 책
2005 서울대학교 권장도서 100선

144 관용론
볼테르 | 송기형·임미경

145 교양과 무질서
매슈 아널드 | 윤지관

146 명등도고록
이지 | 김혜경

147 데카르트적 성찰
에드문트 후설·오이겐 핑크 | 이종훈
2003 대한민국학술원 우수학술도서

148·149·150 함석헌선집 1·2·3
함석헌 | 함석헌편집위원회
2017 대한민국학술원 우수학술도서

151 프랑스혁명에 관한 성찰
에드먼드 버크 | 이태숙

152 사회사상사
루이스 코저 | 신용하·박명규

153 수동적 종합
에드문트 후설 | 이종훈
2019 대한민국학술원 우수학술도서

154 로마사 논고
니콜로 마키아벨리 | 강정인·김경희
2005 대한민국학술원 우수학술도서

155 르네상스 미술가평전 1
조르조 바사리 | 이근배

156 르네상스 미술가평전 2
조르조 바사리 | 이근배

157 르네상스 미술가평전 3
조르조 바사리 | 이근배

158 르네상스 미술가평전 4
조르조 바사리 | 이근배

159 르네상스 미술가평전 5
조르조 바사리 | 이근배

160 르네상스 미술가평전 6
조르조 바사리 | 이근배

161 어두운 시대의 사람들
한나 아렌트 | 홍원표

162 형식논리학과 선험논리학
에드문트 후설 | 이종훈
2011 대한민국학술원 우수학술도서

163 러일전쟁 1
와다 하루키 | 이웅현

164 러일전쟁 2
와다 하루키 | 이웅현

165 종교생활의 원초적 형태
에밀 뒤르켐 | 민혜숙 · 노치준

166 서양의 장원제
마르크 블로크 | 이기영

167 제일철학 1
에드문트 후설 | 이종훈

168 제일철학 2
에드문트 후설 | 이종훈

169 사회적 체계들
니클라스 루만 | 이철 · 박여성 | 노진철 감수

170 모랄리아
플루타르코스 | 윤진

●한길그레이트북스는 계속 간행됩니다.